U0506401

新时代
中国农村发展与制度变迁

2012－2022

XINSHIDAI ZHONGGUO NONGCUN FAZHAN YU
ZHIDU BIANQIAN

宋洪远◎主　编

人民出版社

前　言

　　党的十八大以来，以习近平同志为核心的党中央坚持把解决好"三农"问题作为全党工作的重中之重。围绕解决好"三农"问题，党和政府以习近平总书记关于"三农"工作的重要论述为理论指引，打赢脱贫攻坚战，历史性地解决了绝对贫困问题，农民同全国人民一道迈进全面小康社会；实施乡村振兴战略，加快农业农村现代化，推动"三农"工作取得历史性成就、发生历史性变革。农业综合生产能力迈上新台阶，农村改革全面深化，农民收入持续较快增长，农村民生显著改善，乡村面貌焕然一新，乡村治理得到加强，为国民经济持续较快发展和社会长期稳定提供了重要支撑。

　　本书按照总结历史、把握规律、坚定信心、走向未来的基本要求，突出新时代中国农村发展改革主题主线，全面总结党的十八大以来党和国家"三农"事业的发展历程，围绕重要会议、重要论述、重要事件、重要文件，系统总结党的十八大以来"三农"工作砥砺奋进的理论和实践、概括提炼取得的成就和经验，既为进行"三农"政策学理分析和理论阐释提供事实依据，又为做好当前和未来一个时期的"三农"工作提供参考借鉴。

　　在本书研究写作过程中，我们阅读了习近平总书记关于"三农"工作的一系列重要论述，收集整理了大量的政策文件和法规文献，阅读了大量的有关研究成果，收集整理了有关部门发布的工作报告和统计机构公布的有关数据资料。主编与各位作者进行了多次交流和沟通，主编先后两次修改完善写作提纲，各位作者先后三次修改充实书稿内容。在党的二十大召开期间和胜利闭幕后，学习贯彻党的二十大精神，主编和江帆、魏佳朔两位作者又对书稿各章内容进行了修改补充，最后由主编统稿审定。

本书的研究主题、框架结构、主要内容、逻辑思路、编写体例和主编统稿由宋洪远承担。本书写作的具体分工是：总论由宋洪远、江帆、张益执笔，第一章由农业农村部农村经济研究中心高鸣执笔，第二章由中国农业大学魏佳朔执笔，第三章由中华全国供销合作总社管理干部学院杨旭和中国农业大学魏佳朔执笔，第四章由农业农村部农村经济研究中心李竣和宋洪远执笔，第五章由中国农业大学魏佳朔和江帆执笔，第六章由南京农业大学戚晓明、朱曦杰和中国农业大学江帆执笔，第七章由华中农业大学何可和中国农业大学魏佳朔执笔，第八章由中国农业大学江帆执笔，第九章由农业农村部农村经济研究中心吴天龙和宋洪远执笔，第十章由农业农村部农村经济研究中心张益和中国农业大学江帆执笔，第十一章由中国农业大学江帆执笔。

值此本书出版之际，我们要特别感谢人民出版社吴焌东副主任的大力支持和本书责任编辑的辛勤付出！

由于我们的学识有限，搜集的研究文献和政策法规范围有限，书中难免有疏漏和不足之处，我们真诚地希望学界同仁和读者朋友批评指正。希望本书能够抛砖引玉，引起各界人士的关注和讨论，让更多人关注中国农村改革与发展问题，更好地服务于全面推进乡村振兴，加快农业农村现代化。

农业农村部农村经济研究中心原主任

华中农业大学乡村振兴研究院院长

宋洪远

2022 年 10 月 30 日

目　录

总论　谱写新时代农业农村现代化新篇章
　　——党的十八大以来中国农村发展改革成就和经验…………　1

　第一节　农村发展取得历史性成就…………………………　1

　第二节　农村制度发生历史性变革…………………………　22

　第三节　农村发展改革积累的宝贵经验……………………　39

第一章　保障国家粮食安全………………………………　44

　第一节　保障国家粮食安全和重要农产品有效供给的
　　　　　理论探索…………………………………………　44

　第二节　保障国家粮食安全和重要农产品有效供给的
　　　　　政策实践…………………………………………　48

　第三节　保障国家粮食安全和重要农产品有效供给的
　　　　　成就和经验………………………………………　62

第二章　促进农民增加收入………………………………　75

　第一节　促进农民增加收入的理论探索和政策实践………　75

　第二节　农民收入增长来源和分配格局显著变化…………　89

　第三节　农村居民消费水平和生活质量显著提升…………　95

　第四节　增加农民收入的政策执行情况及其经验启示……　102

第三章　推动农业高质量发展……………………………………… 107

　　第一节　推动农业高质量发展的理论探索………………………… 107

　　第二节　推动农业高质量发展的政策实践………………………… 111

　　第三节　推动农业高质量发展的成效和经验……………………… 125

第四章　促进乡村产业融合发展……………………………………… 137

　　第一节　促进乡村产业融合发展的理论探索……………………… 137

　　第二节　促进乡村产业融合发展的政策实践……………………… 141

　　第三节　促进乡村产业融合发展的成效和经验…………………… 153

第五章　加强农村文化建设和乡村治理……………………………… 159

　　第一节　加强农村文化建设………………………………………… 159

　　第二节　强化人才科技支撑………………………………………… 170

　　第三节　加强和改进乡村治理……………………………………… 178

第六章　加强农村基础设施和公共服务建设………………………… 185

　　第一节　加强农村基础设施建设…………………………………… 185

　　第二节　加强农村公共服务体系建设……………………………… 193

　　第三节　强化农村资金投入保障…………………………………… 200

第七章　推动农业农村绿色发展……………………………………… 209

　　第一节　推动建立农业绿色生产方式……………………………… 209

　　第二节　推动形成农村绿色生活方式……………………………… 214

　　第三节　统筹山水林田湖草沙系统治理…………………………… 220

　　第四节　加强农村人居环境综合整治……………………………… 224

　　第五节　健全农村生态文明制度…………………………………… 229

第八章　决战决胜脱贫攻坚…………………………………………… 236

　　第一节　探索形成中国特色反贫困理论…………………………… 236

　　第二节　坚持走中国特色减贫道路 ………………… 242

　　第三节　脱贫攻坚的历史成就和经验启示 …………… 254

第九章　促进城乡融合发展 ………………………………… 265

　　第一节　新时代城乡融合发展的理论探索 …………… 265

　　第二节　建立健全城乡融合发展体制机制 …………… 271

　　第三节　促进城乡融合发展的成就和经验 …………… 283

第十章　全面深化农村改革 ………………………………… 290

　　第一节　全面深化农村土地制度改革 ………………… 290

　　第二节　创新农业经营体制机制 ……………………… 307

　　第三节　推进农村集体产权制度改革 ………………… 325

　　第四节　完善农业支持保护制度 ……………………… 333

　　第五节　扩大农业对外开放 …………………………… 352

第十一章　强化农业农村政治法律保障 …………………… 360

　　第一节　关于党领导"三农"工作的理论探索 ……… 360

　　第二节　切实加强党对"三农"工作的全面领导 …… 365

　　第三节　加强农业农村法治建设的部署和要求 ……… 375

　　第四节　加强农业农村法治建设的制度和措施 ……… 378

参考文献 …………………………………………………… 401

总论　谱写新时代农业农村现代化新篇章

——党的十八大以来中国农村发展改革成就和经验

农业、农村、农民问题是关系国计民生的根本性问题。党的十八大以来，以习近平同志为核心的党中央坚持把解决好"三农"问题作为全党工作的重中之重。围绕解决好"三农"问题，党和政府以习近平总书记关于"三农"工作的重要论述为理论指引，打赢脱贫攻坚战，历史性地解决了绝对贫困问题，农民同全国人民一道迈进全面小康社会；实施乡村振兴战略，加快农业农村现代化，推动"三农"工作取得历史性成就、发生历史性变革。农业综合生产能力迈上新台阶，农村改革全面深化，农民收入持续较快增长，农村民生显著改善，乡村面貌焕然一新，乡村治理得到进一步加强，为国民经济持续较快发展和社会长期稳定提供了重要支撑。

第一节　农村发展取得历史性成就

党的十八大以来，党和政府立足基本国情和现实农情，顺应亿万农民对美好生活的新期待，提出一系列新理念、采取一系列新举措，在保障国家粮食安全和重要农产品有效供给、消除绝对贫困和增加农民收入、推进农业高质量发展和乡村产业融合发展、推动农业和农村全面绿色发展、加强农村基础设施和公共服务体系建设、促进城乡融合发展和区域协调发展等方面取得了巨大成就。

一、保障粮食安全和农产品供给

我国是一个人口大国，解决好吃饭问题始终是治国理政的头等大事。从国际经验看，一个国家特别是人口大国，只有确保粮食安全和重要农产品有效供给，才能掌握粮食安全的主动权，才能掌控经济社会发展的大局。从我国情况看，粮食安全的基础仍不稳固，粮食安全的形势依然严峻，任何时候都不能轻言粮食过关了。

党的十八大以来，习近平总书记强调指出，"保障国家粮食安全是一个永恒课题，任何时候这根弦都不能松"[1]。2013年12月，习近平总书记在中央经济工作会议上指出，"综合考虑国内资源环境、粮食供求格局、国际市场贸易条件，必须实施以我为主、立足国内、确保产能、适度进口、科技支撑的国家粮食安全战略。要依靠自己保口粮，集中国内资源保重点，做到谷物基本自给、口粮绝对安全，把饭碗牢牢端在自己手上。"[2]同月，习近平总书记在中央农村工作会议上强调，"保障国家粮食安全的根本在耕地，耕地是粮食生产的命根子"，"保护耕地要像保护文物那样来做，甚至要像保护大熊猫那样来做"。[3]2015年12月，习近平总书记在中央经济工作会议上提出，要"落实藏粮于地、藏粮于技战略，把资金和政策重点用在保护和提高农业综合生产能力以及农产品质量、效益上"[4]。2020年12月，习近平总书记在中央经济工作会议上指出，"保障粮食安全，关键在于落实藏粮于地、藏粮于技战略，要害是种子和

---

[1]　中共中央文献研究室编：《十八大以来重要文献选编（上）》，中央文献出版社2014年版，第660页。

[2]　中共中央党史和文献研究院编：《习近平关于"三农"工作论述摘编》，中央文献出版社2019年版，第68页。

[3]　农业农村部：《习近平关于"三农"工作论述摘编——四、确保国家粮食安全，把中国人的饭碗牢牢端在自己手中》，2019年6月25日，见 http://www.moa.gov.cn/ztzl/xjpgysngzzyls/zyll/202105/t20210521_6368126.htm。

[4]　共产党员网：《中央经济会议在北京举行　习近平李克强作重要讲话》，2015年12月21日，见 https://news.12371.cn/2015/12/21/ARTI1450693867270300.shtml。

耕地。"①同月，习近平总书记在中央农村工作会议上强调，"粮食多一点少一点是战术问题，粮食安全是战略问题"，要"采取'长牙齿'的硬措施，落实最严格的耕地保护制度"，"要坚持农业科技自立自强，加快推进农业关键核心技术攻关"，要"调动农民种粮积极性"，"地方各级党委和政府要扛起粮食安全的政治责任"。②2022年3月，习近平总书记在看望参加政协会议的农业界、社会福利和社会保障界委员时强调，要"树立大食物观"，"在确保粮食供给的同时，保障肉类、蔬菜、水果、水产品等各类食物有效供给"。③

　　在习近平总书记关于保障国家粮食安全和重要农产品有效供给重要论述的指引下，我国采取了一系列战略性举措，推进了一系列变革性实践，走出了一条中国特色粮食安全之路。2015年1月，国务院印发《关于建立健全粮食安全省长责任制的若干意见》，从强化意识和责任、提高粮食生产能力、管好地方粮食储备等方面，对建立健全粮食安全省长责任制作出全面部署。2017年4月，国务院印发《关于建立粮食生产功能区和重要农产品生产保护区的指导意见》，要求增加基础设施建设投入、完善财政支持政策、创新金融支持政策，大力推进"两区"建设。2019年10月，国务院新闻办公室发布《中国的粮食安全》白皮书，对"中国特色粮食安全之路"作出了系统阐述。2021年中央"一号文件"要求，把提升粮食和重要农产品供给保障能力作为加快推进农业现代化的重要途径之一，要求地方各级党委和政府切实扛起粮食安全政治责任，实行粮食安全党政同责；深入实施重要农产品保障战略，完善粮食安全省长责任制和"菜篮子"市长负责制，确保粮、棉、油、糖、肉等农产品供给安全。同年4月施行的《粮食流通管理条例》（第三次修订）首次将

①　习近平：《论"三农"工作》，中央文献出版社2022年版，第305页。
②　习近平：《论"三农"工作》，中央文献出版社2022年版，第7—9页。
③　中国政府网：《习近平看望参加政协会议的农业界社会福利和社会保障界委员》，2022年3月6日，见http://www.gov.cn/xinwen/2022-03/06/content_5677564.htm。

"粮食安全党政同责"在行政法规中予以明确。2022 年中央"一号文件"强调指出，要全面落实粮食安全党政同责，严格粮食安全责任制考核，确保粮食播种面积稳定、产量保持在 1.3 万亿斤以上；大力实施大豆和油料产能提升工程，保障"菜篮子"产品供给，统筹做好重要农产品调控。同年 5 月，制定粮食安全保障法被列入 2022 年度立法工作计划，促进我国粮食安全由政策治理向法律治理转变，推动国家粮食安全治理体系和治理能力现代化。

党的十八大以来，我国粮食和重要农产品供给稳定，保障国家粮食安全的基础进一步夯实，实现了从"谁来养活中国"到"中国人的饭碗装中国粮"的历史性转变，粮食安全取得了举世瞩目的历史性成就。2021 年，我国粮食总产量达到 13657 亿斤，比上年增长 2.0%，比 2012 年的 11791 亿斤增长 15.8%，连续 18 年增产丰收，连续 7 年保持在 1.3 万亿斤以上；人均粮食占有量从 2012 年的 435 公斤增加至 2021 年的 483 公斤，增长 11%，远高于人均 400 公斤的国际安全标准线；稻谷供大于求、小麦产需平衡有余，三大谷物自给率超过 95%；当前我国粮食库存消费比超过 50%，远高于联合国粮农组织 17% 的粮食安全警戒线，保证了口粮绝对安全、谷物基本自给。在粮食安全得到有效保障的同时，肉、蛋、菜、果、鱼等重要农产品产量稳居世界第一，2021 年猪牛羊禽肉人均占有量达到 63 公斤，超过世界平均水平；禽蛋人均占有量 24 公斤，超过发达国家水平。[①] 中国用占世界 9% 的耕地、6% 的淡水资源，解决了世界近 20% 人口的吃饭问题，依靠自身力量牢牢把饭碗端在自己手中，不仅有力地保障了自身的粮食安全，也为世界粮食安全作出了重要贡献。

---

① 国家统计局：《中华人民共和国 2021 年国民经济和社会发展统计公报》，2022 年 2 月 28 日，见 http://www.stats.gov.cn/xxgk/sjfb/zxfb2020/202202/t20220228_1827971.html。

二、消除绝对贫困和增加农民收入

全面建成小康社会，是两个一百年奋斗目标的第一个百年奋斗目标。以习近平同志为核心的党中央顺应我国经济社会新发展和广大人民群众新期待，提出了全面建成小康社会新的目标要求，赋予了小康更高的标准和更丰富的内涵。全面建成小康社会强调的不仅是"小康"，更重要的是"全面"。全面小康是惠及全体人民的小康，没有全民小康就没有全面小康，从这个意义上讲，农民收入是全面小康的核心指标；全面小康是城乡区域共同的小康，农村特别是贫困地区是全面小康最大的短板，从这个意义上讲，消除绝对贫困是全面建成小康社会的底线任务。

党的十八大以来，党中央强调，"小康不小康，关键看老乡，关键看贫困老乡能不能脱贫"，承诺"全面小康路上，一个都不能少"，"决不能落下一个贫困地区、一个贫困群众"。[①]2013 年 11 月，习近平总书记在湖南省湘西州花垣县十八洞村考察时，提出了"实事求是、因地制宜、分类指导、精准扶贫"的十六字方针。[②]2015 年 11 月，习近平总书记在中央扶贫开发工作会议上明确提出，要"稳定实现农村贫困人口不愁吃、不愁穿，农村贫困人口义务教育、基本医疗、住房安全有保障"[③]，实施发展生产、易地搬迁、生态补偿、发展教育、社会保障兜底"五个一批"工程，做到扶贫对象、项目安排、资金使用、措施到户、因村派人、脱贫成效"六个精准"。2017 年 12 月，习近平总书记在中央农村工作会议上强调，要通过"强化产业和就业扶持""注重培养贫困群众发展生产和务工经商的基本技能""有序推进易地搬迁扶贫""聚焦特殊贫困人口精准发力""着力补齐贫困地区基础设施和公共服务短板"等方式，"重点

---

①　中共中央党史和文献研究室编：《十八大以来重要文献选编（下）》，中央文献出版社 2018 年版，第 29—30、34 页。

②　共产党员网：《百年瞬间丨习近平首次提出"精准扶贫"的重要思想》，2021 年 11 月 5 日，见 https://www.12371.cn/2021/11/05/VIDE1636090811985724.shtml。

③　农业农村部：《习近平出席中央扶贫开发工作会议并发表重要讲话》，2016 年 5 月 19 日，见 http://www.moa.gov.cn/ztzl/tpgj/gcsy/201605/t20160523_5146555.htm。

攻克深度贫困地区脱贫任务"。[①]2013年11月，习近平总书记在山东省农科院同有关方面代表座谈时强调，"与农民群众对美好生活的期待相比，农民增收致富奔小康还是一项极为艰巨的任务"。指出"促进农民收入持续较快增长，要综合发力，广辟途径，建立促进农民增收的长效机制"，"一是要提高农业生产效益"，"二是要引导农村劳动力转移就业"，"三是要加大对农业的补贴力度"，"四是要稳步推进农村改革"。[②]2018年6月，习近平总书记在山东考察时再次强调，"农业农村工作，说一千、道一万，增加农民收入是关键。要加快构建促进农民持续较快增收的长效政策机制，让广大农民都尽快富裕起来。"[③]

在习近平总书记相关重要论述的指导下，党和政府坚持用发展的办法消除贫困，探索走出了一条中国特色减贫道路。2015年11月，中共中央、国务院印发《关于打赢脱贫攻坚战的决定》，提出了打赢脱贫攻坚战的总体要求。2016年10月，国务院印发《关于激发重点群体活力　带动城乡居民增收的实施意见》，要求提高新型职业农民增收能力，拓宽新型职业农民增收渠道，充分挖掘现代农业增收潜力。同年12月，国务院办公厅印发《关于完善支持政策促进农民持续增收的若干意见》，提出完善农业支持保护制度、强化就业创业扶持政策、构建城乡一体化发展长效机制、健全困难群体收入保障机制等重要措施，确保实现全面小康。与此同时，国务院印发《"十三五"脱贫攻坚规划》，明确了"十三五"时期脱贫攻坚总体思路、基本目标、主要任务和保障措施，提出了打赢脱贫攻坚战的时间表和路线图。2017年10月，党的十九大把精准脱贫作为全面建成小康社会的三大攻坚战之一进行部署和安排。2018年6月，中共中央、国务院印发《关于打赢脱贫攻坚战三年行动的指导意见》，将脱贫攻坚的重点聚焦于最困难脱贫群体，要求转变扶贫方式，实现从以开

---

①　习近平：《论"三农"工作》，中央文献出版社2022年版，第257—258页。
②　习近平：《论"三农"工作》，中央文献出版社2022年版，第43页。
③　习近平：《论"三农"工作》，中央文献出版社2022年版，第46页。

发式扶贫为主向坚持开发式和保障性扶贫相统筹转变。2020年，为应对新冠肺炎疫情和特大洪涝灾情带来的影响，党和政府采取有效措施，防止发生返贫、致贫问题，促进农民就业、农民增收，确保完成脱贫攻坚和全面小康目标任务。打赢脱贫攻坚战后，围绕巩固拓展脱贫攻坚成果，提高脱贫群众生活质量，2020年12月，中共中央、国务院印发《关于实现巩固拓展脱贫攻坚成果同乡村振兴有效衔接的意见》，2021年5月，中央农村工作领导小组印发《关于健全防止返贫动态监测和帮扶机制的指导意见》，对做好巩固拓展脱贫攻坚成果同乡村振兴有效衔接各项工作作出部署和安排，聚焦重点人群、持续增收、重点区域、工作落实和系统建设等方面采取一系列政策措施，持续推动巩固脱贫攻坚成果再上新台阶。

党的十八大以来，经过八年持续奋斗，到2020年年底，中国新时代脱贫攻坚目标任务如期完成，现行标准下9899万农村贫困人口全部脱贫，832个贫困县全部摘帽，12.8万个贫困村全部出列，区域性整体贫困得到解决，绝对贫困得到彻底消除，为全球减贫事业作出重要贡献。2021年，我国农村居民人均可支配收入达到18931元，比2012年增长2.3倍，年均增长率约7.7%；人均消费支出15916元，比2012年累计实际增长99.7%，年均实际增长8.0%。[①] 实现了农民收入比2010年翻一番的目标，农村居民与全国人民一道迈进全面小康社会。

三、推进农业和乡村产业融合发展

党的十八大以来，我国农业和农村经济发展进入新阶段，与广大人民群众不断增长的美好生活需要相比，我国农业发展还面临投入成本高、产品品质和生产效益低、受资源环境约束大等突出问题，乡村产业发展

---

① 国家统计局：《居民收入水平较快增长　生活质量取得显著提高——党的十八大以来经济社会发展成就系列报告之十九》，2022年10月11日，见 http://www.stats.gov.cn/xxgk/jd/sjjd2020/202210/t20221011_1889192.html。

还面临产业链条不长、融合程度不深、要素活力不足等突出问题，迫切需要加快转变农业发展方式、调整优化农村产业结构，推进农业高质量发展，促进乡村一二三产业融合发展。

党的十八大以来，习近平总书记多次强调，要适应农业农村经济变化的新要求，促进农业全面转型升级，促进乡村产业融合发展。2014年12月，习近平总书记在中央经济工作会议上提出，今后一个时期农业发展的出路是"坚定不移加快转变农业发展方式，从主要追求产量增长和拼资源、拼消耗的粗放经营，尽快转到数量质量效益并重、注重提升竞争力、注重农业技术创新、注重可持续的集约发展上来"[①]。2016年12月，习近平总书记在中央经济工作会议上提出，"要向开发农业多重功能要潜力，发挥三次产业融合发展的乘数效应，抓好农村电商、休闲农业、乡村旅游等新产业新业态"[②]。2017年12月，习近平总书记在中央农村工作会议上提出，要"深化农业供给侧结构性改革"，"走质量兴农之路"，要"构建农村一二三产业融合发展体系"，"不断提高农业创新力、竞争力和全要素生产率，加快实现由农业大国向农业强国转变"。[③]2020年12月，习近平总书记在中央农村工作会议上强调，"要深入推进农业供给侧结构性改革，推动品种培优、品质提升、品牌打造和标准化生产"，"促进农业高质高效"；"要适应城乡居民消费需求，顺应产业发展规律，立足当地特色资源，拓展乡村多种功能，向广度深度进军，推动乡村产业发展壮大"，"促进乡村宜居宜业"。[④]

为顺应新阶段新形势新要求，党和政府采取一系列战略性举措，推

---

① 习近平：《论"三农"工作》，中央文献出版社2022年版，第137页。
② 习近平：《论"三农"工作》，中央文献出版社2022年版，第209页。
③ 人民网：《中央农村工作会议在北京举行　习近平作重要讲话》，2017年12月29日，见 http://jhsjk.people.cn/article/29737103。
④ 共产党员网：《坚持把解决好"三农"问题作为全党工作重中之重举全党全社会之力推动乡村振兴》，2022年3月31日，见 https://www.12371.cn/2022/03/31/ARTI1648714506421324.shtml。

进农业高质量发展，促进乡村产业融合发展，加快构建农业和农村现代化产业体系。2015年中央"一号文件"明确提出，要深入推进农业结构调整，提升农产品质量和食品安全水平，推进农村一二三产业融合发展，将其作为增加农民收入的重要手段。2016年中央"一号文件"强调，要持续夯实现代农业基础，提高农业质量效益和竞争力，深度挖掘农业的多种功能，培育壮大农村的新产业新业态。2016年10月，国务院印发《全国农业现代化规划（2016—2020年）》，从战略要求、指导思想、基本原则、发展目标、重点任务、主要措施等方面，对"十三五"时期推进农业现代化进行了部署和安排。同年1月和11月，国务院办公厅印发《关于推进农村一二三产业融合发展的指导意见》、农业部印发《全国农产品加工业与农村一二三产业融合发展规划（2016—2020年）》，着力构建农业与二、三产业交叉融合的现代产业体系。2017年"中央一号"文件从优化产品产业结构、推行绿色生产方式、壮大新产业新业态等方面，提出要深入推进农业供给侧结构性改革。2019年2月，农业农村部等七部门联合印发《国家质量兴农战略规划（2018—2022年）》，对未来一段时期实施质量兴农战略的总体思路、发展目标和重点任务作出了明确安排。2020年7月，农业农村部印发《全国乡村产业发展规划（2020—2025年）》，从提升农产品加工业、拓展乡村特色产业、优化乡村旅游产业、发展乡村新型服务业、推进农业产业化和农村产业融合发展、推进农村创新创业等方面，明确了促进乡村产业发展的主要路径和保障措施。2022年2月，国务院印发《"十四五"推进农业农村现代化规划》，明确提出要推进农业全产业链开发，构建现代乡村产业体系，提升产业链供应链现代化水平。

党的十八大以来，我国农业综合生产能力迈上新台阶，进入高质量发展新阶段。一是农业生产持续增长。2021年，我国农林牧渔业总产值超过14.7万亿元，比2012年增长6.07万亿元，2013—2021年平均增长4.2%。二是产业结构不断优化。农林牧渔专业及辅助性活动产值大幅增加，2021年占比达到5.3%，增加1.6个百分点。[1]三是品种质量稳定提升。截至2021年10月，我国农作物良种覆盖率超过96%，自主选育品种占95%；畜禽、水产种源自给率分别超过75%和85%；[2]国家农产品质量安全例行监测合格率稳定在97%以上。[3]

党的十八大以来，我国一二三产业融合程度不断加深，乡村产业融合发展迈出坚实步伐。一是农业及相关产业稳定发展。以农产品加工业为代表的一二产业加速融合，以农家乐、田园综合体等为代表的一三产业融合程度不断加深，农业及相关产业增加值持续保持在农林牧渔业增加值的2倍以上。2021年，规模以上农副食品加工业营业收入达54108亿元，比2012年增加1962亿元，2013—2021年平均增长0.4%。[4]二是新产业新业态蓬勃发展。随着农业产业化水平不断提高，设施农业、无土栽培、观光农业、精准农业等新型农业生产模式快速发展。2021年年末，全国温室、大棚、中小棚等农业设施数量达2800多万个，设施农业占地面积3800多万亩；订单农业、农村电商、视频直播、冷链物流等农业新业态方兴未艾，2021年，超过100万农户通过网络销售农产品，50万多农户开展了休闲农业和乡村旅游，[5]为农业提质增效、农民增收创收、农村发展创新提供了动力。

---

① 中国政府网：《农业发展成就显著 乡村美丽宜业宜居——党的十八大以来经济社会发展成就系列报告之二》，2022年9月15日，见http://www.gov.cn/xinwen/2022-09/15/content_5709899.htm。

② 光明网：《我国全面实施种业振兴行动 农作物良种覆盖率超过96%》，2021年10月10日，见https://m.gmw.cn/baijia/2021-10/10/1302634191.html。

③ 新华网：《粮食产能稳定提升 乡村振兴开局良好——"中国这十年"系列主题新闻发布会聚焦农业农村新面貌》，2022年6月27日，见http://m.news.cn/2022-06/27/c_1128781800.htm。

④ 国家统计局：《农业发展成就显著 乡村美丽宜业宜居——党的十八大以来经济社会发展成就系列报告之二》，2022年9月14日，见http://www.stats.gov.cn/xxgk/jd/sjjd2020/202209/t20220914_1888221.html。

⑤ 国家统计局：《农业发展成就显著 乡村美丽宜业宜居——党的十八大以来经济社会发展成就系列报告之二》，2022年9月14日，见http://www.stats.gov.cn/xxgk/jd/sjjd2020/202209/t20220914_1888221.html。

四、推动农业和农村全面绿色发展

改革开放以来，随着我国经济持续较快的发展，工业化、城镇化进程的加快，我国农村的环境和生态问题比较突出。农业高投入、高消耗的粗放型发展方式带来了诸如土壤污染加重、地下水超采、大气污染严重、化肥农药投入过量和利用效率较低等资源环境问题，农村人居环境状况不平衡，脏乱差问题比较严重，迫切需要加快转变农业农村发展方式，推动农业农村发展全面绿色转型。

党的十八大以来，为保护自然资源环境、推动农业可持续发展、提高农民生活质量，党和政府高度重视农业农村发展绿色转型问题。以习近平同志为核心的党中央强调，要牢固树立贯彻落实绿水青山就是金山银山的理念，推动乡村生态环境发生明显变化。2013年12月，习近平总书记在中央农村工作会议上指出，"把住生产环境安全关，就要治地治水，净化农产品产地环境"，"把住农产品生产安全关，就要控肥、控药、控添加剂，规范农业生产过程，严格管制乱用、滥用农业投入品"。[①]2014年12月，习近平总书记在中央经济工作会议上指出，"农业发展不仅要杜绝生态环境欠新账，而且要逐步还旧账。要推行农业标准化清洁生产……对山水林田湖实施更严格的保护……打好农业面源污染治理攻坚战"[②]。2016年12月，习近平总书记在中央财经领导小组第十四次会议上的讲话中指出，要"研究建立规模化养殖场废弃物强制性资源化处理的制度"[③]。2017年5月，习近平总书记在主持中共十八届中央政治局第四十一次集体学习时的讲话中提出，"要加强农业面源污染治理，推动化肥、农药使用量零增长，提高农膜回收率，加快推进农作物秸秆和畜禽养殖废弃物全量资源化利用"[④]。2018年3月，习近平总书记在参加十三

---

①　习近平：《论"三农"工作》，中央文献出版社2022年版，第90—91页。
②　习近平：《论"三农"工作》，中央文献出版社2022年版，第138页。
③　习近平：《论"三农"工作》，中央文献出版社2022年版，第215页。
④　习近平：《论"三农"工作》，中央文献出版社2022年版，第65页。

届全国人大一次会议山东代表团审议时指出，"要推动乡村生态振兴，坚持绿色发展，加强农村突出环境问题综合治理，让良好生态成为乡村振兴支撑点"①。同年5月，习近平总书记在全国生态环境保护大会上强调，"要持续开展农村人居环境治理行动，实现全国行政村环境整治全覆盖，基本解决农村的垃圾、污水、厕所问题，打造美丽乡村，为老百姓留住鸟语花香田园风光"②。2020年12月，习近平总书记在中央农村工作会议上强调，"农业是个生态产业，农村是生态系统的重要一环"，要"以钉钉子精神推进农业面源污染防治，抓好化肥农药减量、白色污染治理、畜禽粪便和秸秆资源化利用，加强土壤污染、地下水超采、水土流失等治理和修复"，"要健全草原森林河流湖泊休养生息制度，巩固退牧还草、退耕还林成果，开展大规模国土绿化行动，加强生物多样性保护"。③

为改变农业粗放经营的方式，遏制农业面源污染和生态退化的问题，满足人民群众日益增长的美好生活需要，党和政府作出一系列重大部署，提出推进农业绿色发展五大行动和农村人居环境整治行动。2016年中央"一号文件"明确提出，要加强资源保护和生态修复，推动农业绿色发展，"加快农业环境治理、加强农业资源保护和高效利用、注重农业生态保护修复、提高农产品质量"。2017年9月，中共中央办公厅、国务院办公厅印发《关于创新体制机制推进农业绿色发展的意见》，明确提出要把农业绿色发展摆在生态文明建设全局的突出位置，将保障国家粮食安全、资源安全和生态安全联系在一起，以实现保供给、保收入、保生态的协调统一。2017年10月，党的十九大将污染防治作为三大攻坚战之一。2018年2月和2021年12月，中共中央办公厅、国务院办公厅

---

① 党建网：《关于乡村振兴，总书记这样强调》，2021年3月17日，见 http://www.dangjian.cn/shouye/sixianglilun/xuexiyuandi/202103/t20210317_5981966.shtml。

② 习近平：《论"三农"工作》，中央文献出版社2022年版，第67页。

③ 共产党员网：《坚持把解决好"三农"问题作为全党工作重中之重举全党全社会之力推动乡村振兴》，2022年3月31日，见 https://www.12371.cn/2022/03/31/ARTI1648714506421324.shtml。

先后印发《农村人居环境整治三年行动方案》和《农村人居环境整治提升五年行动方案（2021—2025年）》，明确了到2020年和2025年农村人居环境整治的阶段性行动目标，提出了全面提升农村人居环境的行动和措施。2018年6月，中共中央、国务院印发的《关于全面加强生态环境保护 坚决打好污染防治攻坚战的意见》提出，打好农业农村污染治理攻坚战、引导公众绿色生活。2020年3月，农业农村部办公厅印发的《2020年农业农村绿色发展工作要点》，对农业农村绿色发展工作作出指导和部署。2021年8月，农业农村部等六部门联合印发《"十四五"全国农业绿色发展规划》，明确了到2025年和2035年农业绿色发展的主要目标，提出了"十四五"期间推进农业绿色发展的政策措施。紧扣农业农村发展中存在的突出环境问题，2017年6月第二次修正的《水污染防治法》、2018年8月通过的《土壤污染防治法》、2018年10月第二次修正的《大气污染防治法》等，以法律的形式对推动农业农村绿色发展作出了明确规定。

党的十八大以来，我国农业和农村全面绿色发展取得了明显进展。一是农业绿色生产方式加快建立。2018年全国农田灌溉水有效利用系数达到0.554，比2012年增加0.038；2019年全国耕地质量平均等级为4.76，比2014年提升0.35个等级；2020年我国水稻、小麦、玉米三大粮食作物化肥利用率达到40.2%，比2015年提高5个百分点；农药利用率达到40.6%，比2015年提高4个百分点，化肥农药使用量零增长行动目标提前三年实现；[1]2021年，全国农作物秸秆利用量6.47亿吨，综合利用率达88.1%，比2018年增长3.4个百分点。[2]2021年年末，我国耕地灌溉面

---

① 中国政府网：《利用率过40%：化肥农药使用量零增长行动实现目标》，2021年1月17日，见 http://www.gov.cn/xinwen/2021-01/17/content_5580552.htm。

② 农业农村部：《〈全国农作物秸秆综合利用情况报告〉发布2021年我国农作物秸秆综合利用率达88.1%》，2022年10月10日，见 http://www.moa.gov.cn/xw/zwdt/202210/t20221010_6412962.htm。

积 10.44 亿亩，比 2012 年增加 10702 万亩，年均增长 1.2%；2021 年全国
新建成 1 亿多亩高标准农田，累计已完成 9 亿多亩高标准农田建设任务；
2021 年全国农业机械总动力达到 10.8 亿千瓦，比 2012 年增加 0.5 亿千
瓦，2013—2021 年平均增长 0.6%。[①] 二是农村绿色生活方式加快形成。农
村地区通过互联网平台，不断完善构建绿色生活方式的民众参与制度，及
时准确地披露各类环境信息，扩大绿色信息公开范围；践行绿色消费的人
数逐渐增加，生活方式绿色化理念逐渐深入人心。[②] 2021 年年末，96.3%
的村生活垃圾集中处理或部分集中处理，农村卫生户厕普及率达 77.5%，
47.6% 的村生活污水集中处理或部分集中处理。[③] 三是农业农村生态文明制
度不断完善。据不完全统计，目前我国制定实施的环保法律特别是污染防
治法律共计 13 部，关于环境保护和污染防治方面的行政法规、党内环保
法规共计 30 余部，生态文明制度体系"四梁八柱"基本形成。山清水秀、
天蓝地绿的农业生产环境和干净整洁、村美人和的农村生活环境加快构
建，为全面推进乡村振兴、建设美丽中国、增进民生福祉提供了有力
支撑。

五、加强农村基础设施和公共服务体系建设

在全面推进乡村振兴、加快农业农村现代化的历史进程中，农村基
础设施和公共服务体系建设扮演着重要角色，也是亟待解决的短板和弱
项问题。农村基础设施建设存在投入不足、使用率低、维护缺位等，农
村公共服务体系建设存在资源配置不均衡、服务水平差异大、人才短缺

---

① 国家统计局：《农业发展成就显著　乡村美丽宜业宜居——党的十八大以来经济社会
发展成就系列报告之二》，2022 年 9 月 14 日，见 http://www.stats.gov.cn/xxgk/jd/sjjd2020/202209/
t20220914_1888221.html。

② 生态环境部：《公民生态环境行为调查报告（2020 年）》发布，2020 年 7 月 14 日，见
https://www.mee.gov.cn/ywgz/xcjy/gzcy_27007/202007/t20200714_789277.shtml。

③ 国家统计局：《农业发展成就显著　乡村美丽宜业宜居——党的十八大以来经济社会
发展成就系列报告之二》，2020 年 9 月 14 日，http://www.stats.gov.cn/xxgk/jd/sjjd2020/202209/
t20220914_1888221.html。

等，农村基础设施和公共服务体系建设存在城乡和区域之间发展不平衡等突出问题，迫切需要加强和完善农村基础设施和公共服务体系建设。

党的十八大以来，我国高度重视和大力推进乡村建设，不断加强农村基础设施建设、加大对农村地区基本公共服务投入，加快补齐农村社会发展短板弱项，构建乡村建设民生保障底线。[①]2014 年 4 月，习近平总书记在农村改革座谈会上的讲话中明确提出，"要以保障和改善农村民生为优先方向，树立系统治理、依法治理、综合治理、源头治理理念，确保广大农民安居乐业、农村社会安定有序"[②]。2015 年 11 月，习近平总书记在中央扶贫开发工作会议上指出，"要把脱贫攻坚重点放在改善生产生活条件上，着重加强农田水利、交通通信等基础设施和技术培训、教育医疗等公共服务体系建设，特别是要解决好入村入户等'最后一公里'问题"[③]。2017 年 6 月，习近平总书记在山西考察时指出，"要深入推进社会主义新农村建设，推动公共服务向农村延伸，全面改善农村生产生活条件"[④]；同年 12 月，习近平总书记在中央农村工作会议上明确提出，要"把公共基础设施建设的重点放在农村，推动农村基础设施建设提档升级，优先发展农村教育事业……加强农村社会保障体系建设"[⑤]。2021 年 2 月，习近平总书记在主持中共十九届中央政治局第二十八次集体学习时的讲话中强调，"要把农村社会救助纳入乡村振兴战略统筹谋划，健全农村社会救

---

① 求是网：《坚持把解决好"三农"问题作为全党工作重中之重　举全党全社会之力推动乡村振兴》，2022 年 3 月 31 日，http://www.qstheory.cn/dukan/qs/2022-03/31/c_1128515304.htm。

② 习近平：《论"三农"工作》，中央文献出版社 2022 年版，第 204 页。

③ 农业农村部：《习近平关于"三农"工作论述摘编——十、坚决打赢农村贫困人口脱贫攻坚战》，2021 年 5 月 21 日，见 http://www.moa.gov.cn/ztzl/xjpgysngzzyls/zyll/202105/t20210521_6368150.htm。

④ 共产党员网：《习近平：扎扎实实做好改革发展稳定各项工作》，2017 年 6 月 23 日，见 https://news.12371.cn/2017/06/23/ARTI1498223063398404.shtml。

⑤ 共产党员网：《中央农村工作会议在北京举行习近平作重要讲话　李克强汪洋讲话张高丽栗战书王沪宁赵乐际韩正出席会议》，2017 年 12 月 29 日，见 https://news.12371.cn/2017/12/29/ARTI1514548988259610.shtml。

助制度，完善日常性帮扶措施"①。同年 8 月，习近平总书记在河北承德考察时再次强调，"要加强农村基础设施和公共服务体系建设，加快补齐公共卫生服务这块短板，完善基层公共卫生设施，加强乡村精神文明建设"②。

为补齐农村基础设施和基本公共服务存在的规模不足、质量不高、发展不平衡等突出问题，2013 年中央"一号文件"提出，加强农村基础设施建设，大力发展农村社会事业，积极推进城乡公共资源均衡配置。2014—2016 年的中央"一号文件"都要求，加大农村基础设施建设力度，提升农村公共服务水平。2017 年中央"一号文件"明确提出，要补齐农业农村短板，夯实农村共享发展基础，再次强调提升农村基本公共服务水平。同年 1 月，国务院印发《"十三五"推进基本公共服务均等化规划》，明确提出推进教育、社保、医疗、住房等领域基本公共服务均等化的重点任务。2018 年中央"一号文件"强调，要提高农村民生保障水平，推动农村基础设施提挡升级，加强农村社会保障体系建设。同年 9 月，中共中央、国务院印发《乡村振兴战略规划（2018—2022 年）》，对加强农村基础设施建设和增加农村公共服务供给作出部署和安排。2021 年中央"一号文件"要求，扎实开展重点领域农村基础设施建设，加强基本公共服务县域统筹。2022 年 5 月，中共中央办公厅、国务院办公厅印发《乡村建设行动实施方案》，对乡村建设的总体要求、重点任务、推进机制、政策支持和要素保障等进行了明确规定。党的十八大以来，为着力解决农村文化、养老、医疗等突出问题，先后印发《农家书屋深化改革创新提升服务效能实施方案》《"十四五"国家老龄事业发展和养老服务体系规划》《关于进一步深化改革促进乡村医疗卫生体系健康发展的意见》等政策文件，进一步推动农村社会事业全面发展。

---

① 习近平：《论"三农"工作》，中央文献出版社 2022 年版，第 115 页。
② 习近平：《论"三农"工作》，中央文献出版社 2022 年版，第 116 页。

　　党的十八大以来，我国农村基础设施建设稳步推进，公共服务体系建设不断完善，乡村建设取得明显进展。一是用水条件不断改善。2020 年，共解决 2.8 亿农村群众饮水安全问题，农村自来水普及率达到 84%。[①] 2021 年，农村居民有安全饮用水的户比重为 97.0%，比 2013 年提高 22.3 个百分点；获取饮用水无困难的户比重为 97.6%，比 2013 年提高 12.0 个百分点；有管道供水入户的户比重为 92.7%，比 2013 年提高 29.4 个百分点。[②] 二是道路建设不断健全。截至 2021 年年末，我国 87.3% 的村通公共交通；99.1% 的村进村主要道路路面为水泥或柏油；97.4% 的村村内主要道路路面为水泥或柏油，[③] 基本形成了遍布农村、连接城乡的农村公路网络，农民群众"出行难"问题得到基本解决。三是居住质量明显提升。2021 年，农村居民居住在钢筋混凝土或砖混材料结构住房的户比重为 77.6%，比 2013 年提高 21.9 个百分点。四是通信条件显著改善。2021 年农村地区分别有 99.9% 和 99.8% 的户所在自然村实现通电话、通有线电视信号，比 2013 年提高 1.3 个和 10.6 个百分点。2021 年年末，99.0% 的村通宽带互联网，94.2% 的村安装了有线电视；有电子商务配送站点的村超过 33 万个，农村生产生活条件显著改善。[④] 五是教育水平稳步提高。2021 年，农村地区有 90.1% 的户所在自然村可以便利地上幼儿园或学前班，比 2013 年提高 14.4 个百分点；有 91.3% 的户

　　① 光明网：《农村饮水安全问题实现历史性解决》，2022 年 9 月 13 日，见 https://m.gmw.cn/baijia/2022-09/13/1303138918.html。

　　② 国家统计局：《居民收入水平较快增长　生活质量取得显著提高——党的十八大以来经济社会发展成就系列报告之十九》，2022 年 10 月 11 日，见 http://www.stats.gov.cn/xxgk/jd/sjjd2020/202210/t20221011_1889192.html。

　　③ 中国政府网：《农业发展成就显著　乡村美丽宜业宜居——党的十八大以来经济社会发展成就系列报告之二》，2022 年 9 月 15 日，见 http://www.gov.cn/xinwen/2022-09/15/content_5709899.htm。

　　④ 中国政府网：《农业发展成就显著　乡村美丽宜业宜居——党的十八大以来经济社会发展成就系列报告之二》，2022 年 9 月 15 日，见 http://www.gov.cn/xinwen/2022-09/15/content_5709899.htm。

所在自然村可以便利地上小学，比 2013 年提高 10.5 个百分点。^① 六是医疗水平继续提升。国家加强农村医疗卫生服务体系建设，农村医疗卫生状况显著改善，建立了统一的城乡居民基本医疗保险制度。2021 年年末，乡镇卫生院达到 3.5 万家，有卫生院的乡镇占全国乡镇总数的 90.8%；村卫生室数达 59.9 万个，平均每个村拥有至少一个卫生室。^② 七是社会保障水平全面提升。2021 年，农村居民最低生活保障人数 3474 万人，比 2012 年下降 1871 万人；2020 年，农村分散供养五保人数 372 万人，农村集中供养五保人数 74 万人；^③ 农村社会保障标准逐步提高，老有所养的目标基本实现。

六、促进城乡融合和区域协调发展

党的十八大以来，中国特色社会主义进入新时代，社会主要矛盾发生变化。城乡发展不平衡、农村发展不充分，已经成为满足人民日益增长的美好生活需要的主要制约因素，迫切需要加快城乡融合发展、促进区域协调发展。

2012 年 11 月，党的十八大报告明确指出，"城乡发展一体化是解决'三农'问题根本途径"，要"加快完善城乡发展一体化体制机制"，"统筹城乡发展、区域发展"，"依靠城乡区域发展协调互动，不断增强长期发展后劲"。^④ 2013 年 11 月，习近平总书记在就《中共中央关于全面深化改革若干重大问题的决定》向全会所作的说明中指出，"城乡发展不

---

① 国家统计局：《居民收入水平较快增长　生活质量取得显著提高——党的十八大以来经济社会发展成就系列报告之十九》，2022 年 10 月 11 日，见 http://www.stats.gov.cn/xxgk/jd/sjjd2020/202210/t20221011_1889192.html。

② 中国政府网：《农业发展成就显著　乡村美丽宜业宜居——党的十八大以来经济社会发展成就系列报告之二》，2022 年 9 月 15 日，见 http://www.gov.cn/xinwen/2022-09/15/content_5709899.htm。

③ 中国政府网：《农业发展成就显著　乡村美丽宜业宜居——党的十八大以来经济社会发展成就系列报告之二》，2022 年 9 月 15 日，见 http://www.gov.cn/xinwen/2022-09/15/content_5709899.htm。

④ 《中国共产党第十八次全国代表大会文件汇编》，人民出版社 2012 年版，第 9、19、21—22 页。

平衡不协调，是我国经济社会发展存在的突出矛盾，是全面建成小康社会、加快推进社会主义现代化必须解决的重大问题"①。同年 12 月，习近平总书记在中央城镇化工作会议上指出，"解决已经转移到城镇就业的农业转移人口落户问题"，"对那些已经在城镇就业但就业不稳定、难以适应城镇要求或不愿落户的人口，要逐步提高基本公共服务水平，努力解决好他们的子女教育、医疗卫生、社会保障等需求"。②2015 年 4 月，习近平总书记在中共十八届中央政治局第二十二次集体学习时指出，"推进城乡发展一体化，是工业化、城镇化、农业现代化发展到一定阶段的必然要求，是国家现代化的重要标志"③，要"从我国城乡发展不平衡不协调和二元结构的现实出发，从我国的自然禀赋、历史文化传统、制度体制出发"，"通过城乡融合的体制机制，形成以工促农、以城带乡、工农互惠、城乡一体的新型工农城乡关系"，"逐步实现城乡居民基本权益平等化、城乡公共服务均等化、城乡居民收入均衡化、城乡要素配置合理化，以及城乡产业发展融合化"的目标。④2017 年 12 月，习近平总书记在中央农村工作会议上强调，要"逐步建立健全全民覆盖、普惠共享、城乡一体的基本公共服务体系，让符合条件的农业转移人口在城市落户定居，推动新型工业化、信息化、城镇化、农业现代化同步发展"⑤。2018 年 9 月，习近平总书记在主持中共十九届中央政治局第八次集体学习时的讲话中明确提出，"当前，我国正处于正确处理工农关系、城乡关系的历史关口"，"不管工业化、城镇化进展到哪一步，农业都要发展，乡村都不

---

① 中央文献研究室编：《十八大以来重要文献选编》（上），中央文献出版社 2014 年版，第 503 页。

② 习近平：《论"三农"工作》，中央文献出版社 2022 年版，第 56、59 页。

③ 农业农村部：《习近平关于"三农"工作论述摘编——二、建立健全城乡融合发展体制机制和政策体系，加快推进农业农村现代化》，2021 年 5 月 21 日，见 http://www.moa.gov.cn/ztzl/xjpgysngzzyls/zyll/202105/t20210521_6368113.htm。

④ 习近平：《论"三农"工作》，中央文献出版社 2022 年版，第 157 页。

⑤ 共产党员网：《中央农村工作会议在北京举行　习近平作重要讲话》，2017 年 12 月 29 日，见 https://news.12371.cn/2017/12/29/ARTI1514548988259610.shtml。

会消亡，城乡将长期并生共存"。①2019 年 8 月，习近平总书记在中央财经委员会第五次会议上指出，"不能简单要求各地区在经济发展上达到同一水平，而是要根据各地区的条件，走合理分工、优化发展的路子"，"不平衡是普遍的，要在发展中促进相对平衡。这是区域协调发展的辩证法"。②2020 年 12 月，习近平总书记在中央农村工作会议上提出，"要实施乡村建设行动，继续把公共基础设施建设的重点放在农村，在推进城乡基本公共服务均等化上持续发力，注重加强普惠性、兜底性、基础性民生建设"③；强调"要把县域作为城乡融合发展的重要切入点，推进空间布局、产业发展、基础设施等县域统筹，把城乡关系摆布处理好，一体设计、一并推进"④。

为重塑城乡关系，走城乡融合发展之路，2014 年中央"一号文件"从开展村庄人居环境整治、推进城乡基本公共服务均等化和加快推动农业转移人口市民化等方面，提出健全城乡发展一体化体制机制和政策措施。2016 年 3 月，《中华人民共和国国民经济和社会发展第十三个五年规划纲要》明确提出，要推动城镇公共服务向农村延伸，逐步实现城乡基本公共服务制度并轨标准统一。2017 年 10 月，党的十九大报告提出，要建立健全城乡融合发展体制机制和政策体系。2018 年中央"一号文件"提出，到 2020 年城乡基本公共服务均等化水平进一步提高，城乡融合发展体制机制初步建立，到 2035 年城乡基本公共服务均等化基本实现，城乡融合发展体制机制更加完善；同年 9 月，中共中央、国务院印发《乡村振兴战略规划（2018—2022 年）》，要求完善城乡布局结构，推进城乡统一规划。2019 年 4 月，中共中央、国务院印发《关于建立健全城乡融

---

① 习近平：《论"三农"工作》，中央文献出版社 2022 年版，第 275—276 页。

② 中国政府网：《推动形成优势互补高质量发展的区域经济布局》，2019 年 12 月 15 日，见 http://www.gov.cn/xinwen/2019-12/15/content_5461353.htm?from=timeline&isappinstalled=0。

③ 共产党员网：《坚持把解决好"三农"问题作为全党工作重中之重 举全党全社会之力推动乡村振兴》，2020 年 3 月 31 日，见 https://www.12371.cn/2022/03/31/ARTI1648714506421324.shtml。

④ 习近平：《论"三农"工作》，中央文献出版社 2022 年版，第 16 页。

合发展体制机制和政策体系的意见》，明确了推动城乡融合发展的指导思想、基本原则、政策措施和组织保障。2021年中央"一号文件"提出，要推进以人为核心的新型城镇化，促进大中小城市和小城镇协调发展，加快县域内城乡融合发展。2022年3月，国家发展改革委印发《2022年新型城镇化和城乡融合发展重点任务》，要求以县域为基本单元推动城乡融合发展，推进城镇基础设施向乡村延伸、公共服务和社会事业向乡村覆盖；同年5月，中共中央办公厅、国务院办公厅印发《关于推进以县城为重要载体的城镇化建设的意见》，要求以县域为基本单元推进城乡融合发展，发挥县城连接城市、服务乡村作用，增强对乡村的辐射带动能力，促进县城基础设施和公共服务向乡村延伸覆盖。为着力解决城乡基本养老、义务教育、基本医疗等突出问题，先后印发《关于建立统一的城乡居民基本养老保险制度的意见》《关于进一步完善城乡义务教育经费保障机制的通知》《关于整合城乡居民基本医疗保险制度的意见》《关于做好2021年城乡居民基本医疗保障工作的通知》等政策文件，进一步推进城乡融合发展。党的十八大以来，为促进我国区域协调发展，党和国家制定实施一系列具有全局性意义的区域重大战略。[①]在此基础上，2018年11月，中共中央、国务院印发《关于建立更加有效的区域协调发展新机制的意见》，要求落实区域协调发展战略各项任务，促进区域协调发展向更高水平和更高质量迈进。

　　党的十八大以来，党和政府着力构建体制机制和政策体系，促进城乡融合和区域协调发展。一是城乡差距持续缩小。2012—2021年，农村居民人均可支配收入从8389元增加至18931元，年均增长率约7.7%，农民收入的增长速度明显快于同期城镇居民收入和国民经济的增长速度；城乡收入比不断缩小，从2012年的2.88下降至2021年的2.50。农村居

---

　　① 主要包括京津冀协同发展、长江经济带发展、粤港澳大湾区建设、长三角一体化发展、黄河流域生态保护和高质量发展、高标准高质量建设雄安新区，推动西部大开发、东北振兴、中部地区发展、东部地区加快发展，支持老少边穷地区发展等区域战略。

民人均消费支出从 2012 年的 6667 元增加至 2021 年的 15916 元，年均增长率为 8.0%，高于同期城镇居民的年均增速。农村居民恩格尔系数明显下降，从 2013 年的 35.9% 下降至 2021 年的 32.7%，农民生活水平不断提高。[①] 农村医疗、教育、社保等基本公共服务与城市的差距不断缩小；城乡基础设施网络加快统筹建设，城乡一体化发展成效显著。二是地区相对差距不断缩小。2021 年，中部和西部地区生产总值分别达到 25 万亿元、24 万亿元，与 2012 年相比增加 13.5 万亿元、13.3 万亿元，占全国的比重由 2012 年的 21.3%、19.6% 提高到 2021 年的 22%、21.1%，中西部地区经济增速连续多年高于东部地区；东部与中西部人均地区生产总值比分别从 2012 年的 1.69、1.87 下降至 2021 年的 1.53、1.68，差距持续缩小，区域发展的协调性逐步增强；东部、东北、中部与西部地区居民人均可支配收入比分别从 2012 年的 1.72、1.30 和 1.10 下降至 2021 年的 1.62、1.10、1.07。[②] 经过十年的发展，我国城乡差距、区域差距逐渐缩小，平衡协调的城乡区域关系、深度融合的发展格局正在逐步形成。

第二节　农村制度发生历史性变革

党的十八大以来，在推进农村改革发展的实践中，党和政府不断深化对农业农村发展客观规律的认识，推出一系列变革性实践，实现一系列突破性进展，持续加大强农惠农富农政策力度，全面深化农村综合改革和各项改革，加强乡村治理体系和治理能力建设，强化农业和农村法治保障，取得一些标志性成果。

---

　　① 国家统计局：《居民收入水平较快增长　生活质量取得显著提高——党的十八大以来经济社会发展成就系列报告之十九》，2022 年 10 月 11 日，见 http://www.stats.gov.cn/xxgk/jd/sjjd2020/202210/t20221011_1889192.html。

　　② 国家统计局：《居民收入水平较快增长　生活质量取得显著提高——党的十八大以来经济社会发展成就系列报告之十九》，2022 年 10 月 11 日，见 http://www.stats.gov.cn/xxgk/jd/sjjd2020/202210/t20221011_1889192.html。

一、全面深化农村土地制度改革

改革开放之初，我国在农村实行家庭联产承包责任制，将土地所有权和承包经营权分设，所有权归集体，承包经营权归农户，极大地调动了亿万农民积极性，有效地解决了温饱问题，农村改革取得重大成果。进入新时代，为更好地维护农民集体、承包农户、经营主体的权益，促进土地资源合理利用，迫切需要实行所有权、承包权、经营权分置并行，着力推进农业现代化。同时，为充分激发农村土地要素活力，形成合理的利益分配格局，需要对农村宅基地、集体经营性建设用地等进行改革。

党的十八大以来，以习近平同志为核心的党中央在坚持农村土地农民集体所有、坚持家庭经营基础性地位、坚持稳定土地承包关系的基础上，推进和深化农村土地制度改革。2013年12月，习近平总书记在中央农村工作会议上强调，"农村土地制度改革是个大事，涉及的主体、包含的利益关系十分复杂，必须审慎稳妥推进。要加强土地经营权流转管理和服务，推动土地经营权等农村产权流转交易公开、公正、规范运行"[1]。2014年9月，习近平总书记在中央全面深化改革领导小组第五次会议上提出，"现阶段深化农村土地制度改革，要更多考虑推进中国农业现代化问题，既要解决好农业问题，也要解决好农民问题，走出一条中国特色农业现代化道路"[2]。2016年4月，习近平总书记在农村改革座谈会上指出，"三权分置"是"我国农村改革又一次重大制度创新，有利于更好坚持集体对土地的所有权，更好保障农户对土地的承包权，更好用活土地经营权，推进现代农业发展"[3]。2017年12月，习近平总书记在中央农村工作会议上强调，"完善农民闲置宅基地和闲置农房的政策，探索宅基地所有权、资格权、使用权'三权分置'"[4]。2020年12月，习近平总书记

---

[1]　习近平：《论"三农"工作》，中央文献出版社2022年版，第86—87页。
[2]　习近平：《论"三农"工作》，中央文献出版社2022年版，第134页。
[3]　习近平：《论"三农"工作》，中央文献出版社2022年版，第200页。
[4]　习近平：《论"三农"工作》，中央文献出版社2022年版，第245—247页。

在中央农村工作会议上强调，"第二轮土地承包即将陆续到期，要抓好再延长三十年试点，保持农村土地承包关系稳定并长久不变"[①]。

为赋予农民更多财产权利、更好保护农民合法权益，2013 年中央"一号文件"提出，要稳定农村土地承包关系，全面开展农村土地确权登记颁证工作，加快推进征地制度改革。同年 11 月，党的十八届三中全会通过的《中共中央关于全面深化改革若干重大问题的决定》提出，在符合规划和用途管制前提下，允许农村集体经营性建设用地出让、租赁、入股，实行与国有土地同等入市、同权同价。2014 年中央"一号文件"从完善农村土地承包政策、引导和规范农村集体经营性建设用地入市、完善农村宅基地管理制度、加快推进征地制度改革四个方面，提出深化农村土地制度改革的路径和措施。同年 12 月，中共中央办公厅、国务院办公厅印发《关于农村土地征收、集体经营性建设用地入市、宅基地制度改革试点工作的意见》，对改革试点的主要任务、目标要求等进行了部署和安排。2016 年，中共中央办公厅、国务院办公厅印发《关于完善农村土地所有权承包权经营权分置办法的意见》和《深化农村改革综合性实施方案》等，明确将落实集体所有权，稳定农户承包权，放活土地经营权作为农村土地制度改革的基本方向。2017 年中央"一号文件"要求落实农村土地集体所有权、农户承包权、土地经营权"三权分置"办法，加快推进农村承包地确权登记颁证，扩大整省试点范围；2018 年中央"一号文件"重点关注农民闲置宅基地和闲置农房，要求完善相关政策，探索宅基地所有权、资格权、使用权"三权分置"；2021 年中央"一号文件"提出，有序开展第二轮土地承包到期后再延长 30 年试点，积极探索实施农村集体经营性建设用地入市制度，优先保障乡村建设用地。2022 年 9 月，中央全面深化改革委员会第二十七次会议审议通过了《关于深化农村集体经营性建设用地入市试点工作的指导意见》，要求深化农村集体经

---

① 习近平：《论"三农"工作》，中央文献出版社 2022 年版，第 14 页。

营性建设用地入市试点工作，严格条件、规范程序，探索解决改革中的深层次问题。

通过完善农村土地承包制度、改革农村宅基地制度、推进集体建设用地入市和完善征地制度等一系列改革，农村土地产权权能不断完善，农村土地要素市场化配置效率进一步提升，有效助力了脱贫攻坚的实现和乡村振兴战略的推进，全面深化农村土地制度改革取得了显著成效。一是农村土地承包制度进一步完善。2020年，国家选择16个省20个县的61个村（组）开展延包先行试点。截至2020年10月底，全国2838个县市区、3.4万个乡镇、55万多个行政村基本完成承包地确权登记颁证工作，15亿亩承包地确权到承包农户，为近2亿农户颁发了土地承包经营权证书，颁证率超过96%，解决了388.7万承包农户证书未发放、1420万亩土地暂缓确权、322万户确权信息不准等问题。① 同时，我国在"规范土地征收程序""完善对被征地农民合理、规范、多元保障机制""建立兼顾国家、集体、个人的土地增值收益分配机制"等方面积极探索，切实保障农民根本利益。二是宅基地制度改革探索推进。自2015年改革试点启动以来，各地加大闲置宅基地盘活力度，稳步探索宅基地自愿有偿退出机制，截至2018年6月，共腾退零星、闲置宅基地9.7万户、7.2万亩。各地在确权登记的基础上，积极配合开展农民住房财产权抵押贷款试点。同期办理农房抵押贷款4.9万宗、98亿元，群众获得感明显增强。② 三是集体建设用地入市不断深化。截至2018年12月，全国集体经营性建设用地入市的地块达到1万多宗，面积达到9万多亩，总计得到257亿元价款，为国家增收了28.6亿元调节金；集体经营性建设用地抵

---

① 中国政府网：《国务院新闻办发布会介绍"十三五"时期农业农村发展主要成就有关情况》，2020年10月27日，见 http://www.gov.cn/xinwen/2020-10/27/content_5555058.htm。

② 中国政府网：《我国农村土地制度改革完成阶段性目标任务》，2018年8月17日，见 http://www.gov.cn/xinwen/2018-08/17/content_5314540.htm。

押贷款 228 宗，贷款金额达 38.6 亿元。[①]

二、创新农业经营主体和经营方式

在坚持家庭承包经营基础上，培育从事农业生产和服务的新型农业经营主体是关系我国农业现代化的重大举措。加快培育新型农业经营主体，加快形成以农户家庭经营为基础、合作与联合为纽带、社会化服务为支撑的立体式复合型现代农业经营体系，对于推进农业供给侧结构性改革、引领农业适度规模经营发展、带动农民就业增收、增强农业农村发展新动能具有十分重要的意义。

为加快构建支持政策体系，引导新型农业经营主体健康发展，2013年 11 月，习近平总书记在山东考察时指出，要"加快构建新型农业经营体系"，"推进家庭经营、集体经营、合作经营、企业经营等共同发展的农业经营方式创新"，在坚持家庭经营基础性地位的基础上培育新型经营主体。[②]同年 12 月，习近平总书记在中央农村工作会议上强调，"家庭承包、专业大户经营，或家庭承包、家庭农场经营，或家庭承包、合作经营，或家庭承包、企业经营，是农村基本经营制度新的实现形式"[③]。2014年 12 月，习近平总书记在中央经济工作会议上提出，"要加快创新农业经营体系，要重点鼓励发展种养大户、家庭农场、农民合作社"[④]。2015年 5 月，习近平总书记在对做好耕地保护和农村土地流转工作作出指示时指出，"多种形式规模经营是发展现代农业的必由之路，也是农村改革的基本方向，要鼓励创新农业经营体制机制"[⑤]。2019 年 4 月，习近平总

---

① 中国人大网：《国务院关于农村土地征收、集体经营性建设用地入市、宅基地制度改革试点情况的总结报告》，2018 年 12 月 23 日，见 http://www.npc.gov.cn/zgrdw/npc/xinwen/2018-12/23/content_2067609.htm。

② 习近平：《论"三农"工作》，中央文献出版社 2022 年版，第 52 页。

③ 习近平：《论"三农"工作》，中央文献出版社 2022 年版，第 86—87 页。

④ 习近平：《论"三农"工作》，中央文献出版社 2022 年版，第 137 页。

⑤ 习近平：《论"三农"工作》，中央文献出版社 2022 年版，第 161 页。

书记在农村改革座谈会上强调，"加快构建新型农业经营体系，推动家庭经营、集体经营、合作经营、企业经营共同发展，培育专业大户、家庭农场、农民合作社、农业企业等新型经营主体，提高农业经营集约化、规模化、组织化、社会化、产业化水平"①。

为扶持发展新型农业经营主体，加快构建新型农业经营体系，2013年11月，党的十八届三中全会通过的《中共中央关于全面深化改革若干重大问题的决定》提出，坚持家庭经营在农业中的基础性地位，推进家庭经营、集体经营、合作经营、企业经营等共同发展的农业经营方式创新。2013年和2014年中央"一号文件"提出，大力支持发展多种形式的新型农民合作组织，培育壮大龙头企业。2014年8月，农业部等九部门联合印发《关于引导和促进农民合作社规范发展的意见》，强调加强农民合作社规范化建设，提高农民合作社发展质量。2016年中央"一号文件"要求发挥多种形式农业适度规模经营引领作用，支持新型农业经营主体和新型农业服务主体成为建设现代农业的骨干力量。2017年5月，中共中央办公厅、国务院办公厅印发《关于加快构建政策体系培育新型农业经营主体的意见》，要求引导新型农业经营主体多元融合发展、多路径提升规模经营水平、多模式完善利益分享机制、多形式提高发展质量，建立健全相关支持政策体系。2018年中央"一号文件"提出，优化农业从业者结构，加快建设知识型、技能型、创新型农业经营者队伍。2019年2月，中共中央办公厅、国务院办公厅印发《关于促进小农户和现代农业发展有机衔接的意见》，要求提升小农户发展现代农业能力，健全面向小农户的社会化服务体系。同年9月，中央农办等11个部门联合印发《关于实施家庭农场培育计划的指导意见》《关于开展农民合作社规范提升行动的若干意见》，对加快培育发展家庭农场、提升农民合作社的规范化水平作出部署和安排。2020年3月，农业农村部印发《新型农业经营主体和服务主体

---

① 习近平：《论"三农"工作》，中央文献出版社2022年版，第201—202页。

高质量发展规划（2020—2022 年）》，从加快培育发展家庭农场、促进农民合作社规范提升、推动农业社会化服务组织多元融合发展等方面提出相关政策措施。2021 年 7 月，农业农村部印发《关于加快发展农业社会化服务的指导意见》，从拓宽服务领域、创新服务机制、推进资源整合等方面提出发展农业社会化服务的任务和措施。

党的十八大以来，国家积极培育新型农业生产经营主体，推动创新农业经营方式，构建新型农业经营体系，为现代农业发展增添了动力和活力。一是初步形成了以家庭农场为基础、农民合作社为中坚、农业产业化龙头企业为骨干、农业社会化服务组织为支撑，引领带动小农户发展的立体式复合型现代农业经营体系。二是新型农业经营主体数量不断增加。截至 2021 年年末，全国有实际经营活动的农民专业合作社超过100 万家，家庭农场近 89 万个。截至 2022 年 9 月底，我国累计认定县级以上农业产业化龙头企业 9 万多家，累计培育家庭农场 390 万个、农民合作社 222 万家。三是农业生产社会化服务渐成规模。截至 2020 年年末，全国农业社会化服务组织总数为 95.5 万个，服务小农户数量 7804.7 万个（户），占全国农业经营户的 37.7 %，[①] 实现了高效、便捷、全程的服务规模化，有力推动了小农户与现代农业有机衔接。

三、推进农村集体产权制度改革

农村集体产权制度改革关系着亿万农民的切身利益，也关系着我国农村集体经济组织的体制创新和未来的发展方向。为破解一些地方集体经营性资产归属不明、经营收益不清、分配不公开、成员的集体收益分配权缺乏保障等突出问题，迫切需要推进和深化农村集体产权制度改革，逐步构建中国特色社会主义农村集体产权制度，形成既体现集体优越性

---

① 农业农村部农村合作经济指导司：《中国农村合作经济统计年报（2020）》，中国农业出版社 2021 年版，第 71 页。

又调动个人积极性的农村集体经济运行新机制。

2016 年 4 月，习近平总书记在农村改革座谈会上指出，"着力推进农村集体资产确权到户和股份合作制改革，发展多种形式股份合作，赋予农民对集体资产更多权能，赋予农民更多财产权利"①是当前深化农村改革的重点工作。同年 12 月，习近平总书记在中央经济工作会议上提出，"要深化农村产权制度改革，开展清产核资，明晰农村集体产权归属，赋予农民更加充分的财产权利。这是党中央推出的一项重要改革，对推动农村改革发展、完善农村治理、保障农民权益，对探索形成农村集体经济新的实现形式和运行机制，都具有十分重要的意义"②。2017 年 12 月，习近平总书记在中央农村工作会议上强调，"壮大农村集体经济，是引领农民实现共同富裕的重要途径。要稳步推进农村集体产权制度改革，全面开展清产核资，进行身份确认、股份量化，推动资源变资产、资金变股金、农民变股东，建立符合市场经济要求的集体经济运行新机制，确保集体资产保值增值，确保农民受益，增强集体经济发展活力，增强农村基层党组织的凝聚力和战斗力"③。2019 年 3 月，习近平总书记在参加十三届全国人大二次会议河南代表团审议时提出，"建立健全集体资产各项管理制度，完善农村集体产权权能，发展壮大集体经济，赋予双层经营体制新的内涵"④。2020 年 12 月，习近平总书记在中央农村工作会议上指出，"要完成农村集体产权制度改革阶段性任务，用好改革成果，发展壮大新型农村集体经济"⑤。

2013 年 11 月，党的十八届三中全会通过的《中共中央关于全面深化改革若干重大问题的决定》提出，保障农民集体经济组织成员权利，积

---

① 习近平：《论"三农"工作》，中央文献出版社 2022 年版，第 201 页。
② 习近平：《论"三农"工作》，中央文献出版社 2022 年版，第 210 页。
③ 习近平：《论"三农"工作》，中央文献出版社 2022 年版，第 246 页。
④ 习近平：《论"三农"工作》，中央文献出版社 2022 年版，第 295 页。
⑤ 求是网：《坚持把解决好"三农"问题作为全党工作重中之重　举全党全社会之力推动乡村振兴》，2022 年 3 月 31 日，见 http://www.qstheory.cn/dukan/qs/2022-03/31/c_1128515304.htm。

极发展农民股份合作，赋予农民对集体资产股份占有、收益、有偿退出及抵押、担保、继承权。2013 年中央"一号文件"要求健全农村集体经济组织资金资产资源管理制度。2014 年中央"一号文件"提出推动农村集体产权股份合作制改革，建立农村产权流转交易市场，发展壮大农村集体经济。同年 11 月，农业部等三部门印发《积极发展农民股份合作赋予农民对集体资产股份权能改革试点方案》，提出重点围绕保障农民集体经济组织成员权利，积极发展农民股份合作，赋予农民对集体资产股份占有、收益、有偿退出及抵押、担保、继承权等方面开展试点。2015 年中央"一号文件"明确提出，要探索农村集体所有制有效实现形式，创新农村集体经济运行机制，明晰集体经营性资产产权归属，将资产折股量化到本集体经济组织成员，发展多种形式的股份合作。2016 年 12 月，中共中央、国务院印发《关于稳步推进农村集体产权制度改革的意见》，从全面加强农村集体资产管理、开展集体经营性资产产权制度改革、探索农村集体经济有效实现形式等方面，提出构建中国特色社会主义农村集体产权制度的途径和措施。2020 年中央"一号文件"提出全面推开农村集体产权制度改革试点，有序开展集体成员身份确认、集体资产折股量化、股份合作制改革、集体经济组织登记赋码等工作。2021 年中央"一号文件"要求当年基本完成农村集体产权制度改革阶段性任务，发展壮大新型农村集体经济，巩固提升农村集体产权制度改革成果。2022 年 8 月，农业农村部、中央组织部等四部门印发《关于做好农村集体产权制度改革成果巩固提升工作的通知》，从规范农村集体经济组织运行管理、加强农村集体资产监督管理、保障农村集体经济组织成员权益、稳步发展新型农村集体经济、强化农村集体产权制度改革条件保障等方面，对巩固提升农村集体产权制度改革成果作出部署和安排。

党的十八大以来，农村集体产权制度改革取得了明显成效。通过全面开展集体资产清产核资，全国农村集体家底基本摸清，截至 2020 年年底，我国共清查核实集体资产 7.7 万亿元、集体土地 65.5 亿亩，确认集体成员约 9 亿人，近 95% 的村完成了集体产权制度改革，建立的 96 万个乡镇、村、组三级组织全部在有关部门注册登记领取《农村集体经济组织登记证书》。[①]2020 年，我国村集体经济总收入为 6320.2 亿元，比上年增长 11.2%，是 2012 年的 1.8 倍；全国村集体经营收益超过 5 万元以上的村占到 54.4%，比 2012 年增加 32.8 个百分点。[②]

四、建立健全农业支持保护制度

农业生产经营面临自然风险和市场风险的双重制约，需要政府采取相应的政策措施对其进行支持和保护。从国际经验看，一些发达国家为稳定提高农业综合生产能力，应对市场和价格波动，采取了一些诸如农业投资、农业补贴、农业保险等扶持政策。从我国情况看，农业生产成本普遍上升，大宗农产品价格普遍高于国际市场，农业比较效益偏低；农产品国际贸易环境复杂严峻，不稳定性不确定性增加，保证农业产业安全、提升农业竞争力面临压力和挑战，迫切需要加强对农业的支持和保护，提高我国农业质量效益和竞争力。

2013 年 12 月，习近平总书记在中央农村工作会议上指出，"扶持农民，就要强化政府对农业的支持保护，创造良好务农条件和环境。要根据新形势新情况，研究如何使农业支持保护措施更有针对性、更加有实效"[③]。2014 年 12 月，习近平总书记在中央经济工作会议上强调，"要深化农村各项改革，完善农业补贴办法，强化金融服务，提高精准性和效能"[④]。2016 年 4 月，习近平总书记在农村改革座谈会上提出，要"健全农业支持保护制度，完善农产品价格形成机制，完善农产品市场调控制

---

① 农业农村部政策与改革司：《中国农村政策与改革统计年报（2020）》，中国农业出版社 2021 年版，第 135—137 页。
② 农业农村部政策与改革司：《中国农村政策与改革统计年报（2020）》，中国农业出版社 2021 年版，第 31、39—40 页。
③ 习近平：《论"三农"工作》，中央文献出版社 2022 年版，第 97 页。
④ 习近平：《论"三农"工作》，中央文献出版社 2022 年版，第 138 页。

度，完善农业补贴制度，加快形成覆盖全面、指向明确、重点突出、措施配套、操作简便的农业支撑保护制度"①。2016 年 12 月，习近平总书记在中央经济工作会议上提出，"要完善农业补贴制度，提高补贴政策指向性和精准性，及时把农业补贴转向支持改善生产条件、生态环境、助农增收的'绿箱'政策"②。2018 年 12 月，习近平总书记在中央经济工作会议上强调，"完善稻谷收购政策，推进农业支持保护制度改革"③。2020 年 12 月，习近平总书记在中央农村工作会议上强调，"要完善农业支持保护制度，继续把农业农村作为一般公共预算优先保障领域"④。

　　党的十八大以来，党中央着眼于农业形势的发展变化，将建立健全农业支持保护制度作为深化农村改革的重要内容，作出一系列部署和安排。2013 年中央"一号文件"提出健全农业支持保护制度，不断加大强农惠农富农政策力度；要在稳定完善强化行之有效政策基础上，着力构建"三农"投入稳定增长长效机制，确保总量持续增加、比例稳步提高。2014 年中央"一号文件"提出通过健全"三农"投入稳定增长机制、完善农业补贴政策、加快建立利益补偿机制等方式强化农业支持保护制度。2015 年中央"一号文件"要求健全国家对农业的支持保护体系，保持农业补贴政策连续性和稳定性，逐步扩大"绿箱"支持政策实施规模和范围，调整改进"黄箱"支持政策，提高农业补贴政策效能。2016 年中央"一号文件"提出改革完善粮食等重要农产品价格形成机制和收储制度，健全农业农村投入持续增长机制，推动金融资源更多向农村倾斜，完善农业保险制度。同年 6 月，财政部、农业部印发《农业支持保护补贴资金管理办法》，要求加强农业支持保护补贴资金管理，提高资金使用效益。2018 年 9 月，中共中央、国务院印发《乡村振兴战略规划（2018—2022

---

① 习近平：《论"三农"工作》，中央文献出版社 2022 年版，第 201 页。
② 习近平：《论"三农"工作》，中央文献出版社 2022 年版，第 210 页。
③ 习近平：《论"三农"工作》，中央文献出版社 2022 年版，第 284 页。
④ 习近平：《论"三农"工作》，中央文献出版社 2022 年版，第 14 页。

年)》，提出通过加大支农投入力度、深化重要农产品收储制度改革、提高农业风险保障能力等方面完善农业支持保护制度，加快建立新型农业支持保护政策体系。2019 年 11 月，中央全面深化改革委员会第十一次会议审议通过《关于完善农业支持保护制度的意见》，强调坚持农业农村优先发展，以实施乡村振兴战略为总抓手，从农业投入保障、农业补贴补偿、支农资金使用管理等方面深化改革，不断增强政策的精准性、稳定性、实效性。2022 年 2 月，国务院印发《"十四五"推进农业农村现代化规划》，提出通过优化农业补贴政策、健全政府投入保障机制、健全农村金融服务体系等方式完善农业支持保护制度。

党的十八大以来，我国农业支持保护政策体系不断完善，为农村改革发展提供了重要支撑。一是农业农村投入稳定增长机制基本建立。2016—2019 年，全国财政一般公共预算累计安排农业农村相关支出 6.07 万亿元，年均增长 8.8%，高于全国一般公共预算支出平均增幅。[①] 二是农产品价格形成机制不断完善。2014 年开始，采取"分品种施策，渐进式推进"的方式，对粮食等重要农产品收储和流通体制进行改革。逐步取消棉花、大豆、玉米等的临时收储政策，建立玉米的"市场化收购 + 生产者补贴"制度，开展大豆、棉花目标价格补贴试点。坚持并完善稻谷、小麦最低收购价政策框架，合理调整最低收购价水平，增强政策灵活性。三是农业补贴制度深化调整。2016 年，在全国范围内将农作物良种补贴、种粮农民直接补贴、农资综合补贴调整为农业支持保护补贴。四是农业保险试点范围逐步扩大。2018 年，启动三大粮食作物完全成本保险和种植收入保险试点，实施范围逐步扩大。开展农业大灾保险、三大粮食作物完全成本保险和收入保险试点，扩大地方优势特色农产品保险以奖代补试点范围，健全农业再保险制度，推动农业保险实现扩面增品提质。

---

① 中国人大网：《国务院关于财政农业农村资金分配和使用情况的报告》，2020 年 12 月 25 日，见 http://www.npc.gov.cn/npc/c30834/202012/edf7517865de4f4a9ef2e3ebace6c9e8.shtml。

五、切实加强和改进乡村治理

随着工业化、城镇化的快速发展，以及农村改革的不断深入，我国广大乡村社会结构深刻变动，农民思想观念深刻变化。这种变化既为农村经济社会发展带来了活力，也形成了一些突出矛盾和问题。村庄空心化、农民老龄化现象严重；农村利益主体、社会阶层多元化，各类组织活动和诉求增多；农村社会事业发展相对滞后；一些地方治安情况还不容乐观，干群关系紧张，基层党组织服务能力不强等问题，都对乡村治理提出了新的要求。

2013年12月，习近平总书记在中央农村工作会议上提出，"加强和创新农村社会管理，要以保障和改善农村民生为优先方向，树立系统治理、依法治理、综合治理、源头治理理念，确保广大农民安居乐业、农村社会安定有序"[1]。2016年4月，习近平总书记在农村改革座谈会上指出，"农村改革发展离不开稳定的社会环境。稳定也是广大农民的切身利益"，"加强和创新农村社会管理，要以保障和改善农村民生为优先方向，树立系统治理、依法治理、综合治理、源头治理理念"。[2]2017年12月，习近平总书记在中央农村工作会议上强调，"要加强和创新乡村治理，建立健全党委领导、政府负责、社会协同、公众参与、法治保障的现代乡村社会治理体制，健全自治、法治、德治相结合的乡村治理体系，让农村社会既充满活力又和谐有序"[3]。2018年9月，习近平总书记在中共十九届中央政治局第八次集体学习时提出，"治理有效，是乡村振兴的重要保障，从'管理民主'到'治理有效'，是要推进乡村治理能力和治理水平现代化，让农村既充满活力又和谐有序"[4]。2020年12月，习近平总书记在中央农村工作会议上强调，"加强和改进乡村治理，要

---

① 习近平：《论"三农"工作》，中央文献出版社2022年版，第98—99页。
② 习近平：《论"三农"工作》，中央文献出版社2022年版，第204页。
③ 习近平：《论"三农"工作》，中央文献出版社2022年版，第254页。
④ 习近平：《论"三农"工作》，中央文献出版社2022年版，第278页。

以保障和改善农村民生为优先方向，围绕让农民得到更好的组织引领、社会服务、民主参与，加快构建党组织领导的乡村治理体系"①。2022年3月，习近平总书记在参加全国政协十三届五次会议农业界、社会福利和社会保障界委员联组会时提出，要"健全乡村治理体系，深化村民自治实践，有效发挥村规民约、家教家风作用，培育文明乡风、良好家风、淳朴民风"②。

党的十八大以来，为提升乡村治理水平，推进治理能力与治理体系现代化，党和政府出台实施了一系列方针政策。2013年和2014年中央"一号文件"提出从加强农村基层党建、健全基层民主制度等方面完善乡村治理机制。2015年中央"一号文件"要求创新和完善乡村治理机制，在有实际需要的地方，扩大以村民小组为基本单元的村民自治试点，继续搞好以社区为基本单元的村民自治试点，探索符合各地实际的村民自治有效实现形式。2016年中央"一号文件"提出深化农村社区建设试点工作，完善多元共治的农村社区治理结构。2018年中央"一号文件"强调治理有效是乡村振兴的基础，要求建立健全党委领导、政府负责、社会协同、公众参与、法治保障的现代乡村社会治理体制，坚持自治、法治、德治相结合，确保乡村社会充满活力、和谐有序。2019年6月，中共中央办公厅、国务院办公厅印发《关于加强和改进乡村治理的指导意见》，以2020年和2035年为时间节点提出了乡村治理的目标任务和政策措施。2021年7月，中共中央、国务院印发《关于加强基层治理体系和治理能力现代化建设的意见》，要求从完善党全面领导基层治理制度、加强基层政权治理能力建设、健全基层群众自治制度、推进基层法治和德治建设、加强基层智慧治理能力建设等方面，提高基层治理体系和治理能力现代化水平。2022年中央"一号文件"从加强农村基层组织建设、创新农

---

① 习近平：《论"三农"工作》，中央文献出版社2022年版，第17页。
② 习近平：《论"三农"工作》，中央文献出版社2022年版，第230页。

村精神文明建设有效平台载体、切实维护农村社会平安稳定三方面突出实效改进乡村治理。

在一系列政策措施的推动下，我国乡村治理开创新局面，乡村治理效能稳步提升。以党组织为核心的农村基层组织建设进一步加强，乡村治理内容逐步充实，乡村治理手段不断创新，乡村治理体系进一步完善，平安乡村建设全面推进，农村社会保持和谐稳定，广大农民的获得感、幸福感、安全感不断增强。各级各有关部门坚决贯彻落实中央决策部署，开拓创新、扎实工作，围绕乡村治理的一些重点领域，包括基层党组织的建设、村民自治、法治乡村建设、乡风文明等，出台了一系列政策措施，形成了比较完整的乡村治理政策体系。中央农办、农业农村部、中央宣传部等部门在地方创建的基础上，于 2020 年和 2021 年公布两批全国乡村治理示范村镇名单，其中第一批包括 99 个乡（镇）、998 个村，第二批包括 100 个乡（镇）、994 个村。通过示范创建，培育和树立一批乡村治理的先进典型，发挥其引领示范和辐射带动作用，推动乡村治理工作不断取得新成效。

六、强化农业和农村法治保障

法治兴则民族兴，法治强则国家强。依法治农是全面推进依法治国，建设中国特色社会主义法治国家的重要内容。涉农立法是依法治农的基础性工程，为实施乡村振兴战略提供法治保障。做好"三农"工作，离不开法治的保障。进入新时代，我国农业农村正在加速向高质量发展转型，改革发展稳定任务依然艰巨繁重，为应对各种来自国内外的风险挑战，需要更好发挥依法治农在固根本、稳预期、利长远中的作用。

党的十八大以来，以习近平同志为核心的党中央提出"依法治国是党领导人民治理国家的基本方略，法治是治国理政的基本方式"[①]的重要

---

① 新华网：《法治是治国理政的基本方式》，2014 年 8 月 11 日，见 http://www.xinhuanet.com//politics/2014-08/11/c_1112026904.htm。

论断。2020年2月，习近平总书记在中央全面依法治国委员会第三次会议上明确提出"加强法治乡村建设是实施乡村振兴战略、推进全面依法治国的基础性工作。要教育引导农村广大干部群众办事依法、遇事找法、解决问题用法、化解矛盾靠法，积极推进法治乡村建设"①。2021年12月，习近平总书记在中共十九届中央政治局第三十五次集体学习时强调，"要坚定不移走中国特色社会主义法治道路，以解决法治领域突出问题为着力点，更好推进中国特色社会主义法治体系建设，提高全面依法治国能力和水平，为全面建设社会主义现代化国家、实现第二个百年奋斗目标提供有力法治保障"②。

为推进农业农村法治建设，2013年中央"一号文件"要求加快修订土地管理法，加强农村法制宣传教育。2014年中央"一号文件"要求完善食品安全监管法律法规和标准体系。2015年中央"一号文件"提出，农村是法治建设相对薄弱的领域，必须加快完善农业农村法律体系，同步推进城乡法治建设，善于运用法治思维和法治方式做好"三农"工作。要从农村实际出发，善于发挥乡规民约的积极作用，把法治建设和道德建设紧密结合起来。文件从健全农村产权保护法律制度、健全农业市场规范运行法律制度、健全"三农"支持保护法律制度、依法保障农村改革发展、提高农村基层法治水平等方面，对加强农村法治建设进行部署和安排。2016年中央"一号文件"提出，贯彻落实种子法，全面推进依法治种。完善农村产权保护、农业市场规范运行、农业支持保护、农业资源环境等方面的法律法规。2017年中央"一号文件"要求抓紧修订农产品质量安全法，抓紧研究制定农村集体经济组织相关法律，推动相关政策出台和法律法规修改。2018年中央"一号文件"要求强化法律在维护农民权

① 共产党员网：《推进全面依法治国，发挥法治在国家治理体系和治理能力现代化中的积极作用》，2020年11月15日，见 https://www.12371.cn/2020/11/15/ARTI1605425287256852.shtml。

② 人民网：《坚定不移走中国特色社会主义法治道路　更好推进中国特色社会主义法治体系建设》，2021年12月8日，见 http://jhsjk.people.cn/article/32302197。

益、规范市场运行、农业支持保护、生态环境治理、化解农村社会矛盾等方面的权威地位；强化乡村振兴法治保障，抓紧研究制定乡村振兴法有关工作，把行之有效的乡村振兴政策法定化，充分发挥立法在乡村振兴中的保障和推动作用。2019 年中央"一号文件"要求加快推进粮食安全保障立法进程；完善落实集体所有权、稳定农户承包权、放活土地经营权的法律法规和政策体系；加快修订土地管理法、物权法等法律法规；研究制定农村集体经济组织法。2020 年中央"一号文件"提出，要深化农业综合行政执法改革，完善执法体系，提高执法能力。同年 5 月，农业农村部印发《农业综合行政执法事项指导目录（2020 年版）》，明确了农业综合行政执法职能，对执法事项名称、实施依据、法定实施主体等内容作出规定。2021 年中央"一号文件"提出健全农房建设质量安全法律法规和监管体制，3 年内完成安全隐患排查整治；创建民主法治示范村，培育农村学法用法示范户。同年 4 月，农业农村部出台《关于全面推进农业农村法治建设的意见》，对农业农村法治建设的总体目标、主要任务、保障措施等提出明确要求。2021 年 4 月 29 日，第十三届全国人民代表大会常务委员会第二十八次会议通过《中华人民共和国乡村振兴促进法》，自 2021 年6 月 1 日起施行，为全面实施乡村振兴战略、加快推动农业农村现代化提供了制度保障。

　　党的十八大以来，我国农业农村法制建设不断强化。一是法律体系逐步健全。据不完全统计，目前我国农业农村领域共有法律 22 部、行政法规 28 部、部门规章 144 部，[①] 以《农业法》《乡村振兴促进法》《民法典》为支柱的"三农"法律框架体系基本形成。二是法律内容日益丰富。有关法律内容涉及"三农"领域的方方面面，主要包括农村土地管理制度、农村基本经营制度、农业经营主体、农业生产力发展、农业农村资源管理、农业生态环境保护、农产品质量安全监管、农村人居环境建设、农

---

① 　唐仁健：《中国共产党农史纲要》，中国农业出版社 2021 年版，第 184 页。

村基层村民自治等。三是执法能力不断提升。截至 2022 年 3 月，我国农业综合行政执法队伍在岗人数超过 8.6 万人；全国累计出动农业综合行政执法人员 445.28 万人次，查办各类违法案件 10.46 万件，罚款 6.14 亿元，没收违法所得及违法财物 2.02 亿元，吊销许可证照 448 个，为农民群众挽回经济损失 3.43 亿元，向司法机关移送案件 2992 件。[①]

第三节　农村发展改革积累的宝贵经验

党的十八大以来，以习近平同志为核心的党中央掌握运用科学的思想方法和工作方法，党和政府坚持顶层设计和基层探索相结合、充分发挥市场决定性作用和更好发挥政府作用、增强农民群众获得感和经济社会发展阶段要求相适应，以"中国智慧"和"中国方案"为全球解决农业农村发展难题贡献了中国力量，为探索形成中国特色"三农"理论体系、成功开辟中国特色"三农"发展道路积累了宝贵经验。

一、坚持科学理论指引

新时代孕育新思想，新思想指导新实践。党的十八大以来，以习近平同志为核心的党中央坚持把解决好"三农"问题作为全党工作的重中之重，提出了一系列新理念新思想新观点新举措。一是提出"深化农业供给侧结构性改革，走质量兴农之路"，强调要加快转变农业发展方式，调整优化农业产业结构，促进乡村一二三产业融合发展，不断提高农业质量效益和竞争力；二是提出"实施乡村振兴战略"，"走中国特色社会主义乡村振兴道路"，强调要坚持农业农村优先发展，按照"产业兴旺、生态宜居、乡风文明、治理有效、生活富裕"的总要求，全面推进乡村

---

① 农业农村部：《农业农村部 2021 年度法治政府建设情况报告》，2022 年 3 月 29 日，见 http://www.moa.gov.cn/govpublic/CYZCFGS/202203/t20220329_6394554.htm。

振兴，加快农业农村现代化；三是提出农业农村发展要依靠亿万农民，"让广大农民平等参与改革发展进程、共同享受改革发展成果"，强调要在发展中保障和改善农村民生，消除绝对贫困，逐步实现共同富裕；四是提出"重塑城乡关系，走城乡融合发展之路"，强调要建立健全城乡融合发展体制机制和政策体系，促进城乡要素合理流动、公共资源均衡配置，"加快形成工农互促、城乡互补、协调发展、共同繁荣的新型工农城乡关系"。习近平总书记关于"三农"工作的重要论述，是我们党"三农"理论创新的重要成果，是做好新时代"三农"工作的根本遵循。

二、坚持党的全面领导

党政军民学，东西南北中，党是领导一切的。我国是一个农业大国，办好农村的事情，关键在党。党的十八大以来，以习近平同志为核心的党中央坚持和加强党对农村工作的全面领导，提高新时代党全面领导农村工作的能力和水平，制定印发《中国共产党农村工作条例》，明确了党领导农村工作的指导思想、基本方针、主要原则、组织领导、主要任务、队伍建设、保障措施、考核监督等主要内容，从制度机制上把加强党的领导落实到"三农"工作各方面、各环节，确保党始终总揽全局、协调各方，把党集中统一领导的政治优势转化为重农强农、推动乡村振兴的行动优势，对坚持和加强党对农村工作的全面领导作出了系统规定，是党关于农村工作实践探索和制度建设的标志性成果，为做好新时代"三农"工作提供了行动指南。

三、坚持以人民为中心

坚持以人民为中心的发展思想，是党坚持全心全意为人民服务根本宗旨的重要体现，是党和政府的重大责任。党的十八大以来，我们坚持把群众满意不满意、支持不支持作为制定农村政策的重要依据，作为衡量农村政策成效的重要尺度。紧紧抓住人民群众最关心最直接最现实的利益问题，着力解决人民群众急难愁盼问题，坚持在发展中保障和改善民生，采取有力措施办好农村就业、收入、教育、社保、医疗、养老、托幼、住房、生态等民生大事实事，提高基本公共服务可及性和均等化水平，努力让农民群众看到变化、得到实惠，使人民群众获得感、幸福感、安全感更加充实、更有保障、更可持续。只要我们始终坚持以人民为中心的发展思想，把增进农民福祉、提高农民生活品质、促进人的全面发展作为"三农"工作的出发点和落脚点，就一定能够不断推进农民农村共同富裕取得更为明显的实质性进展。

四、坚持农业农村优先发展

坚持农业农村优先发展，是实施乡村振兴战略、加快农业农村现代化的必然要求，是解决不平衡不充分问题、促进城乡区域协调发展的根本途径。党的十九大以来，我们坚持农业农村优先发展，提出在干部配备上优先考虑、在要素配置上优先满足、在资金投入上优先保障、在公共服务上优先安排"四个优先"的要求。强调要牢固树立农业农村优先发展的政策导向，优先考虑"三农"干部配备，把优秀干部充实到"三农"战线，把精锐力量充实到基层一线，注重选拔熟悉"三农"工作的干部充实地方各级党政班子。优先满足"三农"发展要素配置，坚决破除妨碍城乡要素自由流动、平等交换的体制机制壁垒，改变农村要素单向流出格局，推动资源要素向农村流动。优先保障"三农"资金投入，坚持把农业农村作为财政优先保障领域和金融优先服务领域，公共财政更大力度向"三农"倾斜，县域新增贷款主要用于支持乡村振兴；地方政府债券资金要安排一定比例用于支持农村人居环境整治、村庄基础设施建设等重点领域。优先安排农村公共服务，推进城乡基本公共服务标准统一、制度并轨，实现从形式上的普惠向实质上的公平转变。

五、坚持农民市场主体地位

农民是促进乡村发展、推进乡村建设、改进乡村治理的主体，做好新时代的"三农"工作，要充分发挥市场决定性作用，坚持农民市场主体地位。党的十八大以来，我们尊重广大农民群众的意愿和选择，通过完善农村土地制度和产权制度、建立农业和城乡要素市场化配置机制、创新农业经营主体和经营方式、健全农业支持保护制度、深化村民自治和"放管服"改革，改善农业经营环境和农村营商环境，把发动群众、组织群众、服务群众贯穿到新时代"三农"工作全过程，激活主体、激活要素、激活市场，调动广大农民群众的积极性、主动性、创造性，依法保护农民土地承包权、宅基地使用权、集体收益分配权。实践表明，只有充分发挥广大农民群众的主体作用和首创精神，激活农民参与农村改革创新的动力，增添农村经济社会发展的活力，才能扎实推进农民农村共同富裕。

六、坚持因地制宜循序渐进

我国幅员辽阔、人口众多，不同地区发展差别较大，农业农村发展不能搞一刀切、齐步走。党的十八大以来，我们坚持科学把握乡村的差异性和发展走势分化的特征，遵循乡村发展规律，做好顶层设计，注重规划先行、因势利导，分类施策、典型引路，突出重点、体现特色。我们树立城乡融合、一体设计、多规合一理念，统筹考虑产业发展、人口布局、公共服务、土地利用、生态保护等，增强规划的前瞻性、约束性、指向性、操作性。我们聚焦阶段目标任务，找准突破口，排出优先序，既尽力而为，又量力而行，一件事情接着一件事情办，一年接着一年干，久久为功，积小胜为大成。我们坚持科学评估财政收支状况、集体经济实力和群众承受能力，合理确定投资规模、筹资渠道、负债水平，合理设定阶段性目标任务和工作重点，形成可持续发展的长效机制。实践证明，做好新时代"三农"工作，全面推进乡村振兴，加快农业农村现代化，必须坚持因地制宜、循序渐进。

新时代十年中国农村发展改革取得的历史性成就、发生的历史性变革、积累的宝贵经验，有力地支撑了国民经济和社会的持续稳定发展，为新时期"三农"事业的持续健康发展奠定了坚实基础，为全球解决农业农村发展难题贡献了中国力量。建功新时代、奋进新征程，全面推进乡村振兴的蓝图已经绘就，加快农业农村现代化的号角已经吹响，我们要坚持农业农村优先发展，健全城乡融合发展体制机制和政策体系，走中国特色农业现代化道路，走中国特色乡村振兴道路，谱写新时代农业农村现代化的崭新篇章。

第一章　保障国家粮食安全

粮食安全是"国之大者"。保障国家粮食安全和重要农产品有效供给是一个重大战略问题。党的十八大以来，以习近平同志为核心的党中央，把粮食安全纳入国家安全大局，提出一系列新理念新思想，推出一系列新政策新举措，推动粮食安全和重要农产品供给取得新进展新成就，为世界粮食安全作出了重要贡献。本章主要总结十年来保障国家粮食安全和重要农产品供给的理论和实践、取得的成就和积累的经验，以期为未来实现稳产保供增收、促进农民农村共同富裕提供参考和借鉴。

第一节　保障国家粮食安全和重要农产品
有效供给的理论探索

仓廪实，天下安。党的十八大以来，习近平总书记多次强调粮食安全的极端重要性，提出"保障国家粮食安全是一个永恒课题，任何时候这根弦都不能松"[1]。

一、保障粮食安全和农产品供给是实现国家安全和社会稳定的重要基础

国以民为本，民以食为天。粮食多一点少一点是战术问题，粮食安

---

[1]　中共中央文献研究室编：《十八大以来重要文献选编（上）》，中央文献出版社 2014 年版，第 660 页。

全是战略问题。[①]2013 年 12 月 23 日，习近平总书记在中央农村工作会议上的讲话提出，"一个国家只有立足粮食基本自给，才能掌握粮食安全主动权，进而才能掌控经济社会发展这个大局。靠别人解决吃饭问题是靠不住的。如果口粮依赖进口，我们就会被别人牵着鼻子走"。[②]我国有 14 亿多人口，每天消耗 70 万吨粮、9.8 万吨食用油、192 万吨菜和 23 万吨肉，[③]粮食和重要农产品供给的压力较大。当前，我国资源环境约束日益加大、国内粮食生产成本快速攀升、粮食价格普遍高于国际市场，未来随着人口不断增长、消费结构不断升级和环境承载力日益趋紧，我国粮食产需在较长时期内仍将维持紧平衡的态势。加之近年来国际形势继续发生深刻复杂变化，百年变局和世纪疫情相互交织，国际农产品市场供给不确定性增加，国内农村改革发展稳定任务艰巨且繁重，我国必须以稳定国内粮食生产和重要农产品供给来应对国际形势变化带来的诸多不确定性，以确保国家安全不受到冲击。面向未来，如何确保谷物基本自给、口粮绝对安全，把饭碗牢牢端在自己手上，是必须应对的一个重大挑战，要始终清醒地认识到确保粮食安全的极端重要性和复杂性，把稳定粮食生产作为农业供给侧结构性改革的前提，进一步增强大局意识、责任意识，把保障粮食安全放在经济社会发展的突出位置，作为保障民生工作的基本任务，着力稳政策、稳面积、稳产量，坚持耕地管控、建设、激励多措并举，常抓不懈，毫不动摇，切实把握国家粮食安全主动权。

2022 年 3 月，习近平总书记在参加全国政协十三届五次会议农业界、社会福利和社会保障界委员联组会时的讲话强调，"粮食安全是'国之大者'。悠悠万事，吃饭为大。民以食为天。实施乡村振兴战略，必须把确保重要农产品特别是粮食供给作为首要任务，把提高农业综合生产能力

---

① 习近平：《论"三农"工作》，中央文献出版社 2022 年版，第 331 页。
② 习近平：《论"三农"工作》，中央文献出版社 2022 年版，第 74 页。
③ 李浩燃：《粮食安全是"国之大者"》，《人民日报》2022 年 3 月 15 日第 4 版。

放在更加突出的位置，把'藏粮于地、藏粮于技'真正落实到位"。[①] 当前，全球粮食产业链供应链不确定风险增加，我国粮食供求紧平衡的格局长期不会改变，仍需要高度重视粮食安全问题，将保障国家粮食安全作为"三农"工作的重中之重。

二、保障国家粮食安全要落实"藏粮于地，藏粮于技"战略举措

在保障国家粮食安全的战略措施上，2013 年 12 月，习近平总书记在中央农村工作会议上的讲话提出了"藏粮于地，藏粮于技"的战略举措。

在落实藏粮于地举措上，习近平总书记指出，"保障国家粮食安全的根本在耕地，耕地是粮食生产的命根子。农民可以非农化，但耕地不能非农化"。[②] 同时，落实藏粮于地战略不仅体现在数量方面，还体现在质量方面，"耕地红线不仅是数量上的，而且是质量上的"。[③] 习近平总书记特别指出，"工业化、城镇化占用了大量耕地，虽说国家对耕地有占补平衡的法律规定，但占多补少、占优补劣、占近补远、占水田补旱地等情况普遍存在，特别是花了很大代价建成的旱涝保收的高标准农田也被成片占用"。[④]

在落实藏粮于技举措上，习近平总书记特别强调种业是保障国家粮食安全的重要内容之一，"要下决心把民族种业搞上去，抓紧培育具有自主知识产权的优良品种，从源头上保障国家粮食安全"，"要舍得下气力、增投入，注重创新机制、激发活力，着重解决好科研和生产'两张皮'问题，真正让农业插上科技的翅膀"。[⑤]

[①] 习近平：《论"三农"工作》，中央文献出版社 2022 年版，第 330 页。
[②] 习近平：《论"三农"工作》，中央文献出版社 2022 年版，第 75 页。
[③] 习近平：《论"三农"工作》，中央文献出版社 2022 年版，第 76 页。
[④] 习近平：《论"三农"工作》，中央文献出版社 2022 年版，第 76 页。
[⑤] 习近平：《论"三农"工作》，中央文献出版社 2022 年版，第 77 页。

三、保障国家粮食安全要提高政府抓粮和农民种粮的积极性

在深入落实"藏粮于地，藏粮于技"战略举措的基础上，保障国家粮食安全要充分调动好"人"的因素，重点是要提高地方政府的抓粮积极性和农民的种粮积极性。2013年12月，习近平总书记在中央农村工作会议上的讲话特别强调，"调动和保护好'两个积极性'。稳定发展粮食生产，一定要让农民种粮有利可图、让主产区抓粮有积极性。这方面，既要发挥市场机制作用，也要加强政府支持保护"。[1]

针对地方政府的抓粮积极性，习近平总书记强调，"各级地方政府要树立大局意识，增加粮食生产投入，自觉承担维护国家粮食安全责任，不能把担子全部压到中央身上"。[2]"要保护好地方政府抓粮积极性，要强化对主产省和主产县的财政奖补力度，逐步建立健全对主产区的利益补偿机制，保障产粮大县重农抓粮得实惠、有发展，不能让生产粮食越多者越吃亏。"[3]

围绕农民的种粮积极性，关键问题是如何怎样实现农民增收和粮食增产同步发展。习近平总书记强调，"现行农业补贴政策效果是好的，广大农民是欢迎的，但也确实存在一定程度的吃大锅饭现象。今后，大的方向不能变，补贴总量不能减，数量还尽可能增，但具体操作办法要完善，调整优化补贴方式，提高补贴的精准性和指向性。要探索形成农业补贴同粮食生产挂钩机制，让多生产粮食者多得补贴，把有限资金真正用在刀刃上。要继续执行粮食最低收购价政策，并适当提高价格水平，保持农产品价格合理水平"。[4]

---

[1] 习近平：《论"三农"工作》，中央文献出版社2022年版，第77页。
[2] 习近平：《论"三农"工作》，中央文献出版社2022年版，第79页。
[3] 习近平：《论"三农"工作》，中央文献出版社2022年版，第79页。
[4] 习近平：《论"三农"工作》，中央文献出版社2022年版，第78页。

四、保障国家粮食安全和重要农产品有效供给要树立大食物观

在确保"口粮绝对安全，谷物基本自给"的基础上，保障国家粮食安全要树立大食物观，同步保障其他重要农产品供给。2022年3月，习近平总书记在参加全国政协十三届五次会议农业界、社会福利和社会保障界委员联组会时的讲话强调，"解决吃饭问题不能光盯着有限的耕地，要树立大食物观。要从更好满足人民美好生活需要出发，掌握人民群众食物结构变化趋势，在确保粮食供给的同时，保障肉类、蔬菜、水果、水产品等各类食物有效供给，缺了哪样也不行"，"要积极推进农业供给侧结构性改革，全方位、多途径开发食物资源，开发丰富多样的食物品种，实现各类食物供求平衡，更好满足人民群众日益多元化的食物消费需求"。[①]

第二节　保障国家粮食安全和重要农产品有效供给的政策实践

党的十八大以来，党中央统筹发展和安全，坚持走中国特色农业现代化道路，把保障国家粮食安全作为首要目标，加快转变农业发展方式，提高农业综合生产能力、抗风险能力和市场竞争能力，提出了"确保谷物基本自给、口粮绝对安全"的新粮食安全观，确立了以我为主、立足国内、确保产能、适度进口、科技支撑的国家粮食安全战略，走出了一条中国特色粮食安全之路。

一、强化粮食安全政治责任

（一）落实粮食安全省长责任制

2013年12月，习近平总书记在中央农村工作会议上提出，"保障国

---

① 习近平：《论"三农"工作》，中央文献出版社2022年版，第333页。

家粮食安全，中央义不容辞，承担首要责任"，"各级地方政府要树立大局意识，增加粮食生产投入，自觉承担维护国家粮食安全责任，不能把担子全部压到中央身上"。①确保国家粮食安全，中央政府承担首要责任，省级政府承担主体责任。要建立健全中央和地方粮食安全分级责任制，全面落实粮食省长负责制和"菜篮子"市长负责制，确保粮、棉、油、糖、肉等供给安全；省级人民政府全面负责本地区耕地和水资源保护、粮食生产、流通、储备和市场调控工作。2014 年 12 月，国务院印发《关于建立健全粮食安全省长责任制的若干意见》指出，从生产、流通、消费等各个环节明确各省级政府在保障国家粮食安全方面的事权与责任。2015 年 11 月，国务院办公厅印发《粮食安全省长责任制考核办法》指出，建立考核机制，明确由国家相关部门组成考核工作组，负责具体实施考核工作，压实地方政府保障国家粮食安全的责任。

（二）实行粮食安全党政同责

2020 年 12 月，习近平总书记在中央农村工作会议上的讲话提出，"地方各级党委和政府要扛起粮食安全的政治责任，实行党政同责，'米袋子'省长要负责，书记也要负责"。②2021 年中央"一号文件"明确提出，"地方各级党委和政府要切实扛起粮食安全政治责任，实行粮食安全党政同责"，"完善粮食安全省长责任制和'菜篮子'市长负责制"。同年 3 月通过的《国民经济和社会发展"十四五"规划和 2035 年远景目标纲要》，首次加入粮食安全战略的内容，强调要"深化农产品收储制度改革，加快培育多元市场购销主体，改革完善中央储备粮管理体制，提高粮食储备调控能力。强化粮食安全省长责任制和'菜篮子'市长负责制，实行党政同责"。2021 年 4 月施行的《粮食流通管理条例》（第三次修订），首次将"党政同责"在法规中予以明确，提出"省、自治区、直辖市应

---

① 习近平：《论"三农"工作》，中央文献出版社 2022 年版，第 79 页。
② 中国政府网：《习近平出席中央农村工作会议并发表重要讲话》，2020 年 12 月 29 日，见 http://www.gov.cn/xinwen/2020-12/29/content_5574955.htm。

当落实粮食安全党政同责，完善粮食安全省长责任制，承担保障本行政区域粮食安全的主体责任，在国家宏观调控下，负责本行政区域粮食的总量平衡和地方储备粮等的管理"。2022年中央"一号文件"明确提出，"全面落实粮食安全党政同责，严格粮食安全责任制考核，确保粮食播种面积稳定、产量保持在1.3万亿斤以上"。

（三）压实主销区和产销平衡区稳定粮食生产责任

粮食主产区要进一步提高粮食生产能力，为全国提供主要商品粮源；主销区要稳定现有粮食自给率；产销平衡区要继续确保本地区粮食产需基本平衡，有条件的地方应逐步恢复和提高粮食生产能力。地方要强化保障区域粮食市场供应和稳定价格的责任，落实地方粮食储备规模，完善应急预案，健全应急机制，加强粮食应急加工、供应体系和网络建设，提高应急保障能力。要将保护耕地和基本农田、稳定粮食播种面积、充实地方储备和落实粮食风险基金地方配套资金等任务落实到各省（区、市），纳入省级人民政府绩效考核体系，建立有效的粮食安全监督检查和绩效考核机制。

二、提升粮食综合生产能力

（一）严守耕地保护红线

保障国家粮食安全的根本在耕地，耕地是粮食生产的命根子，[1]是中华民族永续发展的根基。[2]当前城乡居民消费结构正在升级，粮食需求刚性增长，资源环境约束加剧，紧平衡的格局短期内难以改变，必须把提高农业综合生产能力放在更加突出的位置。2019年3月8日，习近平总书记在参加十三届全国人大二次会议河南代表团审议时的讲话强调，"耕地是粮食生产的命根子。要强化地方政府主体责任，完善土地执法监管

---

[1]　中共中央文献研究室编：《十八大以来重要文献选编（上）》，中央文献出版社2014年版，第662页。

[2]　习近平：《论"三农"工作》，中央文献出版社2022年版，第331页。

体制机制，坚决遏制土地违法行为，牢牢守住耕地保护红线"。[①] 我国耕地总量少，质量总体不高，后备资源不足，水热资源空间分布不匹配，不能单纯以经济效益决定耕地用途，要处理好发展粮食生产和发挥比较效益的关系，将有限的耕地资源优先用于粮食生产，要落实最严格的耕地保护制度，坚决遏制耕地"非农化"、基本农田"非粮化"。[②]2020年9月和11月，国务院办公厅先后印发《关于坚决制止耕地"非农化"行为的通知》和《关于防止耕地"非粮化"稳定粮食生产的意见》，强调要分类明确耕地用途，严格落实耕地利用优先序，耕地主要用于粮食和棉、油、糖、蔬菜等农产品及饲草饲料生产，永久基本农田重点用于粮食生产，高标准农田原则上全部用于粮食生产。实施全国土地利用总体规划，从严管控各项建设占用耕地特别是优质耕地，健全建设用地"增存挂钩"机制，严厉查处违法违规占用耕地从事非农建设，严格管控耕地转为其他农用地。要采取"长牙齿"的硬措施，全面压实各级地方党委和政府耕地保护责任，中央要和各地签订耕地保护"军令状"，严格考核、终身追责，确保十八亿亩耕地实至名归。[③]

（二）不断提升耕地质量

要坚持数量质量并重，在保障数量供给的同时，更加注重农产品质量和食品安全。[④]2013年12月，习近平总书记在中央城镇化工作会议上的讲话提出，"红线包括数量，也包括质量，搞占补平衡不能把好地都占了，用劣地、坡地、生地来滥竽充数"。[⑤] 要坚持防止耕地占补平衡中出现的补充数量不到位、补充质量不到位问题，坚决防止占多不少、占优

---

① 中国政府网：《习近平李克强王沪宁韩正分别参加全国人大会议一些代表团审议》，2019年3月8日，见 http://www.gov.cn/xinwen/2019-03/08/content_5372142.htm。

② 习近平：《论"三农"工作》，中央文献出版社2022年版，第332页。

③ 习近平：《论"三农"工作》，中央文献出版社2022年版，第332页。

④ 习近平：《论"三农"工作》，中央文献出版社2022年版，第55页。

⑤ 习近平：《论"三农"工作》，中央文献出版社2022年版，第60页。

补劣、占水田补旱地的现象。① 实施藏粮于地、藏粮于技战略，以粮食等大宗农产品主产区为重点，大规模推进农田水利、土地整治、中低产田改造和高标准农田建设。实施全国高标准农田建设总体规划，采取综合措施提高耕地基础地力，提升耕地产出能力，推进耕地数量、质量、生态"三位一体"保护，改造中低产田，建设集中连片、旱涝保收、稳产高产、生态友好的高标准农田。加大对中低产田的改造力度，提升耕地地力等级，在水土资源条件适宜的地区规划新建一批现代化灌区，深入推进国家黑土地保护工程，积极挖掘潜力增加耕地，支持将符合条件的盐碱地等后备资源适度有序开发为耕地。加强农田水利建设，实施农业节水重大工程，不断提高农业综合生产能力。继续实行测土配方施肥，推广秸秆还田、绿肥种植、增施有机肥、地力培肥土壤改良等综合配套技术，稳步提升耕地质量。

（三）建立粮食生产功能区和重要农产品生产保护区

2016年3月，《中华人民共和国国民经济和社会发展"十三五"规划纲要》明确提出，要建立粮食生产功能区和重要农产品生产保护区，确保稻谷、小麦等口粮种植面积基本稳定。2017年4月，国务院印发《关于建立粮食生产功能区和重要农产品生产保护区的指导意见》提出，要以深入推进农业供给侧结构性改革为主线，以主体功能区规划和优势农产品布局规划为依托，不断优化区域布局和要素组合，促进农业结构调整，逐步形成布局合理、数量充足、设施完善、产能提升、管护到位、生产现代化的"两区"。2021年中央"一号文件"将提升粮食和重要农产品供给保障能力作为加快推进农业现代化的重要内容，强调要加强粮食生产功能区和重要农产品生产保护区建设、深入推进优质粮食工程。要大力实施大豆和油料产能提升工程，集中支持适宜区域、重点品种、经营服务主体，在黄淮海等地推广玉米大豆带状复合种植，在东北地区开

---

① 习近平：《论"三农"工作》，中央文献出版社2022年版，第160页。

展粮豆轮作。

三、调动农民的种粮积极性

（一）落实扶持政策

各地要认真完善和落实粮食补贴政策，提高补贴精准性、指向性；坚持并完善稻谷、小麦最低收购价政策，完善玉米、大豆生产者补贴政策；新增粮食补贴要向粮食主产区和主产县倾斜，向新型粮食生产经营主体倾斜；加强补贴资金监管，确保资金及时、足额补贴到粮食生产者手中；引导和支持金融机构为粮食生产者提供信贷等金融服务。扩大稻谷、小麦、玉米三大粮食作物完全成本保险和收入保险试点范围，支持有条件的省份降低产粮大县三大粮食作物农业保险保费县级补贴比例。稳定生猪生产长效性支持政策，稳定基础产能，防止生产大起大落；深入推进农业结构调整，推动品种培优、品质提升、品牌打造和标准化生产。

（二）培育新型经营主体

地方各级党委和政府要深入实施粮食安全和重要农产品保障战略，切实扛起粮食安全政治责任，积极培育种粮大户、家庭农场、农民合作社、农业产业化龙头企业等新型粮食生产经营主体，对其用于晾晒、烘干、仓储、加工等配套设施的建设用地给予支持。加快建立健全承包土地经营权流转市场，鼓励有条件的农户在自愿的前提下，将承包土地经营权流转给新型粮食生产经营主体。着力培育新型农业经营主体和社会化服务组织，促进适度规模经营，把小农户引入现代农业发展轨道，逐步形成以家庭经营为基础、合作与联合为纽带、社会化服务为支撑的立体式复合型农业经营体系。

（三）合理保障农民种粮收益

粮食和重要农产品生产不仅是解决粮食需求问题，更是解决农民就业问题的重要途径和手段。2013年12月23日，习近平总书记在中央农村工作会议上的讲话提出，"稳定发展粮食生产，一定要让农民种粮有利可图、让主产区抓粮有积极性。这方面，既要发挥市场机制作用，也要加强政府支持保护"，① 要探索形成农业补贴同粮食生产挂钩机制，让生产粮食者多得补贴，把有限资金用在刀刃上。完善粮食最低收购价政策和主要粮食品种的临时收储政策，探索建立符合市场化要求、适合我国国情的粮食价格支持体系，使粮食价格保持在合理水平，使种粮农民能够获得较多收益；鼓励和引导农业产业化龙头企业与粮食生产者建立紧密的利益联结关系，采取保底收购、股份分红、利润返还等方式，让粮食生产者分享加工销售的收益；健全重要农资储备制度，稳定农资价格。聚焦关键薄弱环节和小农户，加快发展农业社会化服务，支持农业服务公司、农民合作社、农村集体经济组织、基层供销合作社等各类主体大力发展单环节、多环节、全程生产托管服务，开展订单农业、加工物流、产品营销等，提高种粮综合效益。2022 年中央"一号文件"明确提出，按照让农民种粮有利可图、让主产区抓粮有积极性的目标要求，健全农民种粮收益保障机制，合理保障农民种粮收益。

四、加大科技资金投入力度

（一）强化农业科技支撑

粮食生产根本在耕地，命脉在水利，出路在科技，动力在政策。② 建立以政府为主导的多元化、多渠道农业科研投入体系，增加对粮食和重要农产品科研的投入。建立健全农业科技创新体系，积极推进农业技术集成化、劳动过程机械化、生产经营信息化，加强国家农业科研基地、区域性科研中心的创新能力建设，推动现代农业产业技术体系建设，提升农业区域创新能力，加快推进农业科技进步。强化农业科技对现代粮食和重要农产品生产、购销、仓储、物流、加工产业的支撑作用，加大

---

① 习近平：《论"三农"工作》，中央文献出版社 2022 年版，第 77 页。
② 习近平：《论"三农"工作》，中央文献出版社 2022 年版，第 124 页。

储藏、物流、加工、检测等关键技术和装备的研发力度，提高粮食收购品质检测、储粮环境控制、库存品质监管、有害物质防控力，切实增强农业科技创新能力。要把种源安全提升到关系国家安全的战略高度，加强种质资源保护和利用，加强种子库建设。[①]要坚持农业科技自立自强，从培育好种子做起，加强良种技术攻关，[②]加快农业生物育种创新和推广应用，开发具有重要应用价值和自主知识产权的生物新品种，深入推进玉米、大豆、水稻、小麦国家良种重大科研联合攻关，积极培育和推广"高产、优质、多抗"粮油品种，开展粮食高产创建和增产模式攻关，集成推广高产、高效、可持续的技术和模式，做大做强现代种业。发挥科研院所、大学、企业优势和技术特长，坚持产学研相结合，完善应用开发和成果转化及产业化的技术推广，逐步构建以国家农技推广机构为主体、科研单位和大专院校广泛参与的农业科技成果推广体系。建立基层农技推广机构和人员绩效考核激励机制，引导和鼓励涉农企业、农民专业合作等开展农业技术创新和推广活动，积极为农民提供科技服务。

（二）增加财政支持力度

要建立多元投入格局，中央和地方财政要重点优先保障。[③]各地要按照存量适度调整、增量重点倾斜的原则，优化政府支农投资结构，增加对粮食和重要农产品生产的投入，重点向提高粮食综合生产能力倾斜，切实加大对农田水利等基础设施建设投入。各类支农投入要突出向粮食主产区、产粮大县、油料生产大县和基本农田保护重点地区倾斜，继续实施中央对粮食（油料）主产县的奖励政策。加强对产销衔接的支持，建立健全粮食主销区对主产区利益补偿机制，支持主产区发展粮食生产。完善区域合作与利益调节机制，支持流域上下游、粮食主产区主销区、资源输出地输入地之间开展多种形式的利益补偿，鼓励产区粮食企业到

---

① 习近平：《论"三农"工作》，中央文献出版社 2022 年版，第 305 页。
② 习近平：《论"三农"工作》，中央文献出版社 2022 年版，第 128 页。
③ 习近平：《论"三农"工作》，中央文献出版社 2022 年版，第 306 页。

销区建立粮食销售网络，保证销区粮食供应。加大对符合条件的重要粮食仓储、物流、应急保障等流通基础设施、市场体系建设、加工业升级改造、科技创新、技术引进、质量安全检验监测体系建设等的投入，多渠道引导社会资金投向粮食和重要农产品流通领域，并建立稳定的长效机制，明显提升现代粮食和重要农产品流通产业科学发展能力。

五、健全粮食宏观调控体系

（一）健全储备调节体系

储为国计，备为民生，粮食储备是保证粮食安全的重要防线。我国建立粮食储备制度以来，中央储备和地方储备各自发挥了举足轻重的作用：中央储备粮发挥了守底线、应大灾、稳预期的"压舱石"作用，地方储备粮发挥了保应急、稳粮价、保供应的"第一关隘"作用。要进一步细化中央专项储备和调节储备的功能，完善地方粮食储备管理制度，优化储备布局和品种结构，调整中央储备粮地区布局，推动中央储备粮存储、吞吐轮换和进出口有效，地方储备粮轮换与产区粮食收购紧密衔接，逐步构建起调控有力、运作规范、高效灵活的储备粮管理局面。注重加强智能粮库建设，促进人防技防相结合，强化粮食库存动态监管。

（二）加强农产品监测预警

近年来，我国农产品价格出现异常波动，部分农产品价格在短期内出现大幅上涨，给农业生产经营、居民生活带来极大困扰。要强化田头价格信息采集，加强田头到餐桌的监测统计分析，发挥物联网、大数据信息技术在粮食监测预警中的作用，及时向市场提供实时真实的交易量和交易价格动态，发布农产品供需信息，强化数据与模型支撑，打造科学权威的粮食和重要农产品信息发布平台。加快建立粮食和重要农产品市场信息会商机制，成立粮食和重要农产品市场调控部际协调小组，建立健全高效灵活的粮食调控机制。落实粮食和重要农产品经营信息统计报告制度，督促各类涉农涉粮企业建立经营台账，定期向粮食行政管理部门报送统计数据。要加强市场预警团队建设，合理确定预警指标，扩大监测预警范围，提高宏观调控预警能力，建立健全全行业系统谋划、整体布局的粮食和重要农产品全产业链监测预警体系。

（三）提升应急保障能力

要坚持政府主导、统筹资源、平急结合、高效管用的总要求，发挥好服务宏观调控、调节稳定市场、应对突发事件等方面的重要作用，不断提升粮食和重要农产品的应急供应、仓储、生产加工、应急物流、应急指挥调度、应急区域保障能力，基本建成布局合理、设施完备、运转高效、保障有力的粮食和重要农产品应急保障体系。加强对全国大中城市及其他重点地区粮食和重要农产品加工、供应和储运等应急设施的建设和维护，确保严重自然灾害或紧急状态下拿得出、调得快、用得上；对列入应急网络的指定加工和销售企业，给予必要扶持，增强粮食和重要农产品应急保障能力。在现有粮食和重要农产品应急加工企业和加工能力的基础上，统筹区域分布、重要物流通道和节点布局，调整优化应急加工能力布局，提升加工能力。

六、完善粮食市场体制机制

（一）构建多元市场主体格局

培育壮大粮食和重要农产品供给的农业产业化龙头企业，促进生产要素向优势企业集聚，培育大型跨国粮食集团、支持中小粮食企业发展，鼓励支持家庭农场和专业合作社等新型农业经营主体从事粮食和重要农产品生产经营，促进形成公平竞争的市场环境，同时积极引导多元市场主体，推动形成多元市场主体格局。充分发挥加工企业的引擎带动作用，支持加工企业推广应用先进技术装备，进行技术改造升级，不断延伸粮食和重要农产品产业链，提升价值链，打造供应链，统筹建好示范市县、产业园区、骨干企业和优质粮食工程，在更高层次确保粮食生产稳定发展和重要农产品有效供给。

（二）健全农产品交易体系

加快粮食和重要农产品供给市场体系建设，形成以收购市场和零售市场为基础、批发市场为骨干、期货交易稳步发展，购销多个环节、多元市场主体、多种交易方式、多层次市场结构的现代市场体系。积极鼓励各类具有资质的市场主体从事粮食收购和重要农产品交易活动，搞活市场流通，规范各类主体行为，构建规范高效、竞争有序的市场服务体系。大力发展超市、便民连锁店为主要形式的城乡粮食和重要农产品供应网点，发挥集贸市场在粮食供应中的作用，支持农贸市场、菜市场、社区菜店等农产品零售市场进行升级改造，完善分区布局，进一步增强检验检测、冷藏保鲜、产品追溯等便民惠民服务能力，建立健全满足居民日常消费需求的零售供应网络。发展智慧农贸市场，提高零售网络的服务水平和效率，加快建设畅通高效、贯通城乡、安全规范的粮食和重要农产品现代流通体系。加快大中城市成品粮批发市场建设，推进粮食批发市场基础设施改造升级，重点加强信息系统和质量检验检测系统建设，全面提升粮食批发市场功能，提高服务水平。升级改造公益性农产品批发市场，开展信息化和智能化改造，加快完善检验检测、产品溯源等设施设备，推动实施电子结算，强化服务功能。逐步增加粮食期货交易品种，规范粮食期货交易行为，引导粮食企业和农民专业合作组织利用期货市场规避风险。

（三）提升市场服务水平

支持农产品批发市场、连锁超市、生鲜电商等各类农产品流通企业，进一步做大做实农产品销售专柜、专区、专档，拓宽农产品营销渠道，鼓励农产品批发市场建设冷链加工配送中心和中央厨房等，增强冷链服务能力。引导各地完善城乡"放心粮油"供应网络，搭建粮食产销合作平台，强化产销区政府层面战略合作，推动粮食电子商务和新型零售业态发展健康发展。以粮食加工转化为引擎，促进产收储加销有机结合，激发粮食产业发展内生动力，推动粮食行业提质增效。坚决维护粮食市场秩序，建立粮食经营企业信用体系和粮食市场监管协调机制，打击囤积居奇、哄抬粮价、以次充好等扰乱粮食市场秩序的行为。

七、科学引导有效节粮减损

（一）实行全产业链节约

减少粮食损耗是保障粮食安全的重要途径。[①] 各地粮食和物资储备部门要充分发挥示范带头作用，指导粮食行业在收获、收购、存储、运输、加工等全环节减少浪费和损耗，大力推广节粮减损新设施、新技术和新装备等，全面提高粮食综合利用率，切实落实好节粮减损各项政策举措。在生产环节，加快选育高产高效、多抗广适、低损收获、适宜机械的品种，加大先进适用精量播种机等研发推广力度，推进农业节约用种；推进粮食精细收获，强化农机、农艺、品种集成配套，提高关键技术到位率和覆盖率，提高机手规范操作能力，减少田间地头收获损耗。在储存环节，鼓励产粮大县推进环保烘干设施应用，引导新型农业经营主体、粮食企业、粮食产后服务中心等为农户提供粮食烘干服务，改善烘干条件，提升烘干能力；加强农户科学储粮技术培训和服务，因地制宜推广适用于农户的储粮装具，引导农户科学储粮；推动粮仓设施分类分级和规范管理，升级修缮老旧仓房，提高用仓质量和效能。在运输环节，完善运输基础设施和装备，推广粮食专用散装运输车、铁路散粮车、散装运输船、敞顶集装箱、港口专用装卸机械等，减少粮食损耗；完善农村粮食物流服务网络，探索应用粮食高效减损物流模式，提升粮食运输服务水平。在加工环节，督促粮食加工企业合理控制加工精度，推进面粉加工设备智能化改造，引导油料油脂适度加工，创新食品加工配送模式，提高粮油加工转化率；加强饲料粮减量替代，挖掘利用杂粮、杂粕、粮食加工副产物等替代资源，推广饲料精准配方技术和精准配制工艺，提

---

① 习近平：《论"三农"工作》，中央文献出版社 2022 年版，第 326 页。

高成品粮出品率和副产品综合利用率。要强化粮食生产技术支撑，推进储运减损关键技术提质升级，提升粮食加工技术、机收减损技术和装备研发水平，支持开发、推广和应用先进的节粮减损技术，推动粮食产业向高端化、智能化、绿色化转变。

（二）遏制消费环节浪费

要加强立法，强化监管，采取有效措施，建立长效机制，坚决制止餐饮浪费行为。[1]要完善餐饮行业反食品浪费制度，鼓励引导餐饮服务经营者主动提示消费者适量点餐，对餐饮服务经营者食品浪费违法行为，依法严肃查处。加强单位食堂采购、储存、加工动态管理，鼓励采取预约用餐、按量配餐、小份供餐、按需补餐等方式，科学采购和使用食材。加强公务活动用餐管理，强化公务接待、会议、培训等公务活动用餐节约制度。建立健全学校餐饮节约管理长效机制，落实中小学、幼儿园集中用餐陪餐制度，积极组织多种形式的粮食节约实践教育活动。鼓励家庭按需采买食品，采用小分量、多样化、营养搭配的烹饪方式，减少家庭和个人食品浪费。建立健全厨余垃圾资源化利用处理体系，做好厨余垃圾分类收集和餐桌剩余食物无害化处理、饲料化利用。

（三）加强宣传教育引导

深入开展全社会爱粮节粮宣传教育，加强粮油食品营养健康知识的宣传、普及，推进"爱粮节粮"进社区、家庭、学校、军营、食堂等行动，引导城乡居民养成讲健康、讲节约的粮食消费习惯，形成全社会爱惜粮食、反对浪费的良好风尚。推行科学文明餐饮消费方式，引导合理膳食，制止粮食浪费行为。将文明餐桌、"光盘行动"等纳入文明城市、文明村镇、文明单位、文明家庭、文明校园等创建内容，发挥各类创建的导向和示范作用。

---

[1]　习近平：《论"三农"工作》，中央文献出版社 2022 年版，第 300 页。

八、推进粮食安全法治建设

（一）构建粮食和重要农产品法治体系

法治兴则国兴，法治强则国强。经过多年的探索实践，我国陆续颁布和修订实施了《农业法》《国家安全法》《土地管理法》《农村土地承包法》《农业技术推广法》《农业机械化促进法》《种子法》《农产品质量安全法》《农民专业合作社法》《基本农田保护条例》《土地复垦条例》等法律法规，基本构建了有关粮食和重要农产品生产、收购、储备、流通、消费以及加工转化、产业发展的法治体系，推动了我国粮食安全保障治理体系和治理能力的现代化、制度化、科学化。但目前除了《农业法》和《农产品质量安全法》中有部分规定，在保障粮食安全和重要农产品供给中发挥较大作用的一般是地方性法规、部门规章甚至政策性文件，国家层面的法治体系尚不规范、不健全。

（二）修订《粮食流通管理条例》

我国现行的《粮食流通管理条例》颁布于 2004 年。该条例在完善粮食经营、规范宏观调控、维护粮食流通秩序、落实监督检查、严格法律责任等方面发挥了重要的作用。但随着市场经济的不断发展进步，我国粮食流通形势发生了深刻变化，传统粮食经营模式单一的缺陷日益凸显，传统的粮食流通业态也无法有效适应新时期粮食流通扩大、流通效率提升、市场改革深化等的需要。在此背景下，2013 年、2016 年和 2021 年我国先后三次修订了该条例。新修订的《粮食流通管理条例》在加强政策性粮食管理、完善市场监管措施和质量安全监管、减少粮食流通中的损失浪费、打击违法行为等方面作出了针对性的改进，总结和反映了粮食流通的治理经验，健全了粮食流通管理的制度框架，标志着我国粮食流通进入了全面依法治理的新阶段，也标志着我国粮食安全治理法治化取得了初步成果。

（三）制定《粮食安全保障法》

经国利民，法是重器。加快推进粮食安全保障立法进程既是强化粮食法治建设的客观要求，也是提升粮食安全治理效能的有效举措。2018

年，《粮食安全保障法》被列入十三届全国人大常委会立法规划第一类项目，立法条件日渐成熟，起草工作正在积极推进。2021年3月，《中华人民共和国国民经济和社会发展第十四个五年规划和2035年远景目标纲要》明确提出要实施粮食安全战略，制定粮食安全保障法。作为我国粮食安全法治保障体系的基本法，《粮食安全保障法》将对粮食全产业链进行系统化规定，将实践中的好经验好做法和改革成果上升为法律规范，实现我国粮食安全政策治理向法律治理的转变，推动粮食安全治理能力现代化。同时，《粮食储备安全管理条例》也于2020年年末正式向社会公开征求意见。未来，我国粮食从产业链到供应链将发生更加深刻的变革，依法管粮、依法治粮的粮食安全法治化进程还将继续提速，粮食安全法律框架体系也将日趋完善。

第三节　保障国家粮食安全和重要农产品有效供给的成就和经验

民为国基，谷为民命。粮食事关国计民生，保障粮食安全和重要农产品供给是推动农业农村现代化的重要物质基础。党的十八大以来，党中央把粮食安全作为治国理政的头等大事，在各地政府的强力推动下，我国贯彻创新、协调、绿色、开放、共享的新发展理念，落实高质量发展要求，走出了一条中国特色粮食安全之路，取得了巨大成就，积累了宝贵经验。

一、保障粮食安全和重要农产品供给的历史成就

我国全面实施国家粮食安全战略和乡村振兴战略，全面落实"藏粮于地、藏粮于技"战略举措，优化粮食和重要农产品有效供给，粮食和重要农产品产量稳步增长、保障水平明显提升，粮食安全政策体系初步建立，农业结构和区域布局不断优化，质量安全水平显著提高，用占世界9%的耕地、6%的淡水资源，解决了占世界近20%人口的吃饭问题，

成就举世瞩目。

（一）粮食和重要农产品产量稳步增长

从粮食生产看，我国粮食产量不断迈上新台阶：2010年突破5.5亿吨，2012年超过6亿吨，2015年达到6.6亿吨，之后连续六年稳定在6.5亿吨以上（见表1-1）。从变化趋势看，2011—2021年我国粮食播种面积相对稳定，从112980.4千公顷增加到117630.0千公顷，年均增长0.19%；粮食产量呈稳步增加态势，从58849.3万吨增加到68285.0万吨，年均增长0.55%。这得益于我国出台的一系列粮食生产扶持政策，如稻谷和小麦最低收购价、玉米和大豆临时收储、种粮直补、良种补贴、农资综合直补、农机具购置补贴、产粮大县奖励等，极大地促进了粮食播种面积的增加和单产的提升。

表1-1　2011—2021年我国粮食播种面积和产量

年份	播种面积（千公顷）	产量（万吨）
2011	112980.4	58849.3
2012	114368.0	61222.6
2013	115907.5	63048.2
2014	117455.2	63964.8
2015	118962.8	66060.3
2016	119230.1	66043.5
2017	117989.1	66160.7
2018	117038.2	65789.2
2019	116063.6	66384.3
2020	116768.2	66949.2
2021	117630.0	68285.0

资料来源：国家统计局网站。

党的十八大以来，我国采取了一系列有效措施，大力推进农业市场化改革和建设，增强农业综合生产能力，促进农业全面发展，重要农产品产量快速增长，实现了由供给不足向供给充足的转变。

1. 经济作物产量相对稳定（见图1-1）

2011—2021年，棉花产量呈波动下降态势，从658.9万吨下降到573.0万吨，年均降幅1.39%；油料产量稳步增长，从3306.8万吨增加到3613.0万吨，年均增幅0.89%；糖料产量略有下降，从12516.5万吨下降到11451.0万吨，年均降幅0.89%。

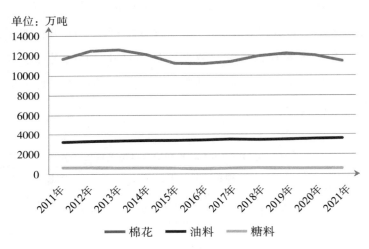

图1-1　2011—2021年我国主要经济作物产量
资料来源：国家统计局网站。

2. 畜产品产量稳步增长（见图1-2）

2011—2021年，肉类产量波动上升，从7957.8万吨增加到8887.9万吨，年均增幅0.26%；猪肉产量略有增加，从5053.1万吨增加到5296.0万吨，年均增幅0.11%；牛肉产量波动上升，从647.5万吨增加到698.0万吨，年均增幅0.17%；羊肉产量明显增长，从393.1万吨增加到514.0万吨，年均增幅0.64%；牛奶产量较为稳定，从3657.9万吨增加到3683.0万吨，年均增幅为0.02%，这主要得益于党的十八大以来大力实施的奶业振兴计划。禽蛋产量稳定增长，从2011年的2893.9万吨增加到2021年的3409.0万吨，年均增幅0.39%。

单位：万吨

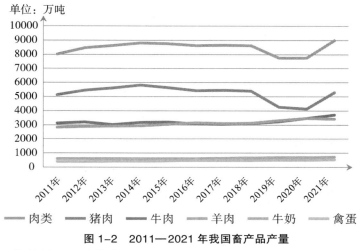

图 1-2 2011—2021 年我国畜产品产量

资料来源：国家统计局网站。

3. 水产品生产快速发展（见图 1-3）

2011—2021 年，全国水产品产量稳定增长，从 5603.2 万吨增加到 6463.7 万吨，年均增幅 1.46%。2011—2021 年，海水产品产量从 2908.1 万吨增加到 3160.1 万吨，年均增长 0.87%；淡水产品产量从 2695.2 万吨增加到 3303.6 万吨，年均增长 2.08%。

单位：万吨

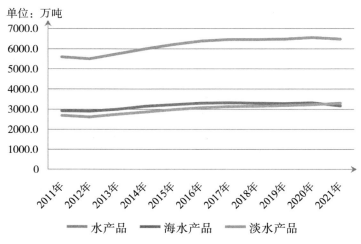

图 1-3 2011—2021 年我国水产品产量

资料来源：国家统计局网站。

（二）粮食和重要农产品供给保障水平明显提升

1. 人均粮食和农产品产量不断提高

2010 年以后，我国人均粮食产量持续高于世界平均水平 50 公斤左右。从整体上看，我国居民健康营养状况明显改善：粮食、油料、猪牛羊肉、水产品和牛奶的人均产量分别从 2011 年的 438 公斤、23.9 公斤、45.7 公斤、41.7 公斤和 23.1 公斤增加到 2021 年的 483 公斤、25.6 公斤、46.1 公斤、45.8 公斤和 26.1 公斤，年均增长分别为 1.01%、0.70%、0.96%、0.53%、1.30%。棉花从 2011 年的 4.8 公斤减少到 2021 年的 4.1 公斤，年均减少 1.64%。[①]

2. 粮食储备和应急供应保障体系更加健全

改革开放以来，我国粮食储备能力显著增强，主要表现为仓储现代化水平明显提高、物流能力大幅提升。我国规划建设了一批现代化的新粮仓，维修改造了一批老粮库，仓容规模进一步增加，同时打通了粮食物流骨干通道，基本形成了公路、铁路、水路多式联运的物流运输格局。2018 年我国共有标准粮食仓房仓容 6.7 亿吨，简易仓容 2.4 亿吨，有效仓容总量比 1996 年增长 31.9%；食用油罐总罐容 2800 万吨，比 1996 年增长七倍；2017 年我国粮食物流总量达到 4.8 亿吨，其中跨省物流量 2.3 亿吨。[②] 同时，我国粮食应急保障成效显著，在大中城市和价格易波动地区建立了 10—15 天的应急成品粮储备，基本构建了应急储备、加工和配送的保障体系。

（三）保障国家粮食安全和重要农产品供给的政策体系初步建立

1. 粮食安全政策支持体系初步建立

我国历来高度重视粮食安全和重要农产品的供给，实行了一系列的支持政策，尤其是改革开放以来，国家实施了诸多改革措施和惠民举措，

---

① 根据国家统计局相关统计资料计算所得。

② 中国政府网：《中国的粮食安全》，2019 年 10 月 14 日，见 http://www.gov.cn/zhengce/2019-10/14/content_5439410.htm。

极大地激发了农业发展和粮食生产的活力。2006 年以后，我国取消了农业税，实行了粮食直补、良种补贴、农机具购置补贴和农资综合直补等政策，初步建立了粮食生产专项补贴和农民收入补贴机制。先后出台了最低收购价、临时收储、目标价格等收购政策，调整中央财政对粮食风险基金的补助比例，实施了产粮大县奖励政策，完善了对种粮农民的保护机制，释放了农业生产力，促进了粮食产量的增长。2008 年 11 月，国家发展改革委会同有关部门编制了《国家粮食安全中长期规划纲要（2008—2020 年）》，确定了粮食安全的发展目标、主要任务和相应措施，为今后一个时期我国粮食宏观调控工作提供了重要依据。党的十八大以来，党中央立足国情农情，实施了重要农产品保障战略，落实了永久基本农田特殊保护制度，划定了粮食生产功能区和重要农产品生产保护区，不断提高了粮食综合生产能力。2016 年 10 月，国家发展改革委、国家粮食局印发了《粮食行业"十三五"发展规划纲要》，明确提出要加强粮食市场体系建设、发展粮食产业经济、完善现代仓储物流体系，切实提高粮食质量安全保障能力。2022 年中央"一号文件"将抓好粮食生产和重要农产品供给摆在首要位置，强调要牢牢守住保障国家粮食安全的底线，保证中国饭碗主要装中国粮。

2. 粮食宏观调控能力显著增强

2003 年 8 月，国务院发布《中央储备粮管理条例》，明确了中央储备粮的计划、存储、动用、监督检查等措施，并于 2011 年 1 月和 2016 年 2 月分别进行了修订。2005 年 6 月，国务院发布《国家粮食应急预案》，明确了粮食应急管理的组织机构和职责、预警监测、应急响应、应急保障等措施。多年来，我国不断完善中央和地方粮食储备体制，确立了粮食经营企业最低库存制度，构建了粮食储备调节体系，夯实了宏观调控的物质基础。粮食储备布局总体趋于合理，基本上与各地的经济发展水平、人口密度和粮食需求形势相适应；储备的品种结构进一步优化，基本实现了优先保证口粮安全的要求；储备粮的购销、轮换和库存管理等工作逐步规划，管理能力和水平大幅提升。粮食应急和监测体系建设成效显著，建立了国家、省、市、县四级粮食应急预案体系，在全国设立超过一万个各级粮食市场信息监测点，覆盖了重点区域和重点品种，可以动态掌握粮食市场的供求变化，能够有效应对各种突发事件。

（四）农业区域布局逐步优化

1. 农业区域布局调整优化

20世纪和21世纪之交，我国城乡差距较大，粮食连年减产、农民收入增长幅度连年下降，"三农"问题成为全社会关注的热点（郑有贵，2009）。2006年我国取消除烟叶以外的农业特产税，并全部免征牧业税。此后，我国不断完善农业的支持和保护体系，增加对农业的财政、金融和科技等投入力度。2001年3月的《中华人民共和国国民经济和社会发展第十个五年计划纲要》提出要"合理调整农业生产区域布局，发展特色农业，形成规模化、专业化的生产格局"。2004年的中央"一号文件"指出在继续调整农业区域布局的同时，要引导农产品市场和加工业合理布局。2010年6月，国务院印发《全国主体功能区规划》，明确提出要构建以"七区二十三带"①为主体的农业战略格局。2012年中央"一号文件"强调要"健全主产区利益补偿机制，增加产粮（油）大县奖励资金，加大生猪调出大县奖励力度"。2001—2012年，我国重视农业增产、调整农业品种和品质结构，注重发挥区域比较优势、优化农业区域布局。2012年，种植业占农林牧渔总产值比重下降为51.94%，畜牧业占农林牧渔产值比重增加到30.68%；种植业中粮食作物播种面积比例下降到70.57%。

2. 农业发展方式加快转变

通过两次农业结构调整，我国的农业生产结构不断优化，种养加结构、粮经饲结构趋于合理，农业供求总量平衡，但结构性矛盾日益突出，

---

① 七区二十三带：东北平原、黄淮海平原、长江流域、汾渭平原、河套灌区、华南和甘肃新疆七个农产品主产区，以及水稻、专用玉米、大豆、畜产品、优质专用小麦、优质棉花、优质水稻、优质油菜、水产品、甘蔗等二十三条产业带。

保

如供需不匹配与结构性调整问题、农业生产成本攀升、农产品价格"倒挂"问题、农产品质量安全问题等（祁春节，2018）。基于此，我国于2013年开始了以国内外市场为导向的新一轮农业结构调整，于2015年开始了农业供给侧结构性改革。2013年1月，《中共中央国务院关于加快发展现代农业进一步增强农村发展活力的若干意见》中提出要将农业补贴向"专业大户、家庭农场、农民合作社等新型生产经营主体倾斜"，这表明我国开始重视调整农业的生产经营结构。2015年，中央农村工作会议首次提出"农业供给侧结构性改革"，改革的重点是"调结构、转方式、促融合、去库存、降成本、补短板"（宋洪远，2019）。在农业供给侧结构性改革的主线下，我国更加注重农业发展方式的转变，以农业高质量发展为导向。2018年1月，《中共中央国务院关于实施乡村振兴战略的意见》提出"深入推进农业绿色化、优质化、特色化、品牌化，调整优化农业生产力布局，推动农业由增产导向转向提质导向"。2019年2月，农业农村部等七部门联合制定《国家质量兴农战略规划（2018—2022年）》，强调要深化农业供给侧结构性改革，"优化农业要素配置、产业结构、空间布局、管理方式，推动农业全面升级、农村全面进步、农民全面发展"。2019—2021年的中央"一号文件"均提出继续调整优化农业结构。该阶段，我国农业结构相对较为稳定：种植业占农林牧渔总产值比重稳定在53%左右，2013年为52.53%，2020年为52.77%；畜牧业占农林牧渔总产值比重稳定在29%左右，2013年为29.59%，2020年为29.22%；种植业中粮食作物播种面积比例稳定在70%左右，2013年为70.80%，2020年为69.72%。[①]

（五）农产品质量安全水平不断提高

1. 质量安全监管能力明显增强

我国先后制定和修订了《食品安全法》《农产品质量安全法》《国务

---

① 根据国家统计局相关统计资料计算所得。

院关于加强食品等产品安全监督管理的特别规定》《农药管理条例》等法律法规，为保障农产品质量安全奠定了法律基础。在政策的推动下，我国建立了农产品质量安全标准体系，明确了农产品产地、生产、包装和标识等方面的法律要求和责任，严格实行了粮食质量安全监管责任制和责任追究制度，落实了地方政府属地管理和生产经营主体责任。全面加强了粮食和重要农产品的安全监管，开展了粮食质量安全和农产品质量安全专项整治行动，加大经费投入、加强工作力量、强化县乡两级监管责任，着力消除了粮食和农产品质量安全隐患和行业"潜规则"，保障了人民群众"舌尖上的安全"。加强了源头治理，积极发展生态农业和有机农业，大力建设无公害农产品、绿色食品、有机食品生产基地，同时健全化肥、农药等农业投入品的监督管理制度，通过严格控制畜禽养殖污染、科学施用农药和化肥、加强无害化处理污染物等手段，有效缓解了耕地的面源污染问题。

2. 农产品品牌建设成效显著

2018年中央"一号文件"明确提出要实施质量兴农战略，建立健全质量兴农的评价、政策、工作和考核体系，推进农业绿色化、优质化、特色化和品牌化。同年6月，农业农村部印发《关于加快推进品牌强农的意见》，强调要着力塑造品牌特色，增强品牌竞争力，加快构建现代农业品牌体系，推动我国从农业大国向品牌强国转变。2019年2月，农业农村部和国家发展改革委等六部门印发《国家质量兴农战略规划（2018—2022年）》，部署了培育提升农业品牌、提高农产品质量安全水平等七个方面的重点任务。经过几年的实践，我国农产品品牌建设取得了显著成效：现代农业品牌管理体系不断完善，《中国农产品区域公用品牌建设指导意见》《中国农业品牌目录体系实施办法》等配套政策文件相继发布；涌现出了一批知名度高、市场竞争力强的农产品品牌，培育了一批生产规范、品质优异的农产品区域公用品牌。

（六）为世界粮食安全作出重要贡献

粮食安全是世界和平与发展的重要保障，是构建人类命运共同体的重要基础，关系着人类永续发展和前途命运。党中央始终将发展农业、建设农村、造福农民作为头等大事来抓，坚持中国人的饭碗任何时候都要牢牢端在自己手中，饭碗主要装中国粮，有效推动了粮食和重要农产品稳定发展，成功解决了中国人民的吃饭问题，实现了"吃不饱"到"吃得饱""吃得好"的历史性转变（韩俊，2019）。同时，我国作为世界上最大的发展中国家，积极参与世界粮食安全治理，加强国际交流与合作，坚定维护多边贸易体系，先后向亚洲、非洲、南太平洋等地区派出了1000多名专家和技术人员，积极在世界范围内推广和应用超级杂交水稻，为消除全球饥饿，维护世界粮食安全作出了中国贡献。

二、保障粮食安全和重要农产品供给的基本经验

党的十八大以来，以习近平同志为核心的党中央统筹发展和安全，始终坚持农业基础地位不动摇，正确把握农业发展的现代化方向，将保障粮食安全和重要农产品供给摆在了突出位置，确立了"以我为主、立足国内、确保产能、适度进口、科技支撑"的国家粮食安全战略，积累了宝贵经验。展望未来，我国有条件、有能力、有信心依靠自身力量筑牢粮食安全防线。

（一）坚持立足国内

粮食和重要农产品的供给是直接关系国家安危、经济发展、民生福祉和社会稳定的重大问题。我国是粮食和农产品的生产大国，同时也是消费大国，消费总量和消费结构都发生着深刻的变化，仅仅依靠国际贸易无法有效保障城乡居民的粮食和农产品供给。一方面，全球粮食供求趋紧，世界市场供给无法有效满足我国粮食和重要农产品的消费需求。从进口看，我国粮食和农产品国际贸易量占消费的比重整体较小，通过国际市场调剂供给的空间较为有限。另一方面，国际粮食贸易不稳定性、

不确定性增加，粮食和重要农产品作为重要的战略物资，世界供给处于紧张状况，不可依赖性日益增强。党的十八大以来，我国实施新形势下的国家粮食安全战略，不断完善重要农产品供给保障体系，严守耕地保护红线，改善农田基础设施条件，提高农业综合生产能力，实现了粮食产量稳步增长和重要农产品产量快速增长，满足了城乡居民多样化的消费需求，发挥了经济发展和社会稳定的"压舱石"作用。实践证明，只有坚持以我为主、立足国内、确保产能，才能牢牢把握国家粮食安全主动权，将饭碗牢牢地端在自己手中，这是保障国家安全的底线和底气。

（二）坚持精准调控

宏观调控是强化政府干预、弥补市场调节不足、规范市场经济秩序的重要手段。实行市场化改革以来，我国粮食产销中高产量、高进口量和高库存量的"老三高"压力明显趋缓，但高效运力需求、高额资金需求、高品质粮食需求加大的"新三高"挑战凸显。从生产形势看，农业生产短板逐渐暴露，生产成本继续攀升，资源环境承载能力趋紧，农业基础设施相对薄弱，抗灾减灾能力有待提升，粮棉油等重要农产品供给面临较大冲击。加之农产品生产具有周期性，且不易长期保存，受地理环境、气候、突发事件等影响，容易出现供应短缺或过剩的问题，导致农产品市场价格剧烈波动，如某些农产品出现了暴涨暴跌的情况，需要政府和相关部门的介入和调控。党的十八大以来，我国以服务国民经济宏观调控、调节稳定市场、应对突发事件和提升国家安全能力为目标，坚持粮食和重要农产品市场的精准调控，不断加强储备管理，完善预警监测体系，强化应急保障，有效熨平了市场波动，减少了负面影响，基本构建了与改革相适应的粮食和重要农产品宏观调控体系。实践表明，只有坚持因势利导、精准调控，深化市场化改革，逐步推动宏观调控从依靠直接调控转向以政策引导为主的间接调控，才能不断释放市场活力，培育多元市场购销主体，完善物流骨干网络，进而形成布局合理、设施完备、运转高效、保障有力的粮食和重要农产品供给保障体系。

（三）坚持政策支持

农业支持政策是保障粮食安全和重要农产品供给的最有效的政策工具。改革开放以前，我国实行计划经济，农业发展以保证粮食生产、保证工业生产和城市供给为导向，采取的是农业养育工业的政策。改革开放以后，我国将解放和发展农业生产力作为重点，实行家庭承包经营制度，改革农产品流通体制，搞活农产品市场贸易，发挥市场机制作用，大大激发了农业发展活力。2004年以后，我国连续出台指导"三农"工作的中央"一号文件"，全面加强对农业农村发展的支持力度，实行粮食最低收购价政策和农产品价格支持政策，将更多的资金、人才、技术等要素向农业农村倾斜，为粮食生产和重要农产品供给提供了重要的政策支撑。党的十八大以来，我国实施乡村振兴战略，坚持农业农村优先发展，将保障国家粮食安全和农产品供给有效供给放在突出位置，全面深化农村改革，加大政策支持力度，优化农产品市场体系建设，实现了粮食基本自给和农产品供求基本平衡。实践表明，只有毫不动摇地坚持和加强党对农村工作的全面领导，坚持按照增加总量、优化存量、提高效能的原则，加大对粮食生产和农产品供给的支持政策，才能进一步调动生产积极性，提高农业综合效益，进而牢牢守住保障国家粮食安全的底线。

（四）坚持高质量发展

坚持农业高质量发展是推动农业农村现代化、构建新发展格局的重要举措。近年来，国内国际两个市场深度融合，我国农业发展面临的外部竞争压力日趋激烈，对粮食和重要农产品的质量要求也越来越高。同时，随着我国进入中等收入国家行列，城乡居民的消费结构不断升级，对粮食和重要农产品的需求从"够不够"转向了"优不优"，我国的主要矛盾也转变为人民日益增长的美好生活需要和不平衡不充分发展之间的矛盾。但当前我国粮食和重要农产品的生产还面临着绿色优质特色产品供给不足、质量安全风险隐患犹存、深加工发展滞后、农业科技重大原创性成果不多等问题，制约了农业的高质量发展。党的十八大以来，我国实施质量兴农战略，不断加快农业绿色发展，推进农业全程标准化，促进农业全产业链融合，培育提升农业品牌，提高农产品质量安全水平，加强农业科技创新，建设高素质农业人才队伍，大大提高了农业综合效益和竞争力，提高了国家粮食安全保障能力。实践表明，只有坚持农业高质量发展，坚持质量第一、效益优先，抓好产业链、价值链、供应链，增强农业科技创新能力，才能提高粮食和重要农产品的质量和产业效益，更好满足人民群众从"吃得饱"到"吃得好"的消费需求，从而实现我国由农业大国向农业强国的转变。

（五）坚持国际合作

当今世界正经历着百年未有之大变局，世界经济格局和国际关系呈现复杂变化，国际粮食等大宗商品市场波动加大，面对这些不稳定性因素，立足国内、适度进口、提高国际竞争力是我国保障粮食安全的必然选择和重要手段。展望世界粮食和农产品供给形势，各国在促进国际粮食市场有序流通、维护粮食市场总体稳定方面作出了诸多努力，一些缺粮国家的粮食生产也得到较好的发展，这在一定程度上减轻了国际市场波动对国内市场的负面影响，也为我国粮食安全创造了很好的外部环境。但需要注意的是，突如其来的新冠肺炎疫情加剧了国际粮食和农产品市场的波动，国际贸易不同程度地面临着保护主义和单边主义的干扰，我国粮食进口面临着严峻的挑战。党的十八大以来，我国积极参与全球粮食产业链构建和区域粮食安全治理，探索国际粮食合作新模式，开展全方位、高水平的对外合作，深化与共建"一带一路"国家的粮食和重要农产品经贸合作关系，促进了沿线国家农业资源要素的有序自由流动，更好地维护了世界的粮食安全。实践表明，只有坚持开展多边贸易，合理利用国际国内两个市场、两种资源，才能拓展多元化粮食和重要农产品来源市场，保障我国的粮食安全。

第二章　促进农民增加收入

党的十八大以来，在习近平总书记关于促进农民增加收入重要论述的指引下，党和政府采取一系列有力的政策措施，拓宽新渠道、挖掘新潜力、培育新动能，促进农民收入持续较快增长、城乡居民收入差距进一步缩小，实现农民人均收入比 2010 年翻一番的目标，农民同全国人民一道迈入全面小康社会。本章系统总结了十年来促进农民增加收入的理论和实践、取得的成就和积累的经验，为未来促进农民增加收入，逐步实现共同富裕提供参考和借鉴。

第一节　促进农民增加收入的理论探索和政策实践

党的十八大以来，习近平总书记多次对促进农民增加收入作出重要指示，党和政府围绕促进农民增加收入作出一系列部署和安排。在习近平总书记关于促进农民增加收入重要论述的指引下，我国加快构建促进农民持续较快增收的长效政策机制，为促进农民增收致富奔小康提供制度保障和政策支撑。

一、促进农民增加收入的理论探索

小康不小康，关键看老乡。全面建成小康社会，难点在农村，关键在农民。增加农民收入是"三农"工作的中心任务，事关农民安居乐业和农村和谐稳定，事关经济社会发展全局。2013 年 11 月，习近平总书记在山东省农科院同有关方面代表座谈时指出，"与农民群众对美好生活的期待相比，农民增收致富奔小康还是一项极为艰巨的任务"，"促进农民收入持续较快增长，要综合发力，广辟途径，建立促进农民增收的长效机制。一是要提高农业生产效益，促进家庭经营收入稳定增长，使经营农业有钱赚。二是要引导农村劳动力转移就业，促进农民打工有钱挣。三是要加大对农业的补贴力度，国家力所能及地给农民一些钱。四是要稳步推进农村改革，创造条件赋予农民更多财产权利"。①2015 年 7 月，习近平总书记在吉林调研时的讲话指出，"检验农村工作成效的一个重要尺度，就是看农民的钱袋子鼓起来没有。要通过多种途径着力构建农民持续较快增收的长效机制"。②2018 年 6 月，习近平总书记在山东考察时的讲话指出，"农业农村工作，说一千、道一万，增加农民收入是关键。要加快构建促进农民持续较快增收的长效政策机制，让广大农民都尽快富裕起来"。③

关于如何增加农民经营性收入，习近平总书记多次强调，"现代高效农业是农民致富的好路子"④，"要以构建现代农业产业体系、生产体系、经营体系为抓手，加快推进农业现代化"。⑤"要坚持因地制宜、因村施策，宜种则种、宜养则养、宜林则林，把产业发展落到促进农民增收上来"。⑥"要鼓励和扶持农民群众立足本地资源发展特色农业、乡村旅游、庭院经济，多渠道增加农民收入"。⑦"要积极发展农村电子商务和快递业务，拓宽农产品销售渠道，增加农民收入"。⑧

---

① 习近平：《论"三农"工作》，中央文献出版社 2022 年版，第 43 页。
② 习近平：《论"三农"工作》，中央文献出版社 2022 年版，第 45 页。
③ 习近平：《论"三农"工作》，中央文献出版社 2022 年版，第 46 页。
④ 习近平：《论"三农"工作》，中央文献出版社 2022 年版，第 44 页。
⑤ 习近平：《论"三农"工作》，中央文献出版社 2022 年版，第 46 页。
⑥ 习近平：《论"三农"工作》，中央文献出版社 2022 年版，第 47 页。
⑦ 习近平：《论"三农"工作》，中央文献出版社 2022 年版，第 46 页。
⑧ 习近平：《论"三农"工作》，中央文献出版社 2022 年版，第 48 页。

　　关于如何增加农民工资性收入，习近平总书记多次强调，"要坚持精准发力，立足特色资源，关注市场需求，发展优势产业，促进一二三产业融合发展，更多更好惠及农村农民"。[1] "要立足特色资源，坚持科技兴农，因地制宜发展乡村旅游、休闲农业等新产业新业态，贯通产加销，融合农文旅，推动乡村产业发展壮大，让农民更多分享产业增值收益"。[2] "增强农民工务工技能"，"提高农民进入市场的组织化程度，多途径增加农民收入"。[3] "要把农民组织起来，面向市场，推广'公司＋农户'模式，建立利益联动机制，让各方共同受益"。[4]

　　关于如何增加农民转移性收入，习近平总书记强调，"强化农业支持政策、拓展基本公共服务"，[5] "要加强村规民约建设，移风易俗，为农民减轻负担"[6]。

　　关于如何增加农民财产性收入，习近平总书记多次强调，"探索赋予农民更多财产权利"。"要探索集体所有制有效实现形式，发展壮大集体经济"。[7] 加快农业产业化，"盘活农村资产，增加农民财产性收入"。[8] "推进农村承包地、集体经营性建设用地、宅基地制度改革，提高农民财产收益"[9]。

二、促进农民增加收入的政策实践

　　党的十八大以来，围绕促进农民增加收入、全面建成小康社会，党和政府出台了一系列政策文件，实施了一系列政策措施（见表2-1）。

①　习近平：《论"三农"工作》，中央文献出版社2022年版，第50页。
②　习近平：《论"三农"工作》，中央文献出版社2022年版，第49页。
③　习近平：《论"三农"工作》，中央文献出版社2022年版，第46页。
④　习近平：《论"三农"工作》，中央文献出版社2022年版，第47页。
⑤　习近平：《论"三农"工作》，中央文献出版社2022年版，第46页。
⑥　习近平：《论"三农"工作》，中央文献出版社2022年版，第47页。
⑦　习近平：《论"三农"工作》，中央文献出版社2022年版，第44页。
⑧　习近平：《论"三农"工作》，中央文献出版社2022年版，第50页。
⑨　习近平：《论"三农"工作》，中央文献出版社2022年版，第45页。

表 2-1　2013—2021 年涉及农民增收的政策文件和主要内容

印发时间	文件名称	发文主体	主要内容
2012 年 12 月	《关于加快发展现代农业进一步增强农村发展活力的若干意见》	中共中央、国务院	充分发挥价格对农业生产和农民增收的激励作用；加大农业补贴力度；改善农村金融服务；鼓励社会资本投向新农村建设。推动龙头企业与农户建立紧密型利益联结机制，采取保底收购、股份分红、利润返还等方式，让农户更多分享加工销售收益
2015 年 2 月	《关于加大改革创新力度　加快农业现代化建设的若干意见》	中共中央、国务院	提高农业补贴政策效能；完善农产品价格形成机制；强化农业社会化服务；推进农村一二三产业融合发展；拓宽农村外部增收渠道；大力推进农村扶贫开发
2015 年 12 月	《关于落实发展新理念　加快农业现代化实现全面小康目标的若干意见》	中共中央、国务院	推动农产品加工业转型升级；加强农产品流通设施和市场建设；大力发展休闲农业和乡村旅游；完善农业产业链与农民的利益联结机制。积极稳妥推进玉米收储制度改革；建立玉米生产者补贴制度
2016 年 12 月	《关于深入推进农业供给侧结构性改革　加快培育农业农村发展新动能的若干意见》	中共中央、国务院	深入推进农业"三项补贴"制度改革。探索农村集体组织以出租、合作等方式盘活利用空闲房屋及宅基地，增加农民财产性收入
2018 年 1 月	《关于实施乡村振兴战略的意见》	中共中央、国务院	拓宽农民增收渠道，鼓励农民勤劳守法致富，增加农村低收入者收入，扩大农村中等收入群体，保持农村居民收入增速快于城镇居民
2019 年 1 月	《关于坚持农业农村优先发展做好"三农"工作的若干意见》	中共中央、国务院	稳定完善扶持粮食生产政策举措，挖掘品种、技术、减灾等稳产增产潜力，保障农民种粮基本收益。加快发展乡村特色产业；大力发展现代农产品加工业；发展乡村新型服务业；实施数字乡村战略；促进农村劳动力转移就业。支持乡村创新创业

续表

印发时间	文件名称	发文主体	主要内容
2020 年 1 月	《关于抓好"三农"领域重点工作确保如期实现全面小康的意见》	中共中央、国务院	保障重要农产品有效供给和促进农民持续增收。发展富民乡村产业；稳定农民工就业
2021 年 1 月	《关于全面推进乡村振兴加快农业农村现代化的意见》	中共中央、国务院	在农业农村基础设施建设领域推广以工代赈方式，吸纳更多脱贫人口和低收入人口就地就近就业。稳定种粮农民补贴，让种粮有合理收益。坚持并完善稻谷、小麦最低收购价政策，完善玉米、大豆生产者补贴政策。构建现代乡村产业体系。依托乡村特色优势资源，打造农业全产业链，把产业链主体留在县城，让农民更多分享产业增值收益
2022 年 1 月	《关于做好 2022 年全面推进乡村振兴重点工作的意见》	中共中央、国务院	合理保障农民种粮收益。按照让农民种粮有利可图、让主产区抓粮有积极性的目标要求，健全农民种粮收益保障机制。促进脱贫人口持续增收。推动脱贫地区更多依靠发展来巩固拓展脱贫攻坚成果，让脱贫群众生活更上一层楼。巩固提升脱贫地区特色产业，完善联农带农机制，提高脱贫人口家庭经营性收入。支持牧区发展和牧民增收，落实第三轮草原生态保护补助奖励政策
2013 年 2 月	《关于深化收入分配制度改革的若干意见》	国务院批转发展改革委等部门	建立健全促进农民收入较快增长的长效机制。增加农民家庭经营收入；健全农业补贴制度；合理分享土地增值收益；加大扶贫开发投入；有序推进农业转移人口市民化
2012 年 1 月	《全国现代农业发展规划（2011—2015 年）》	国务院	坚持和完善农业补贴政策；完善农产品市场调控机制
2016 年 10 月	《关于激发重点群体活力带动城乡居民增收的实施意见》	国务院	提高新型职业农民增收能力；挖掘现代农业增收潜力；拓宽新型职业农民增收渠道

续表

印发时间	文件名称	发文主体	主要内容
2016 年 10 月	《全国农业现代化规划（2016—2020 年）》	国务院	农民收入倍增行动。支持农民依托特色产业增收、规模经营增收、加工增值增收、功能拓展增收、节本降耗增收、转移就业增收，重点加大对低收入农户的支持，确保 2020 年农民收入比 2010 年翻一番
2016 年 12 月	《关于完善支持政策促进农民持续增收的若干意见》	国务院办公厅	完善农业支持保护制度，挖掘农业内部增收潜力。强化就业创业扶持政策，拓宽农民增收渠道。构建城乡一体化发展长效机制，释放农民增收新动能。健全困难群体收入保障机制，确保实现全面小康
2021 年 11 月	《"十四五"推进农业农村现代化规划》	国务院	健全低收入人口常态化帮扶机制。开展农村低收入人口动态监测，完善分类帮扶机制

（一）促进农民增加收入的总体要求

习近平总书记关于促进农民增加收入的重要论述，党和政府实施的促进农民增加收入的政策实践，为新时代促进农民增加收入指明了方向，提出了总体要求。

1. 把增加农民收入作为中心任务

增加农民收入，事关农民安居乐业和农村和谐稳定，事关经济社会发展全局，是"三农"工作的中心任务。随着我国经济发展进入新常态，农业发展进入新阶段，支撑农民增收的传统动力逐渐减弱，农民收入增长放缓，迫切需要拓宽新渠道、挖掘新潜力、培育新动能。新时代促进农民持续增收，要以粮食主产区和种粮农民为重点，紧紧围绕农业提质增效强基础、农民就业创业拓渠道、农村改革赋权增活力、农村社会保障固基本，进一步完善强农惠农富农政策，着力挖掘经营性收入增长潜力，稳住工资性收入增长势头，释放财产性收入增长红利，拓展转移性收入增长空间。

2. 拓宽渠道增加农民收入

拓宽农民增收渠道，首先是要坚持就业为本。加快推进新型工业化、信息化、城镇化、农业现代化同步发展，深入推进农村一二三产业融合发展，努力增加就业岗位和创业机会，促进农业转移人口市民化，开拓农民增收新路径和新模式。拓宽农民增收渠道要坚持改革创新、激发活力。要加快构建现代农业经营体系，深化农村集体产权制度改革，推进城乡一体化发展，促进城乡要素平等交换、公共资源均衡配置，建立健全有利于农民增收的体制机制，激发农业农村发展活力。

3. 切实保障种粮农民收入

粮食主产区和种粮农民增收是重点难点。当前种粮效益偏低、粮食主产区农民增收困难的问题仍然存在，抓住了种粮农民的增收问题，就抓住了农民增收的重点；调动了农民的种粮积极性，就抓住了粮食生产的根本。促进农民持续增收，要统筹考虑保障重要农产品有效供给和保护农业生态环境，实现农民增收、确保粮食安全和农业可持续发展相统一。在政策安排上，要充分考虑如何提高粮食生产效益、增加农民种粮收入。

4. 逐步提高低收入农户收入

小康不小康，不只是看经济总量，不只是看平均数字，不只是看中等收入人口的生活状况，关键要看贫困人口、低收入群体的生活改善状况。促进农民持续增收，要破解农民增收"平均数"背后的难题，加大对老少边穷和资源枯竭、产业衰退、生态严重退化等地区的扶持力度，逐步提高低收入农户收入，实现协同发展。

（二）促进农民增加收入的主要措施

1. 完善农业支持保护制度

一是完善农业结构调整政策。在保护和提高粮食综合生产能力的前提下，按照高产、优质、高效、生态、安全的要求，走精细化、集约化、产业化的道路，向农业发展的广度和深度进军，是挖掘农业内部增收潜力的重要举措。党的十八以来，我国不断推进农牧（农林、农渔）结合、循环发展，调整优化农业种养结构，加快发展特色农业。完善粮改饲、粮豆轮作补助政策。建设现代饲草料产业体系，合理布局畜禽、水产养殖，推进标准化、规模化生产。积极发展木本粮油、林下经济等。加快推广节水、节肥、节药技术设备，深入开展主要农作物生产全程机械化推进行动。推进农业标准化生产、品牌化营销，支持新型农业经营主体发展"三品一标"农产品，积极培育知名农业品牌，形成优质优价的正向激励机制。

二是改革完善农产品价格形成机制。坚持市场化改革取向和保护农民利益并重，完善粮食等重要农产品价格形成机制。持续执行并完善稻谷、小麦最低收购价政策。按照市场定价、价补分离的原则，积极稳妥推进玉米收储制度改革，在使玉米价格反映市场供求关系的同时，综合考虑农民合理收益、财政承受能力、产业链协调发展等因素，建立玉米生产者补贴制度。

三是推进农业补贴政策转型。在确保国家粮食安全和农民收入稳定增长前提下，改革完善农业补贴政策，并注意补贴的绿色生态导向。落实和完善农业"三项补贴"改革政策，重点支持耕地地力保护和粮食适度规模经营。完善耕地保护补偿机制，推进耕地轮作休耕制度试点。健全草原、森林、湿地、河湖等生态补偿政策。继续实施和完善产粮大县奖励政策。加大粮食生产功能区和重要农产品生产保护区建设支持力度，保障农民合理收益。

四是健全新型农业经营主体支持政策。党的十八以来，党和国家不断完善财税、信贷、保险、用地、项目支持等政策，培育发展家庭农场、专业大户、农民合作社、农业产业化龙头企业等新型农业经营主体。健全土地流转服务体系，引导农民以多种方式流转承包土地的经营权。加强农民合作社规范化建设，相关扶持政策向规范化、示范性农民合作社倾斜。支持龙头企业转型升级，强化科技研发，创新生产管理和商业模式。支持各类农业社会化服务组织发展，推广农业生产经营环节服务外包、土地托管、代耕代种、联耕联种等综合服务模式，建设一批集收储、烘干、加工、配送、销售等于一体的粮食服务中心。2017 年 5 月，中共中央办公厅、国务院办公厅印发的《关于加快构建政策体系培育新型农业经营主体的意见》，强调要围绕帮助农民、提高农民、富裕农民，加快培育新型农业经营主体。

五是加强农村金融服务。党的十八大以来，我国加快构建多层次、广覆盖、可持续的农村金融体系，发展农村普惠金融。推进农村信用体系建设，健全农户、农民合作社、农村小微企业等信用信息征集和评价体系。有序推进农村承包土地的经营权和农民住房财产权抵押贷款试点，鼓励银行业金融机构在风险可控和商业可持续的前提下扩大农业农村贷款抵押物范围。综合运用奖励、补贴、税收优惠等政策工具，加大对"三农"金融服务的政策支持，重点支持发展农户小额贷款、新型农业经营主体贷款、种养业贷款、粮食市场化收购贷款、农业产业链贷款、大宗农产品保险、林权抵押贷款等。加快建立覆盖全国的农业信贷担保体系。健全银政担合作机制。完善涉农贴息贷款政策，降低农户和新型农业经营主体融资成本。总结推广"财政补助、农户自缴、社会帮扶"等模式，引导成立多种形式的农民资金互助组织，有效提升农户小额信贷可得性。鼓励社会资本投资农业产业投资基金、农业私募股权投资基金和农业科技创业投资基金。推动建立农业补贴、涉农信贷、农产品期货、农业保险联动机制。2019 年 2 月，人民银行等五部门联合发布《关于金融服务乡村振兴的指导意见》，强调要建立完善金融服务乡村振兴的市场体系、组织体系、产品体系，完善农村金融资源回流机制，把更多金融资源配置到农村重点领域和薄弱环节，更好满足乡村振兴多样化、多层次的金融需求。

六是创新农业保险产品和服务。党的十八大以来，党和国家把农业保险作为支持农业发展和农民增收的重要手段，建立健全农业保险保障体系，从覆盖直接物化成本逐步实现覆盖完全成本。健全农业保险基层服务体系，形成适度竞争的市场格局。进一步发展关系国计民生和国家粮食安全的农作物保险、主要畜产品保险、重要"菜篮子"品种保险和森林保险，推广农房、农机具、设施农业、渔业、制种保险等业务。稳步开展主要粮食作物、生猪和蔬菜价格保险试点，探索天气指数保险和"基本险＋附加险"等模式。探索发展适合农业农村特点的农业互助保险组织。鼓励各地区因地制宜开展特色优势农产品保险试点。加快建立农业保险大灾风险分散机制，增强对重大自然灾害风险的抵御能力。2019年10月，财政部、农业农村部等四部门联合印发的《关于加快农业保险高质量发展的指导意见》强调重点从提高农业保险服务能力、优化农业保险运行机制、加强农业保险基础设施建设等方面提高农业保险的发展质量。2021年6月，财政部、农业农村部、银保监会印发《关于扩大三大粮食作物完全成本保险和种植收入保险实施范围的通知》，强调要扩大三大粮食作物完全成本保险和种植收入保险实施范围，进一步增强农业保险产品吸引力。

2. 强化就业创业扶持政策

一是加强新型职业农民培育。健全新型职业农民教育培训、认定管理、政策扶持"三位一体"培育制度，将职业农民培养成建设现代农业的主导力量。完善职业农民教育培训体系，加强涉农专业全日制学历教育，健全农业广播电视学校体系。实施新型职业农民培育工程，加强县级培训基地和农业田间学校建设，推进新型农业经营主体带头人培育行动。依托农业技术推广单位、涉农企业、农民合作组织、涉农职业院校和农林示范基地，围绕特色产业发展急需的关键技术开展培训。鼓励有条件的地方将新型职业农民纳入城镇职工社会保障体系。2016年10月，国务院印发《关于激发重点群体活力带动城乡居民增收的实施意见》，强调要提高新型职业农民增收能力，将新型职业农民培育纳入教育培训发展相关规划，支持职业学校办好涉农专业，定向培养新型职业农民，完善国家助学和培训补贴政策，鼓励农民通过"半农半读"等方式就地就近接受职业教育培训。继续实施新型职业农民培育工程、现代青年农场主计划等项目，启动新型农业经营主体带头人轮训计划，努力提高妇女参训比例。

二是完善城乡劳动者平等就业制度。推动形成平等竞争、规范有序、城乡统一的劳动力市场，落实农民工与城镇职工平等就业、同工同酬制度。从严查处克扣、拖欠农民工工资行为。完善覆盖城乡的公共就业服务制度，逐步实现城乡居民公共就业服务均等化。以新生代农民工为重点，实施农民工职业技能提升计划，提高职业培训针对性和有效性。加强农民工输出输入地劳务对接，积极开展有组织的劳务输出。支持农村社区组建农民劳务合作社，开展劳务培训和协作。在制订征地补偿安置方案时，要明确促进被征地农民就业的具体措施。

三是支持农民创业创新。党的十八大以来，党和国家大力发展农产品加工、休闲农业和乡村旅游、农村服务业等劳动密集型产业项目，推进农村产业融合发展。实施农民工等人员返乡创业培训五年行动计划，支持返乡创业园、返乡创业孵化园（基地）、信息服务平台、实训基地和乡村旅游创客示范基地建设。实施"互联网+"现代农业行动，大力发展农产品电子商务，提高农村物流水平。提升休闲农业和乡村旅游发展质量，改善公共服务设施条件。推动科技、人文等元素融入农业，积极探索农产品个性化定制服务、会展农业、农业众筹等新型业态。挖掘农村传统工匠技艺，发展一乡一业、一村一品，培育乡村手工艺品和农村土特产品品牌。

2016年11月，国务院办公厅印发《关于支持返乡下乡人员创业创新促进农村一二三产业融合发展的意见》，支持返乡农民工、大中专毕业生、退役军人、科研人员和乡村能人等返乡下乡创业。2019年12月，人力资源和社会保障部、财政部、农业农村部出台《关于进一步做好返乡创业工作的意见》，提出"对首次创业、正常经营 1 年以上的返乡入乡创业人员，可给予一次性创业补贴"。2020 年 6 月，农业农村部、国家发展改革委、教育部等九部门联合出台《关于深入实施农村创新创业带头人培育行动的意见》，明确提出"到 2025 年，农村创新创业环境明显改善，创新创业层次显著提升，创新创业队伍不断壮大，乡村产业发展动能更加强劲。农村创新创业带头人达到 100 万以上，农业重点县的行政村基本实现全覆盖"的目标要求。为应对新冠肺炎疫情对农民就业创业的影响，2020 年 8 月人力资源社会保障部等 15 部门出台《关于做好当前农民工就业创业工作的意见》，强调要支持返乡入乡创业带动就业，"对符合条件的返乡入乡创业农民工，按规定给予税费减免、创业补贴、创业担保贷款及贴息等创业扶持政策，对其中首次创业且正常经营一年以上的，按规定给予一次性创业补贴，正常经营六个月以上的可先行申领补贴资金的 50%"。2020 年 7 月，农业农村部、科学技术部等七部门联合印发《关于推进返乡入乡创业园建设提升农村创业创新水平的意见》，进一步提出"到 2025 年，重点依托现有相关园区存量资源，配套创业服务功能，在全国县域建设 1500 个功能全、服务优、覆盖面广、承载力强、孵化率高的返乡入乡创业园，基本覆盖农牧渔业大县（市）和劳务输出重点县（市），吸引 300 万返乡入乡人员创业创新，带动 2000 万农民工就地就近就业"。

四是鼓励规范工商资本投资农业农村。继续深化简政放权、放管结合、优化服务改革，积极引导工商资本投入农业农村。鼓励推广政府和社会资本合作模式，支持新型农业经营主体和工商资本投资土地整治和高标准农田建设。工商资本投资建设高标准农田、生态公益林等连片面积达到一定规模的，允许在符合土地管理法律法规和土地利用总体规划、依法办理建设用地审批手续、坚持节约集约用地的前提下，利用一定比例的土地开展观光和休闲度假旅游、农产品加工流通等经营活动。鼓励工商企业投资适合产业化、规模化、集约化经营的农业领域，积极发展现代种养业和农业多种经营。探索建立政府与社会合作共建和政府购买公益服务等机制，放宽农村公共服务机构准入门槛，支持工商资本进入农村生活性服务业。加强对工商企业租赁农户承包地的监管和风险防范，建立健全资格审查、项目审核、风险保障金制度。

五是健全产业链利益联结机制。引导龙头企业创办或入股合作组织，支持农民合作社入股或兴办龙头企业，发展农业产业化经营联合体。创新发展订单农业，支持龙头企业为农户提供贷款担保和技术服务，资助农户参加保险。探索建立新型农民合作社管理体系，拓展合作领域和服务内容。鼓励大型粮油加工企业与农户以供应链融资等方式结成更紧密的利益共同体。

3. 深化改革释放农民增收新动能

一是深化农村集体产权制度改革。2016 年 12 月，中共中央、国务院印发《关于稳步推进农村集体产权制度改革的意见》，强调要不断深化农村集体产权制度改革，探索农村集体所有制有效实现形式，盘活农村集体资产，构建集体经济治理体系，形成既体现集体优越性又调动个人积极性的农村集体经济运行新机制。党的十八大以来，党和国家不断完善农村集体产权权能，加快农村承包地、林地、草原、"四荒地"、宅基地、农房、集体建设用地等确权登记颁证。实行农村土地所有权、承包权、经营权分置并行。推进农村土地征收、集体经营性建设用地入市、宅基地制度改革试点。完善农村土地征收制度，缩小征地范围，规范土地征收程序，完善对被征地农民合理、规范、多元保障机制。在符合规划、用途管制和依法取得前提下，推进农村集体经营性建设用地与国有建设用地同等入市、同权同价，建立兼顾国家、集体、个人的土地增值收益分配机制，合理提高个人收益。推进农村经营性资产股份合作制改革，以股份或份额形式量化到本集体经济组织成员。稳步推进农村集体资产股份权能改革试点。有效维护进城落户农民土地承包权、宅基地使用权、集体收益分配权，支持引导其依法自愿有偿转让上述权益。完善集体林权制度，引导林权规范有序流转，鼓励发展家庭林场、股份合作林场。

二是激发农村资源资产要素活力。鼓励农村集体经济组织与工商资本合作，整合集体土地等资源性资产和闲置农房等，发展民宿经济等新型商业模式，积极探索盘活农村资产资源的方式方法。壮大村级集体经济实力，因地制宜采取资源开发利用、统一提供服务、物业管理、混合经营、异地置业等多种实现形式，增强自我发展、自我服务、自我管理能力和水平。建立农村产权流转交易平台，促进农村各类产权依法流转。

三是充分发挥新型城镇化辐射带动作用。加快推进户籍制度改革，全面实施居住证制度，放宽农业转移人口落户条件。以县级行政区为基础，以建制镇为支点，深入推进农村产业融合发展试点示范工程，引导农村二三产业向县城、重点乡镇及产业园区等集中，发挥产业集聚优势。探索农村新型社区和产业园区同建等模式，带动农村产业发展和农民增收。完善城乡土地利用机制，全面推行城镇建设用地增加与农村建设用地减少相挂钩的政策，在资源环境承载力适宜地区开展低丘缓坡地开发试点。

4. 健全困难群体收入保障机制

一是强化支持低收入人口增收。通过产业扶持、转移就业、教育支持、健康扶贫、社保兜底等措施，将民生项目、惠民政策最大限度地向贫困地区倾斜，广泛动员社会各方面力量积极参与扶贫开发。实施贫困村一村一品产业推进行动。加大以工代赈投入力度，支持农村中小型公益性基础设施建设，增加贫困人口劳务报酬收入。强化贫困地区农民合作社、龙头企业与建档立卡贫困户的利益联结机制。深入实施乡村旅游、林业特色产业、光伏、小水电、电商扶贫工程。加大对贫困地区农产品品牌推介营销支持力度。

二是完善农村社会保障制度。整合城乡居民基本养老保险制度，健全多缴多得、长缴多得的激励约束机制，完善缴费补贴政策，逐步提高保障水平。2014年2月，国务院印发《关于建立统一的城乡居民基本养老保险制度的意见》，将新农保和城居保两项制度合并实施，在全国范围内建立统一的城乡居民基本养老保险，与社会救助、社会福利等其他社会保障政策相配套，充分发挥家庭养老等传统保障方式的积极作用，更好保障参保城乡居民的老年基本生活。2018年3月，人力资源和社会保障部、财政部印发《关于建立城乡居民基本养老保险待遇确定和基础养老金正常调整机制的指导意见》，提出建立激励约束有效、筹资权责清晰、保障水平适度的城乡居民基本养老保险待遇确定和基础养老金正常调整机制，推动城乡居民基本养老保险待遇水平随经济发展而逐步提高，确保参保居民共享经济社会发展成果，促进城乡居民基本养老保险制度健康发展，不断增强参保居民的获得感、幸福感、安全感。整合城乡居民基本医疗保险制度，适当提高政府补助标准和个人缴费标准及受益水平。2016年3月，国务院印发《关于整合城乡居民基本医疗保险制度的意见》，推进城镇居民医保和新农合制度整合，逐步在全国范围内建立起统一的城乡居民医保制度，推动保障更加公平、管理服务更加规范、医疗资源利用更加有效，促进全民医保体系持续健康发展。将符合条件的农村贫困家庭全部纳入农村低保范围，完善低保标准动态调整机制。进一步健全特困人员救助供养制度，合理确定农村特困人员救助供养标准。全面建立针对经济困难高龄、失能老年人的补贴制度。加强城乡各项养老保险制度、医疗保险制度的衔接，畅通参保人员双向流动的制度转换通道。

第二节　农民收入增长来源和分配格局显著变化

党的十八大以来，我国农民收入持续较快增长、来源结构逐步优化、收入分配差距趋于缩小，农民同全国人民一道迈入全面小康。

一、农民收入十年来翻一番，增速快于城镇居民

党的十八大以来，农村居民收入呈现"十连增"（见表2-2）。2021

年农村居民的人均可支配收入达到 18931 元，是 2012 年的 2.3 倍。期间，农村居民人均可支配收入的年均增长率约 7.7%，同期城镇居民人均可支配收入、GDP 的年均增长率分别为 6.1%、6.9%，农民收入的整体增速明显快于同期城镇居民收入的增速和经济增长的速度。并且，农村居民收入的增速在每一年都要高于城镇居民收入的增速。

表 2-2　2012—2021 年农村居民人均可支配收入水平和增速变化

年份	农村居民人均可支配收入（元）	农村居民人均可支配收入增速（%）	城镇居民人均可支配收入增速（%）	GDP 增速（%）
2011 年	7394	11.4	8.4	9.6
2012 年	8389	10.7	9.6	7.9
2013 年	9430	9.3	7.0	7.8
2014 年	10489	9.2	6.8	7.4
2015 年	11422	7.5	6.6	7.0
2016 年	12363	6.2	5.6	6.8
2017 年	13432	7.3	6.5	6.9
2018 年	14617	6.6	5.6	6.7
2019 年	16021	6.2	5.0	6.0
2020 年	17131	3.8	1.2	2.2
2021 年	18931	9.7	7.1	8.1

注：农村居民和城镇居民的人均可支配收入增长（%）、GDP 增速均为扣除价格因素的实际增长（%）。

资料来源：国家统计局网站。

二、农民收入来源更加多元，收入结构逐步优化

党的十八大以来，我国农业内部增收潜力得到充分挖掘，乡村富民产业发展壮大，各项改革激发农村资源资产要素活力，持续释放农民增收新动能。2012—2021 年，农村居民人均可支配工资性收入、经营净收入、财产净收入和转移净收入始终保持较快增长。特别是工资性收入、转移净收入的增速较快，农村居民收入来源由主要依靠家庭经营转向工资、转移

收入并驾齐驱。2011—2021 年农村居民的收入结构变化如表 2-3 所示。

表 2-3 2011—2021 年农村居民的收入结构变化

年份	工资性收入占比（%）	经营净收入占比（%）	财产净收入占比（%）	转移净收入占比（%）
2011 年	37.0	45.5	2.1	15.4
2012 年	37.2	43.6	2.0	17.2
2013 年	38.7	41.7	2.1	17.5
2014 年	39.6	40.4	2.1	17.9
2015 年	40.3	39.4	2.2	18.1
2016 年	40.6	38.3	2.2	18.8
2017 年	40.9	37.4	2.3	19.4
2018 年	41.0	36.7	2.3	20.0
2019 年	41.1	36.0	2.4	20.6
2020 年	40.7	35.5	2.4	21.4
2021 年	42.0	34.7	2.5	20.8

资料来源：国家统计局网站。

（一）工资性收入已成为农民最主要的收入来源

到 2021 年，农村居民人均可支配工资性收入达到 7958 元，是 2012 年的 2.5 倍，年均增长率为 11.3%。2015 年，工资性收入占农村居民人均可支配收入的比重达到 40.3%，首次超过 40% 并首次超过经营净收入的占比。到 2021 年，这一比重达到 42.0%，比 2015 年提高了 1.7 个百分点，比 2012 年提高了 4.8 个百分点，已经成为农民的最主要收入来源。

（二）经营净收入仍然是农民的重要收入来源

到 2021 年，农村居民人均可支配经营净收入达到 6566 元，是 2012 年的 1.8 倍。相比之下，经营净收入的增长最慢，2012—2021 年的年均增速为 6.9%，这导致经营净收入占可支配收入的比重持续下降。2015 年经营净收入的占比首次低于 40%，并低于工资性收入的占比。到 2021 年，这一比重达到34.7%，比2012年降低了8.9个百分点，但经营净收入仍然是农民的重要收入来源。

（三）转移净收入增速最快

到2021年，农民的转移净收入达到3937元，是2012年的2.7倍；其年均增速为13.3%，明显高于农民人均可支配总收入的增速和其他类别收入的增速。从占比的情况来看，2021年农民转移净收入占可支配总收入的比重达到20.8%，比2012年提高了3.6%，已经成为农民的第三大收入来源。

（四）财产净收入仍有较大提升空间

到2021年，农民的财产净收入达到469元，是2012年的2.8倍；其年均增速为11.6%，高于同期工资性收入和经营净收入的增速。但从其占比情况看，2021年农民财产净收入占其可支配总收入的比重仅有2.5%，比2012年提高0.5%，未来农民的财产净收入仍有较大的提升空间。

三、农村居民内部收入分配差距呈现逐步缩小态势

党的十八大以来，党和政府采取有力措施，深化收入分配制度改革，农村居民内部收入分配差距逐步缩小，为推进农民农村共同富裕奠定了基础。

（一）农村居民内部的收入分配差距呈现出明显的阶段性变化

从2012—2021年低收入组、中等收入组和高收入组农村居民的收入水平和收入差距可以看出，农村居民之间的收入差距大致经历了"扩大—缩小"的变化趋势（见图2-1）。

从2013年到2017年，不同农民之间的收入差距不断扩大。到2017年，高收入组的可支配收入达到31299元，是2013年的1.47倍，年均增速为10.50%；中等收入组的可支配收入达到11978元，是2013年的1.42倍，年均增速为11.31%；低收入组的可支配收入达到3302元，是2013年1.15倍，年均增速为7.83%。其中高收入组和低收入组的收入差距在2017年达到9.48倍的峰值，比2013年提高了2.07倍；中等收入组和低

收入组之间的收入差距在 2016 年达到了 3.71 倍的峰值，比 2013 年提高了 0.78 倍。在此期间，全国不同农民之间的收入差距明显扩大。[①]

从 2017 年到 2021 年，不同农民居民之间收入差距拉大的势头得到逆转。2017—2021 年，低收入组的收入增速为 10.1%，明显快于同期中等收入组（8.2%）和高收入组（8.7%）的增速水平。到 2021 年，高收入组和低收入组的收入差距达到 8.87 倍，比 2017 年的峰值水平下降了 0.61 倍；中等收入组和低收入组的收入差距达到 3.41 倍，比 2016 年的峰值水平下降 0.30 倍。不同农民之间的收入差距在"十三五"时期虽有明显缩小，但以上两类收入差距仍要高于 2013 年的水平。不同农村居民之间的收入差距仍处于较高水平。

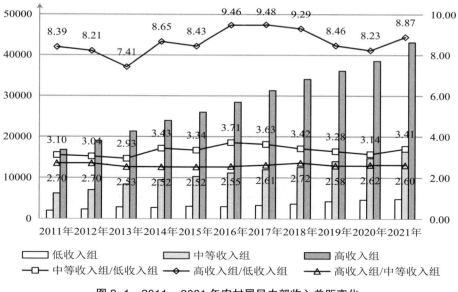

图 2-1　2011—2021 年农村居民内部收入差距变化

注：2011—2012 年为农村居民人均纯收入，2013—2021 年为农村居民人均可支配收入。低收入组、中间收入组、高收入组为农村居民按收入五等份分组的结果。

资料来源：《中国统计年鉴》（2012—2021 年）和《中国农村统计年鉴》（2012—2021 年）。

---

① 2013 年国家统计局对居民收支调查体系进行了调整，在该部分的分析中将主要以 2013 年作为基期。

（二）东部地区与中西部地区之间的农民收入差距明显缩小

2012 年，东部地区的农村居民收入最高，东北地区次之，中部地区较低，西部地区最低（见表 2-4）。从农民收入的相对差距看，2012 年东部地区农村居民收入分别是东北地区、中部地区、西部地区的 1.22 倍、1.46 倍、1.79 倍。

表 2-4　2011—2021 年不同地区的农村居民收入变化

年份	东部地区	中部地区	西部地区	东北地区
2011 年	9585	6530	5247	7791
2012 年	10818	7435	6027	8847
2013 年	11857	8983	7437	9762
2014 年	13145	10011	8295	10802
2015 年	14297	10919	9093	11490
2016 年	15498	11794	9918	12275
2017 年	16822	12806	10829	13116
2018 年	18286	13954	11831	14080
2019 年	19989	15291	13035	15357
2020 年	21286	16213	14111	16582
2021 年	23556	17857	15608	18280

注：2011—2012 年为农村居民人均纯收入，2013—2021 年为农村居民人均可支配收入。
资料来源：《中国统计年鉴》（2012—2021 年）和《中国农村统计年鉴》（2012—2021 年）。

1. 西部地区农村居民收入增速加快

2012—2021 年，西部地区农村居民收入的年均增速为 11.2%，明显快于东部地区（9.0%）、中部地区（10.3%）、东北地区（8.4%）的同期水平。到 2021 年，西部地区农村居民的人均可支配收入达到 15608，是 2012 年的 2.59 倍；东部地区和西部地区的农村居民收入差距缩小达到 1.51 倍，比 2012 年缩小了 0.28 倍。

2. 中部地区农村居民收入增速相对较快

2012—2021 年，中部地区农村居民的年均增速为 10.3%，略低于西部地区的同期水平。到 2021 年，中部地区农村居民的人均可支配收入达到 17857 元，是 2012 年的 2.40 倍。2021 年东部地区和中部地区农村居民的收入差距缩小到 1.32 倍，比 2012 年下降了 0.14 倍。

3. 东北地区农民增收动力明显不足

2012 年东北地区农民收入仅低于东北地区，且和东部地区农民收入的差距较小。但受到东北地区经济形势整体下行的影响（姜长云等，2021），近 10 年来东北地区农民增收的动能明显不足，农民收入的年均增速明显低于其他地区。到 2021 年，中部地区的农民收入水平几乎和东北地区持平，东部地区和东北地区的农民收入差距扩大到 1.29 倍，比 2012 年扩大了 0.07 倍。

第三节　农村居民消费水平和生活质量显著提升

党的十八大以来，随着我国农民收入水平的大幅提高，农民消费水平和消费结构明显改善。在实现"吃得饱""吃得好"的基础上，农村居民不断追求发展型和享受型消费。随着消费市场持续完善，消费环境不断优化，公共设施覆盖率提高，社会服务更加全面，农村居民从吃穿住用的品质，到能够享受的医疗教育服务水平，都发生着重大的变化，生活质量不断提升。

一、农村居民消费支出超万元，增速快于城镇居民

党的十八大以来，党和政府多措并举扩大国内消费市场，释放了农村居民消费潜力，农村居民消费水平稳步提高。

2012—2021 年农村居民的人均消费支出保持持续增长，农民的实际生活水平明显提高。到 2021 年，全国农村居民人均消费支出 15916 元，

是 2012 年的 2.39 倍。2012—2021 年，农村居民人均消费支出的年均增长率为 8.29%，高于同期城镇居民人均消费支出 4.78% 的年均增速（见表 2-5）。

表 2-5　2012—2021 年农村居民人均消费支出水平和增速变化

年份	农村居民人均消费支出（元）	农村居民人均消费支出增长（%）	城镇居民人均消费支出增长（%）
2012 年	6667	10.4	7.1
2013 年	7485	9.2	5.3
2014 年	8383	10.0	5.8
2015 年	9223	8.6	5.5
2016 年	10130	7.8	5.7
2017 年	10955	6.8	4.1
2018 年	12124	8.4	4.6
2019 年	13328	6.5	4.6
2020 年	13713	−0.1	−6.0
2021 年	15916	15.3	11.1

注：农村居民和城镇居民的人均消费支出增长（%）为扣除价格因素的实际增长（%）。
资料来源：国家统计局网站。

二、农村居民消费恩格尔系数总体下降，食品消费品质提升

（一）消费结构趋于优化，恩格尔系数总体下降

党的十八大以来，农村居民恩格尔系数总体呈下降态势。到 2019 年，农村居民的恩格尔系数下降至 30.0%，比 2012 年下降了 5.9 个百分点。受到 2020 年新冠肺炎疫情的影响，城乡居民的恩格尔系数均有明显提高。2020 年和 2021 年，农村居民的恩格尔系数有所提高，并保持在 32.7% 的水平上（见图 2-2）。整体来看，农村居民的恩格尔系数仍然高于城镇居民的同期水平。当前，食品类消费仍然农村居民的第一大消费用途，消费结构仍有待优化。

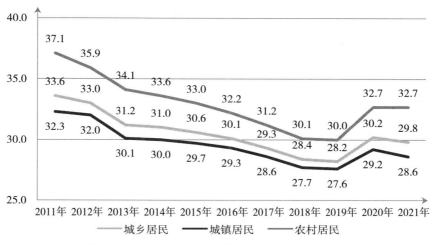

图 2-2　2011—2021 年城乡居民的恩格尔系数变化

资料来源：国家统计局网站、《中华人民共和国 2021 年国民经济和社会发展统计公报》。

（二）肉蛋奶等消费显著增加，食品消费质量提升

2020 年，全国农村居民人均肉类和禽类消费量 33.8 公斤，比 2012 年增长 61.7%；人均水产品消费量 10.3 公斤，比 2012 年增长 90.7%；人均蛋类消费量 11.8 公斤，是 2012 年的两倍；人均奶类消费量 7.4 公斤，比 2012 年增长 39.6%；人均蔬菜及食用菌消费量 95.8 公斤，比 2012 年增长 13.1%；人均干鲜瓜果消费量 43.8 公斤，比 2012 年增长 81.7%。相比之下，2020 年农村居民人均粮食消费量达到 168.4 公斤，比 2012 年增长了 2.5%（见表 2-6）。

表 2-6　2011—2021 年农村居民的食品消费量变化（单位：千克 / 人）

年份	粮食	蔬菜及食用菌	肉类	禽类	水产品	蛋类	奶类	干鲜瓜果类
2011 年	170.7	89.4	16.3	4.5	5.4	5.4	5.2	22.5
2012 年	164.3	84.7	16.4	4.5	5.4	5.9	5.3	24.1
2013 年	178.5	90.6	22.4	6.2	6.6	7.0	5.7	29.5
2014 年	167.6	88.9	22.5	6.7	6.8	7.2	6.4	30.3

年份	粮食	蔬菜及食用菌	肉类	禽类	水产品	蛋类	奶类	干鲜瓜果类
2015 年	159.5	90.3	23.1	7.1	7.2	8.3	6.3	32.3
2016 年	157.2	91.5	22.7	7.9	7.5	8.5	6.6	36.8
2017 年	154.6	90.2	23.6	7.9	7.4	8.9	6.9	38.4
2018 年	148.5	87.5	27.5	8.0	7.8	8.4	6.9	39.9
2019 年	154.8	89.5	24.7	10.0	9.6	9.6	7.3	43.3
2020 年	168.4	95.8	21.4	12.4	10.3	11.8	7.4	43.8

资料来源：《中国统计年鉴》（2012—2021 年）和《中国农村统计年鉴》（2012—2021 年）。

三、农村居民衣着、生活用品及服务消费品质不断提升

（一）衣着消费时尚化个性化趋势明显

2021 年农村居民的衣着支出达到 860 元，比 2012 年增长了 108.2%，年均增速为 9.3%，农村居民的穿着更加注重服装的质地、款式和色彩的搭配，时尚化和个性化也越来越成为农村居民衣着消费的主要追求。从农村居民衣着消费占其消费支出总额的比重看，2021 年这一比重达到 5.4%，比 2012 年下降了 0.8 个百分点。

（二）生活用品及服务支出不断增加

2021 年农村居民的人均生活用品及服务支出达到 901 元，比 2012 年增长了 125.3%，年均增速为 9.7%。从占比情况看，2021 年农村居民的人均生活用品及服务支出占其消费支出总额的 5.7%，比 2012 年下降了 0.3 个百分点。

（三）汽车快速进入百姓家，移动电话继续增加

2021 年全国农村居民平均每百户拥有家用汽车 30.2 辆，比 2013 年增加 20.3 辆，是 2013 年的 3.1 倍；2020 年平均每百户拥有电动助力车 73.1 辆，比 2013 年增加 32.8 辆。2021 年，全国农村居民平均每百户拥有移动电话 266.6 部，比 2012 年增加 68.8 部。2021 年，全国农村居民

平均每百户拥有计算机 24.6 台，比 2012 年增加 3.2 台。

（四）农村居民生活家电全面普及

2021 年，全国农村居民平均每百户年末拥有电冰箱 103.5 台、洗衣机 96.1 台、空调 89.0 台，分别比 2012 年增加 36.2 台、28.9 台、63.6 台。2020 年全国农村居民平均每百户拥有排油烟机 30.9 台，比 2012 年增加 16.2 台；2020 年全国农村居民平均每百户拥有热水器 76.2 台，比 2013 年增加了 32.6 台（见表 2-7）。

表 2-7　2011—2021 年农村居民家庭年末主要耐用消费品拥有量

年份	汽车（辆）	电动助力车（辆）	洗衣机（台）	电冰箱（柜）（台）	空调（台）	热水器（台）	排油烟机（台）	移动电话（部）	计算机（台）
2011 年	—	—	62.6	61.5	22.6	—	13.2	179.7	18.0
2012 年	—	—	67.2	67.3	25.4	—	14.7	197.8	21.4
2013 年	9.9	40.3	71.2	72.9	29.8	43.6	12.4	199.5	20.0
2014 年	11.0	45.4	74.8	77.6	34.2	48.2	13.9	215.0	23.5
2015 年	13.3	50.1	78.8	82.6	38.8	52.5	15.3	226.1	25.7
2016 年	17.4	57.7	84.0	89.6	47.6	59.7	18.4	240.7	27.9
2017 年	19.3	61.1	86.3	91.7	52.6	62.5	20.4	246.1	29.2
2018 年	22.3	64.9	88.5	95.9	65.2	68.7	26.0	257.0	26.9
2019 年	24.7	70.1	91.9	98.6	71.3	71.7	29.0	261.2	27.5
2020 年	26.4	73.1	92.6	100.1	73.8	76.2	30.9	260.9	28.3
2021 年	30.2	—	96.1	103.5	89.0	—	—	266.6	24.6

资料来源：《中国统计年鉴》（2012—2021 年）和《中国农村统计年鉴》（2012—2021 年）。

四、农村居民居住条件和居住环境明显改善

2021 年农村居民的人均居住支出达到 3315 元，比 2012 年增长了 140.0%，年均增长率达到 10.6%，许多农村居民家庭告别低矮、破旧、设施简陋的住房，居住条件明显改善。2020 年，全国农村居民人均住宅建筑面积达到 34.3 平方米，比 2012 年增加了 5.5%（见图 2-3）。

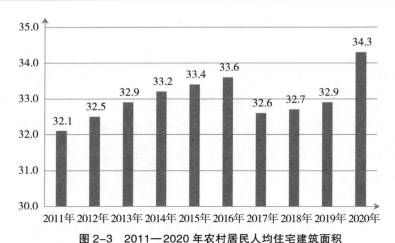

图2-3　2011—2020年农村居民人均住宅建筑面积

资料来源：《中国城乡建设统计年鉴——2020》—全国历年村庄基本情况。

　　随着住房条件的明显改善，农村居民的居住质量也明显提升。一方面，在与农村居民居住密切相关的基础设施建设上，2020年全国农村的供水普及率达到83.37%；农村地区基本实现了稳定可靠的供电服务全覆盖；全国村庄内主要道路全部硬化的行政村共43.93万个，占比达到83.78%；全国农村100%的乡镇都已建有邮政局所，100%的建制村实现了直接通邮，97%的乡镇有了快递网点。2021年，现有行政村已全面实现"村村通宽带"。另一方面，农村人居环境实现明显改善。自2018年开展农村人居环境整治三年行动以来，村庄环境持续改善，现已基本实现干净整洁有序。到2020年，对农村生活垃圾进行收运处理的行政村占比超过九成；全国农户使用卫生厕所比例为68.0%，农村生活污水治理率达到25.5%。[①]

五、交通通信和文化教育消费比重上升，消费结构整体优化

随着农民收入水平的提高和服务消费市场供给不断增加，教育、医

―――――――――

　　① 中国政府网：《中国的全面小康》，2021年9月28日，见http://www.gov.cn/zhengce/2021-09/28/content_5639778.htm。

疗、文化、旅游等领域的服务性消费已成为农村居民的美好生活需要。尽管 2020 年受新冠肺炎疫情影响，农村居民交通、教育、医疗服务等服务性消费活动受到一定限制，相关支出比 2019 年有所下降，但近十年农村居民的发展型、享受型消费支出仍保持稳定增长，消费结构仍然呈现出整体向优的发展态势（见表 2-8）。

表 2-8　2011—2021 年农村居民消费支出结构变化（单位：%）

年份	食品烟酒支出占比	衣着支出占比	居住支出占比	生活用品及服务支出占比	交通通信支出占比	教育文化娱乐支出占比	医疗保健支出占比	其他用品及服务支出占比
2011 年	37.1	6.1	20.6	6.1	10.2	10.0	8.1	1.8
2012 年	35.9	6.2	20.7	6.0	10.8	10.2	8.4	1.9
2013 年	34.1	6.1	21.1	6.1	11.7	10.1	8.9	1.9
2014 年	33.6	6.1	21.0	6.0	12.1	10.3	9.0	1.9
2015 年	33.0	6.0	20.9	5.9	12.6	10.5	9.2	1.9
2016 年	32.2	5.7	21.2	5.9	13.4	10.6	9.2	1.8
2017 年	31.2	5.6	21.5	5.8	13.8	10.7	9.7	1.8
2018 年	30.1	5.3	21.9	5.9	13.9	10.7	10.2	1.8
2019 年	30.0	5.3	21.5	5.7	13.8	11.1	10.7	1.8
2020 年	32.7	5.2	21.6	5.6	13.4	9.5	10.3	1.6
2021 年	32.7	5.4	20.8	5.7	13.4	10.3	9.9	1.8

资料来源：国家统计局网站。

党的十八大以来，农村居民交通通信支出不断增加。2021 年，全国农村居民人均交通通信支出 2132 元，比 2012 年增长 197%，2012—2021 年年均增长 13.6%，比城镇居民年均增速高出 5.9 个百分点；人均交通通信支出占人均消费支出的比重为 13.4%，比 2012 年上升了 2.6 个百分点。

到 2021 年，农村居民人均教育文化娱乐支出达到 1646 元，比 2012 年增长了 143%。从占比情况看，农村居民人均教育文化娱乐支出占消费总支出的比重在 2019 年达到 11.1% 的峰值水平，比 2012 年提高了 1.1%。

受到新冠肺炎疫情的持续影响，这一比重在 2020 年和 2021 年有所下降。

到 2021 年，全国农村居民人均医疗保健支出 1580 元，比 2012 年增长 182.1%，2012—2021 年年均增长 12.8%，比城镇居民年均增速高出 2.9 个百分点；人均医疗服务支出占人均消费支出的比重为 9.9%，比 2012 年上升 1.5 个百分点。

第四节　增加农民收入的政策执行情况及其经验启示

党的十八大以来，以习近平同志为核心的党中央坚持把增加农民收入作为"三农"工作的中心任务，挖掘经营性收入增长潜力，稳住工资性收入增长势头，释放财产性收入增长红利，拓展转移性收入增长空间，确保农民收入持续较快增长，积累了许多宝贵经验。

一、发展乡村产业促进农民增收

党的十八大以来，各地在发展乡村产业中，将增加农民收入作为发展农村新产业新业态的重要目标，创新利益联结机制，带动农户参与乡村产业发展。全国农产品加工业加速发展，在延长农业产业链的同时，带动了价值链提升，为促进农民增收发挥了重要作用。到 2020 年，全国农产品加工业营业收入达到 23.5 万亿元，规模以上农产品加工企业超过 8.1 万家；已建成不同规模的农产品加工园区 1600 多个、产值超 3.5 万亿元，成为农村产业融合发展的重要平台载体，带动农产品加工业高质量发展。[①] 与此同时，农产品加工业和农民之间的利益联结机制更加紧密。农产品加工企业与小农户建立契约型、分红型、股权型等合作方式，推广"订单收购 + 分红"等多种利益联结方式，利益分配不断向产业链

---

① 农业农村部发展规划司：《农业现代化辉煌五年系列宣传之十六："四链"结合 农产品加工业高质量发展》，2021 年 6 月 4 日，见 http://www.ghs.moa.gov.cn/ghgl/202106/t20210604_6369044.htm。

上游倾斜，在促进农民持续增收上发挥了重要作用。在发展企农契约型合作模式上，2020 年与农户签订订单的龙头企业占比达到 55%，一亿农户与农业产业化龙头企业签订订单，签约农户经营收入超过未签约农户 50% 以上；在推广利益分红型模式上，通过"订单收购 + 分红"等方式，促进农民持续增收；在采用股份合作型模式上，形成了分工明确、优势互补、风险共担、利益共享的农业产业化联合体。据农业农村部统计，2020 年产业融合发展使农户经营收入增加了 67%，采取订单方式带动农户的占 55%，融合主体年平均向农户返还或分配利润 500 多元。[①] 实践表明，促进乡村产业融合发展，是拓宽农民增收渠道、构建现代农业产业体系的重要举措，是加快转变农业发展方式、探索中国特色农业现代化道路的必然要求。

二、就业创业拓宽农民增收渠道

党的十八大以来，农村创业创新环境持续改善，农村一二三产业加快融合，新产业新业态加快发展，吸引一大批农民工、中高等院校毕业生、退役军人和科技人员等各类人才返乡入乡创业。农业农村部调查数据显示，2020 年返乡入乡创新创业人员达到 1010 万人，在乡创新创业人员 3000 多万人。返乡入乡创业人员创办的项目一般采取"订单收购""分红""农民入股""保底收益""按股分红"等模式与农民合作创业。返乡入乡创业创新项目的 70% 具有带动农民就业增收效果，40% 的项目带动农户脱贫，一个返乡创业创新项目平均可吸纳 6.3 人稳定就业、17.3 人灵活就业。[②] 实践表明，农村各类创业创新主体，通过发展新产业新业态，延长产业链、提升价值链，有利于拓宽农民增收渠道，促进农民增加收入。

---

① 农业农村部发展规划司：《农业现代化辉煌五年系列宣传之十七："五多"协同　农村新产业新业态蓬勃发展》，2021 年 6 月 7 日，见 http://www.ghs.moa.gov.cn/ghgl/202106/t20210607_6369149.htm。

② 农业农村部发展规划司：《农业现代化辉煌五年系列宣传之二十二：返乡创业热　农民增收多》，2021 年 6 月 22 日，见 http://www.ghs.moa.gov.cn/ghgl/202106/t20210622_6370060.htm。

三、改革赋权增添农民增收活力

在支撑农民增收的传统动力逐渐减弱，农民收入增长放缓的背景下，深化农村集体产权制度改革是释放财产性收入增长红利的重要举措。2012 年，完成产权制度改革的村仅有 2.4 万个（宋洪远、高强，2015）。到 2020 年年末，全国以村为单位完成产权制度改革的村 53.1 万个，占全国总村数 94.9%；以组为单位完成产权制度改革的村民小组 44.7 万个，比 2019 年增长 98.3%。分地区看，东部地区完成产权制度改革的村占比最大。截至 2020 年年末，东、中、西部地区各有 22.8 万个、17.8 万个、12.5 万个村完成产权制度改革，分别占各地区村数的 97.6%、99.8% 和 84.5%。截至 2020 年年末，乡镇级、村级、组级共确认农村集体经济组织成员约 9 亿人。到 2021 年年末，全国农村集体产权制度改革阶段性任务已基本完成。[1]农业农村部的数据显示，2020 年完成产权制度改革的村当年分红 435.6 亿元，人均分红 54 元。[2]实践表明，深化农村产权制度改革，探索赋予农民更多财产权利，明晰产权归属，完善各项权能，激活农村各类生产要素潜能，有利于为促进农民增加收入增添动力和活力。

四、构建支持政策体系促进农民增收

党的十八大以来，农村居民的转移净收入的增速最快。到 2021 年，农民的转移净收入达到 3937 元，是 2012 年的 2.7 倍，明显高于农民人均可支配总收入的增速和其他来源收入的增速。这主要得益于党和国家不断强化政策扶持，持续完善农民减负增收的体制保障。"三项补贴"改革既支持小农户发展生产增加了收入，又促进新型经营主体通过发展适度规模经营增加了收入。据农业农村部统计，耕地地力保护补贴覆盖 2.2 亿

---

[1]　农业农村部政策与改革司：《中央"一号文件"发布　农村集体产权制度改革阶段性任务基本完成》，2022 年 3 月 9 日，见 http://www.zcggs.moa.gov.cn/gdxw/202203/t20220309_6391121.htm。

[2]　农业农村部政策与改革司编：《中国农村政策与改革统计年报（2020 年）》，中国农业出版社 2021 年版，第 149—150 页。

农户、户均补贴约 564 元，既普惠性地促进了农民收入增长，又促进了支农政策由"黄箱"转为"绿箱"，拓展了支持农业发展和农民增收的政策空间。[1] 随着城乡医保并轨政策的深入推进，农民能够享有的医疗公共服务水平逐步提高。基本医保和大病保险保障水平提高，农民更多地得到政府补助。城乡居民养老金由 2013 年的每月人均 82 元提高到 2021 年的每月人均 179 元。实践表明，促进农民持续增收，要构建支持政策体系，完善农业补贴政策，健全农村社会保障制度，增加农民转移性收入。

五、保障主产区种粮农民收入

党的十八大以来，我国粮食产量不断迈上新台阶，这得益于我国出台的一系列保障主产区种粮农民收入的政策措施。2020 年，农业生产托管服务粮食作物面积达 10.6 亿亩次，占全国托管服务总面积的 63.5%。[2] 农业农村部 2019 年对 19 个省份共 875 个托管案例的调查分析显示，农户在粮食生产经营中采用生产托管服务，能够有效促进其节本增效；农户采取全程托管，小麦每亩节本增效 356.05 元，玉米每亩节本增效 388.84 元。[3] 我国政策性农业保险品种明显增多，风险保障能力不断增强。中央财政补贴涉及三大粮食作物及制种、马铃薯、油料作物、糖料作物等 16 个农产品品种。2019 年，全国水稻、小麦、玉米三大主粮作物承保覆盖面超过 65%，能繁母猪、育肥猪等生猪保险承保 4.12 亿头。[4] 实践表明，抓住了种粮农民的增收问题，就抓住了农民增收的重点；调动了

---

① 农业农村部发展规划司：《农业现代化辉煌五年系列宣传之三十四：农业"三项补贴"改革取得显著成效》，2021 年 8 月 23 日，见 http://www.ghs.moa.gov.cn/ghgl/202108/t20210823_6374588.htm。

② 农业农村部合作经济指导司编：《中国农村合作经济统计年报（2020 年）》，中国农业出版社 2021 年版，第 75 页。

③ 农业农村部合作经济指导司编：《中国农村合作经济统计年报（2019 年）》，中国农业出版社 2020 年版，第 71 页。

④ 农业农村部发展规划司：《农业现代化辉煌五年系列宣传之三十七：农业保险 织密农业"安全网"》，2021 年 8 月 31 日，见 http://www.ghs.moa.gov.cn/ghgl/202108/t20210831_6375341.htm。

农民的种粮积极性，就抓住了粮食生产的根本。促进农民持续增收，要坚持让农民种粮有利可图、让主产区抓粮有积极性的基本原则，健全农民种粮收益保障机制。

六、完善农村社会保障政策促进农民增收

党和政府通过完善农村社会保障政策，建立农村低收入人口和欠发达地区帮扶机制，促进农民增收。截至 2020 年年末，全国农村最低生活保障对象 3621.5 万人，最低生活保障平均标准为每人每年 5962.3 元。全国农村特困人员救助供养 446.5 万人，其中 60 周岁及以上老年人 366.3 万人。[1]2021 年，全国纳入监测范围农村低收入人口参保率稳定在 99% 以上。各项医保综合帮扶政策惠及农村低收入人口就医 1.23 亿人次，减轻农村低收入人口医疗费用负担 1224.1 亿元。[2] 实践表明，完善再分配调节机制是增加农民转移性收入的重要举措，针对低收入农户，要继续建立健全常态化帮扶机制，织密社会保障安全网。

---

[1]　国家卫生健康委员会老龄健康司：《2020 年度国家老龄事业发展公报》，2021 年 10 月 15 日，见 http://www.nhc.gov.cn/lljks/pqt/202110/c794a6b1a2084964a7ef45f69bef5423.shtml。

[2]　国家医疗保障局：《2021 年全国医疗保障事业发展统计公报》，2022 年 6 月 8 日，http://www.nhsa.gov.cn/art/2022/6/8/art_7_8276.html。

第三章　推动农业高质量发展

党的十八大以来，我国农业农村发展进入新阶段，农业发展面临着新的问题和挑战。围绕推动农业高质量发展，习近平总书记作出一系列重要论述，提出一系列新理念新举措，党和政府采取一系列政策措施，推进一系列探索实践，转方式、调结构、促发展取得了明显成效，积累了许多宝贵经验。本章主要总结十年来关于推动农业高质量发展的理论实践和成就经验，以期为探索走出一条质量兴农之路提供经验和借鉴。

第一节　推动农业高质量发展的理论探索

党的十八以来，围绕推动农业高质量发展，从"转变农业发展方式"到"推进农业供给侧结构性改革"再到"实施质量兴农战略"，习近平总书记作出一系列重要论述，提出一系列新理念新举措，探索如何走质量兴农之路。

一、转变农业发展方式

针对当时我国农业发展中存在的农产品质量安全基础比较脆弱、质量安全事件时有发生、食品安全社会关注度高的突出问题，2013年12月，习近平总书记在中央农村工作会议上的讲话指出，"食品安全问题必须引起高度重视，下最大力气抓好"。"要把农产品质量安全作为转变农业发展方式、加快现代农业建设的关键环节，坚持源头治理、标本兼治，用最严谨的标准、最严格的监管、最严厉的处罚、最严肃的问责，确保广大人民群众'舌尖上的安全'"。食品安全，首先是"产"出来的。"把住生产环境安全关，就要治地治水，净化农产品产地环境"。"把住农产品生产安全关，就要控肥、控药、控添加剂，规范农业生产过程"。食品安全，也是"管"出来的。"要建立食品安全监管协调机制，健全食品安全监管体系，建立健全农产品质量和食品安全追溯体系，充分发挥群众监督和舆论监督的重要作用"。①

　　2015年5月，习近平总书记在中共十八届中央政治局第23次集体学习会议上的讲话强调，"要在抓好农产品数量安全的基础上，以更大力度抓好农产品质量安全，让人民群众吃得放心。要加强政策引导扶持，把确保质量安全作为农业转方式、调结构的关键环节，综合运用项目扶持、资金补贴等工具，把广大经营者重质量、保安全的积极性调动起来，推动农业标准化、规模化、绿色化生产。坚持严字当头、重典治乱，加大执法惩处力度"。②

　　针对当时我国农业发展中面临的一些大宗农产品价格上涨，农业生产成本全面持续快速上涨，一些农业资源过度开发透支严重，化肥农药过量使用、农膜残留、秸秆焚烧、畜禽粪便带来的农业面源污染加重等突出矛盾和问题，2014年12月，习近平总书记在中央经济工作会议上的讲话提出，"出路只有一个，就是坚定不移加快转变农业发展方式，从主要追求产量增长和拼资源、拼消耗的粗放经营，尽快转到数量质量并重、注重提高竞争力、注重农业技术创新、注重可持续的集约发展上来，走产出高效、产品安全、资源节约、环境友好的现代农业发展道路"。③

　　2016年12月，习近平总书记在中央财经领导小组第十四次会议上的讲话强调，"要加快推进畜禽养殖废弃物处理和资源化。要在国家层面明

---

①　习近平：《论"三农"工作》，中央文献出版社2022年版，第87—94页。
②　习近平：《论"三农"工作》，中央文献出版社2022年版，第162—163页。
③　习近平：《论"三农"工作》，中央文献出版社2022年版，第137页。

确政策导向，明确主管部门和地方责任，形成中央和地方、企业和居民合力推动的大局面"。[1]"要研究建立规模化养殖场废弃物强制性资源化处理的制度。要完善促进市场主体开展多种形式畜禽养殖废弃物处理和资源化的激励机制。要支持农村居民、新型农业经营主体等使用畜禽废弃物资源化产生的有机肥。要创造良好市场环境引导企业形成可持续的商业模式和盈利模式"。[2]

二、推进农业供给侧结构性改革

党的十八大以来，我国经济发展进入新常态，农业发展进入新阶段。农业的主要矛盾由总量不足转变为结构性矛盾，突出表现为阶段性供过于求和供给不足并存。为适应新常态的要求，应对农业发展面临的新挑战，2016年3月，习近平总书记在参加十二届全国人大四次会议湖南代表团审议时的讲话指出，推进农业供给侧结构性改革，提高农业综合效益和竞争力，是当前和今后一个时期我国农业政策改革和完善的主要方向。要以市场需求为导向调整完善农业生产结构和产品结构，以科技为支撑走内涵式现代农业发展道路，以健全市场机制为目标改革完善农业支持保护政策，以家庭农场和农民合作社为抓手发展农业适度规模经营。[3]

2016年12月，习近平总书记在中央经济工作会议上的讲话强调，"深入推进农业供给侧结构性改革，要把增加绿色优质农产品供给放在突出位置，狠抓农产品标准化生产、品牌创建、质量安全监管。要加大农村环境突出问题综合治理力度，加大退耕还林还湖还草力度。要积极稳妥改革粮食等重要农产品价格形成机制和收储制度。抓好玉米收储制

① 习近平：《论"三农"工作》，中央文献出版社2022年版，第214页。
② 习近平：《论"三农"工作》，中央文献出版社2022年版，第215页。
③ 中国共产党新闻网：《习近平参加湖南代表团审议》，2016年3月9日，见http://cpc.people.com.cn/n1/2016/0309/c64094-28184378.html。

度改革，做好政策性粮食库存消化工作。保护和提高粮食综合生产能力。广辟农民增收致富门路"①。同年 12 月，在中央农村工作会议召开前，习近平总书记作出重要指示强调，"要坚持新发展理念，把推进农业供给侧结构性改革作为农业农村工作的主线，培育农业农村发展新动能，提高农业综合效益和竞争力"②。

2017 年 3 月，习近平总书记在参加十二届全国人大五次会议四川代表团审议时的讲话强调指出，必须深入推进农业供给侧结构性改革。③围绕"需求导向"和"供给质量"，加强绿色、有机、无公害农产品供给，优化农业产业体系、生产体系、经营体系，就地培养更多新型职业农民，加快培育农业农村发展新动能，开创农业现代化建设新局面。④

三、实施质量兴农战略

党的十九大以来，随着城乡居民消费结构不断升级，优质农产品和服务需求快速增长，"有没有"已经不成问题，"好不好""优不优"已逐步成为主要矛盾。我国农业正处在转变发展方式、优化经济结构、转换增长动力的攻关期，加快补齐农业短板、推动农业高质量发展，已成为满足城乡居民多层次、个性化消费需求，增强人民群众幸福感、获得感的重大举措。2017 年 12 月，习近平总书记在中央农村工作会议上的讲话提出，"要深化农业供给侧结构性改革，走质量兴农之路。要坚持以农业供给侧结构性改革为主线，坚持质量兴农、绿色兴农，加快推进农业由增产导向转向提质导向，加快构建现代农业产业体系、生产体系、经

---

①　习近平：《论"三农"工作》，中央文献出版社 2022 年版，第 209 页。

②　共产党员网：《中央农村工作会议在京召开　习近平对做好"三农"工作作出重要指示》，2016 年 12 月 20 日，见 https://news.12371.cn/2016/12/20/ARTI1482237666845141.shtml。

③　新华网：《两会上，习近平多次强调这个"固本安民之要"》，2019 年 3 月 8 日，见 http://www.xinhuanet.com/politics/xxjxs/2019-03/08/c_1124211114.htm。

④　新华网：《习近平在四川代表团强调的这些事关全局》，2017 年 3 月 10 日，见 http://www.xinhuanet.com/politics/2017lh/2017-03/10/c_1120603010.htm。

营体系，不断提高我国农业综合效益和竞争力，实现由农业大国向农业强国的转变。要走质量兴农之路，要突出绿色化、优质化、特色化、品牌化，加快培育绿色优质特色农产品品牌，要树立大农业观、大食物观，全方位多途径开发食物资源，在提高农业综合效益上做足文章"①。

2020年12月，习近平总书记在中央农村工作会议上的讲话强调，"现在城乡居民消费结构在不断升级，今后农产品保供既要保数量，也要保多样、保质量。要深入推进农业供给侧结构性改革，推进品种培优、品质提升、品牌打造和标准化生产，促进农业高质高效"②。

第二节　推动农业高质量发展的政策实践

党的十八大以来，我国围绕推动农业高质量发展，从加强农产品质量安全监管、推动农业绿色发展、促进一二三产业融合发展、强化农业科技和装备支撑、推进农产品标准化和品牌建设等方面，制定了有关文件和规划（见表3-1），出台了一系列政策措施，推进了一系列探索实践。

表 3-1　2013 年以来推动农业高质量发展的有关文件和规划

发布时间	文件名称	发文单位
2013 年 1 月	《关于加快发展现代农业进一步增强农村发展活力的若干意见》	中共中央、国务院
2014 年 1 月	《关于全面深化农村改革　加快推进农业现代化的若干意见》	中共中央、国务院
2015 年 1 月	《关于加大改革创新力度　加快农业现代化建设的若干意见》	中共中央、国务院
2016 年 1 月	《关于落实发展新理念　加快农业现代化实现全面小康目标的若干意见》	中共中央、国务院

① 习近平：《论"三农"工作》，中央文献出版社 2022 年版，第 247 页。
② 习近平：《论"三农"工作》，中央文献出版社 2022 年版，第 10 页。

续表

发布时间	文件名称	发文单位
2017 年 1 月	《关于深入推进农业供给侧结构性改革　加快培育农业农村发展新动能的若干意见》	中共中央、国务院
2018 年 1 月	《关于实施乡村振兴战略的意见》	中共中央、国务院
2019 年 1 月	《关于坚持农业农村优先发展　做好"三农"工作的若干意见》	中共中央、国务院
2021 年 1 月	《关于全面推进乡村振兴　加快农业农村现代化的意见》	中共中央、国务院
2022 年 1 月	《关于做好 2022 年全面推进乡村振兴重点工作的意见》	中共中央、国务院
2015 年 8 月	《关于加快转变农业发展方式的意见》	国务院办公厅
2017 年 2 月	《关于推进农业供给侧结构性改革的实施意见》	农业部
2017 年 3 月	《关于深入推进农业供给侧结构性改革实施意见的通知》	国家发展改革委
2019 年 2 月	《国家质量兴农战略规划（2018—2022 年）》	农业农村部等七部门
2020 年 3 月	《新型农业经营主体和服务主体高质量发展规划（2020—2022 年）》	农业农村部

一、推动农业高质量发展的总体要求

（一）坚持把增强粮食综合生产能力作为首要任务

全面落实永久基本农田特殊保护制度，划定和建设粮食生产功能区、重要农产品生产保护区，完善支持政策。推进农村土地整治和高标准农田建设，稳步提升耕地质量。加强农田水利建设，提高抗旱防洪除涝能力。建设国家农业科技创新体系，加强面向全行业的科技创新基地建设。加快发展现代农作物、畜禽、水产、林木种业，提升自主创新能力。推进我国农机装备产业转型升级，进一步提高大宗农作物机械国产化水平，加快研发经济作物、养殖业、丘陵山区农林机械，发展高端农机装备制造。大力发展数字农业，实施智慧农业林业水利工程，推进物联网试验示范和遥感技术应用。

（二）坚持把推进农业供给侧结构性改革作为主线

在"优质专用""特色个性"农产品上下功夫，增强供给体系对需求变化的适应性和灵活性，使农业供需关系在更高水平上实现新的平衡。强化全产业链开发、优质优价导向，聚焦产地加工、冷链物流、品牌建设等薄弱环节，推进生产、加工、流通、营销产业链全面升级，促进一二三产业深度融合，向品牌经营要利润，全面推进节本降耗、提质增效，提升农业发展整体效益。

（三）坚持把实现绿色发展作为基本方向

把增加绿色优质农产品供给放在突出位置，落实绿水青山就是金山银山理念，以绿色发展引领质量兴农，以资源环境承载能力为依据，优化农业生产力布局，推进农业投入品减量化、生产清洁化、废弃物资源化、产业模式生态化。加快推动资源节约型、环境友好型农业建设，形成资源利用高效、生态系统稳定、产地环境良好、产品质量安全的农业发展新格局，促进农业发展、生态协调、环境改善相互融合与统一。

（四）坚持把深化农村改革作为根本途径

优化农业产业体系、生产体系、经营体系，提高土地产出率、资源利用率、劳动生产率。加快农业科技创新和制度创新。创新农业农村发展体制机制，激活农村各类资源要素潜力，改造提升传统动能，培育壮大新动能，形成更有效率、更有效益、更加可持续的农业供给体系。贯通产加销、融合农文旅，拓展乡村多种功能，拓展产业增值增效空间，打造一批创新能力强、产业链条全、绿色底色足、安全可控制、联农带农紧的农业全产业链。加快形成以农户家庭经营为基础、合作与联合为纽带、社会化服务为支撑的立体式复合型现代农业经营体系

（五）坚持政府引导，市场主导，农民主体

做好顶层设计，完善政策体系，强化宏观调控，更好地发挥政府政策引导作用。坚持"产出来"与"管出来"相结合，严格执法监管，维护公平有序的市场环境。充分发挥市场在资源配置中的决定性作用，促

进城乡要素自由流动、平等交换，用市场机制、价格手段倒逼农业转型升级、提质增效，让市场力量引领农业结构调整，既有效调减过剩农产品，又及时补上供不应求农产品。充分尊重农民意愿，切实发挥农民主体作用，调动农民积极性、主动性、创造性，让农业高质量发展成果惠及亿万农民。

二、优化产业结构和区域布局

（一）积极推进粮食生产基地建设

结合永久基本农田划定，探索建立粮食生产功能区，优先在东北、黄淮海和长江中下游等水稻、小麦主产区，建成一批优质高效的粮食生产基地，将口粮生产能力落实到田块地头。加大财政均衡性转移支付力度，涉农项目资金要向粮食主产区倾斜。大力开展粮食高产创建活动，推广绿色增产模式，提高单产水平。引导企业积极参与粮食生产基地建设，发展产前、产中、产后等环节的生产和流通服务。加强粮食烘干、仓储设施建设。2017年3月，国务院印发《关于建立粮食安全生产功能区和重要农产品生产保护区的指导意见》指出，以深入推进农业供给侧结构性改革为主线，以主体功能区规划和优势农产品布局规划为依托，以永久基本农田为基础，将"两区"细化落实到具体地块，优化区域布局和要素组合，促进农业结构调整，提升农产品质量效益和市场竞争力，为推进农业现代化建设、全面建成小康社会奠定坚实基础。

（二）统筹调整粮经饲种植结构

按照稳粮、优经、扩饲的要求，加快构建粮经饲协调发展的三元种植结构。粮食作物要稳定水稻、小麦生产，确保口粮绝对安全，重点发展优质稻米和强筋弱筋小麦，继续调减非优势区籽粒玉米，增加优质食用大豆、薯类、杂粮杂豆等。经济作物要优化品种品质和区域布局，巩固主产区棉花、油料、糖料生产，促进园艺作物增值增效。饲料作物要扩大种植面积，发展青贮玉米、苜蓿等优质牧草，大力培育现代饲草料产业体系。加快北方农牧交错带结构调整，形成以养带种、牧林农复合、草果菜结合的种植结构。继续开展粮改饲、粮改豆补贴试点。

（三）发展规模高效养殖业

稳定生猪生产，优化南方水网地区生猪养殖区域布局，引导产能向环境容量大的地区和玉米主产区转移。加快品种改良，大力发展牛羊等草食畜牧业。全面振兴奶业，重点支持适度规模的家庭牧场，引导扩大生鲜乳消费，严格执行复原乳标识制度，培育国产优质品牌。合理确定湖泊水库等内陆水域养殖规模，推动水产养殖减量增效。推进稻田综合种养和低洼盐碱地养殖。完善江河湖海限捕、禁捕时限和区域，率先在长江流域水生生物保护区实现全面禁捕。科学有序开发滩涂资源。支持集约化海水健康养殖，发展现代化海洋牧场，加强区域协同保护，合理控制近海捕捞。积极发展远洋渔业。建立海洋渔业资源总量管理制度，规范各类渔业用海活动，支持渔民减船转产。

（四）做大做强优势特色产业

实施优势特色农业提质增效行动计划，促进杂粮杂豆、蔬菜瓜果、茶叶蚕桑、花卉苗木、食用菌、中药材和特色养殖等产业提档升级，把地方土特产和小品种做成带动农民增收的大产业。大力发展木本粮油等特色经济林、珍贵树种用材林、花卉竹藤、森林食品等绿色产业。实施森林生态标志产品建设工程。开展特色农产品标准化生产示范，建设一批地理标志农产品和原产地保护基地。推进区域农产品公用品牌建设，支持地方以优势企业和行业协会为依托打造区域特色品牌，引入现代要素改造提升传统名优品牌。

（五）优化农业区域布局

以主体功能区规划和优势农产品布局规划为依托，科学合理划定稻谷、小麦、玉米粮食生产功能区和大豆、棉花、油菜子、糖料蔗、天然橡胶等重要农产品生产保护区。功能区和保护区内地块全部建档立册、上图入库，实现信息化精准化管理。抓紧研究制定功能区和保护区建设标准，完善激励机制和支持政策，层层落实建设管护主体责任。制定特色农产品优势区建设规划，建立评价标准和技术支撑体系，鼓励各地争创园艺产品、畜产品、水产品、林特产品等特色农产品优势区。

三、促进农业全产业链融合

（一）加快发展农产品加工业

扩大农产品初加工补助资金规模、实施区域和品种范围。深入实施主食加工提升行动，推动马铃薯等主食产品开发。支持精深加工装备改造升级，建设一批农产品加工技术集成基地，提升农产品精深加工水平。支持粮油加工企业节粮技术改造，开展副产品综合利用试点。2016年12月，国务院办公厅印发《关于进一步促进农产品加工业发展的意见》提出，引导农产品加工业企业转型升级，增强我国农产品加工业国际竞争力。2020年7月，农业农村部印发《全国乡村产业发展规划（2020—2025年）》提出，鼓励加工型农业企业开展农产品精深加工，支持创建农业产业化联合体。

（二）培育新产业新业态

积极开发农业多种功能。加强规划引导，研究制定促进休闲农业与乡村旅游发展的用地、财政、金融等扶持政策，加大配套公共设施建设支持力度，加强从业人员培训，强化体验活动创意、农事景观设计、乡土文化开发，提升服务能力。保持传统乡村风貌，传承农耕文化，加强重要农业文化遗产发掘和保护，扶持建设一批具有历史、地域、民族特点的特色景观旅游村镇。提升休闲农业与乡村旅游示范创建水平，加大美丽乡村推介力度。2019年6月，国务院印发《关于促进乡村产业振兴的指导意见》提出，以一二三产业融合发展为路径，做强现代种养业，做精乡土特色产业。2020年7月，农业农村部印发《全国乡村产业发展规划（2020—2025年）》提出，延伸产业链条，开发特色化、多样化产品，提升乡村特色产业的附加值，促进农业多环节、农民多渠道增收。2021年5月，农业农村部印发的《关于加快农业全产业链培育发展的指导意见》提出，打造一批农业全产业链，创新主体联合机制，组建农业产业化联合体。

（三）稳定农产品供应链

创新农业营销服务。加强全国性和区域性农产品产地市场建设，加大农产品促销扶持力度，提升农户营销能力。培育新型流通业态，大力发展农业电子商务，制订实施农业电子商务应用技术培训计划，引导各类农业经营主体与电商企业对接，促进物流配送、冷链设施设备等发展。加快发展供销合作社电子商务。积极推广农产品拍卖交易方式。2015 年8 月，商务部等 10 部门联合印发《全国农产品市场体系发展规划》，财政部和农业农村部安排中央财政资金对农产品市场基础设施建设予以支持。农业农村部积极组织开展"农社对接""农超对接""农校对接"等多种类型的产销对接活动，支持引导农民合作社开展农产品直销，帮助合作社拓宽销售渠道。商务部积极推动农产品流通企业与国家级贫困县建立长期稳定的产销关系，举办特色农产品品牌推介洽谈活动。

加强农产品产地市场预冷、储藏、保鲜等物流基础设施建设，降低流通损耗。加强全国性、区域性农产品产地批发市场和田头市场升级改造，提升清洗、烘干、分级、包装、贮藏、冷冻冷藏、查验等设施水平，配备完善尾菜等废弃物分类处置和污染物处理设施，提高农产品冷链保鲜流通比例。支持流通企业拓展产业链条，建立健全停靠、装卸、商品化处理、冷链设施，加强适应市场需求的流通型冷库建设，发展多温层冷藏车等。2020 年，农业农村部先后印发《关于加快农产品仓储保鲜冷链设施建设的实施意见》《关于进一步加强农产品仓储保鲜冷链设施建设工作的通知》《农产品产地市场信息采集服务工作规范（试行）》《农产品仓储保鲜冷链设施建设参考技术方案（试行）》等系列文件，加大对农产品仓储物流工作的指导。

（四）建设现代农业产业园区

以规模化种养基地为基础，依托农业产业化龙头企业带动，聚集现代生产要素，建设"生产＋加工＋科技"的现代农业产业园，发挥技术集成、产业融合、创业平台、核心辐射等功能作用。科学制定产业园规划，统筹布局生产、加工、物流、研发、示范、服务等功能板块。鼓励地方统筹使用高标准农田建设、农业综合开发、现代农业生产发展等相关项目资金，集中建设产业园基础设施和配套服务体系。吸引龙头企业和科研机构建设运营产业园，发展设施农业、精准农业、精深加工、现代营销，带动新型农业经营主体和农户专业化、标准化、集约化生产，推动农业全环节升级、全链条增值。鼓励农户和返乡下乡人员通过订单农业、股份合作、入园创业就业等多种方式，参与建设，分享收益。

四、加强耕地保护和高标准农田建设

（一）切实加强耕地保护

落实最严格的耕地保护制度，加快划定永久基本农田，确保基本农田落地到户、上图入库、信息共享。完善耕地质量保护法律制度，研究制定耕地质量等级国家标准。完善耕地保护补偿机制。充分发挥国家土地督察作用，坚持数量与质量并重，加强土地督察队伍建设，落实监督责任，重点加强东北等区域耕地质量保护。实施耕地质量保护与提升行动，分区域开展退化耕地综合治理、污染耕地阻控修复、土壤肥力保护提升、耕地质量监测等建设，开展东北黑土地保护利用试点，逐步扩大重金属污染耕地治理与种植结构调整试点，全面推进建设占用耕地耕作层土壤剥离再利用。

（二）加快建设高标准农田

以高标准农田建设为平台，整合新增建设用地土地有偿使用费、农业综合开发资金、现代农业生产发展资金、农田水利设施建设补助资金、测土配方施肥资金、大型灌区续建配套与节水改造投资、新增千亿斤粮食生产能力规划投资等，统筹使用资金，集中力量开展土地平整、农田水利、土壤改良、机耕道路、配套电网林网等建设，统一上图入库。有计划分片推进中低产田改造，改善农业生产条件，增强抵御自然灾害能力。探索建立有效机制，鼓励金融机构支持高标准农田建设和中低产田改造，引导各类新型农业经营主体积极参与。按照"谁受益、谁管护"的原则，明确责任主体，建立奖惩机制，落实管护措施。

2013年3月，财政部印发《关于发布实施〈国家农业综合开发高标准农田建设规划〉的通知》提出，到2020年农业综合开发高标准农田建设的目标任务是：改造中低产田、建设高标准农田4亿亩，完成1575处重点中型灌区的节水配套改造。从2019年起，中央财政整合设立农田建设补助资金，支持地方开展高标准农田建设。根据《农田建设补助资金管理办法》有关规定，农田建设补助资金可以采取直接补助、贷款贴息、先建后补等方式支持高标准农田建设。充分发挥财政资金的引导和撬动作用，鼓励在合法合规的前提下采取投资补助、贴息等形式，吸引包括金融资金在内的社会资金投入高标准农田建设。2021年9月，农业农村部印发《全国高标准农田建设规划（2021—2030年）》，明确高标准农田的任务安排、建设项目等向大中型灌区集中。

五、强化农业科技与装备支撑

（一）深化种业体制改革

在总结完善种业科研成果权益分配改革试点工作的基础上，逐步扩大试点范围；完善成果完成人分享制度，健全种业科技资源、人才向企业流动机制，做大做强育繁推一体化种子企业。国家财政科研经费加大用于基础性公益性研究的投入，逐步减少用于农业科研院所和高等院校开展商业化育种的投入。实施现代种业提升工程，加强国家种质资源体系、植物新品种测试体系和品种区域试验体系建设，加大种质资源保护力度，完善植物品种数据库。实施粮食作物制种大县财政奖励补助政策，积极推进海南、甘肃、四川三大国家级育种制种基地建设，规划建设一批区域级育种制种基地。

2012 年 12 月，国务院办公厅印发《全国现代农作物种业发展规划（2012—2020 年）》，将"构建以企业为主体的商业化育种体系""做大做强种子企业"作为重点任务布局推进。2019 年 12 月，国务院办公厅印发的《关于加强农业种质资源保护与利用的意见》明确提出，"发展一批以特色地方品种开发为主的种业企业"。2021 年 7 月，中央全面深化改革委员会第二十次会议审议通过《种业振兴行动方案》，对扶持企业发展、加强知识产权保护、优化营商环境等做了具体安排，引导资源、技术、人才、资本等要素向重点优势企业集聚，通过中央财政科技计划支持符合条件的企业承担国家科研任务。

（二）推进农业生产机械化

适当扩大农机深松整地作业补助试点，大力推广保护性耕作技术，开展粮棉油糖生产全程机械化示范，构建主要农作物全程机械化生产技术体系。完善适合我国国情的农业机械化技术与装备研发支持政策，主攻薄弱环节机械化，推进农机农艺融合，促进工程、生物、信息、环境等技术集成应用。探索完善农机报废更新补贴实施办法。

（三）加快发展农业信息化

开展"互联网 +"现代农业行动。鼓励互联网企业建立农业服务平台，加强产销衔接。推广成熟可复制的农业物联网应用模式，发展精准化生产方式。大力实施农业物联网区域试验工程，加快推进设施园艺、畜禽水产养殖、质量安全追溯等领域物联网示范应用。加强粮食储运监管领域物联网建设。支持研发推广一批实用信息技术和产品，提高农业智能化和精准化水平。强化农业综合信息服务能力，提升农业生产要素、资源环境、供给需求、成本收益等监测预警水平，推进农业大数据应用，完善农业信息发布制度。大力实施信息进村入户工程，研究制定农业信息化扶持政策。加快国家农村信息化示范省建设。2016 年 8 月，农业部印发《"十三五"全国农业农村信息化发展规划》，明确了"十三五"时期推进农业农村信息化建设的总体思路、发展目标、重点任务，提出要推动信息技术与农业生产、经营、管理、服务全面深度融合，全面提高农业农村信息化水平。2019年5月，中共中央办公厅、国务院办公厅印发《数字乡村发展战略纲要》，明确要加强数字乡村建设顶层设计和整体规划，进一步解放和发展数字化生产力，挖掘信息化在乡村振兴中的巨大潜力，整体带动和提升农业农村现代化发展。

六、提升农产品质量安全水平

（一）全面推行农业标准化生产

加强农业标准化工作，健全推广和服务体系。加快制修订农兽药残留标准，制定推广一批简明易懂的生产技术操作规程，继续推进农业标准化示范区、园艺作物标准园、畜禽标准化示范场和水产健康养殖示范场建设，扶持新型农业经营主体率先开展标准化生产，实现生产设施、过程和产品标准化。建立生产记录台账制度，加快推进规模经营主体按标生产。实施农产品质量全程控制生产基地创建工程，促进产地环境、生产过程、产品质量、包装标识等全流程标准化。在"菜篮子"大县、畜牧大县和现代农业产业园全面推行全程标准化生产。2021年4月，农业农村部印发《关于开展现代农业全产业链标准化试点工作的通知》提出，构建从农田到餐桌全要素、全链条、多层次的现代农业全产业链标准体系。加快农业国家和行业标准制修订。对标质量兴农、绿色兴农、品牌强农要求，制修订了农业国家和行业标准9000多项；指导地方制修订了一批相关地方标准、团体标准和企业标准，基本覆盖主要农产品产前、产中、产后全过程和农业绿色发展重点领域。

（二）推进农业品牌化建设

加强政策引导，营造公平有序的市场竞争环境，开展农业品牌塑造培育、推介营销和社会宣传，着力打造一批有影响力、有文化内涵的农业品牌，提升增值空间。鼓励企业在国际市场注册商标，加大商标海外保护和品牌培育力度。发挥有关行业协会作用，加强行业自律，规范企业行为。2018 年 6 月，农业农村部印发《关于加快推进品牌强农的意见》，将品质作为品牌发展的第一要义，大力发展绿色、有机、地理标志农产品，指导各地培育创建一批农产品区域公用品牌，引领带动企业品牌、产品品牌协同发展。2022 年 6 月，农业农村部办公厅印发《农业品牌精品培育计划（2022—2025 年）》，提出进一步健全农业品牌建设促进机制和支持体系，提升农业品牌竞争力影响力带动力。

（三）提高农产品质量安全监管能力

开展农产品质量安全县创建活动，探索建立有效的监管机制和模式。依法加强对农业投入品的监管，打击各类非法添加行为。开展农产品质量安全追溯试点，优先将新型农业经营主体纳入试点范围，探索建立产地质量证明和质量安全追溯制度，推进产地准出和市场准入。构建农产品质量安全监管追溯信息体系，促进各类追溯平台互联互通和监管信息共享。加强农产品产地环境监测和农业面源污染监测，强化产地安全管理。支持病死畜禽无害化处理设施建设，加快建立运行长效机制。加强农业执法监管能力建设，改善农业综合执法条件，稳定增加经费支持。

七、打好农业面源污染治理攻坚战

（一）大力发展农业节水

落实最严格水资源管理制度，逐步建立农业灌溉用水量控制和定额管理制度。进一步完善农田灌排设施，加快大中型灌区续建配套与节水改造、大中型灌排泵站更新改造，推进新建灌区和小型农田水利工程建设，扩大农田有效灌溉面积。大力发展节水灌溉，全面实施区域规模化高效节水灌溉行动。分区开展节水农业示范，改善田间节水设施设备，积极推广抗旱节水品种和喷灌滴灌、水肥一体化、深耕深松、循环水养殖等技术。积极推进农业水价综合改革，合理调整农业水价，建立精准补贴机制。开展渔业资源环境调查，加大增殖放流力度，加强海洋牧场建设。统筹推进流域水生态保护与治理，加大对农业面源污染综合治理的支持力度，开展太湖、洱海、巢湖、洞庭湖和三峡库区等湖库农业面源污染综合防治示范。

2016 年 4 月，农业部办公厅印发的《推进水肥一体化实施方案（2016—2020 年）》提出，在东北、西北、华北等六大区域，以玉米、小麦等六大作物为重点，推进工程措施与农艺措施结合，大力节约水资源用量，促进农业可持续发展。2021 年 7 月，国家发展改革委等四部门印发的《关于深入推进农业水价综合改革的通知》指出，强化农业用水刚性约束，完善农业节水制度体系。

（二）实施化肥和农药零增长行动

坚持化肥减量提效、农药减量控害，建立健全激励机制，力争到2020 年，化肥、农药使用量实现零增长，利用率提高到 40% 以上。深入实施测土配方施肥，扩大配方肥使用范围，鼓励农业社会化服务组织向农民提供配方施肥服务，支持新型农业经营主体使用配方肥。探索实施有机肥和化肥合理配比计划，鼓励农民增施有机肥，支持发展高效缓（控）释肥等新型肥料，提高有机肥施用比例和肥料利用效率。加强对农药使用的管理，强化源头治理，规范农民使用农药的行为。全面推行高毒农药定点经营，建立高毒农药可追溯体系。开展低毒低残留农药使用试点，加大高效大中型药械补贴力度，推行精准施药和科学用药。鼓励农业社会化服务组织对农民使用农药提供指导和服务。

紧紧围绕"稳粮增收调结构，提质增效转方式"的工作主线，大力推进化肥减量提效、农药减量控害，2015 年 2 月，农业部制订了《到2020 年化肥使用量零增长行动方案》和《到 2020 年农药使用量零增长行动方案》。2015 年 7 月，工业和信息化部印发的《关于推进化肥行业转型发展的指导意见》明确指出，着力化解过剩产能，加快淘汰落后产能。2017 年 2 月修订出台的《农药管理条例》提出，实行农药经营许可制度，每年组织开展农药产品质量监督抽查，按照"双随机一公开"的原则，采取例行抽查、重点抽查、专项抽查相结合的方式，对农药市场和生产企业的农药产品进行监督抽查。

（三）推进农业废弃物资源化利用

落实畜禽规模养殖环境影响评价制度。启动实施农业废弃物资源化利用示范工程。推广畜禽规模化养殖、沼气生产、农家肥积造一体化发展模式，支持规模化养殖场（区）开展畜禽粪污综合利用，配套建设畜禽粪污治理设施；推进农村沼气工程转型升级，开展规模化生物天然气生产试点；引导和鼓励农民利用畜禽粪便积造农家肥。支持秸秆收集机械还田、青黄贮饲料化、微生物腐化和固化炭化等新技术示范，加快秸秆收储运体系建设。扩大旱作农业技术应用，支持使用加厚或可降解农膜；开展区域性残膜回收与综合利用，扶持建设一批废旧农膜回收加工网点，鼓励企业回收废旧农膜。加快可降解农膜研发和应用，加快建成农药包装废弃物收集处理系统。

2013 年 5 月，国家发展改革委等四部门联合印发的《关于进一步加快推进农作物秸秆综合利用和禁烧工作的通知》明确提出，各地要积极扶持秸秆收储运服务组织发展，建立规范的秸秆储存场所，促进秸秆后续利用；鼓励有条件的企业和社会组织组建专业化秸秆收储运机构，鼓励社会资本参与秸秆收集和利用，逐步形成商品化秸秆收储和供应能力。2019 年 1 月，农业农村部办公厅印发的《关于做好农作物秸秆资源台账建设工作的通知》指出，对秸秆产生和利用情况开展常态化抽样调查，搭建国家、省、市、县四级秸秆资源共享平台，为相关政策和规划制定、产业布局和管理提供数据支撑。2017 年 6 月，国务院办公厅印发《关于加快推进畜禽养殖废弃物资源化利用的意见》，要求畜牧大县制定种养循环发展规划，明确粪肥利用的目标、途径和任务。2020 年 6 月，农业农村部、生态环境部联合印发《关于进一步明确畜禽粪污还田利用要求强化养殖污染监管的通知》，明确应根据畜禽粪污排放去向或利用方式执行相应的标准规范。农业农村部等部门实施畜禽粪污资源化利用整县推进项目，支持粪污处理设施和还田利用设施的建设。2021 年 3 月，国家发展改革委等 10 部门联合印发《关于"十四五"大宗固体废弃物综合利用的指导意见》，明确提出要扩大秸秆清洁能源利用规模，鼓励利用秸秆等生物质供热供气供暖。

第三节　推动农业高质量发展的成效和经验

党的十八大以来，围绕推动农业高质量发展，党和政府采取了一系列战略性举措，推进了一系列变革性实践，取得了较为明显的进展，积累了宝贵经验。①

一、农业高质量发展取得的主要成效

（一）农业综合生产能力全面提升

党的十八大以来，我国深入实施"藏粮于地、藏粮于技"战略，大力实施重要农产品保障战略，全面提升农业综合生产能力。粮食生产再上新台阶，棉油糖生产能力进一步提升，"菜篮子"产品丰产丰收、供应充足。截至 2021 年，我国粮食产量已经连续 7 年持续稳定在 1.3 万亿斤以上，人均占有量 483 公斤，远超世界平均水平。水稻、小麦自给率保持在 100% 以上，玉米自给率超过 95%，重要农产品供应充足、种类丰富，肉蛋菜果鱼等产量稳居世界第一位。

（二）农业科技实力和装备水平整体提升

截至 2020 年，我国农业科技进步贡献率突破 60%，农作物良种覆盖率稳定在 96% 以上，农田灌溉水有效利用系数达到 0.559，耕种收综合机械化率达到 71%，支撑保障粮食产量连年稳产丰收。水稻、黄瓜、扇贝等基因组学研究及应用国际领先，超级稻亩产突破 1000 公斤，猪病毒

---

① 本部分数据如不做特殊说明，均来自国家统计局和农业农村部网站。

性腹泻三联活疫苗、H7N9禽流感疫苗研发成功并大规模应用，海洋牧场建设技术不断突破并应用。农业科技创新基础不断夯实，高水平人才和团队不断发展壮大。农业科技体制机制改革创新和产学研一体化步伐加快，现代农业产业技术体系、农业科技创新联盟、产业科技创新中心等平台载体作用凸显，促进科技与企业、金融、人才等要素逐步走向深度融合。涌现出一批农业科技标志性成果，整体研发水平与发达国家差距逐步缩小。

1. 农业全程机械化全面发展

2021年全国农业机械总动力达10.78亿千瓦（见图3-1），农作物耕种收机械化率超过70%，畜牧养殖和水产养殖机械化率分别达到34%和30%。国务院推动实施主要农作物生产全程机械化推进行动，建成614个主要农作物生产全程机械化示范县，推动丘陵山区农田宜机化改造。农业机械化正在从主要作物耕种收环节向植保、秸秆处理、烘干等全程延伸，正由种植业加速向畜牧业、渔业、设施农业、农产品初加工业拓展。智能农用航空实验全域大规模应用，遥感等信息技术在动植物疫病远程诊断、轮作休耕监管、农机精准作业、无人机飞防等领域加快推广应用，农业生产智能化、经营网络化、管理数据化、服务便捷化取得明显进展。

图3-1　2012—2021年我国农业机械总动力情况

2. 数字农业研发应用加速

通过组织实施农业物联网区域试验工程、数字农业试点等项目，推进物联网、大数据等新一代信息技术在农业生产加工各环节融合应用。已建设九个农业物联网示范省、100 个数字农业试点项目，认定全国农业农村信息化示范基地 210 个，支持近 12 万套农机信息化改造，征集推介 426 项农业物联网应用成果和模式，水稻智能催芽、测土配方施肥等技术广泛应用，植保无人机年度作业量近 3 亿亩，在线监测、精准作业、数字化管理等大面积推广，农业机器人开始产业化应用。推动 50 余家农机企业采用基于北斗的智能终端，带动推广应用农机北斗终端超过 40 万台套。

3. 现代种业不断创新突破

主要农作物新一轮品种更新换代成效显著，新品种保护申请量连续三年位居世界第一，主要农作物良种基本实现全覆盖，自主选育品种面积占比超过 95%。国家良种生产保障能力显著提升，建设以海南、甘肃、四川三大国家级育制种基地为核心，52 个国家级制种大县和 100 个区域性良种繁育基地为骨干的种业基地"国家队"，农业用种供给保障能力显著提升。畜种主要核心种源自给率超过 75%，自主培育的京红、京粉系列蛋鸡品种达到国际先进水平。种质资源收集与保护体系初步形成，长期保存农作物种质资源达到 51 万份，国家级家畜基因库收集保存国内外各类畜禽遗传材料 90 万份。国家种质资源库长期保存能力将达 150 万份，位居世界第一位。

（三）农业绿色发展成效明显

1. 高标准农田建设综合效益显著提升

2011 年开始，便以平均每年不低于 8000 万亩的速度建设高标准农田，截至 2021 年，全国累计建成高标准农田 9.06 亿亩（见图 3-2）。通过完善农田基础设施，改善农业生产条件，增强了农田防灾抗灾减灾能力，巩固和提升了粮食综合生产能力。建成后的高标准农田，亩均粮食产能增加 10%—20%，稳定了农民种粮的积极性，为我国粮食连续多年丰收提供了重要支撑。高标准农田建设有效促进了农业规模化、标准化、专业化经营，带动了农业机械化提档升级，提高了水土资源利用效率和土地产出率，实现了耕地地力保护与提升，通过完善农田基础设施、提升耕地质量、改善农业生产条件，降低了农业生产成本，提高了产出效率，增加了土地流转收入，显著提高了农业生产综合效益，从各地实践看，平均每亩节本增效约500元，有效增加了农民生产经营性收入。

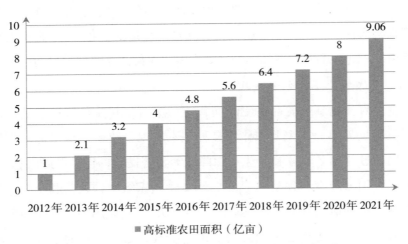

图 3-2　2012—2021 年我国高标准农田累计建成面积

2. 绿色优质农产品供给明显增加

强筋、弱筋优质专用小麦占比提高到 35.8%，优质稻谷面积进一步扩大，大豆面积连续五年增加，"粮改饲"面积超过 1500 万亩，粮经饲三元结构初步构建。畜牧业加快升级。生猪养殖规模化率达到 53%，实施加快生猪生产恢复发展三年行动，扩大生猪养殖场贷款贴息范围，支持大型企业发展生猪标准化规模养殖。巩固提升北方草食畜牧业发展质量，推行禁牧、休牧、轮牧和草畜平衡制度，开展牧区畜牧良种推广，实施肉牛、肉羊标准化规模养殖项目建设，优质牛羊肉产量稳定增长。积极发展水产健康养殖，大力优化养殖生产、空间布局，转变养殖方式，创建国家级水产健康养殖示范场、渔业健康养殖示范县，合理调整捕捞业，优化捕捞空间布局，降低捕捞强度，实现渔业产业结构和发展方式全面转型升级。种养业结构调整取得明显成效，农产品加工业产值与农业总产值之比达到 2.2∶1，休闲农业和乡村旅游总产值年均增长超过 9%。

3. 农业资源保护利用得到加强

农业绿色发展加快推进，畜禽粪污综合利用率达到 76%，畜牧水产养殖设施加快升级改造。畜禽圈舍、自动饲喂、疫病防控等设施设备加快建设，畜禽养殖规模化率达 64.5%，规模养殖场粪污处理设施装备配套率达 93%，奶牛规模养殖比重达 64%，创建国家级水产健康养殖示范场 5400 多个。秸秆综合利用率达到 86%，农膜回收率达到 80%，化肥、农药施用量连续四年实现负增长，推广测土配方施肥 19 多亿亩次。化肥农药减量增效深入推进（见图 3-3、图 3-4），累计禁用高毒农药 46 种，在蔬菜水果等部分作物上禁用农药 20 种，严格实施高毒农药定点经营实名购买制度，主要农作物绿色防控面积近 10 亿亩，水稻、玉米、小麦化肥农药利用率达到 40% 以上。发布食品动物中禁止使用的药品及其他化合物清单，促生长类抗菌药物饲料添加剂品种全部退出使用。

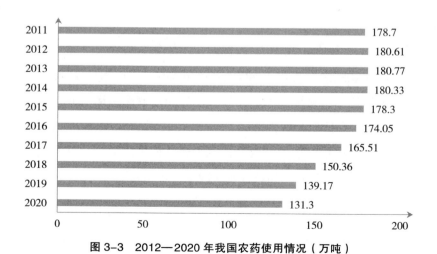

图 3-3　2012—2020 年我国农药使用情况（万吨）

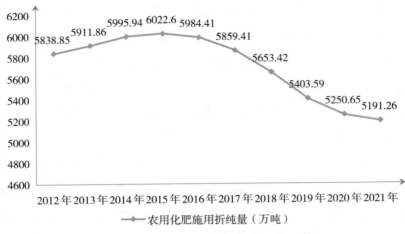

图 3-4　2012—2021 年我国农用化肥施用情况（万吨）

（四）农产品质量安全稳中向好

　　坚持"产出来"和"管出来"两手抓，食用农产品生产标准体系基本建立，合格证制度全面推行，国家农产品质量安全例行监测合格率稳定在 97% 以上，种子、肥料、农药、兽药、饲料和饲料添加剂等农资质量持续稳定在较高水平。

　　1. 监管制度机制逐步健全

　　截至 2021 年年末，我国支持建设国家农产品质量安全省 5 个，认定国家农产品质量安全县（市）440 个（质量安全市 31 个）（见表 3-2）。在全国试行承诺达标合格证制度，出台农产品质量安全追溯与农业农村重大创建认定、农产品优质品牌推选、农产品认证、农业展会等工作挂钩意见，推动国家农产品质量安全追溯管理信息平台全面推广运行，部省追溯平台有效对接，推动无公害农产品认证制度改革。

表 3-2　国家农产品质量安全市创建单位名单

省（区、市）	质量安全市
山东省	威海市、潍坊市、青岛市、济宁市
广东省	云浮市、肇庆市

省（区、市）	质量安全市
四川省	成都市
陕西省	商洛市、安康市
河北省	唐山市
辽宁省	盘锦市
江苏省	常州市、连云港市、南通市
浙江省	湖州市、宁波市、台州市
江西省	宜春市
福建省	三明市
河南省	濮阳市、南阳市
湖北省	恩施自治州
湖南省	常德市

2. 监管监测体系不断完善

全国所有省（区、市）、88% 的地市、全部"菜篮子"产品大县及其乡镇设立了农产品质量安全监管机构，农产品质量安全监管。全国农产品质量安全检验检测机构 2297 家。农产品质量安全例行监测计划不断优化，部省两级监测网络基本覆盖了全国主要大中城市和农产品产区、城乡居民主要消费品种。监管执法深入开展，组织开展农村假冒伪劣食品整治、农产品质量安全专项整治行动、开展农资打假专项治理行动，严打制售假劣农资违法行为，种子、肥料、农药、兽药、饲料和饲料添加剂等农资质量持续稳定在较高水平（见图 3-5）。

（五）农产品标准化和品牌建设加速推进

1. 标准化生产全面推进

2012 年以来，我国实施农业标准及修订五年行动计划，修订农兽药残留限量及配套检测方法食品安全国家标准 10068 项，制定农业行业标准 5342 项，产品加工、储运保鲜、包装标识、分等分级等关键环节基本

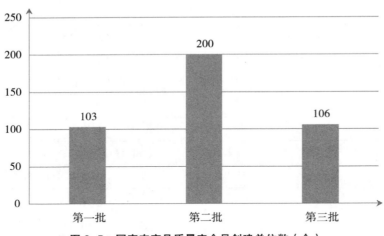

图 3-5　国家农产品质量安全县创建单位数（个）

实现有标可依。持续开展果菜茶标准示范园、畜禽水产标准化健康养殖示范创建活动，"三园两场"总数达 1.8 万个。在国家现代农业示范区、国家农产品质量安全县和"菜篮子"大县开展全域标准化示范，实现规模主体按标生产。市场监管总局批准发布了 2932 项农业领域国家标准，建设国家农业标准化示范区 4616 个，省级农业标准化示范区 6000 余个，涵盖了农产品品种培育、种植管理、采收加工、分级包装、产品流通各个环节，初步构建农业全产业链标准体系。

2. 创建特色农产品优势区

粮食生产功能区、重要农产品生产保护区划定建设有序推进，特色农产品优势区创建迈出实质性步伐，充分发挥区域资源多样化优势，出台特色农产品优势区建设规划纲要，认定了 308 个中国特色农产品优势区和 667 个省级特色农产品优势区，加快将资源优势转变为产品优势、经济优势。"菜篮子"产品实现稳定供应。积极发展设施蔬菜，推动设施装备升级、技术集成创新和优良品种推广，优化区域布局，保障蔬菜均衡供应。稳定东北优势区玉米生产，引导生猪养殖向玉米主产区和环境容量大的区域进一步集中，在东北等主产区选择部分典型县，开展生猪种养结合循环发展试点。

3. 打造"乡字号"农业品牌

截至 2021 年，全国绿色有机地标农产品获证单位超过 2.3 万家，绿色、有机和地理标志农产品总数超过 5 万个。认定全国"一村一品"示范村镇 3274 个、发布全国乡村特色产品 1730 个、特色农产品区域公用品牌 300 个，有效促进了地方优势特色产业品牌化发展。60% 的省级以上龙头企业通过了 ISO9000、HACCP、GAP、GMP 等质量体系认证；65% 的国家级示范社中拥有注册商标，62% 通过农产品质量认证，7% 通过 ISO9000、HACCP 等质量认证。

（六）农业适度规模经营水平不断提升

1. 适度规模经营格局初步形成

新型经营主体总量达到 850 万家，农业产业化龙头企业超 9 万家，依法登记注册的农民专业合作社 224.9 万个，农业农村部门名录管理的家庭农场 348.1 万个。土地托管、服务联盟、产业化联合体等多种形式适度规模经营迅速发展，土地适度规模经营比重超过 40%。农业生产社会化服务渐成规模。聚焦薄弱环节和服务普通农户，积极发展专业化、社会化服务组织，创新服务方式和服务机制，培育构建立体多元、功能互补、复合高效的社会化服务体系。

2. 高素质农民培育成效明显

截至 2020 年年末，全国高素质农民规模超过 1700 万，高中以上文化程度占比达到 35%，大批高素质农民活跃在农业生产经营一线，成为新型农业经营主体的骨干力量。农村实用人才队伍进一步壮大。深入实施农村实用人才带头人素质提升计划，重点面向贫困地区，开展农村实用人才带头人示范培训，累计培训 8 万余人，为农村培养了一大批留得住、用得上、干得好的带头人，辐射带动各地加大农村实用人才培训力度。

3. 基层农技推广体系改革不断深化

农民教育培训体系不断健全。建立农科教结合助力产业发展新机制，

50 多万基层农技人员、4100 多个专家组、4000 多名特聘农技员深入一线开展科技精准扶贫，实现"三区三州"产业技术专家组全覆盖、贫困地区特聘农技员计划实施全覆盖、贫困地区农民教育培训全覆盖、贫困村农技员精准服务全覆盖，助力全面打赢脱贫攻坚战。

（七）农业全产业链加速融合发展

1. 农业全产业链稳定提升

打造一批农业全产业链，创新主体联合机制，组建农业产业化联合体，截至 2021 年，全国 20 多个省份已认定省级示范联合体 2000 多个，带动农户近 2000 万户。中央财政投资 344 亿元，支持建设 100 个优势特色产业集群、188 个国家现代农业产业园、1109 个农业产业强镇。全国性农产品产地市场建设提速，全国认定了 745 家定点批发市场，引导建设了一批直接服务农户的田头市场，充分发挥了农产品产地物流节点的重要作用，促进了农产品高效流通。"十三五"期间累计支持贫困地区改造建设 150 个县级客运站和 1100 个乡镇运输服务站，县乡村三级物流节点体系明显得到提升。

2. 农产品出村进城试点取得较好成效

整合利用快递物流、邮政、供销合作社、益农信息社、电商服务点等基础条件，建设农产品产地初加工服务站点，培育农产品县级集配中心，集中实现网销农产品商品化处理、品控分拣和打包配送、统配统送等功能，完善县乡村三级物流体系。截至 2020 年年末，已建设县级电商公共服务中心和物流配送中心超过 2000 个，乡村电商服务站点约 13 万个。全国共建成运营益农信息社 45.4 万个，累计为农民和新型农业经营主体提供各类服务 6.5 亿人次。

3. 仓储保鲜冷链设施建设不断完善

农产品贮藏保鲜能力得到较快提高，2020 年，全国冷库仓容超过 7000 万吨，冷藏车保有量 28 万多辆，第三方冷链物流企业快速发展，初步形成了连接产地供给与销地需求的农产品仓储保鲜冷链物流体系。

2021年，确定了121个农产品产地冷藏保鲜整县推进试点，开展农产品产地低温直销配送中心建设，同时依托农业产业强镇、优势特色产业集群等项目，引导企业、园区建设农产品加工物流中心。市场监管总局围绕农产品包装、标签、贮藏、运输等流通环节，发布《水产品销售与配送良好操作规范》等40项国家标准，下达《农产品流通服务可持续性评价技术导则》等20项国家标准制修订计划。

二、推动农业高质量发展的经验启示

（一）坚持落实新发展理念，推动现代农业三大体系协同发展

推动农业高质量发展始终坚持贯彻新发展理念，把"创新"作为农业生产发展、经营方式优化和产业体系构建的第一动力，把"协调"作为优化结构、提升质量、补齐短板的内生途径，把"绿色"作为实现农业资源节约、环境友好发展的普遍形态，把"开放"作为拓展农业发展空间的必由之路，把"共享"作为实现农业发展、农村繁荣和农民富裕的根本目的，推动农业现代化取得明显进展。实践表明，新发展理念是管全局、管根本、管长远的战略思想，正是在这一理念的指引下，农业农村在复杂严峻的内外部环境变化中，始终保持了正确的发展方向，不断行稳致远。

（二）深化农业供给侧结构性改革，激发资源、要素、市场活力

"十三五"以来，推动农业高质量发展始终把改革作为"三农"发展的根本动力，按照"扩面、提速、集成"的要求，坚持不懈推进农村改革和制度创新，奋力破除体制机制弊端，着力突破利益固化藩篱，农业生产资源要素不断激活，农村发展内生动力持续激发。推动农业高质量发展就要充分发挥市场在资源配置中的决定性作用。不断优化农业产业体系、生产体系、经营体系。不断提高土地产出率、资源利用率、劳动生产率，促进农业发展由过度依赖资源消耗向追求绿色生态可持续转变，由主要满足量的需求向质的需求转变。实践表明，改革是推动发展的制

胜法宝。推动农业高质量发展要采取有力措施，围绕农业增效、农民增收、农业增绿，提高农业综合效益和竞争力。

（三）坚持守住"三条底线"不出偏差，确保农村土地改革顺利推进

保证粮食生产能力不降低，始终处理好粮食产量与产能的关系，正确把握粮食周期性的客观规律，通过严守耕地红线、实施耕地质量保护和提升行动、加快建设高标准农田建设、完善配套设施建设等手段，树立大粮食观，保护优化粮食产能，真正实现藏粮于地、藏粮于技，保证国家粮食安全。保持农民增收势头不逆转，牢固树立以人民为中心的思想，是做好"三农"工作的根本出发点和落脚点，增加农民收入是实现共同服务的根本，要尊重农民的首创精神，激发亿万农民重农服务的积极性、主动性和创造性。保持农村社会稳定不出问题，稳定是改革和发展的基础条件，推动农业高质量发展，需要一个稳定的社会环境，无论是农村改革还是农业发展，都需要一个健康稳定的社会环境。实践表明，推动农业高质量发展更好地发挥政府的作用，直面问题挑战、降低改革成本、防范改革风险，做到"三条底线"不动摇。

（四）坚持汇聚发展合力，引导形成政府、市场、农民多元参与格局

2018年以来，我国积极推动国家现代农业示范区、现代产业园、产业强镇等建设，广泛采取政府引导、企业带动、农民参与的方式，进一步明确政府在制度安排中的角色地位，强化顶层设计，发挥市场在资源配置中的决定性作用，更好发挥政府作用，让资金、劳动力等生产要素自由流动，提高农民生产组织化程度，构建了政府、市场、农民共同推进农业现代化发展的新格局。实践表明，推进农业高质量发展，只有引入多方资源，汇聚多方合力，让各类主体各展所长、各得其利，才能统一目标、统一方向，达到合作共赢的目的。

第四章　促进乡村产业融合发展

党的十八大以来，党和政府贯彻落实新发展理念，推进农业供给侧结构性改革，促进乡村一二三产业融合发展，采取一系列战略性举措，推进一系列创新性实践，取得了明显成效，积累了宝贵经验。本章主要总结十年来推进乡村产业融合发展的理论和实践、成就和经验，以期为继续推进乡村一二三产业融合发展，实现产业兴旺，加快农业农村现代化提供参考和借鉴。

第一节　促进乡村产业融合发展的理论探索

一、促进乡村产业融合的背景问题

乡村产业融合发展与农业产业化经营一脉相承，是把产业链、价值链等现代产业组织方式引入农业，促进产业间的融合互动，具有产业链延伸、产业范围拓展和产业功能转型的特征。通过"接二连三"，与农村第二、第三产业的融合渗透和交叉重组，实现了要素跨界流动、产业跨界融合、资源跨界配置，催生出了许多新兴业态，如粮食物流仓储加工，休闲农业和乡村旅游，农村电子商务等。促进乡村产业融合发展，是新时期农业农村发展提出的新要求。

（一）生产链条较短，是制约产业链稳定发展的突出矛盾

从生产结构来看，我国的农业生产仍以初级产品为主，农产品精深加工能力不足。产业结构比较单一，没有形成生产、加工、流通、影响

等产前、产中、产后畅通的全产业链条。产前环节农业科技投入较少，农技服务资源不足，产中环节农业生产组织化、规模化水平仍旧偏低，产后环节产业链条较短、精深加工比例较少、加工转化率较低、品牌创建能力薄弱。根据农业农村部数据，我国农产品加工转化率为67.5%，比发达国家低近18个百分点。产业链条延伸不充分。第一产业向后端延伸不够，第二产业向两端拓展不足，第三产业向高端开发滞后。从产品结构来看，我国农产品存在质量不高、初级产品多、专用品种少等特点，每年都会有部分农产品出路少和价格下跌，陷入增产不增收的困境（杨楠，2013）。从区域结构来看，农业产业集群发展不平衡，沿海发达地区农业产业集群发展较快，内地粮食主产区农业产业集群发展明显滞后，西部偏远地区农业产业集群发展差距更大（戴孝悌，2013），区域比较优势尚未充分发挥出来。从业态结构来看，以传统业态为主，对农业农村的休闲、生态、文化等功能挖掘开发不够，新业态、新模式占比较少。

（二）产销渠道不畅，是制约供应链稳定发展的突出问题

农产品的现代市场营销管理技术、流通技术与信息化技术发展滞后，使品牌培育滞后，流通体系建设不畅，产业体系不健全，导致区域农产品呈现"一流资源、二流加工、三流包装、末流价格"现象，"卖难"和"买难"问题往往交替，制约了农产品市场竞争力的提升（薛桂芝，2010）。农产品流通效率较低，流通环节损耗和成本较高，扩种—过剩—卖难—减收的周期性循环特征明显（唐红祥，2016），生鲜与保鲜技术远远落后于农业生产，影响市场半径的扩大。农产品市场建设和现代物流体系建设滞后，与农业市场化进程不一致，市场体系、物流体系、质量追溯体系等建设配套设施、资金和专业人员严重缺乏，小农户与大市场的矛盾始终存在。以家庭为单位的流通主体，无法独自完成物流的全部流程，只能借助于规模较小的专业运输户、专业包装公司、专业储藏公司等，加大了流通成本，也增加了其风险性（唐红祥，2016）。农业农村的信息化建设相对滞后，新技术、新装备在农业流通领域应用较弱，价格监测

预警、价格调控等能力不足。农产品品牌意识薄弱，品牌的区域性特征较为明显，影响力和影响范围较小。

综上所述，延长产业链，畅通供应链，提升价值链，迫切需要推动乡村一二三产业融合发展，构建现代化产业体系，提高农业质量效益竞争力，实现质的有效提升和量的合理增长。

二、促进乡村产业融合的理论分析

党的十八大以来，围绕如何促进乡村产业融合发展，习近平总书记作出了一系列重要论述，提出一系列新理念新观点，强调在促进乡村产业融合发展过程中，注意把握处理好以下几个主要关系。

（一）产业融合发展与农产品有效供给的关系

2015年12月，在中央农村工作会议召开前，习近平总书记作出重要指示强调，"要着力加强农业供给侧结构性改革，提高农业供给体系质量和效率，使农产品供给数量充足、品种和质量契合消费者需要，真正形成结构合理、保障有力的农产品有效供给"，"要树立大农业、大食物观念，推动粮经饲统筹、农林牧渔结合、种养加一体、一二三产业融合发展。要挖掘农业内部潜力，促进一二三产业融合发展，用好农村资源资产资金，多渠道增加农民收入"。[1]

（二）产业融合发展与现代农业发展的关系

2017年12月，习近平总书记在中央农村工作会议上的讲话指出，"坚持质量兴农、绿色兴农，实施质量兴农战略，加快推进农业由增产导向转向提质导向，夯实农业生产能力基础，确保国家粮食安全，构建农村一二三产业融合发展体系，积极培育新型农业经营主体，促进小农户和现代农业发展有机衔接，推进'互联网＋现代农业'加快构建现代农

---

[1] 人民网：《中央农村工作会议召开 习近平对做好"三农"工作作出重要指示》，2015年12月26日，见 http://jhsjk.people.cn/article/27979319。

业产业体系、生产体系、经营体系，不断提高农业创新力、竞争力和全要素生产率，加快实现由农业大国向农业强国转变"①。

（三）产业融合发展与乡村振兴的关系

2018年3月，习近平总书记在参加十三届全国人大一次会议山东代表团审议时的讲话指出，"推动乡村产业振兴，要紧紧围绕发展现代农业，围绕农村一二三产业融合发展，构建乡村产业体系，实现产业兴旺，把产业发展落到促进农民增收上来，推动乡村生活富裕"。②2020年12月，习近平总书记在中央农村工作会议上的讲话指出，"从全国面上看，乡村产业发展还处于初级阶段，主要问题是规模小、布局散、链条短，品种、品质、品牌水平都还比较低，一些地方产业同质化比较突出。要适应城乡居民消费需求，顺应产业发展规律，立足当地特色资源，拓展乡村多种功能，向广度深度进军，推动乡村产业发展壮大"。③2021年8月，习近平总书记在河北承德考察时的讲话指出，"产业振兴是乡村振兴的重中之重，要坚持精准发力，立足特色资源，关注市场需求，发展优势产业，促进一二三产业融合发展，更多更好惠及农村农民"。④

（四）产业融合发展与脱贫攻坚的关系

2015年11月，习近平总书记在中央扶贫开发工作会议上的讲话指出，"要立足当地资源，宜农则农、宜林则林、宜牧则牧、宜商则商、宜游则游，通过扶持发展特色产业，实现就地脱贫"。⑤2020年12月，习近平总书记在中央农村工作会议上的讲话指出，"脱贫地区产业普遍搞起来了，但技术、资金、人才、市场等支撑还不强，有的地方甚至帮扶干部一撤，产业就可能垮掉"，"对脱贫地区产业帮扶还要继续，补上技术、

① 新华社：《中央农村工作会议在北京举行　习近平作重要讲话》，2017年12月29日，见 http://jhsjk.people.cn/article/29737103。
② 习近平：《论"三农"工作》，中央文献出版社2022年版，第268页。
③ 习近平：《论"三农"工作》，中央文献出版社2022年版，第11页。
④ 习近平：《论"三农"工作》，中央文献出版社2022年版，第50页。
⑤ 习近平：《论"三农"工作》，中央文献出版社2022年版，第181页。

设施、营销等短板，促进产业提挡升级"。[1]

（五）产业融合发展与农民增收的关系

2019 年 7 月，习近平总书记在内蒙古考察时的讲话指出，"产业是发展的根基，产业兴旺，乡亲们收入才能稳定增长。要坚持因地制宜、因村施策，宜种则种、宜养则养、宜林则林，把产业发展落到促进农民增收上来"。[2]2020 年 12 月，习近平总书记在中央农村工作会议上的讲话指出，"发展乡村产业要让农民有活干、有钱赚。很多地方农业产业升级过程中，往往规模越来越大、用工越来越少、农户参与程度越来越低，这是市场自发作用的结果。我们要把握好度，不能忘了农民这一头，要完善利益联结机制，通过'资源变资产、资金变股金、农民变股东'，尽可能让农民参与进来。要形成企业和农户产业链上优势互补、分工合作的格局，农户能干的尽量让农户干，企业干自己擅长的事，让农民更多分享产业增值收益"。[3]2021 年 4 月，习近平总书记在广西考察时的讲话指出，"全面推进乡村振兴，要立足特色资源，坚持科技兴农，因地制宜发展乡村旅游、休闲农业等新产业新业态，贯通产加销，融合农文旅，推动乡村产业发展壮大，让农民更多分享产业增值收益"。[4]

第二节　促进乡村产业融合发展的政策实践

党的十八大以来，我国围绕推动乡村一二三产业融合发展，从发展农产品加工业、发展乡村特色产业、发展休闲农业和乡村旅游业、发展乡村新型服务业、发展数字农业等方面，制定了有关文件和规划（见表 4–1），出台了一系列政策措施，推进了一系列探索实践。

---

① 习近平：《论"三农"工作》，中央文献出版社 2022 年版，第 5—6 页。
② 习近平：《论"三农"工作》，中央文献出版社 2022 年版，第 47 页。
③ 习近平：《论"三农"工作》，中央文献出版社 2022 年版，第 12 页。
④ 习近平：《论"三农"工作》，中央文献出版社 2022 年版，第 49 页。

表 4-1   2014 年以来推动乡村产业融合发展的有关文件和规划

发布时间	文件名称	发文单位
2014 年 11 月	《关于进一步促进休闲农业持续健康发展的通知》	农业部
2015 年 1 月	《关于加大改革创新力度　加快农业现代化建设的若干意见》	中共中央、国务院
2015 年 8 月	《关于积极开发农业多种功能　大力促进休闲农业发展的通知》	农业部等 11 部门
2015 年 12 月	《关于推进农村一二三产业融合发展的指导意见》	国务院办公厅
2016 年 1 月	《关于落实发展新理念　加快农业现代化　实现全面小康目标的若干意见》	中共中央、国务院
2016 年 7 月	《关于开展特色小镇培育工作的通知》	住房和城乡建设部等三部门
2016 年 9 月	《关于大力发展休闲农业的指导意见》	农业部等三部门
2016 年 10 月	《关于推动落实农村一二三产业融合发展政策措施的通知》	农业部
2016 年 10 月	《全国农业现代化规划（2016—2020 年）》	国务院
2016 年 11 月	《全国农产品加工业与农村一二三产业融合发展规划（2016—2020 年）》	农业部
2016 年 12 月	《关于进一步促进农产品加工业发展的意见》	国务院办公厅
2017 年 1 月	《关于深入推进农业供给侧结构性改革　加快培育农业农村发展新动能的若干意见》	中共中央、国务院
2017 年 5 月	《关于推动落实休闲农业和乡村旅游发展政策的通知》	农业部办公厅
2017 年 10 月	《关于促进农业产业化联合体发展的指导意见》	农业部等六部门
2018 年 1 月	《关于实施乡村振兴战略的意见》	中共中央、央国务院
2018 年 9 月	《乡村振兴战略规划（2018—2022 年）》	中共中央、国务院
2019 年 1 月	《关于坚持农业农村优先发展做好"三农"工作的若干意见》	中共中央、国务院
2019 年 6 月	《关于促进乡村产业振兴的指导意见》	国务院
2020 年 1 月	《数字农业农村发展规划（2019—2025 年）》	农业农村部等三部门
2020 年 1 月	《关于抓好"三农"领域重点工作　确保如期实现全面小康的意见》	中共中央、国务院

发布时间	文件名称	发文单位
2020 年 7 月	《全国乡村产业发展规划（2020—2025 年）》	农业农村部
2021 年 1 月	《关于全面推进乡村振兴　加快农业农村现代化的意见》	中共中央、国务院
2021 年 11 月	《关于拓展农业多种功能　促进乡村产业高质量发展的指导意见》	农业农村部
2021 年 11 月	《"十四五"推进农业农村现代化规划》	国务院
2022 年 1 月	《关于做好 2022 年全面推进乡村振兴重点工作的意见》	中共中央、国务院

一、发展农产品加工业

（一）打造加工产业集群

1. 推进向优势产区集中布局

根据全国农业现代化规划和优势特色农产品产业带、粮食生产功能区、重要农产品生产保护区分布，合理布局原料基地和农产品加工业，形成生产与加工、科研与产业、企业与农户相衔接配套的上下游产业格局，促进农产品加工转化、增值增效。一是大宗农产品主产区重点发展粮棉油糖加工特别是玉米加工，着力建设优质专用原料基地和便捷智能的仓储物流体系。二是特色农产品优势区重点发展"菜篮子"产品等加工，着力推动销售物流平台、产业集聚带和综合利用园区建设。三是大中城市郊区重点发展主食、方便食品、休闲食品和净菜加工，形成产业园区和集聚带。四是贫困地区结合精准扶贫、精准脱贫，大力开展产业扶贫，引进有品牌、有实力、有市场的农业产业化龙头企业，重点发展绿色农产品加工，以县为单元建设加工基地，以村（乡）为单元建设原料基地。

2. 建立农产品加工园区

结合优势特色农产品区域和现代农业示范区布局规划，对农产品加工业整体以及加工园区进行科学合理的布局，引导产业向重点功能区和产业园区集聚，打造集专用品种、原料基地、加工转化、现代物流、便捷营销为一体的农产品加工园区，培育标准化原料基地、集约化加工园区、体系化物流配送和营销网络"三位一体"、有机衔接、相互配套、功能互补、联系紧密的农产品加工产业集群，以资产为纽带，以创新为动力，通过产业间相互渗透、交叉重组、前后联动、要素聚集、机制完善和跨界配置，实现园区内部产业有机整合、紧密相连、一体推进，形成新技术、新业态、新商业模式，提升农产品加工园区建设水平，为农产品加工业创新发展和转型升级提供有力支撑。

3. 发展区域性产业融合互动示范区

探索发展"公司＋基地＋合作社＋农户"模式，将集中连片的原料基地、加工园区和物流配送基地链接在一起，发展区域性一二三产业融合互动示范区。促进各有关产业和环节交叉融合、相互配套、功能互补、促进城（镇）区、加工园区、原料产区互动发展，支持新型农业经营主体发展加工流通和直供直销，建设原料基地和营销设施、休闲农业及电子商务公共服务设施、农产品及加工副产物综合利用设施。积极探索各种融合模式，让农民参与一二三产业融合发展全过程。探索发展农户＋合作社＋加工流通企业的模式，支持龙头企业向前延伸建设标准化原料基地，向后延伸构建物流配送和市场营销体系。

（二）支持加工业技术改造

1. 全面提升农产品精深加工整体水平

一是培育主食加工产业集群，研制生产一批营养、安全、美味、健康、方便、实惠的传统面米、马铃薯及薯类、杂粮、预制菜肴等多元化主食产品。二是加强与健康、养生、养老、旅游等产业融合对接，开发功能性及特殊人群膳食相关产品。三是开展信息化、智能化、成套化、大型化精深加工装备研制，开发具有自主知识产权的关键精深加工装备。四是加快新型和传统食品工业化关键技术升级与集成应用，开展酶工程、发酵工程等生物制造技术研究与装备研发。

2. 推动农产品及加工副产物综合利用

一是建立副产物综合利用技术体系，研制一批新技术、新设备，推动秸秆、稻壳、米糠、麦麸等粮食副产物梯次加工和全值高值利用。二是推进农产品综合利用企业与农民合作社等新型经营主体有机结合，坚持资源化、减量化、可循环发展方向，调整种养业主体生产方式，使副产物更加符合循环利用要求和加工标准；有关部门要在中小企业建立副产物收集、处理和运输的绿色通道，实现加工副产物的有效供应。

3. 建设农产品加工技术集成基地

有效整合全国农产品加工科技资源，依托国家农产品加工技术研发体系及具有较强研究基础的科研机构，通过政府投资为主的方式建设农产品加工技术集成基地，推动农产品主产区农产品加工转化和县域发展农产品精深加工，解决粮油、果蔬、茶产品、畜产品和水产品等农产品加工产后损失严重、综合利用率低、水耗能耗高、自动化程度低、风味与营养成分损失严重等技术难题，开展共性关键技术工程化研究和核心装备创制，孵化形成一批"集成度高、系统化强、能应用、可复制"的农产品加工成套技术装备，提升农产品加工集成创新与熟化应用的科研能力，满足农产品加工企业共性关键技术需求。

（三）大力推广新型产销模式

支持企业开展进社区、进校园、进机关、进大楼、进电商等多种形式的宣传推介活动，培育壮大一批质量过硬、标准化程度高、家喻户晓、社会认知度高的主食品牌。引导主食加工企业向现代农业产业园、科技园、创业园集聚，支持主食专用的优质特色原料基地建设，鼓励发展农产品生产、保鲜及食品加工、直销配送或餐饮服务一体化经营，大中城市郊区重点发展主食、方便食品、休闲食品和净菜加工，县域配套建设传统米面等谷物类主食加工生产线，支持贫困地区因地制宜发展区域特色主食加工业，助推精准脱贫。

二、发展乡村特色产业

（一）建设特色小镇和产业强镇

1. 注重特色打造和产业创新

立足区位条件、资源禀赋、产业积淀和地域特征，以特色产业为核心，兼顾特色文化、特色功能和特色建筑，找准特色、凸显特色、放大特色，防止内容重复、形态雷同、特色不鲜明和同质化竞争。聚焦高端产业和产业高端方向，着力发展优势主导特色产业，延伸产业链、提升价值链、创新供应链，吸引人才、技术、资金等高端要素集聚，打造特色产业集群。

2. 推进生产、生活、生态融合

立足以人为本，科学规划特色小镇的生产、生活、生态空间，促进产城人文融合发展，营造宜居宜业环境，提高集聚人口能力和人民群众获得感。留存原住居民生活空间，防止将原住居民整体迁出。增强生活服务功能，构建便捷"生活圈"，完善"服务圈"和繁荣"商业圈"。提炼文化经典元素和标志性符号，合理应用于建设运营及公共空间。保护特色景观资源，将美丽资源转化为"美丽经济"。

3. 注重产业与生态发展可持续

遵循绿色发展理念引领，破解城市病和环境污染等各种困扰和"要生态就难要发展"的困局，真正推动实现产业发展与生态保护之间形成平衡。不应以特色小镇和小城镇建设名义破坏生态，严格保护自然保护区、文化自然遗产、风景名胜区、森林公园和地质公园等区域，严禁挖山填湖、破坏山水田园。特色小镇和产业强镇防止引入高污染高耗能产业，加强环境治理设施建设。

4. 强化规划引导，注意风险防控

发挥政府强化规划引导、营造制度环境、提供设施服务等作用，顺势而为、因势利导。科学论证企业创建特色小镇和产业强镇规划，对产业内容、盈利模式和后期运营方案进行重点把关，综合考虑吸纳就业和常住人口规模，从严控制房地产开发，合理确定住宅用地比例，并结合所在市县商品住房库存消化周期确定供应时序，适度提高产业及商业用地比例，鼓励优先发展产业。统筹考虑综合债务率、现有财力、资金筹措和还款来源，稳妥把握配套设施建设节奏。

（二）打造特色专业村和优势特色产业集群

1. 根据自身禀赋和市场定位选择优势产业

科学选择适合自身发展、符合市场需求的特色优势产业。充分发挥自身资源优势、传统优势和区位优势，通过专业化、规模化、市场化和品牌化建设，培育壮大具有本地特色的主导产业，优先发展具有竞争力的特色产品。支持专业村发展电子商务营销，探索推广"一村一品一店"模式，及时对接供需，实现特色产品优质优价。围绕主导产业，积极发展农产品加工、储藏、包装、运输、商品化处理等相关产业，延伸产业链、提升价值链，挖掘农业增收潜力。在发展特色产业基础上，积极拓展休闲观光、文化传承、生态保护等农业多种功能，大力发展休闲农业和乡村旅游，推进农业与旅游、文化、健康养生等产业深度融合，实现产业提档升级。

2. 发挥各类经济组织的带动作用

充分发挥龙头企业、农民合作社、家庭农场和专业大户带动作用，加快培育适应区域化、专业化、规模化发展要求的经济组织，提高特色专业村的市场化程度。积极引进龙头企业或与龙头企业合作，在村域内建设生产基地，帮助开发特色资源，解决村民就业。通过龙头企业、农民合作社等主体带动，促进产销衔接，提高产品的商品化率。

3. 打造具有竞争力的产品和品牌

推行标准化生产，开展商标注册。支持专业村申请"三品一标"认证，鼓励具有鲜明地域特色的产品申报中国地理标志证明商标、国家地理标志保护产品等认证，加强特色农产品区域品牌建设。积极组织专业村参加各种农产品展示展销活动，充分利用报刊、电视、网络以及各类新媒体，宣传推介特色产品，提高农产品知名度和市场竞争力。

4. 多方联动做大做强集体经济

特色专业村与新型经营主体、涉农企业等共同开发特色产业，依法签订利益共享、风险共担的合作协议，地方政府通过以奖代补、贷款贴息等方式支持产业发展，稳步推进农村集体产权制度改革，盘活专业村的土地、劳动力、自然资源等要素，推动"资源变资产、资金变股金、农民变股东"，壮大村级经济实力。

三、发展休闲农业和乡村旅游产业

（一）推进农业、林业与文化、旅游等产业深度融合

立足地方和民族的历史地理、传统文化、民俗情感，充分发挥乡村各类物质与非物质资源富集的独特优势，讲好当地的故事，挖掘乡土文化、民俗文化、农耕文化、农事节庆文化、饮食文化、生态文化等价值；加大创意设计，创作一批充满艺术创造力、想象力和感染力的创意精品，利用"旅游+""生态+"等模式，发展乡村共享经济、创意农业、特色文化产业，推进农业、林业与旅游、教育、文化、康养等产业深度融合。

（二）推动休闲农业和乡村旅游产品和业态创新

丰富乡村旅游业态和产品，打造各类主题乡村旅游目的地和精品线路，利用闲置农房等资源，发展富有乡村特色的民宿和养生养老基地。借助"乡村旅游众创"的新型创业项目，探索民宿客栈、艺术村落、精致农业、创意农业、农事体验等新型旅游产品开发形式。创新推动休闲农业和乡村旅游品牌体系建设，建设一批天蓝、地绿、水净、安居、乐业的美丽休闲乡村（镇）；建设一批功能齐全、布局合理的现代休闲农业园区。建设一批增收机制完善、示范带动力强的现代休闲农庄。通过组织休闲农业和乡村旅游大会、美丽乡村休闲旅游行等活动，鼓励不同地区因地制宜培育特色多样的品牌。

（三）鼓励创办乡村旅游合作社或旅游企业

鼓励农村集体经济组织创办乡村旅游合作社，或与社会资本联办乡村旅游企业。多渠道筹集建设资金，大力改善休闲农业、乡村旅游、森林康养公共服务设施条件，在重点村优先实现宽带等网络基础设施全覆盖。充分利用政府、社会和金融机构等不同渠道资金，加大对休闲农业和乡村旅游公共服务设施建设的支持力度。鼓励因地制宜兴建各具特色的配套服务设施。大力开发农业多种功能，延长产业链、提升价值链、完善利益链，通过保底分红、股份合作、利润返还等多种形式，让农民合理分享全产业链增值收益。

（四）完善休闲农业和乡村旅游行业监管

完善休闲农业、乡村旅游行业标准，建立健全食品安全、消防安全、环境保护等监管规范，研究出台消防、特种行业经营等领域便利市场准入、加强事中事后监管的管理办法。加大行业标准制修订和宣贯力度，发挥社会组织作用，完善管理服务体系，加强诚信教育、服务考核和安全宣传教育。组织开展休闲农业和乡村旅游人才培训行动，培育一批积极性高、素质强、善经营的管理经营人才，提升从业人员服务规范化和标准化水平，鼓励采取多种教育培训方式提高从业者素质能力。

（五）实现生态环境保护与开发并重

遵循乡村自身发展规律，适度开发，合理开发，科学开发，保护田园风光、保留原始风貌、保持乡土味道，防止农村城市化和低水平重复建设。要结合资源禀赋、人文历史和产业特色，挖掘农村文化，提升休闲农业和乡村旅游的文化软实力和持续竞争力，积极将文化符号、文化元素注入农业，打造独具特色的主题文化，提高农产品附加值。打造田园绿色美，绝不能以牺牲环境为代价去换取发展。注重保护传承农耕文化，支持传统村落保护，维护少数民族特色村寨整体风貌，有条件的地区实行连片保护和适度开发，做好中国重要农业文化遗产发掘保护认定和传承利用工作。

四、推进乡村新型服务业发展

（一）大力发展生产性服务业

1. 推进服务领域覆盖农业生产全过程

根据农业产业的专业化、规模化、标准化等发展趋势，生产性服务业不仅要覆盖产前、产中、产后的服务需求，还要培育发展多元化的生产性服务业组织，支持供销、邮政、农民合作社及乡村企业等，开展农技推广、土地托管、代耕代种、烘干收储等农业生产性服务，以及市场信息、农资供应、农业废弃物资源化利用、农机作业及维修、农产品营销等服务。

2. 提高生产性服务业服务手段和服务水平

根据农业科技进步和现代信息网络技术的发展趋势，生产性服务业在服务手段上要实现"互联网+"的变革，开展线上销售和服务，提高无人机、物联网等在农业生产服务中的应用。拓展服务网点范围，实现乡村全覆盖，鼓励新型农业经营主体在城镇设立鲜活农产品直销网点，创新产销对接模式。

（二）大力发展生活性服务业

1. 推进服务内容多元化

适应村庄变化、城镇建设的需要，改造传统小商业、小门店、小集市等商业网点，通过发展批发零售、养老托幼、环境卫生等生活性服务业，为乡村居民提供便捷周到的服务。重点改造提升餐饮住宿、商超零售、美容美发、洗浴、照相、电器维修、再生资源回收等乡村生活服务业，积极发展养老护幼、卫生保洁、文化演出、体育健身、法律咨询、信息中介、典礼司仪等乡村服务业。

2. 推动服务方式创新

适应数字技术、绿色技术等新技术发展和普及，积极发展订制服务、体验服务、智慧服务、共享服务、绿色服务等新形态，探索"线上交易+线下服务"的新模式。鼓励打造在线服务平台，扩大在线服务平台在娱乐、健康、教育、家政、体育等各领域应用覆盖面，为乡村居民提供更加快捷、高效、优质的服务。

（三）大力发展农村电子商务

1. 积极培育农村电子商务主体

引导电商、物流、商贸、金融、供销、邮政、快递等各类电子商务主体到乡村布局，支持鼓励新农人返乡创业，推动生产企业、农业专业合作社、电商企业等共同构建农村购物网络平台。依托农家店、农村综合服务社、村邮站、快递网点、农产品购销代办站等发展农村电商末端网点。

2. 加快扩大农村电子商务应用

实施"国家电子商务进农村综合示范"和"互联网＋"农产品出村进城工程，完善农村电子商务基础设施和公共服务，奠定良好农村电子商务发展环境。加快互联网技术在农业生产、加工、流通、消费等环节的应用和推广，畅通工业品下乡和农产品进程的电子商务通道。

五、发展数字农业

（一）推进数字技术在农业生产方面的运用

推动移动互联网、大数据、云计算、物联网等新一代信息技术在食用农产品生产环节的推广应用，提升信息采集的自动化水平，建设质量安全追溯平台，形成全国一盘棋的农产品质量安全追溯体系。建设种子、肥料、农药、饲料、饲料添加剂、兽药等农资产品的质量安全追溯体系，实现对主要农资产品生产、经营和使用的全程追溯管理。建设动物标识及动物产品追溯体系、动物疫病与动物卫生监督体系，构建从养殖到屠宰的全链条追溯监管平台。加强农产品产地环境监测、产地安全保障与风险预警的网络化监控与诊断。建立健全追溯制度、技术规范和标准体系，加强网络监管，规范追溯信息采集、发布行为，加强信用体系建设，建立健全农产品质量安全公共服务体系。

（二）推进数字技术在农业经营方面的运用

通过发展农业电子商务，带动农业市场化，倒逼农业标准化，促进农业规模化，提升农业品牌化。推动农产品、农业生产资料和休闲农业相关优质产品和服务上网销售，大力培育农业电子商务市场主体，形成一批具有重要影响力的农业电子商务龙头企业和品牌。加强网络、加工、包装、物流、冷链、仓储、支付等基础设施建设，推动农产品分等分级、产品包装、物流配送、业务规范等标准体系建设。鼓励相关经营主体进行技术、机制、模式创新，探索农产品线上与线下相结合的发展模式。加强批发市场信息服务平台建设，提升信息服务能力，推动批发市场创新发展农产品电子商务。加快推进农产品跨境电子商务发展，促进农产品进出口贸易。

（三）推动数字技术在农业农村管理方面的运用

推进以大数据为核心的数据资源共享开放、支撑决策，着力点在互联网技术运用，全面提升政务信息能力和水平。推进数据共享开放、开发利用，强化大数据关键技术研发，创新大数据管理机制体制。加强农业农村经济大数据建设，完善村、县相关数据采集、传输、共享基础设施，建立数据采集、处理、应用、服务体系。重点推进粮食和重要农产品、动植物疫病虫害防控、重要农业生产资料、农业资源环境、农村经营管理、农业科技推广培训、现代农作物种业、农机应用管理、渔业渔政管理、农垦经济社会及农业标准的数据资源整合开发应用，全面提升农业政务信息化能力和水平。

（四）推动数字技术在综合服务方面的运用

以互联网运用推进涉农信息综合服务，加快推进信息进村入户；运用互联网技术和成果满足农民生产生活信息需求，深入推进信息进村入户工程，加强进村入户基础资源信息和服务支撑体系建设。推进开展电信、银行、保险、供销、交通、邮政、医院、水电气等便民服务，实现农产品、农业生产资料和消费品在线销售，切实做好网络课堂、免费 Wi-Fi、免费视频通话等培训体验，为农民提供足不出村的便捷服务。全面对接农业科技服务云平台和种植业、畜牧业、渔业、农机、种业、农产品质量安全等行业信息平台，集聚服务资源，完善运行机制，提升服务能力。整合农业部门信息资源，加快推进相关部门涉农信息服务在平台共享。

第三节　促进乡村产业融合发展的成效和经验

经过多年的探索实践，在一系列政策措施的推动下，我国乡村产业融合发展取得长足进步和明显成效。

一、促进乡村产业融合发展的主要成效

（一）农产品加工业持续发展

2020年规模以上农产品加工业实现营业收入144600.6亿元。2020年规模以上农产品加工业实现利润总额10378.4亿元，同比增长6.9%，增速同比提高5.4个百分点，比规模以上工业高2.8个百分点；2020年规模以上农产品加工业营业收入利润率为7.2%，同比提高0.6个百分点，比规模以上工业高1.1个百分点，达到2012年以来新高；2020年规模以上农产品加工业每百元营业收入中的成本为79.2元，同比下降0.6元，比工业平均成本低4.7元。[①]

（二）乡村特色产业较快发展

农村地区特色产业经济快速发展，形成了一批特色鲜明的小品类、多样化的特色产业，发掘了一批乡土特色工艺，创响了10万多个"乡字号""土字号"乡土特色品牌，乡村特色产业发展新格局初步形成。2016年和2017年，住房城乡建设部分别认定了127个镇和276个镇为国家级特色小镇。2021年，经各省（区、市）农业农村部门遴选推荐、农业农村部组织专家评审和网上公示，认定北京市房山区大石窝镇辛庄村等

---

① 农业农村部乡村产业发展司：《2020年中国农产品加工业经济运行报告》，2021年9月19日，见 http://www.199it.com/archives/1314054.html。

423 个村镇为第十批全国"一村一品"示范村镇，推介河北省保定市安国市郑章镇等 91 个镇（乡）为 2020 年全国乡村特色产业十亿元镇、北京市房山区窦店镇窦店村等 136 个村为 2020 年全国乡村特色产业亿元村。2018—2022 年，农业农村部共批准创建 1309 个农业产业强镇。2017—2022 年，农业农村部共批准创建 238 个国家现代农业产业园。2020—2022 年农业农村部和财政部共批准创建 140 个特色优势产业集群。

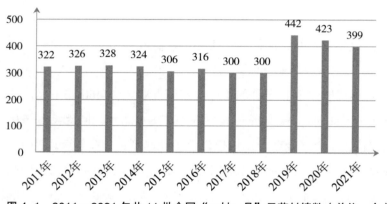

图 4-1   2011—2021 年共 11 批全国"一村一品"示范村镇数（单位：个）

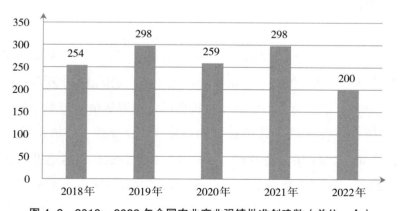

图 4-2   2018—2022 年全国农业产业强镇批准创建数（单位：个）

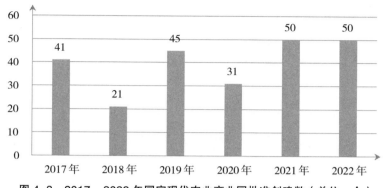

图 4-3 2017—2022 年国家现代农业产业园批准创建数（单位：个）

（三）乡村休闲旅游业快速发展

2019 年我国全年实现国内旅游总收入 5.73 万亿元，其中休闲农业和乡村旅游实现营业收入 8500 亿元；整个旅游业接待人数 60.06 亿次，其中休闲农业和乡村旅游接待人数 32 亿人次。[①]2019 年休闲农业和乡村旅游占国内总旅游人数的 53.28%，营业收入仅占比 14.83%。2010—2019 年，我国农家乐相关企业注册总量由原来的 2.6 万家增长至 21.6 万家，其中 2015 年相关企业注册增速高达 38%。根据农业农村部数据，截至 2019 年年末，休闲农业与乡村旅游经营单位超过 290 万家，全国休闲农庄、观光农园等各类休闲农业经营主体达到 30 多万家，7300 多家农民合作社进入休闲农业和乡村旅游。截至 2020 年 11 月 20 日，中国旅游协会休闲农业与乡村旅游分会共认定全国休闲农业与乡村旅游星级企业（园区）共计 3396 家，其中五星级 676 家，四星级 1717 家，三星级 1003 家，共有国家级休闲农业与乡村旅游示范县 389 个，国家级休闲旅游和乡村旅游示范点 641 个。2019 年，文化和旅游部、国家发改委批准首批全国乡村旅游重点村名单，320 个村入选。2020 年，文化和旅游部、国家发

---

① 考虑到 2020 年以来新冠肺炎疫情的影响，部分数据重点展示到 2019 年的情况。资料主要来源于《中国休闲农业与乡村旅游市场前瞻与投资战略规划分析报告》。

展改革委决定将北京市门头沟区斋堂镇爨底下村等680个乡村列入全国第二批乡村旅游重点村名录。2021年，文化和旅游部、国家发展改革委确定了第三批全国乡村旅游重点村共199个。

（四）农村电商产业加快发展

2014—2021年，国家电子商务进农村综合示范县达到1613县次。2019年后，我国电子商务进农村综合示范实现了对832个贫困县全覆盖，电商扶贫成为新型消费帮扶方式，电子商务助力产业帮扶的成效明显。2020年，832个国家级贫困县网络零售总额达3014.5亿元，其中国家级贫困县农产品网络零售额406.6亿元。①财政部等三部门发起并运营的"832平台"运用政府采购政策，2020年来累计销售脱贫地区农副产品超过180亿元。地方政府通过制定促进政策等方式，加速了淘宝村的发展和产业集聚形成，国家级贫困县中淘宝村的数量快速增长。2020年农产品百强淘宝村农产品交易总额45亿元，畅通了脱贫地区农村消费升级和农产品销售的渠道。互联网和电子商务的发展显著促进了农村家庭的创业意愿，特别是随着移动互联网和5G网络普及，手机成为"新农具"，直播成为"新农活"，全国上万间的蔬菜大棚、农产品加工车间等瞬间变成直播间，市长、县长、乡镇干部纷纷为当地农产品带货。2020年，仅阿里村播计划带动的农产品上行规模达150亿元。为了营造更好的创业创新环境，各类电商示范项目，针对政府、企业、创业青年、农户等不同对象，提供常态化培训和增值服务。2020年，农业农村部高素质农民培育计划开展农村电商培训达22.4万人次，给农产品销售增添了新的活力和价值，为区域产业发展提供有力支撑。

---

① 中国政府网：《2020年全国832个国家级贫困县网络零售总额超3000亿元》，2021年1月28日，见 http://www.gov.cn/xinwen/2021-01/28/content_5583360.htm。

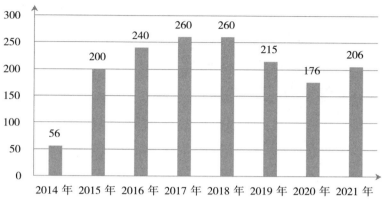

图 4-4 2014—2021 年国家电子商务进农村综合示范县数（单位：县次）

二、促进乡村产业融合发展的经验启示

党的十八大以来，各地在促进乡村产业发展过程中积累了许多宝贵经验。一是注重布局优化。在县域内统筹资源和产业，探索形成县城、中心镇（乡）、中心村层级分工明显的格局。二是注重产业融合。发展二三产业，延伸产业链条，促进主体融合、业态融合和利益融合。三是注重创新驱动。开发新技术，加快工艺改进和设施装备升级，提升生产效率。四是注重品牌引领。推进绿色兴农、品牌强农，培育农产品区域公用品牌和知名加工产品品牌，创响乡土特色品牌，提升品牌溢价。五是注重联农带农。建立多种形式的利益联结机制，让农民更多分享产业链增值收益。

党的十八大以来，各地促进乡村产业融合发展的实践提供了许多有益启示。一要坚持立农为农。以农业农村资源为依托，发展优势明显、特色鲜明的乡村产业。把二三产业留在乡村，把就业创业机会和产业链增值收益更多留给农民。二要坚持市场导向。充分发挥市场在资源配置中的决定性作用，激活要素、激活市场、激活主体，以乡村企业为载体，引导资源要素更多地向乡村汇聚。三要坚持融合发展。发展全产业链模式，推进一产往后延、二产两头连、三产走高端，加快农业与现代产业要素跨界配置。四要坚持绿色引领。践行绿水青山就是金山银山理念，促进生产生活生态协调发展。健全质量标准体系，培育绿色优质品牌。五要坚持创新驱动。利用现代科技进步成果，改造提升乡村产业。创新机制和业态模式，增强乡村产业发展活力。

第五章　加强农村文化建设和乡村治理

党的十八大以来，习近平总书记多次对加强农村文化建设和乡村治理作出重要指示，党和政府围绕农村文化建设和乡村治理作出一系列部署和安排，我国农村文化建设取得明显成效，人才科技支撑能力不断增强，乡村治理体系和治理能力建设取得明显进展。本章主要总结十年来农村文化建设、人才科技支撑、改进乡村治理的理论和实践、取得的成就和积累的经验，为推动乡村文化振兴和人才振兴、推进乡村治理体系和治理能力现代化提供参考和借鉴。

第一节　加强农村文化建设

一、关于农村文化建设的理论探索

2013 年 12 月，习近平总书记在中央城镇化工作会议上的讲话指出，"乡村文明是中华民族文明史的主体，村庄是这种文明的载体，耕读文明是我们的软实力"。[①] 同年 12 月，习近平总书记在中央农村工作会议上的讲话指出，"农耕文化是我国农业的宝贵财富，是中华文化的重要组成部分，不仅不能丢，而且要不断发扬光大。如果连种地的人都没有了，靠谁来传承农耕文化？"[②] "农村是我国传统文明的发源地，乡土文化的根不

[①]　中共中央党史和文献研究院编：《习近平关于"三农"工作论述摘编》，中央文献出版社 2019 年版，第 121 页。

[②]　习近平：《论"三农"工作》，中央文献出版社 2022 年版，第 95 页。

能断，农村不能成为荒芜的农村、留守的农村、记忆中的故园"。[1]

2015 年 1 月，习近平总书记在云南考察工作时的讲话指出，"新农村建设一定要走符合农村实际的路子，遵循乡村自身发展规律，充分体现农村特点，注意乡土味道，保留乡村风貌，留得住青山绿水，记得住乡愁"。[2]

2017 年 12 月，习近平总书记在江苏徐州市考察时的讲话指出，"农村精神文明建设很重要，物质变精神、精神变物质是辩证法的观点，实施乡村振兴战略要物质文明和精神文明一起抓，特别要注重提升农民精神风貌"。[3]同年 12 月，习近平总书记在中央农村工作会议上的讲话指出，"传承发展提升农耕文明，走乡村文化兴盛之路"，"优秀乡村文化能够提振农村精气神，增强农民凝聚力，孕育社会好风尚。乡村振兴，既要塑形，也要铸魂，要形成文明乡风、良好家风、淳朴民风，焕发文明新气象"。[4]

2018 年 3 月，习近平总书记在参加十三届全国人大一次会议山东代表团审议时的讲话指出，"要推动乡村文化振兴，加强农村思想道德建设和公共文化建设，以社会主义核心价值观为引领，深入挖掘优秀传统农耕文化蕴含的思想观念、人文精神、道德规范，培育挖掘乡土文化人才，弘扬主旋律和社会正气，培育文明乡风、良好家风、淳朴民风，改善农民精神风貌，提高乡村社会文明程度，焕发乡村文明新气象"。[5]同年 8 月，习近平总书记在全国宣传思想工作会议上的讲话指出，"乡村振兴既要塑形，也要铸魂。要深入挖掘、继承、创新优秀传统乡土文化，弘扬新风正气，推进移风易俗，培育文明乡风、良好家风、淳朴民风，焕发

---

① 习近平：《论"三农"工作》，中央文献出版社 2022 年版，第 100 页。
② 中共中央党史和文献研究院编：《习近平关于"三农"工作论述摘编》，中央文献出版社 2019 年版，第 122 页。
③ 习近平：《论"三农"工作》，中央文献出版社 2022 年版，第 231 页。
④ 习近平：《论"三农"工作》，中央文献出版社 2022 年版，第 252 页。
⑤ 习近平：《论"三农"工作》，中央文献出版社 2022 年版，第 269 页。

乡村文明新气象"。① 同年9月，习近平总书记在第一个中国农民丰收节到来之际向全国亿万农民的祝贺中指出，"设立中国农民丰收节，是党中央研究决定的，进一步彰显了'三农'工作重中之重的基础地位，是一件影响深远的大事。秋分时节，全国处处是五谷丰登，瓜果飘香，广大农民共庆丰年、分享喜悦，举办中国农民丰收节正当其时"。② 同月，习近平总书记在主持中共十九届中央政治局第八次集体学习时的讲话指出，"乡风文明，是乡村振兴的紧迫任务，重点是弘扬社会主义核心价值观，保护和传承农村优秀传统文化，加强农村公共文化建设，开展移风易俗，改善农民精神风貌，提高乡村社会文明程度"。③"我国农耕文明源远流长、博大精深，是中华优秀传统文化的根。我国很多村庄有几百年甚至上千年的历史，至今保持完整。很多风俗习惯、村规民约等具有深厚的优秀传统文化基因，至今仍然发挥着重要作用"。④

2019年9月，习近平总书记在全国民族团结进步表彰大会上的讲话指出，"在历史长河中，农耕文明的勤劳质朴、崇礼亲仁，草原文明的热烈奔放、勇猛刚健，海洋文明的海纳百川、敢拼会赢，源源不断注入中华民族的特质和禀赋，共同熔铸了以爱国主义为核心的伟大民族精神"。⑤

2020年12月，习近平总书记在中央农村工作会议上的讲话指出，"加强社会主义精神文明建设，农村精神文明建设是滋润人心、德化人心、凝聚人心的工作，要绵绵用力，下足功夫。要加强农村思想道德建设，弘扬和践行社会主义核心价值观，推进农村思想政治工作，把农民群众精气神提振起来。要开展形式多样的群众文化活动，孕育农村社会好风尚。要普及科学知识，推进农村移风易俗，革除高价彩礼、人情攀

---

①　习近平：《论"三农"工作》，中央文献出版社2022年版，第231页。
②　习近平：《论"三农"工作》，中央文献出版社2022年版，第272页。
③　习近平：《论"三农"工作》，中央文献出版社2022年版，第278页。
④　习近平：《论"三农"工作》，中央文献出版社2022年版，第279页。
⑤　习近平：《论"三农"工作》，中央文献出版社2022年版，第232页。

比、厚葬薄养、铺张浪费等陈规陋习，反对迷信活动。要注重农村青少年教育问题和精神文化生活，完善工作举措，加大资源投入，促进他们健康成长"。①

2021 年 2 月，习近平总书记赴贵州看望慰问各族干部群众时的讲话指出，"民族的就是世界的。特色苗绣既传统又时尚，既是文化又是产业，不仅能够弘扬传统文化，而且能够推动乡村振兴，要把包括苗绣在内的民族传统文化传承好、发展好"。②

二、加强农村文化建设的政策实践

（一）加强农村文化建设的部署和要求

2018 年 1 月，中央"一号文件"第五部分提出，繁荣兴盛农村文化，焕发乡风文明新气象。2018 年 9 月，中共中央、国务院印发《乡村振兴战略规划（2018—2022 年）》，第七篇强调繁荣发展乡村文化。2019 年 1 月，中央"一号文件"第六部分第二条提出，加强农村精神文明建设。2019 年 6 月，中共中央办公厅、国务院办公厅印发《关于加强和改进乡村治理的指导意见》，第二部分第七条至第十条都对加强农村文化建设作出了部署和安排。2020 年 1 月，中央"一号文件"第二部分第十二条提出，改善乡村公共文化服务。2021 年 1 月，中央"一号文件"第五部分第二十五条提出，加强新时代农村精神文明建设。2021 年 11 月，国务院印发《"十四五"推进农业农村现代化规划》，第七章第三节提出加强新时代农村精神文明建设。2022 年 1 月，中央"一号文件"第六部分第二十七条提出，创新农村精神文明建设有效平台载体。2022 年 5 月，中共中央办公厅、国务院办公厅印发《乡村建设行动实施方案》，第二部分第十五条提出深入推进农村精神文明建设。

---

① 习近平：《论"三农"工作》，中央文献出版社 2022 年版，第 12—13 页。
② 习近平：《论"三农"工作》，中央文献出版社 2022 年版，第 232 页。

　　2019年9月，中央农办等11部门联合印发《关于进一步推进移风易俗建设文明乡风的指导意见》；2019年12月，中共中央宣传部等17部门联合印发《推进乡村文化振兴工作方案的通知》；2021年12月，文化和旅游部办公厅等三部门联合印发《关于持续推动非遗工坊建设助力乡村振兴的通知》；2022年3月，文化和旅游部等六部门联合印发《关于推动文化产业赋能乡村振兴的意见》。上述有关部门印发的指导意见和工作方案，明确了加强农村文化建设的任务和要求，提出了加强农村文化建设的政策和措施（见表5-1）。

表5-1　2018—2022年加强农村文化建设的有关文件和规划

发文时间	文件名称	发文机构
2018年1月	《关于实施乡村振兴战略的意见》	中共中央、国务院
2018年9月	《乡村振兴战略规划（2018—2022年）》	中共中央、国务院
2019年1月	《关于坚持农业农村优先发展　做好"三农"工作的若干意见》	中共中央、国务院
2019年6月	《关于加强和改进乡村治理的指导意见》	中共中央办公厅、国务院办公厅
2019年9月	《关于进一步推进移风易俗建设文明乡风的指导意见》	中央农办等11部门
2019年12月	《推进乡村文化振兴工作方案》	中共中央宣传部等17部门
2020年1月	《关于抓好"三农"领域重点工作　确保如期实现全面小康的意见》	中共中央、国务院
2021年1月	《关于全面推进乡村振兴　加快农业农村现代化的意见》	中共中央、国务院
2021年11月	《"十四五"推进农业农村现代化规划》	国务院
2021年12月	《关于持续推动非遗工坊　建设助力乡村振兴的通知》	文化和旅游部办公厅等三部门
2022年1月	《关于做好2022年全面推进乡村振兴重点工作的意见》	中共中央、国务院
2022年3月	《关于推动文化产业赋能乡村振兴的意见》	文化和旅游部等六部门
2022年5月	《乡村建设行动实施方案》	中共中央办公厅、国务院办公厅

（二）加强农村思想道德建设

1. 践行社会主义核心价值观

坚持教育引导、实践养成、制度保障三管齐下，采取符合农村特点的方式方法和载体，深化中国特色社会主义和中国梦宣传教育，大力弘扬民族精神和时代精神。加强爱国主义、集体主义、社会主义教育，深化民族团结进步教育。注重典型示范，深入实施时代新人培育工程，推出一批新时代农民的先进模范人物。把社会主义核心价值观融入法治建设，推动公正文明执法司法，彰显社会主流价值。强化公共政策价值导向，探索建立重大公共政策道德风险评估和纠偏机制。

2. 巩固农村思想文化阵地

推动基层党组织、基层单位、农村社区有针对性地加强农村群众性思想政治工作。加强对农村社会热点难点问题的应对解读，合理引导社会预期。健全人文关怀和心理疏导机制，培育自尊自信、理性平和、积极向上的农村社会心态。深化文明村镇创建活动，进一步提高县级及以上文明村和文明乡镇的占比。广泛开展星级文明户、文明家庭等群众性精神文明创建活动。深入开展"扫黄打非"进基层。重视发挥社区教育作用，做好家庭教育，传承良好家风家训。完善文化科技卫生"三下乡"长效机制。

3. 倡导诚信道德规范

深入实施公民道德建设工程，推进社会公德、职业道德、家庭美德、个人品德建设。推进诚信建设，强化农民的社会责任意识、规则意识、集体意识和主人翁意识。建立健全农村信用体系，完善守信激励和失信惩戒机制。弘扬劳动最光荣、劳动者最伟大的观念。弘扬中华孝道，强化孝敬父母、尊敬长辈的社会风尚。广泛开展好媳妇、好儿女、好公婆等评选表彰活动，开展寻找最美乡村教师、医生、村官、人民调解员等活动。深入宣传道德模范、身边好人的典型事迹，建立健全先进模范发挥作用的长效机制。

（三）弘扬农村优秀传统文化

1. 保护利用乡村传统文化

实施农耕文化传承保护工程，深入挖掘农耕文化中蕴含的优秀思想观念、人文精神、道德规范，充分发挥其在凝聚人心、教化群众、淳化民风中的重要作用。划定乡村建设的历史文化保护线，保护好文物古迹、传统村落、民族村寨、传统建筑、农业遗迹、灌溉工程遗产。传承传统建筑文化，使历史记忆、地域特色、民族特点融入乡村建设与维护。完成全国重点文物保护单位和省级文物保护单位集中成片传统村落整体保护利用项目。按照在发掘中保护、在利用中传承的思路，制定国家重要农业文化遗产保护传承指导意见。开展重要农业文化遗产展览展示，充分挖掘和弘扬中华优秀传统农耕文化，加大农业文化遗产宣传推介力度。支持农村地区优秀戏曲曲艺、少数民族文化、民间文化等传承发展。完善非物质文化遗产保护制度，实施非物质文化遗产传承发展工程。实施乡村经济社会变迁物证征藏工程，鼓励乡村史志修编。振兴传统农业节庆，办好中国农民丰收节。

2. 重塑乡村文化生态

紧密结合特色小镇、美丽乡村建设，深入挖掘乡村特色文化符号，盘活地方和民族特色文化资源，走特色化、差异化发展之路。以形神兼备为导向，保护乡村原有建筑风貌和村落格局，把民族民间文化元素融入乡村建设，深挖历史古韵，弘扬人文之美，重塑诗意闲适的人文环境和田绿草青的居住环境，重现原生田园风光和原本乡情乡愁。引导企业家、文化工作者、退休人员、文化志愿者等投身乡村文化建设，丰富农村文化业态。吸引社会力量，实施"拯救老屋"行动，开展乡村遗产客栈示范项目，探索古村落古民居利用新途径，促进古村落的保护和振兴。支持有条件的乡村依托古遗址、历史建筑、古民居等历史文化资源，建设遗址博物馆、生态（社区）博物馆、户外博物馆等，通过对传统村落、街区建筑格局、整体风貌、生产生活等传统文化和生态环境的综合保护与展示，再现乡村文明发展轨迹。遴选 2000 个基础条件较好、民族特色鲜明、发展成效突出、示范带动作用强的少数民族特色村寨，打造成为少数民族特色村寨建设典范。

3. 发展乡村特色文化产业

加强规划引导、典型示范，挖掘培养乡土文化本土人才，建设一批特色鲜明、优势突出的农耕文化产业展示区，打造一批特色文化产业乡镇、文化产业特色村和文化产业群。大力推动农村地区实施传统工艺振兴计划，培育形成具有民族和地域特色的传统工艺产品，促进传统工艺提高品质、形成品牌、带动就业。积极开发传统节日文化用品和武术、戏曲、舞龙、舞狮、锣鼓等民间艺术、民俗表演项目，促进文化资源与现代消费需求有效对接。推动文化、旅游与其他产业深度融合、创新发展。启动实施文化产业赋能乡村振兴计划。挖掘文化内涵，培育乡村特色文化产业，助推乡村旅游高质量发展。支持具备条件的地区搭建平台，整合资源，提高传统工艺产品设计、制作水平，形成具有一定影响力的地方品牌。深入发掘农村各类优秀民间文化资源，培育特色文化品牌，培养一批扎根农村的乡土文化人才，每三年评审命名一批"中国民间文化艺术之乡"。

（四）丰富乡村文化生活

1. 健全公共文化服务体系

按照有标准、有网络、有内容、有人才的要求，健全乡村公共文化服务体系。推动县级图书馆、文化馆总分馆制，发挥县级公共文化机构辐射作用，加强基层综合性文化服务中心建设，实现乡村两级公共文化服务全覆盖，提升服务效能。完善农村新闻出版广播电视公共服务覆盖体系，推进数字广播电视户户通，探索农村电影放映的新方法新模式，推进农家书屋延伸服务和提质增效。继续实施公共数字文化工程，积极发挥新媒体作用，使农民群众能便捷获取优质数字文化资源。完善乡村公共体育服务体系，推动村健身设施全覆盖。加大对贫困地区村级文化设施建设的支持力度，实现贫困地区村级综合文化服务中心全覆盖。

2. 增加公共文化产品和服务供给

深入推进文化惠民，为农村地区提供更多更好的公共文化产品和服务。建立农民群众文化需求反馈机制，推动政府向社会购买公共文化服务，开展"菜单式""订单式"服务。加强公共文化服务品牌建设，推动形成具有鲜明特色和社会影响力的农村公共文化服务项目。开展文化结对帮扶。支持"三农"题材文艺创作生产，鼓励文艺工作者推出反映农民生产生活尤其是乡村振兴实践的优秀文艺作品。鼓励各级文艺组织深入农村地区开展惠民演出活动。加强农村科普工作，推动全民阅读进家庭、进农村，提高农民科学文化素养。加快乡村文化资源数字化，让农民共享城乡优质文化资源。加强农村演出市场管理，营造健康向上的文化环境。

3. 广泛开展群众文化活动

完善群众文艺扶持机制，鼓励农村地区自办文化。培育挖掘乡土文化本土人才，支持乡村文化能人。加强基层文化队伍培训，培养一支懂文艺爱农村爱农民、专兼职相结合的农村文化工作队伍。传承和发展民族民间传统体育，广泛开展形式多样的农民群众性体育活动。鼓励开展群众性节日民俗活动，支持文化志愿者深入农村开展丰富多彩的文化志愿服务活动。活跃繁荣农村文化市场，推动农村文化市场转型升级，加强农村文化市场监管。整合文化惠民活动资源，支持农民自发组织开展村歌、"村晚"、广场舞、趣味运动会等体现农耕农趣农味的文化体育活动。以县为基本单位，组织各级各类戏曲演出团体深入农村基层，为农民提供戏曲等多种形式的文艺演出，促进戏曲艺术在农村地区的传播普及和传承发展，到2020年在全国范围实现戏曲进乡村制度化、常态化、普及化。

（五）开展移风易俗行动

全面推行移风易俗，整治农村婚丧大操大办、高额彩礼、铺张浪费、厚葬薄养等不良习俗。深化农村殡葬改革。破除丧葬陋习，树立殡葬新风，推广与保护耕地相适应、与现代文明相协调的殡葬习俗。发挥红白理事会等组织作用。加强无神论宣传教育，丰富农民群众精神文化生活，抵制封建迷信活动。加强农村科普工作，提高农民科学文化素养。依法管理农村宗教事务，加大对农村非法宗教活动和境外渗透活动的打击力度，依法制止利用宗教干预农村公共事务。

三、加强农村文化建设的主要成效

（一）农村思想道德和精神文明水平明显提升

2020 年全国获得"农村文明家庭"等称号的农户 1718.07 万户，平均每个村 32.77 户。分区域看，东部地区获得"农村文明家庭"等户数 785.91 万户，占 45.74%，中部、西部、东北分别为 436.72 万户、448.54 万户、46.90 万户，分别占 25.42%、26.11%、2.73%。[1]2020 年全国获得各级"农村道德模范"等称号农民 437.24 万人，平均每个村 8.34 人。分区域看，东部"农村道德模范"等人数 154.04 万人，占 35.23%，中部、西部、东北分别为 140.45 万人、126.53 万人、16.24 万人，分别占 32.12%、28.94%、3.71%。[2]2020 年全国建立红白喜事简办制度的村 44.70 万个，农村红白喜事简办制度覆盖率为 85.25%。[3]

（二）农村公共文化服务体系建设取得显著成效

截至 2020 年年底，全国共有乡镇综合文化站 32825 个、村级综合性文化服务中心 57.5 万多个。2020 年全国乡镇文化站的从业人员共 102963 人，比 2012 年增长了 23.0%；其中，专职人员共 61593 人、在编人员

---

[1] 　农业农村部合作经济指导司编：《中国农村合作经济统计年报（2020 年）》，中国农业出版社 2021 年版，第 94 页。

[2] 　农业农村部合作经济指导司编：《中国农村合作经济统计年报（2020 年）》，中国农业出版社 2021 年版，第 94 页。

[3] 　农业农村部合作经济指导司编：《中国农村合作经济统计年报（2020 年）》，中国农业出版社 2021 年版，第 93 页。

共 67497 人、专业技术人员共 30298 人，分别比 2012 年增长了 25.3%、42.9%、48.3%。2020 年全国乡镇文化站共有藏书 22949 万册、计算机 257313 台，分别比 2012 年增长了 48.8%、63.1%（见表 5-2）。

表 5-2　2012 年、2020 年全国乡镇文化站基本情况

	2012 年	2020 年	变化率
机构数（个）	34101	32825	-3.7%
从业人员（人）	83676	102963	23.0%
专职人员	49163	61593	25.3%
在编人员	47240	67497	42.9%
专业技术人员	20436	30298	48.3%
藏书（万册）	15422	22949	48.8%
计算机（台）	157741	257313	63.1%
组织文艺活动次数（次）	371936	613019	64.8%
参加人次（万人次）	13005	16314	25.4%
举办训练班班次（次）	165711	257403	55.3%
培训人次（万人次）	1337	1781	33.3%
举办展览个数（个）	70477	84387	19.7%
参观人次（万人次）	3757	3688	-1.8%
接受戏曲进乡村活动服务次数（次）	—	373957	—
服务惠及人次（万人次）	—	5662	—

资料来源：《中国文化文物统计年鉴》（2013 年）、《中国文化文物和旅游统计年鉴》（2021 年）。

2020 年全国乡镇文化站共组织文艺活动 613019 次，共有 16314 万人次参加，分别比 2012 年增长 64.8%、25.4%。2020 年全国乡镇文化站共举办训练班 257403 次，培训 1781 万人次，分别比 2012 年增长 55.3%、33.3%。2020 年全国乡镇文化站共举办展览 84387 个，比 2012 年增长 19.7%，参观人次达到 3688 万。2020 年全国乡镇文化站共接受戏曲进乡村活动服务 373957 次，服务惠及人次达 5662 万。

（三）乡村文化和旅游产业加快发展

2020年，全国乡村旅游重点村镇共有1299个。2021年12月，文化和旅游部、人力资源和社会保障部、国家乡村振兴局联合印发《关于持续推进非遗工坊建设助力乡村振兴的通知》，支持各地建设非遗工坊近1100家，国务院公布第五批国家级非遗代表性项目185项，文化和旅游部认定了445家保护单位。

（四）农村居民教育文化娱乐消费水平不断提高

2021年，农村居民的人均教育文化娱乐消费支出达到1646元，是2011年的2.43倍。2021年，农村居民的人均教育文化娱乐消费支出占消费总支出的比重达到10.34%，比2011年提高了0.19个百分点（见图5-1）。

图5-1　2012—2021年农村居民人均教育文化娱乐消费支出和占比变化
资料来源：国家统计局官网。

第二节　强化人才科技支撑

一、关于强化人才科技支撑的理论探索

2013年11月，习近平总书记在山东省农科院同有关方面代表座谈

时的讲话指出，"农业的出路在现代化，农业现代化的关键在科技创新"，"矛盾和问题是科技创新的导向，解决瓶颈制约始终是农业技术进步的主攻方向"。① 同月，习近平总书记在山东考察工作结束时的讲话提出，走中国特色农业现代化道路，农业科技创新要"以解决好地怎么种为导向，加快构建新型农业经营体系"，"以缓解地少水缺的资源环境约束为导向，深入推进农业发展方式转变"，"以满足吃得好吃得安全为导向，大力发展优质农产品"。② 同年12月，习近平总书记在中央农村工作会议上指出，"要提高农民素质，培养造就新型农民队伍，把培养青年农民纳入国家实用人才培养计划，确保农业后继有人"，"依靠科技支撑和创新驱动，提高土地产出率、资源利用率、劳动生产率，努力走出一条生产技术先进、经营规模适度、市场竞争力强、生态环境可持续的中国特色新型农业现代化道路"。③

2017年5月，习近平总书记在致中国农业科学院建院60周年的贺信中指出，"作为农业科研国家队，中国农业科学院要面向世界农业科技前沿、面向国家重大需求、面向现代农业建设主战场，加快建设世界一流学科和一流科研院所，勇攀高峰，率先跨越，推动我国农业科技整体跃升"。④ 同年12月，习近平总书记在中央经济工作会议上的讲话指出，"要实行积极有效的人才政策，打好'乡情牌'，念好'引才经'，激励各类人才到农村广阔天地大显身手"。⑤ 同月，习近平总书记在中央农村工作会议上指出，"要汇聚全社会力量，强化乡村振兴人才支撑。全面建立职

①　习近平：《论"三农"工作》，中央文献出版社2022年版，第41—42页。
②　习近平：《论"三农"工作》，中央文献出版社2022年版，第51—53页。
③　共产党员网：《中央农村工作会议在北京举行　习近平　李克强作重要讲话　张德江　俞正声　刘云山　王岐山　张高丽出席会议》，2013年12月25日，见 https://news.12371.cn/2013/12/25/ARTI1387911416091828.shtml。
④　央视网：《习近平致中国农业科学院建院60周年的贺信》，2017年5月26日，见 http://news.cctv.com/2017/05/26/ARTIz07tQSvxmcY5mfemH1hR170526.shtml。
⑤　中共中央党史和文献研究院：《习近平关于"三农"工作论述摘编》，中央文献出版社2019年版，第38页。

业农民制度，加强农村专业人才队伍建设，发挥科研人才支撑作用，鼓励引导工商资本参与农村振兴，鼓励社会各界人士投身乡村建设"。①

2018 年 3 月，习近平总书记在参加十三届全国人大一次会议山东代表团审议时的讲话指出，"要推动乡村人才振兴，把人力资本开发放在首要位置，强化乡村振兴人才支撑，加快培育新型农业经营主体，让愿意留在乡村、建设家乡的人留得安心，让愿意上山下乡、回报乡村的人更有信心，激励各类人才在农村广阔天地大施所能、大展才华、大显身手，打造一支强大的乡村振兴人才队伍，在乡村形成人才、土地、资金、产业汇聚的良性循环"②；要"培育挖掘乡土文化人才，弘扬主旋律和社会正气，培育文明乡风、良好家风、淳朴民风，改善农民精神风貌，提高乡村社会文明程度，焕发乡村文明新气象"。③同年 9 月，习近平总书记在中共十九届中央政治局第八次集体学习时的讲话指出，"人才振兴是乡村振兴的基础，要创新乡村人才工作体制机制，充分激发乡村现有人才活力，把更多城市人才引向乡村创新创业"。④

2019 年 9 月，习近平总书记在给全国涉农高校的书记校长和专家代表的回信中指出，"中国现代化离不开农业农村现代化，农业农村现代化关键在科技、在人才"。⑤同年 10 月，习近平总书记对科技特派员制度推行 20 周年作出重要指示，提出："创新是乡村全面振兴的重要支撑。要坚持把科技特派员制度作为科技创新人才服务乡村振兴的重要工作进一

① 共产党员网：《中央农村工作会议在北京举行　习近平作重要讲话》，2017 年 12 月 29 日，见 https://news.12371.cn/2017/12/29/ARTI1514548988259610.shtml。

② 中共中央党史和文献研究院编：《习近平关于"三农"工作论述摘编》，中央文献出版社 2019 年版，第 150 页。

③ 中共中央党史和文献研究院编：《习近平关于"三农"工作论述摘编》，中央文献出版社 2019 年版，第 125 页。

④ 中共中央党史和文献研究院编：《习近平关于"三农"工作论述摘编》，中央文献出版社 2019 年版，第 194 页。

⑤ 农业农村部：《习近平论"三农"工作和乡村振兴战略（2019 年）》，2021 年 5 月 24 日，见 http://www.moa.gov.cn/ztzl/xjpgysngzzyls/zyll/202105/t20210524_6368220.htm。

步抓实抓好。广大科技特派员要秉持初心，在科技助力脱贫攻坚和乡村振兴中不断作出新的更大的贡献。"①

2020年7月，习近平总书记在吉林考察时指出，"要加强农业与科技融合，加强农业科技创新，科研人员要把论文写在大地上，让农民用最好的技术种出最好的粮食"。②同年12月，习近平总书记在中央农村会议上提出，"要坚持农业科技自立自强，加快推进农业关键核心技术攻关"，"要吸引各类人才在乡村振兴中建功立业。要广泛依靠农民、教育引导农民、组织带动农民，激发广大农民群众积极性、主动性、创造性，投身乡村振兴，建设美好家园"。③

2021年3月，习近平总书记在福建考察时指出，"要深入推进科技特派员制度，让广大科技特派员把论文写在田野大地上"。④

二、强化人才科技支撑的政策实践

（一）强化人才支撑

2012年中央"一号文件"提出，要深入推进大学生"村官"计划，因地制宜实施"三支一扶"、大学生志愿服务西部等计划。大力培养农民植保员、防疫员、水利员、信息员、沼气工等农村技能服务型人才。大力培育新型职业农民。

2013年7月，农业部办公厅印发的《农村实用人才认定试点工作方案》提出，将由农业部牵头开展农村实用人才认定试点工作，按照简便

① 农业农村部：《习近平论"三农"工作和乡村振兴战略（2019年）》，2021年5月24日，见 http://www.moa.gov.cn/ztzl/xjpgysngzzyls/zyll/202105/t20210524_6368220.htm。
② 农业农村部：《习近平论"三农"工作和乡村振兴战略（2020年）》，2021年5月24日，见 http://www.moa.gov.cn/ztzl/xjpgysngzzyls/zyll/202105/t20210524_6368245.htm。
③ 共产党员网：《坚持把解决好"三农"问题作为全党工作重中之重　举全党全社会之力推动乡村振兴》，2022年3月31日，见 https://www.12371.cn/2022/03/31/ARTI1648714506421324.shtml。
④ 农业农村部：《习近平论"三农"工作和乡村振兴战略（2021年）》，2021年5月24日，见 http://www.moa.gov.cn/ztzl/xjpgysngzzyls/zyll/202105/t20210524_6368271.htm。

规范的原则，建立不同层级的农村实用人才信息库，并制定配套措施，对重点联系的农村实用人才发展生产、创业兴业给予积极支持。

2014年3月，教育部、农业部印发《中等职业学校新型职业农民培养方案试行》，为培养更多合格的新型职业农民提供保障。

2017年1月，中共中央办公厅、国务院办公厅印发《关于深化职称制度改革的意见》，要求通过三年时间基本完成工程、卫生、农业等职称系列改革任务。同月，农业部印发的《"十三五"全国新型职业农民培育发展规划》提出，加大职业培训力度，计划至2020年培养2000万新型职业农民。

2018年中央"一号文件"提出，推行乡村教师"县管校聘"制度，为地方扶持培养一批农业职业经理人、经纪人、乡村工匠、文化能人、非遗传承人等；要求建立自主培养与人才引进相结合的乡村人才培养机制，打破常规的人才培养制度，学历教育、技能培训、实践锻炼等多种方式并举的人力资源开发机制。

2020年3月，农业农村部办公厅印发的《农业农村部2020年人才工作要点》提出，要积极探索开展农业行业职业技能等级认定试点工作，加大新兴农业职业开发力度，拓展农业农村技能人才成长成才渠道。

2021年中央"一号文件"提出，加强党对乡村人才工作的领导，将乡村人才振兴纳入党委人才工作总体部署，健全适合乡村特点的人才培养机制，强化人才服务乡村激励约束。同年2月，中共中央办公厅、国务院办公厅印发《关于加快推进乡村人才振兴的意见》，将乡村的人才分为农业生产经营人才、农村二三产业发展人才、乡村公共服务人才、乡村治理人才和农业农村科技人才五大类，明确提出到2025年乡村各领域人才的规模要不断壮大。同年11月，国务院印发《"十四五"推进农业农村现代化规划》，在"十三五"规划的基础上，提出加快推动乡镇社会工作服务站建设，吸引社会工作人才提供专业服务。

2022年中央"一号文件"鼓励地方出台城市人才下乡服务乡村振兴

的激励政策。

（二）强化科技支撑

2015 年中央"一号文件"提出，强化农业科技创新驱动作用。健全农业科技创新激励机制，完善科研院所、高校科研人员与企业人才流动和兼职制度，推进科研成果使用、处置、收益管理和科技人员股权激励改革试点，激发科技人员创新创业的积极性。

2016 年 10 月，国务院印发《全国农业现代化规划（2016—2020 年）》，要求坚持以科技创新为引领，激发创新活力，农业科技创新能力总体上达到发展中国家领先水平；深化农业科技体制改革，强化企业在技术创新中的主体地位。

2018 年 9 月，中共中央、国务院印发《乡村振兴战略规划（2018—2022 年）》，要求健全基层农业技术推广体系，创新公益性农技推广服务方式，支持各类社会力量参与农技推广，全面实施农技推广服务特聘计划，加强农业重大技术协同推广。同月，农业农村部办公厅印发的《乡村振兴科技支撑行动实施方案》提出，针对制约我国农业产业转型升级的全局性重大瓶颈问题，要在作物改良、病虫害防控、生态循环农业、农产品质量安全、农机农艺融合和农业大数据等关键领域，重点攻克一批关键核心技术与装备，研发配套技术系统，引领传统农业向现代农业转型发展，为加快农业农村现代化进程提供科技支撑。

2020 年中央"一号文件"提出加强农业生物技术研发，大力实施种业自主创新工程，实施国家农业种质资源保护利用工程，推进南繁科研育种基地建设。

2021 年中央"一号文件"提出，要坚持农业科技自立自强，完善农业科技领域基础研究稳定支持机制，深化体制改革，布局建设一批创新基地平台。深入开展乡村振兴科技支撑行动。同年 11 月，国务院印发《"十四五"推进农业农村现代化规划》，要求完善农业科技领域基础研究稳定支持机制，加强农业基础理论、科研基础设施、定位观测体系、资源生态监测系统建设。

2022 年中央"一号文件"强调大力推进种源等农业关键核心技术攻关，全面实施种业振兴行动方案，加快推进农业种质资源普查收集，强化精准鉴定评价。推进种业领域国家重大创新平台建设。

三、强化人才科技支撑的主要成效

（一）农村人才队伍不断壮大

在农业生产经营人才培养方面，2021 年，培训农业经营主体和服务主体带头人近 24.6 万人、高素质农民超 57 万人，推动了农业产业的发展、增强了农业农村的发展活力。在返乡创业人才培养方面，截至 2021 年年底，返乡入乡创业人员达 1120 万人。在乡村教师培养方面，2021 年，录取公费师范生 8853 人，招收中西部欠发达地区优秀教师定向培养计划 9905 人，招收 85 所"优师计划"院校师范生 9530 人，从源头上提高了中西部欠发达地区中小学教师队伍质量；招聘特岗计划教师 8 万人，"银龄计划"招募 4500 名讲学教师，建立了多元化乡村教师补充渠道和机制。在乡村医生培养方面，2021 年，支持中西部省份招收定向本科医学生 6280 人，累计近 7 万人，培训助理全科医生 6960 人，累计近 4 万人，为农村基层持续输送培养卫生人才。在乡村文化人才培养方面，2021 年，选派 1.7 万名文化工作者，到艰苦边远地区和基层一线提供短期文化服务。在乡镇党政干部人才培养方面，2021 年，各地从优秀党组织书记中招录乡镇公务员 2459 名，乡镇事业编制人员、优秀村党组织书记、到村任职选调生、第一书记、驻村工作队员充实到乡镇领导班子，壮大和优化了基层干部队伍。在村党组织带头人培养方面，第四轮高校毕业生"三支一扶"计划下达招募计划 3.2 万名，提升"一村一名大学生"的培育和保障水平。①

---

① 人力资源和社会保障部：《第四轮高校毕业生"三支一扶"计划启动实施》，2021 年 6 月 4 日，见 http://www.mohrss.gov.cn/SYrlzyhshbzb/jiuye/gzdt/202106/t20210604_415855.html。

（二）农业科技支撑能力不断提升

在农业科技创新方面，我国农业科技基础研究取得新进展，水稻稻瘟病抗病机理、水稻杂种优势的遗传机制、小麦结构基因组解析、疫霉菌致病新机制，重要农作物基因组编辑技术、定向设计分子育种等农业重大基础研究与前沿技术取得重要突破。截至2020年年底，300名农业科研杰出人才主持国家级重点项目500多项，获得国家科技奖励100多项，农业战略科研力量不断增强，为全面推进乡村振兴和农业农村现代化提供了有力支撑。2021年，我国农业科技进步贡献率突破60%，比2012年提高了7.0个百分点，我国农业科技整体水平已从世界第二方阵跨入第一方阵，主要农作物良种基本实现全覆盖，科技兴农、科技助农成为现代农业主旋律。[①] 在农业科技成果转化方面，我国积极建立农业科技成果转化交易平台和国家种业科技成果产权交易平台，合理协调交易机构、当事人和服务商三方关系，实现科技成果产权转化交易的规范有序和高效快捷，加快成果推广应用。在保障农产品供给方面，我国在13个粮食主产省全面实施"粮食丰产增效科技创新"重大工程，一批新技术、新品种、新装备运用于粮食主产区，品种对单产的贡献率达到45%，为确保粮食生产能力稳定在1.3万亿斤提供了强有力支撑。"十三五"期间，国家现代农业产业技术体系全方位发力，主要农作物良种实现了基本全覆盖，主要畜种核心种源自给率超过75%；农作物耕种收综合机械化率超过71%，全国农田灌溉水有效利用系数从0.53提高到0.57；先后建成江苏南京、山西太谷、四川成都、广东广州、湖北武汉五个国家现代农业产业科技创新中心，打造"农业硅谷"和区域经济增长极。[②]

---

① 国家统计局：《农业发展成就显著 乡村美丽宜业宜居——党的十八大以来经济社会发展成就系列报告之二》，2022年9月14日，见 http://www.stats.gov.cn/xxgk/jd/sjjd2020/202209/t20220914_1888221.html。

② 中国政府网：《"十三五"中国农业农村科技发展报告》，2021年11月22日，见 http://www.gov.cn/xinwen/2021-11-22/content_5652387.htm。

第三节　加强和改进乡村治理

党的十八大以来，围绕创新乡村治理体制和治理方式等方面，习近平总书记作出了一系列重要论述，党和政府采取了一系列政策措施，取得了重要进展和明显成效。

一、关于加强和改进乡村治理的理论探索

2013 年 12 月，习近平总书记在中央农村工作会议上指出，"要以保障和改善农村民生为优先方向，树立系统治理、依法治理、综合治理、源头治理理念，确保广大农民安居乐业、农村社会安定有序"。[①]

2016 年 4 月，习近平总书记在农村改革座谈会上的讲话提出，要"加强农村社会治安工作，推进县乡村三级综治中心建设，构建农村立体化社会治安防控体系，开展突出治安问题专项整治"。[②]

2017 年 10 月，习近平总书记在党的十九大报告中提出，要"加强农村基层基础工作，健全自治、法治、德治相结合的乡村治理体系。培养造就一支懂农业、爱农村、爱农民的'三农'工作队伍"。[③]同年 12 月，习近平总书记在中央农村工作会议上强调，"必须创新乡村治理体系，走乡村善治之路。建立健全党委领导、政府负责、社会协同、公众参与、法治保障的现代乡村社会治理体制，健全自治、法治、德治相结合的乡村治理体系，加强农村基层基础工作，加强农村基层党组织建设，深化村民自治实践。"[④]

---

① 习近平：《论"三农"工作》，中央文献出版社 2022 年版，第 98 页。
② 中共中央党史和文献研究院编：《习近平关于"三农"工作论述摘编》，中央文献出版社 2019 年版，第 133—134 页。
③ 中共中央党史和文献研究院编：《习近平关于"三农"工作论述摘编》，中央文献出版社 2019 年版，第 6 页。
④ 共产党员网：《中央农村工作会议在北京举行 习近平作重要讲话》，2017 年 12 月 29 日，见 https://news.12371.cn/2017/12/29/ARTI1514548988259610.shtml。

2018 年 3 月，习近平总书记在参加十三届全国人大一次会议山东代表团审议时的讲话指出，"建立健全党委领导、政府负责、社会协同、公众参与、法治保障的现代乡村社会治理体制，确保乡村社会充满活力、安定有序"①。同年 9 月，习近平总书记在中共十九届中央政治局第八次集体学习时的讲话指出，"治理有效，是乡村振兴的重要保障，从'管理民主'到'治理有效'，是要推进乡村治理能力和治理水平现代化，让农村既充满活力又和谐有序"②，"要在实行自治和法治的同时，注重发挥好德治的作用，推动礼仪之邦、优秀传统文化和法治社会建设相辅相成"。③

2020 年 12 月，习近平总书记在中央农村工作会议上指出，要"加快构建党组织领导的乡村治理体系"，"深入推进平安乡村建设"，"创新乡村治理方式，提高乡村善治水平"。④

二、加强和改进乡村治理的政策实践

党的十八大以来，围绕加强和改进乡村治理、提高乡村治理能力和治理水平，党和国家出台了一系列的方针政策，取得了重要进展和明显成效。

（一）加强党组织建设

党的十八大以来，历年的中央"一号文件"都对选好农村党组织带头人、强化农村基层党组织战斗力等工作提出明确要求，在选拔基层党员干部的方式方法上不断创新。

2019 年中央"一号文件"提出要加大从高校毕业生、农民工、退伍

---

①　中共中央党史和文献研究院编：《习近平关于"三农"工作论述摘编》，中央文献出版社 2019 年版，第 193 页。

②　中共中央党史和文献研究院编：《习近平关于"三农"工作论述摘编》，中央文献出版社 2019 年版，第 22 页。

③　中共中央党史和文献研究院编：《习近平关于"三农"工作论述摘编》，中央文献出版社 2019 年版，第 137 页。

④　习近平：《论"三农"工作》，中央文献出版社 2022 年版，第 17 页。

军人、机关事业单位优秀党员中培养选拔村党组织书记的力度。同年1月，中共中央印发的《中国共产党农村基层组织工作条例》提出，要注重从本村致富能手、外出务工经商返乡人员、本乡本土大学毕业生、退役军人中的党员培养选拔村党组织书记。同年6月，中共中央办公厅、国务院办公厅印发《关于加强和改进乡村治理的指导意见》，要求各级党委和政府要加强乡村治理人才队伍建设，充实基层治理力量，指导驻村第一书记、驻村干部等围绕乡村治理主要任务开展工作，聚合各类人才资源，引导农村致富能手、外出务工经商人员、高校毕业生、退役军人等在乡村治理中发挥积极作用。

2013年中央"一号文件"提出，要开展集中查办和预防涉农惠农领域贪污贿赂等职务犯罪专项工作，坚决查处发生在农民身边的腐败问题。2020年和2022年的中央"一号文件"都强调要强化基层纪检组织与村务监督委员会的沟通协作、有效衔接，形成监督合力。

（二）完善村民自治

1. 推动自治形式创新

2014年中央"一号文件"提出，要探索不同情况下村民自治的有效实现形式，农村社区建设试点单位和集体土地所有权在村民小组的地方，可开展以社区、村民小组为基本单元的村民自治试点。

2015年中央"一号文件"强调，可以在有实际需要的地方，扩大以村民小组为基本单元的村民自治试点，继续搞好以社区为基本单元的村民自治试点，探索符合各地实际的村民自治有效实现形式。

2016年10月，中共中央办公厅、国务院办公厅印发《关于以村民小组或自然村为基本单元的村民自治试点方案的通知》，对试点工作提出具体要求。

2. 拓宽自治事务平台

2013年中央"一号文件"提出，要有序发展民事调解、文化娱乐、红白喜事理事会等社区型社会组织，更好发挥农民自我管理、自我服务、自我教育、自我监督的作用。

2014 年中央"一号文件"进一步要求充分发挥其他社会组织的积极功能。

2015 年中央"一号文件"提出，要重点培育和优先发展农村专业协会类、公益慈善类、社区服务类等社会组织。

2019 年 6 月，中共中央办公厅、国务院办公厅印发《关于加强和改进乡村治理的指导意见》，提出进一步加强自治组织规范化建设，拓展村民参与村级公共事务平台，发展壮大治保会等群防群治力量，充分发挥村民委员会、群防群治力量在公共事务和公益事业办理、民间纠纷调解、治安维护协助、社情民意通达等方面的作用。

2022 年 3 月，民政部、国家乡村振兴局联合印发《关于动员引导社会组织参与乡村振兴工作的通知》，提出要大力培育发展服务乡村振兴的社会组织，发挥社会组织在产业振兴、科技助农、文化体育、环保生态、卫生健康、社会治理、民生保障方面的积极作用。

3. 提升自治规范水平

2013 年中央"一号文件"明确提出，要进一步健全村党组织领导的充满活力的村民自治机制，继续推广四议两公开等工作。

2014 年中央"一号文件"明确提出，要深入推进村务公开、政务公开和党务公开，实现村民自治制度化和规范化。

2017 年 12 月，中共中央办公厅、国务院办公厅印发《关于建立健全村务监督委员会的指导意见》，从人员组成、职责权限、监督内容、工作方式等多个方面对完善村务监督委员会提出了建议，对于遏制乡村不正之风以及腐败问题具有重要意义。

2018 年中央"一号文件"强调，要推动形成多层次的基层协商格局，聚焦群众关心的民生实事和重要事项，定期开展民主协商。

2021 年的中央"一号文件"提出，要推进村委会规范化建设和村务公开阳光工程的工作开展。同年 7 月，中共中央、国务院印发《关于加强基层治理体系和治理能力现代化建设的意见》，要求完善党务、村（居）务、财务公开制度，及时公开权力事项，接受群众监督；强化基层纪检监察组织与村（居）务监督委员会的沟通协作、有效衔接，形成监督合力。

（三）强化农村法治

1. 健全农村法律法规体系

2015 年的中央"一号文件"对乡村发展建设作出专门论述，指明新时期涉农立法的重点方向，之后几年的中央"一号文件"针对资源环境、土地制度以及食品安全等农村重点民生领域的立法工作提出要求。

2021 年 4 月，农业农村部印发《关于全面推进农业农村法治建设的意见》，进一步指出要落实年度立法计划制度，科学安排农业农村年度立法项目，加强前瞻性研究和项目储备，充分发挥立法计划的统筹引领作用。

2. 提升村民法律意识

2013 年中央"一号文件"提出，要引导群众依法理性维护自身权益。

2015 年中央"一号文件"进一步指出，要引导农民增强学法、尊法、用法意识。

2021 年《关于全面推进农业农村法治建设的意见》中提出，可以在乡村地区组织开展"宪法进农村"等重点专项普法活动，弘扬法治精神，培育法治文化，推动法律法规进村入户。同年 11 月，国务院印发《"十四五"推进农业农村现代化规划》，强调要建设法治乡村，创建民主法治示范村，培育农村学法用法示范户。

3. 提高农村执法能力

党的十八大以来，党中央以有力举措不断加强农村基层执法队伍建设、强化农村基层专业执法人才培养、提升农村基层执法水平。2015 年的中央"一号文件"明确指出，要深化行政执法体制改革，强化基层执法队伍，合理配置执法力量。

2018年中央"一号文件"进一步指出要深入推进综合行政执法改革向基层延伸，创新监管方式，推动执法队伍整合、执法力量下沉，提高执法能力和水平。

2021年4月，农业农村部印发的《关于全面推进农业农村法治建设的意见》提出，要在提高农业综合行政执法能力的同时拓展行政执法领域，加强农业行政执法监督。

（四）施化农村德治

2015年中央"一号文件"提出，要加强农村思想道德建设，从传承优良家风、树立道德榜样、创新文艺工作、弘扬乡贤文化等方面为新时期农村思想道德建设提出了具体的方法要求。

2018年中央"一号文件"以"繁荣兴盛农村文化，焕发乡风文明新气象"为重点内容，对乡村振兴过程中的农村道德建设作出了明确规定。

2019年9月，中央农办等11个部门联合印发《关于进一步推进移风易俗建设文明乡风的指导意见》，对当前和今后一个时期的文明乡风建设工作作出了全面的部署安排，要求通过加强教育引导等方式，深入教育宣传和发动群众，以社会主义核心价值观为引领，广泛开展内容丰富、形式多样的宣传教育，加强文化引领、强化价值认同，注重实践养成，建立激励机制，发挥典型的示范引领作用，注重寓教于乐、寓教于行、寓教于事，把中华传统美德和现代文明观念转化为农民群众的行为习惯和准则。

2022年2月，国务院印发的《"十四五"推进农业农村现代化规划》提出，要实施公民道德建设工程，拓展新时代文明实践中心建设，深化群众性精神文明创建活动，让精神引领和道德力量深度融入乡村治理。

（五）运用智治方式

2017年6月，中共中央、国务院印发《关于加强和完善城乡社区治理的意见》，提出要加强农村社区信息化建设，结合信息进村入户和电子商务进农村综合示范，积极发展农产品销售等农民致富服务项目，积极实施"网络扶贫行动计划"，推动扶贫开发兜底政策落地。

2021年和2022年的中央"一号文件"都提出要加强公共服务、社会治理等数字化智能化建设。

2022年2月，国务院印发《"十四五"推进农业农村现代化规划》，从加强乡村信息基础设施建设、发展智慧农业、推进乡村管理服务数字化三个方面提出加快数字乡村建设的政策措施。

三、加强和改进乡村治理重要进展

近年来，我国在推进乡村治理体系和治理能力现代化方面成效显著，以党组织为核心的农村基层组织建设进一步加强，乡村治理内容逐步充实，乡村治理手段不断创新，乡村治理体系进一步完善，农村社会保持和谐稳定，广大农民的获得感、幸福感、安全感不断增强。各级各有关部门坚决贯彻落实中央决策部署，开拓创新、扎实工作，围绕乡村治理的一些重点领域，包括基层党组织的建设、村民自治、法治乡村建设、乡风文明等，出台了一系列政策措施，形成了比较完整的乡村治理政策体系。通过乡村治理工作的推进，各地基层党组织建设进一步加强，村民议事协商形式不断创新，法治乡村建设深入推进，乡风文明建设得到加强，公共服务资源在不断向乡镇和村下沉，乡村治理的能力和水平得到了大幅度提升。中央农办、农业农村部、中央宣传部等部门在地方创建的基础上，于2020年和2021年公布两批全国乡村治理示范村镇名单，其中第一批包括99个乡（镇）、998个村，第二批包括100个乡（镇）、994个村，通过示范创建，培育和树立一批乡村治理的先进典型，发挥其引领示范和辐射带动作用，推动乡村治理工作不断取得新成效。

第六章　加强农村基础设施和公共服务建设

党的十八大以来，以习近平同志为核心的党中央高度重视农村社会建设，提出了一系列新理念新观点，党和政府围绕保障改善农村民生采取了一系列政策措施，进行了一系列探索实践，取得了明显成效和进展。本章主要总结十年来我国农村基础设施建设、公共服务体系建设、资金投入保障等方面的理论和实践、成就和进展，以期为加强农村社会建设、全面推进乡村振兴提供参考和借鉴。

第一节　加强农村基础设施建设

党的十八大以来，围绕加强农村用水、乡村道路、生活能源、农民住房等基础设施建设，习近平总书记作出了一系列重要论述，党和政府采取了一系列政策措施，取得了重要进展和明显成效。

一、加强农村基础设施建设的理论探索

2015年2月，习近平总书记在陕甘宁革命老区脱贫致富座谈会上的讲话指出，"要把基础设施建设放在重要位置，加快道路和交通设施建设，加快水利、能源、通信、市场等建设，从根本上改变交通落后状况，改善生产生活条件"①。同年4月，习近平总书记在中共十八届中央政治局

---

①　农业农村部：《习近平论脱贫攻坚（2015年）》，2021年6月30日，见 http://www.moa.gov.cn/ztzl/xjpgysngzzyls/zyll/202106/t20210630_6370706.htm。

第二十二次集体学习时的讲话指出，"要完善农村基础设施建设机制，推进城乡基础设施互联互通、共建共享，创新农村基础设施和公共服务设施决策、投入、建设、运行管护机制，积极引导社会资本参与农村公益性基础设施建设"①。

2017 年 12 月，习近平总书记在中央农村工作会议上指出，"要把公共基础设施建设的重点放在农村"，"推动农村基础设施建设提挡升级，特别是加快道路、农田水利、水利设施建设，完善管护运行机制"②。

2019 年 3 月，习近平总书记在参加十三届全国人大二次会议河南代表团审议时指出，"要补齐农村基础设施这个短板。按照先规划后建设的原则，通盘考虑土地利用、产业发展、居民点布局、人居环境整治、生态保护和历史文化传承，编制多规合一的实用性村庄规划，加大投入力度，创新投入方式，引导和鼓励各类社会资本投入农村基础设施建设，逐步建立全域覆盖、普惠共享、城乡一体的基础设施服务网络，重点抓好农村交通运输、农田水利、农村饮水、乡村物流、宽带网络等基础设施建设"③。

2020 年 12 月，习近平总书记在中央农村工作会议上强调，"要继续把公共基础设施建设的重点放在农村，短板要加快补上"④。

二、加强农村基础设施建设的政策实践

党的十八大以来，党和政府把全面加强农村基础设施建设作为重点

---

① 农业农村部：《习近平关于"三农"工作论述摘编——二、建立健全城乡融合发展体制机制和政策体系，加快推进农业农村现代化》，2021 年 5 月 21 日，见 http://www.moa.gov.cn/ztzl/xjpgysngzzyls/zyll/202105/t20210521_6368113.htm。
② 中共中央党史和文献研究院编：《习近平关于"三农"工作论述摘编》，中央文献出版社 2019 年版，第 40 页。
③ 农业农村部：《习近平论"三农"工作和乡村振兴战略（2019 年）》，2021 年 5 月 24 日，见 http://www.moa.gov.cn/ztzl/xjpgysngzzyls/zyll/202105/t20210524_6368220.htm。
④ 共产党员网：《坚持把解决好"三农"问题作为全党工作重中之重　举全党全社会之力推动乡村振兴》，2022 年 3 月 31 日，见 https://www.12371.cn/2022/03/31/ARTI1648714506421324.shtml。

任务，不断加大对农业农村基础设施建设的投入，从人力、财力、物力等方面给予大力支持，出台了一系列相关性政策文件，实施了一系列政策和措施。

（一）提升乡村用水保障水平

2012年3月，国务院常务会议讨论通过的《全国农村饮水安全工程"十二五"规划》提出，"十二五"期间要优先解决严重影响居民身体健康的水质问题、涉水重病区的饮水安全问题以及局部地区严重缺水问题；鼓励有条件的地区发展规模化集中供水，不具备条件的地方可以采取分散式供水或分质供水；加强水源地保护和水污染防治，完善水质检测与监测制度；建立健全县级供水技术服务体系，促进节约用水；鼓励和引导社会资金投入农村饮水安全工程建设。

2013年中央"一号文件"提出了"十二五"期间基本解决农村饮水安全问题的目标要求。同年12月，国家发展改革委、水利部等多部门联合印发《农村饮水安全工程建设管理办法》，对涉及农村饮水安全工程建设的项目前期工作程序和投资计划管理、资金筹措与管理、项目实施、建后管理、监督检查五个方面进行了部署和安排。

2015年6月，环境保护部办公厅、水利部办公厅联合印发《关于加强农村饮用水水源保护工作的指导意见》，强调了对水资源的保护，要求分类推进水源保护区或保护范围划定工作，加强农村饮用水水源规范化建设，健全农村饮水工程及水源保护长效机制。同年8月，水利部印发《关于进一步加强农村饮水工程运行管护工作的指导意见》，要求建立健全农村饮水安全工程基层管理服务体系，强化水源保护和水质保障。

2018年2月，水利部办公厅印发的《2018年农村水利工作要点》提出，要持续实施农村饮水安全巩固提升政策，加强水源保护和水质保障，进一步提高农村饮水安全保障水平。

2019年4月，财政部、国家税务总局联合印发《关于继续实行农村饮水安全工程税收优惠政策的公告》，为饮水工程的建设、运营等提供了一系列有关税收优惠政策。

2020年中央"一号文件"将"农村饮水安全工程"进一步扩大为"农村供水保障工程"，在保障用水安全的基础上，更加强调统筹布局农村饮水基础设施建设，要求在人口相对集中的地区推进规模化供水工程建设；有条件的地区将城市管网向农村延伸，推进城乡供水一体化。

2021年中央"一号文件"要求实施农村供水保障工程，加强中小型水库等稳定水源工程建设和水源保护，实施规模化供水工程建设和小型工程标准化改造，并提出了到2025年农村自来水普及率达到88%的目标任务。同年9月，水利部印发《全国"十四五"农村供水保障规划》，对"十四五"农村供水保障工作进行系统部署和全面安排。2022年中央"一号文件"强调，要推进农村供水工程建设改造。

（二）完善农村交通运输体系

2014年11月，国务院办公厅印发《关于实施公路安全生命防护工程的意见》，提出了公路安全生命防护工程的工作目标，即到2015年年底，全面完成公路安全隐患的排查和治理规划工作，并率先完成通客运班线、接送学生车辆集中的约3万公里农村公路的安全隐患治理；到2017年底，全面完成急弯陡坡、临水临崖等重点路段约6.5万公里的安全隐患治理；到2020年年底，基本实现乡道及以上行政等级公路交通安全基础设施明显改善，公路安全防护水平显著提高，公路交通安全综合治理能力全面提升。

2018年4月，交通运输部印发《农村公路建设管理办法》，自2018年6月1日起施行。同年9月，中共中央、国务院印发的《国家乡村振兴战略规划（2018—2022年）》提出，要以示范县为载体全面推进"四好农村路"建设，深化农村公路管理养护体制改革，健全管理养护长效机制，完善安全防护设施，保障农村地区基本出行条件；鼓励发展镇村公交，实现具备条件的建制村全部通客车。

2021年2月，交通运输部印发《农村公路中长期发展纲要》，提出构建便捷高效的农村公路骨干路网、构建普惠公平的农村公路基础网络、营造安全宜人的农村公路交通环境、健全运转高效的农村公路治理体系、完善适用多元的农村公路养护运行机制、发展便民多元的农村客运服务体系、发展畅通集约的农村物流服务体系七个方面的任务。

2022年中央"一号文件"对公路管理养护作出规定，要求扎实开展农村公路管理养护体制改革试点。同年8月，交通运输部等六部门联合印发《农村公路扩投资稳就业更好服务乡村振兴实施方案》，要求启动新一轮农村公路建设和改造。

（三）深化乡村能源体系改革

2017年2月，国家发改委印发《能源发展"十三五"规划》，鼓励分布式光伏发电与设施农业发展相结合，加快推进农村采暖电能替代；推进新一轮农村电网改造升级工程，大力发展农村清洁能源。采取有效措施推进农村地区太阳能、风能、小水电、农林废弃物、养殖场废弃物、地热能等可再生能源开发利用，促进农村清洁用能，加快推进农村采暖电能替代。

2021年12月，国家能源局等三部门联合印发《加快农村能源转型发展助力乡村振兴的实施意见》，提出要实现农村地区能源绿色转型发展，培育壮大农村绿色能源产业、加快形成绿色低碳生产生活方式、巩固拓展脱贫帮扶成果，大力推广太阳能、风能、生物质能以及地热能等清洁能源在农村地区的运用。

2022年1月，国家发展改革委、国家能源局联合印发的《"十四五"现代能源体系规划》，在提出加快完善农村和边远地区能源基础设施、加强乡村清洁能源保障等措施的基础上，强调实施乡村减污降碳行动，积极推动农村生产生活方式绿色转型，推广农用节能技术和产品，加快农业生产、农产品加工、生活取暖、炊事等领域用能的清洁替代，以县域为单位开展绿色低碳发展示范区建设，探索建设"零碳村庄"等示范工程。

（四）保障农房质量安全

2014年5月，国务院办公厅印发《关于改善农村人居环境的指导意见》，要求加快推进农村危房改造，到2020年基本完成现有危房改造任务，建立健全农村基本住房安全保障长效机制。

2015年3月，住房和城乡建设部等三部门联合印发《关于做好2015年农村危房改造工作的通知》，要求中央支持全国农村地区贫困农户改造危房，在地震设防地区结合危房改造实施农房抗震改造，在"三北"地区（东北、西北、华北）和西藏自治区结合危房改造开展建筑节能示范。

2016年8月，住房和城乡建设部等七部门联合印发《关于改善贫困村人居卫生条件的指导意见》，要求提升基本居住健康条件，加大贫困村农村危房改造力度，实现户户住上安全房；加强对新建和改造农房的技术指导，引导贫困村农民群众建设具有基本的通风、采光和保温功能的安全住房。

2017年3月，住房和城乡建设部印发《关于加强农村危房改造质量安全管理工作的通知》，要求加强危房改造质量安全管理，全面实行"五个基本"（即基本的质量标准、基本的结构设计、基本的建筑工匠管理、基本的质量检查、基本的管理能力），切实提高农村危房改造工作水平，全力实现危房改造户住房安全户户有保障。

2019年12月，住房和城乡建设部、财政部联合印发《脱贫攻坚农村危房改造绩效评价与激励实施办法》，对各省（区、市）农村危房改造工作绩效评价和对工作积极主动、成效明显的地区进行激励，以如期实现贫困户住房安全有保障的目标任务。

2021年6月，住房和城乡建设部等三部门联合印发《关于加快农房和村庄建设现代化的指导意见》，要求充分认识农房和村庄建设现代化的重要意义，落实农房和村庄建设现代化的有关要求。

三、农村基础设施建设的进展与主要成效

（一）农村用水条件不断改善

"十二五"期间，国家共安排农村饮水安全建设资金1215亿元，地方也多渠道落实配套资金600多亿元，全国农村集中式供水人口比例达到82%，农村自来水普及率达到了76%，农村供水保证程度和水质合格率均有大幅提高。"十三五"期间，2.7亿农村人口供水保障水平得到提升，贫困人口饮水安全问题得到全面解决。十年来，农村饮水安全问题实现历史性解决。2020年，我国全面解决了1710万建档立卡贫困人口饮水安全问题，共解决2.8亿农村群众饮水安全问题，农村自来水普及率达到84%，农村饮水安全问题实现历史性解决。[1]2021年，农村居民有安全饮用水的户比重为97.0%，比2013年提高22.3个百分点；获取饮用水无困难的户比重为97.6%，比2013年提高12.0个百分点；有管道供水入户的户比重为92.7%，比2013年提高29.4个百分点。[2]

（二）农村道路建设不断健全

2012年以来，我国新建改建农村公路235.7万千米，农村公路的总里程已达到了438万千米，占国家公路总里程的84.3%（见图6-1）。"十三五"期间，中央累计已投入资金4254亿元，带动全社会完成农村公路投资2.14万亿元，比"十二五"增长约60%，缓解了农民工的就业压力，更好地实现了农村公路建设服务"三农"、助力脱贫攻坚的作用。2021年年末，87.3%的村通公共交通；99.1%的村进村主要道路路面为水泥或柏油；97.4%的村村内主要道路路面为水泥或柏油，村内道路质量不断升级，基本形成了遍布农村、连接城乡的农村公路网络，农民群

---

①　光明网：《农村饮水安全问题实现历史性解决》，2022年9月13日，见 https://m.gmw.cn/baijia/2022-09/13/1303138918.html。

②　国家统计局：《居民收入水平较快增长　生活质量取得显著提高——党的十八大以来经济社会发展成就系列报告之十九》，2022年10月11日，见 http://www.stats.gov.cn/xxgk/jd/sjjd2020/202210/t20221011_1889192.html。

图 6-1　2012 年以来我国农村公路建设情况

众"出行难"问题得到基本解决。[①]

（三）农村用能水平不断提高

党的十八大以来，我国全面深化农村改革，高度重视农村能源发展，在脱贫攻坚阶段，通过合理开发利用贫困地区的能源资源、实施精准扶贫等措施，充分发挥了能源在扶贫中的重要作用，明显改善了农村用能水平和用能条件，有效支撑了农村经济和农民收入快速增长，减少了农村环境污染。当前，我国农村地区用电条件大幅提升，基本实现稳定可靠的供电服务全覆盖，供电能力和服务水平明显提升。2015 年，我国全面完成无电地区电力建设工程，解决了 4000 万无电人口的用电问题。2019 年年底，新一轮农网改造升级工程提前达到预定目标，完成 160 万口农村机井通电，涉及农田 1.5 亿亩；为 3.3 万个自然村通上动力电，惠及农村居民 800 万人；小城镇中心村用电质量全面提升，惠及农村居民 1.6 亿人。截至 2020 年 10 月，农村电气化率在 18% 左右，比 2012 年提高 7 个百分点；农网供电可靠率达 99.8%、综合电压合格率达 99.7%，农

---

①　国家统计局：《居民收入水平较快增长　生活质量取得显著提高——党的十八大以来经济社会发展成就系列报告之十九》，2022 年 10 月 11 日，见 http://www.stats.gov.cn/xxgk/jd/sjjd2020/202210/t20221011_1889192.html。

村地区发电量从 2012 年的 2172.9 亿千瓦时增至 2020 年的 2423.7 亿千瓦时，农村地区用电量从 2012 年的 7508.5 亿千瓦时增长至 2020 年的 9717.2 亿千瓦时。用能清洁化程度不断提高，2018 年清洁能源占农村能源消费总量的 21.8%，比 2012 年提高 8.6 个百分点；全国累计建成 2636 万千瓦光伏扶贫电站，惠及近 6 万个贫困村、415 万贫困户，每年可产生发电收益约 180 亿元，相应安置公益岗位 125 万个。[①]

（四）农村居住质量不断提升

"十三五"期间，为实现贫困人口住房安全有保障的目标任务，住房和城乡建设部将建档立卡贫困户作为攻坚重点，对全国 2340 多万户建档立卡贫困户住房安全情况逐户核验，并指导各地及时妥善解决核验发现的问题。截至 2020 年 6 月，核验工作全面完成。从核验结果看，其中有 1184 万户建档立卡贫困户原住房基本安全，占比 50.6%；有 1157 万户建档立卡贫困户通过实施农村危房改造、易地扶贫搬迁、农村集体公租房等多种形式保障了住房安全，占比 49.4%。[②]党的十八大以来，我国大力实施农村危房改造，全国建档立卡贫困户全部实现住房安全有保障，农村住房条件和居住环境明显改善。2021 年，农村居民居住在钢筋混凝土或砖混材料结构住房的户比重为 77.6%，比 2013 年提高 21.9 个百分点。

第二节　加强农村公共服务体系建设

党的十八大以来，围绕加强农村教育、乡村医疗、社会保障、农村文化等公共服务体系建设，习近平总书记作出了一系列重要论述，党和政府采取了一系列政策措施，取得了重要进展和明显成效。

---

① 光明网：《我国农村用电条件显著改善》，2020 年 10 月 21 日，见 https://m.gmw.cn/baijia/2020–10/21/34289128.html。

② 人民网：《建档立卡贫困户　住房安全有保障》，2020 年 9 月 24 日，见 https://baijiahao.baidu.com/s?id=1678665766643701189&wfr=spider&for=pc。

一、关于加强农村公共服务体系建设的理论探索

2013 年 11 月，习近平总书记在山东同菏泽市及县区主要负责同志座谈时的讲话指出，"要紧紧扭住包括就业、教育、医疗、文化、住房在内的农村公共服务体系建设这个基本保障，编织一张兜住困难群众基本生活的安全网，坚决守住底线"[①]。同年 12 月，习近平总书记在中央农村工作会议上指出，"要不断提高农村基本公共服务的标准和水平，实现从有到好的转变，逐步推进城乡基本公共服务均等化"[②]。

2015 年 11 月，习近平总书记在中央扶贫开发工作会议上的讲话指出，"要对农村贫困家庭幼儿特别是留守儿童给予特殊关爱，探索建立贫困地区学前教育公共服务体系"[③]。

2016 年 4 月，习近平总书记在农村改革座谈会上的讲话指出，"教育、文化、医疗卫生、社会保障、社会治安、人居环境等，是广大农民最关心最直接最现实的利益问题，要把这些民生事情办好。新增教育、文化、医疗卫生等社会事业经费要向农村倾斜，社会建设公共资源要向农村投放，基本公共服务要向农村延伸，城市社会服务力量要下乡支援农村，形成农村社会事业发展合力，努力让广大农民学有所教、病有所医、老有所养、住有所居。"[④]

2017 年 12 月，习近平总书记在中央农村工作会议上强调，"要逐步建立健全全民覆盖、普惠共享、城乡一体的基本公共服务体系，把农业

---

① 农业农村部：《习近平论脱贫攻坚（2012 年 11 月 8 日至 2013 年 12 月 31 日）》，2021 年 6 月 15 日，见 http://www.moa.gov.cn/ztzl/xjpgysngzzyls/zyll/202106/t20210615_6369587.htm。

② 中国共产党新闻网：《建设更加公平可持续的社会保障制度》，2018 年 2 月 2 日，见 http://theory.people.com.cn/n1/2018/0202/c40531-29802846.html。

③ 中共中央党史和文献研究院编：《习近平关于"三农"工作论述摘编》，中央文献出版社 2019 年版，第 169 页。

④ 中共中央党史和文献研究院编：《习近平关于"三农"工作论述摘编》，中央文献出版社 2019 年版，第 37 页。

农村优先发展的要求落到实处，在公共服务上优先安排"①。

2020 年 12 月，习近平总书记中央农村工作会议上再次强调，"要在推进城乡基本公共服务均等化上持续发力，注重加强普惠性、兜底性、基础性民生建设"②。

二、加强农村公共服务体系建设的政策实践

党的十八大以来，为提升农村公共服务水平，党和政府出台一系列相关政策文件，推动城乡基本公共服务均等化不断取得新进展。

（一）加强乡村教育建设

2012 年 9 月，国务院印发《关于深入推进义务教育均衡发展的意见》，提出了义务教育均衡发展的阶段性指标，要求通过均衡配置办学资源、推进义务教育学校标准化建设、均衡配置教师资源、保障特殊群体平等接受义务教育、全面提高义务教育质量等措施深入推进义务教育均衡发展。

2013 年 5 月，全国县域义务教育均衡发展督导评估认定正式启动。

2015 年 11 月，国务院印发《关于进一步完善城乡义务教育经费保障机制的通知》，对城乡义务教育学生免除学杂费、免费提供教科书，对家庭经济困难寄宿生补助生活费，标准为小学生 1000 元 / 年·生，初中生 1250 元 / 年·生。

2016 年 7 月，国务院印发《关于统筹推进县域内城乡义务教育一体化改革发展的若干意见》，提出了包括同步建设城镇学校、科学推进学校标准化建设、统筹城乡师资配置等一系列改善农村地区教育条件的具体措施。同年 10 月，国家发改委印发《全国农村经济发展"十三五"规划》，

---

① 共产党员网：《中央农村工作会议在北京举行　习近平作重要讲话》，2017 年 12 月 29 日，见 https://news.12371.cn/2017/12/29/ARTI1514548988259610.shtml。

② 共产党员网：《坚持把解决好"三农"问题作为全党工作重中之重　举全党全社会之力推动乡村振兴》，2022 年 3 月 31 日，见 https://www.12371.cn/2022/03/31/ARTI1648714506421324.shtml。

要求推进中等职业教育和职业技能培训全覆盖，逐步分类推进中等职业教育免除学杂费；推进基础教育数字教育资源开发与应用，扩大农村地区优质教育资源覆盖面，提高农村学校教学质量。

2021年中央"一号文件"强调，要提高农村教育质量，为学前教育、特殊教育、义务教育、职业教育、网络教育等多种教育模式提供资源保障。同年9月，教育部、国家发改委、财政部联合印发《关于编制义务教育薄弱环节改善与能力提升项目规划（2021—2025年）的通知》，要求优先补齐农村义务教育办学条件短板，按照统一城乡义务教育学校建设标准和基本装备配置标准的要求，全面梳理农村义务教育学校办学条件缺口，补齐影响学校教学、生活和安全的基本办学条件。

2022年中央"一号文件"要求实施新一轮学前教育行动计划，多渠道加快农村普惠性学前教育资源建设，办好特殊教育。

（二）加强农村医疗卫生服务建设

2013年8月，卫计委印发《关于进一步完善乡村医生养老政策提高乡村医生待遇的通知》，要求加快制定并完善乡村医生养老政策，严格乡村医生执业管理，切实保障乡村医生待遇。

2015年3月，国务院办公厅印发《关于进一步加强乡村医生队伍建设的实施意见》，要求通过10年左右的努力，力争使乡村医生总体具备中专及以上学历，逐步具备执业助理医师及以上资格，乡村医生各方面合理待遇得到较好保障，基本建成一支素质较高、适应需要的乡村医生队伍；对乡村医生的功能任务、管理准入考核、教育培养、培训发展、服务模式、收入保障、养老和退出政策、工作条件和执业环境，都提出了明确要求。

2016年10月，国家发改委印发的《全国农村经济发展"十三五"规划》提出，要加强农村基层基本医疗、公共卫生能力和乡村医生队伍建设，发展惠及农村的远程会诊系统。

2018年9月，国家卫生健康委员会、国家中医药局印发《关于开展

"优质服务基层行"活动的通知》，要求加大财政投入力度，进一步增加包括医疗设备在内的配置，以保证全国3.7万乡镇卫生院和3.5万社区卫生服务中心加快实现达标建设。

2021年中央"一号文件"以及《"十四五"推进农业农村现代化规划》，均要求提升乡镇卫生院医疗服务能力，选建一批中心卫生院，加强县级医院建设，持续提升县级疾控机构应对重大疫情及突发公共卫生事件能力。

2022年中央"一号文件"明确提出，要深入推进紧密型县域医疗卫生共同体建设。同年2月，国务院印发《"十四五"推进农业农村现代化规划》，要求加强乡村医疗卫生和疾控人才队伍建设，加大农村基层本地全科人才培养力度，推动乡村医生向执业（助理）医师转变，落实乡村医生待遇。

（三）加强农村社会保障建设

2012年8月，国家发展改革委等六部委印发《关于开展城乡居民大病保险工作的指导意见》，要求各地开展城乡居民大病保险，从城镇居民医保基金、新农合基金中划出一定比例或额度的资金为参保（合）居民购买大病保险。

2013年9月，国务院印发《关于加快发展养老服务业的若干意见》，提出要切实加强农村养老服务，完善农村养老服务托底的措施，将所有农村"三无"老人全部纳入五保供养范围，适时提高五保供养标准，健全农村五保供养机构功能，使农村五保老人老有所养。在满足农村五保对象集中供养需求的前提下，支持乡镇五保供养机构改善设施条件并向社会开放，提高运营效益，增强护理功能，使之成为区域性养老服务中心。依托行政村、较大自然村，充分利用农家大院等，建设日间照料中心、托老所、老年活动站等互助性养老服务设施。

2014年2月，国务院印发《关于建立统一的城乡居民基本养老保险制度的意见》，提出将新型农村社会养老保险和城镇居民社会养老保险两项制度合并实施，在全国范围内建立统一的城乡居民基本养老保险制度。合并后的城乡居民养老保险制度维持自愿参保原则，城乡居民的缴费标准在原有 100 元到 1000 元十档标准的基础上增加了 1500 元和 2000 元两档，并鼓励城乡居民多缴多得、长缴多得。

2016 年 1 月，国务院印发的《关于整合城乡居民基本医疗保险制度的意见》提出，整合城镇居民基本医疗保险和新型农村合作医疗两项制度，建立统一的城乡居民基本医疗保险制度。

2018 年 3 月，国家医疗保障局组建，城乡居民医保管理体制得以理顺统一。

2021 年中央"一号文件"提出，建立完善统一的城乡居民基本医疗保险制度，合理提高政府补助标准和个人缴费标准，健全重大疾病医疗保险和救助制度。落实城乡居民基本养老保险待遇确定和正常调整机制。同年 5 月，国家医保局等三部门联合印发《关于做好 2021 年城乡居民基本医疗保险工作的通知》，要求 2021 年城乡居民医保财政补助和个人缴费标准同步提高。居民医保人均财政补助标准新增 30 元，达到每人每年不低于 580 元，同步提高居民医保个人缴费标准 40 元，达到每人每年 320 元，对西部、中部地区分别按照 80%、60% 的比例进行补助，对东部地区各省分别按照一定比例进行补助。

2022 年中央"一号文件"提出推动农村基层定点医疗机构医保信息化建设，落实对特殊困难群体参加城乡居民基本医保的分类资助政策。同年 2 月，国务院印发《"十四五"国家老龄事业发展和养老服务体系规划》，要求加快补齐农村养老服务短板，完善农村养老设施。通过支持县级养老服务机构建设改造、将具备条件的乡镇级特困人员供养服务设施（敬老院）改扩建为区域养老服务中心、综合利用残疾人托养服务设施等方式，因地制宜实现农村有意愿的特困老年人集中供养。支持乡镇级特困人员供养服务设施（敬老院）增加养老服务指导功能，将专业养老服务延伸至村级邻里互助点、农村幸福院和居家老年人。

三、农村公共服务体系建设的进展与主要成效

（一）乡村教育体系建设不断加强

截至 2020 年年底，全国实现义务教育发展基本均衡的县（市、区）累计达到 2764 个，九年义务教育巩固率达 94.8%，比 2015 年提高了 1.8 个百分点；2021 年中央财政下达城乡义务教育补助经费 1739.3 亿元，同比增长 2.5%，重点支持地方落实城乡义务教育经费保障机制，实施好农村义务教育教师特岗计划和学生营养改善计划。学生营养改善计划的补助标准从 2011 的每生每餐 3 元，到 2021 年的每生每餐 5 元。截至 2020 年年底，营养改善计划覆盖 1732 个县的 13.16 万所学校的 3797.83 万学生，全国义务教育阶段学生的 24% 受益；该计划自 2011 年秋季启动实施以来，中央政府累计投入财政资金近 2000 亿元，受益学生超 3 亿人次，奠定了农村学生的营养基础。[①] 自 2019 年秋季学期起，对城乡义务教育阶段原建档立卡家庭学生、非建档立卡家庭经济困难残疾学生、农村低保家庭学生、农村特困救助供养学生四类家庭经济困难非寄宿生纳入生活补助范围。补助标准：小学生 500 元 / 年·生，初中生 625 元 / 年·生。从 2022 年春季学期起，补助范围进一步扩大，将孤儿、烈士子女，以及因病因灾造成家庭经济困难的学生纳入其中。

（二）乡村医疗卫生体系建设显著增强

党的十八大以来，国家加快推进乡村卫生服务一体化管理，不断规范与提升乡镇卫生院及社区卫生服务中心的医疗服务水平。截至 2021 年年底，全国共有县级（含县级市）医院 17294 所、县级（含县级市）妇幼保健机构 1868 所、县级（含县级市）疾病预防控制中心 1999 所、县级（含县级市）卫生监督所 1761 所，四类县级（含县级市）医疗卫生机构共有卫生人员 352.1 万人；共有基层医疗卫生机构 977790 个，其中，

---

① 央视网：《十年间，这个计划改变了中国万千青少年》，2021 年 12 月 22 日，见 https://baijiahao.baidu.com/s?id=1719832418014078386&wfr=spider&for=pc。

社区卫生服务中心（站）36160 个，乡镇卫生院 34943 个，诊所和医务室 271056 个，村卫生室 599292 个；乡镇卫生院人员数达到 149.2 万人，其中卫生技术人员超过 128 万人；2021 年，乡镇卫生院和社区卫生服务中心（站）诊疗人次 20.0 亿，比上年增加 1.5 亿人次。[①]

（三）乡村社会保障体系建设不断完善

截至 2021 年年底，全国共有 3994.7 万老年人享受老年人补贴，其中享受高龄补贴的老年人 3246.6 万人，享受护理补贴的老年人 90.3 万人，享受养老服务补贴的老年人 573.6 万人，享受综合补贴的老年人 84.2 万人。全国共支出老年福利资金 386.2 亿元，养老服务资金 144.9 亿元。全国共有农村低保对象 1945.0 万户、3474.5 万人，农村低保平均保障标准 6362.2 元 / 人·年，比上年增长 6.7%，全年支出农村低保资金 1349.0 亿元；共有农村特困人员 437.3 万人，全年支出农村特困人员救助供养资金 429.4 亿元。全国共有社区综合服务机构和设施 56.7 万个，社区养老服务机构和设施 31.8 万个，农村社区综合服务设施覆盖率达到 79.5%。[②]

第三节　强化农村资金投入保障

一、强化资金投入保障的理论探索

2013 年 11 月，习近平总书记在《关于〈中共中央关于全面深化改革若干重大问题的决定〉的说明》中指出，"鼓励社会资本投向农村建设，允许企业和社会组织在农村兴办各类事业"[③]。同年 12 月，习近平总书记

[①]　中国政府网：《2021 年我国卫生健康事业发展统计公报》，2022 年 7 月 12 日，见 http://www.gov.cn/xinwen/2022-07/12/content_5700670.htm。

[②]　民政部：《2021 年民政事业发展统计公报》，2022 年 8 月 26 日，见 https://images3.mca.gov.cn/www2017/file/202208/2021mzsyfztjgb.pdf。

[③]　中共中央党史和文献研究院编：《习近平关于"三农"工作论述摘编》，中央文献出版社 2019 年版，第 30 页。

在中央农村工作会议上指出，"要加大农业投入力度，建立适合农业农村特点的金融体系"①。

2015年2月，习近平总书记在陕甘宁革命老区脱贫致富座谈会上的讲话指出，"在顶层设计上，要采取更加倾斜的政策，加大对老区发展的支持，增加扶贫开发的财政资金投入和项目布局，增加金融支持和服务，鼓励引导社会资金投向老区建设，鼓励引导企事业单位到老区兴办各类事业和提供服务，形成支持老区发展的强大社会合力"②。同年11月，习近平总书记在中央扶贫开发工作会议上的讲话指出，"要通过完善激励和约束机制，推动各类金融机构实施特惠金融政策，加大对脱贫攻坚的金融支持力度，特别是要重视发挥好政策性金融和开发性金融在脱贫攻坚中的作用。要鼓励和支持社会资本在贫困县发起成立村镇银行、小额贷款公司等小微型金融机构，增加农村金融产品和服务。要发挥财政资金'四两拨千斤'的导向作用，支持成立政府出资的担保机构，扩大扶贫贴息贷款规模，撬动更多信贷资金支持贫困户发展生产和就业创业。"③

2017年12月，习近平总书记在中央农村工作会议上强调，"要健全投入保障制度，创新投融资机制，拓宽资金筹集渠道，加快形成财政优先保障、金融重点倾斜、社会积极参与的多元投入格局。公共财政要向'三农'倾斜，逐步解决欠账较多的问题"。"要坚持农村金融改革发展的正确方向，健全适合农业农村特点的农村金融体系，推动农村金融机构回归本源，把更多金融资源配置到农村经济社会发展的重点领域和薄弱环节，更好满足乡村振兴多样化金融需求。要强化金融服务方式创新，

① 农业农村部：《中央农村工作会议在北京举行　习近平 李克强作重要讲话　张德江 俞正声 刘云山 王岐山 张高丽出席会议》，2013年12月25日，见 https://news.12371.cn/2013/12/25/ARTI1387911416091828.shtml。
② 农业农村部：《习近平论脱贫攻坚（2015年）》，2021年6月30日，见 http://www.moa.gov.cn/ztzl/xjpgysngzzyls/zyll/202106/t20210630_6370706.htm。
③ 农业农村部：《习近平论脱贫攻坚（2015年）》，2021年6月30日，见 http://www.moa.gov.cn/ztzl/xjpgysngzzyls/zyll/202106/t20210630_6370706.htm。

防止脱实向虚倾向，严格管控风险，真正提高金融服务乡村振兴能力和水平。"①

2018 年 2 月，习近平总书记在打好精准脱贫攻坚战座谈会上的讲话指出，"脱贫攻坚，资金投入是保障。必须坚持发挥政府投入主体和主导作用，增加金融资金对脱贫攻坚的投放，发挥资本市场支持贫困地区发展作用，吸引社会资金广泛参与脱贫攻坚，形成脱贫攻坚资金多渠道、多样化投入。"②同年 9 月，习近平总书记在中共十九届中央政治局第八次集体学习时的讲话指出，"要健全多元投入保障机制，增加对农业农村基础设施建设投入"③。

2019 年 3 月，习近平总书记在参加十三届全国人大二次会议河南代表团审议时的讲话指出，要"加大投入力度，创新投入方式，引导和鼓励各类社会资本投入农村基础设施建设"④。

2020 年 12 月，习近平总书记在中央农村工作会议上指出，"要深化农村信用社改革，多渠道补充中小银行资本金，推动农村金融机构回归本源"⑤。

二、强化资金投入保障的政策实践

党的十八大以来，围绕增加农村财政资金投入、加大农村金融支持、引导社会资本投资农村等方面，党和政府出台了一系列的政策文件，为

---

① 习近平：《论"三农"工作》，中央文献出版社 2022 年版，第 264 页。
② 中共中央党史和文献研究院编：《习近平关于"三农"工作论述摘编》，中央文献出版社 2019 年版，第 177 页。
③ 中共中央党史和文献研究院编：《习近平关于"三农"工作论述摘编》，中央文献出版社 2019 年版，第 45 页。
④ 中共中央党史和文献研究院编：《习近平关于"三农"工作论述摘编》，中央文献出版社 2019 年版，第 46 页。
⑤ 农业农村部：《坚持把解决好"三农"问题作为全党工作重中之重　举全党全社会之力推动乡村振兴》，2022 年 3 月 31 日，见 https://www.12371.cn/2022/03/31/ARTI1648714506421324.shtml。

推进农业供给侧结构性改革、实施乡村振兴战略提供了资金保障。

（一）强化财政资金投入

2012—2022年的中央"一号文件"都强调，要增加"三农"资金投入，把农业农村作为一般公共预算优先保障领域，中央预算内投资进一步向农业农村倾斜，建立财政支农资金稳定增长机制。

2015年6月，国务院印发的《推进财政资金统筹使用方案》提出，要进一步深入推进各个层面的涉农资金整合统筹，逐步将涉农资金整合为农业综合发展、农业生产发展、水利发展、林业改革发展、农村社会发展、扶贫开发六类，突出创新涉农资金管理使用机制。

2017年12月，国务院印发《关于探索建立涉农资金统筹整合长效机制的意见》，提出要加强涉农资金的顶层设计，创新涉农资金使用管理机制，到2020年，构建形成农业发展领域相互协调、上下联动的涉农资金统筹长效机制。

2018年9月，《财政部贯彻落实实施乡村振兴战略的意见》印发，要求政府投资继续向农业农村领域倾斜，加大对乡村振兴重点领域和薄弱环节支持力度。落实涉农税费减免政策，引导金融和社会资本加大乡村振兴投入。

2021年3月，财政部等六部门联合印发《中央财政衔接推进乡村振兴补助资金管理办法》，对涉农资金统筹整合作出了详细说明。同年4月，财政部等11个部门联合印发《关于继续支持脱贫县统筹整合使用财政涉农资金工作的通知》，对整合资金的使用范围与使用方式作出了规定，为巩固拓展脱贫攻坚成果同乡村振兴有效衔接奠定了坚实基础。同年11月，国务院印发《"十四五"推进农业农村现代化规划》，明确提出要加大中央财政转移支付支持农业农村力度，对西部地区160个国家乡村振兴重点帮扶县给予集中支持，以尽快补齐区域发展短板。

（二）强化农村金融支撑

2014年中央"一号文件"明确提出要加大农业保险支持力度。同年

4月，国务院办公厅印发《关于金融服务"三农"发展的若干意见》，要求在原有基础上进一步深化农村信用社改革，积极稳妥组建农村商业银行。同年8月，国务院印发的《关于加快发展现代保险服务业的若干意见》指出，要积极发展农业保险，不断加大农业保险支持力度，并对落实农业保险税收优惠政策以及财政补贴政策作了进一步的要求。

2016年10月，国务院印发的《全国农业现代化规划（2016—2020年）》提出，强化国家开发银行、中国农业发展银行职能定位，加大中长期"三农"信贷投放力度，引导互联网金融、移动金融在农村规范发展。支持涉农企业依托多层次资本市场融资，加大债券市场服务"三农"力度。开展农产品期权试点。探索开展农业投资抵押融资试点。扩大农业保险覆盖面，增加保险品种，提高风险保障水平，积极开发适应新型农业经营主体需求的保险品种。探索建立农业补贴、涉农信贷、农产品期货和农业保险联动机制。积极探索农业保险保单质押贷款和农户信用保证保险。稳步扩大"保险＋期货"试点。

2020年中央"一号文件"鼓励商业银行发行"三农"、小微企业等专项金融债券。同年8月，中国农业再保险股份有限公司获批正式成立，为我国农业保险高质量可持续发展奠定坚实基础。

2021年5月，中国人民银行等六部门联合印发《关于金融支持新型农业经营主体发展的意见》，支持符合条件的新型农业经营主体通过债券和股权进行融资。同年11月，国务院印发《"十四五"推进农业农村现代化规划》，要求深入实施优势特色农产品保险奖补政策，鼓励各地因地制宜发展优势特色农产品保险，稳妥有序推进农产品收入保险，健全农业再保险制度。

2021年和2022年中央"一号文件"均鼓励开发专属金融产品支持新型农业经营主体和农村新产业新业态，大力开展农户小额信用贷款、保单质押贷款、农机具和大棚设施抵押贷款业务，增加首贷、信用贷等贷款业务。

2022 年 3 月，中国人民银行印发《关于做好 2022 年金融支持全面推进乡村振兴重点工作的意见》，对改进金融机构内部资源配置提出要求，各金融机构要健全服务乡村振兴的内设机构或业务条线；对国家乡村振兴重点帮扶县，全国性银行要制订明确的内部资金转移定价优惠方案，中小银行可结合自身实际合理确定优惠幅度，发挥好金融扶贫的作用。

（三）拓宽农村融资渠道

2013 年中央"一号文件"提出，鼓励和引导工商资本进入农村发展适合企业经营的现代种养业。此后，连续九年的中央"一号文件"都明确提出，鼓励工商资本下乡。

2016 年 12 月，国务院办公厅印发《关于完善支持政策促进农民持续增收的若干意见》，要求坚持把农业农村作为国家固定资产投资重点领域，确保力度不减弱；创新投融资模式，充分发挥财政资金的杠杆作用，撬动更多社会资本投向农业农村。

2020 年 7 月，中央农办等七部门联合印发《关于扩大农业农村有效投资 加快补上"三农"领域突出短板的意见》，要求各地区要制定出台社会资本投资农业农村的指导意见，细化落实用地、环评等政策措施，落实好中央出台的各项促进农业农村投资政策，增强社会资本投资信心。

2021 年 11 月，国务院印发《"十四五"推进农业农村现代化规划》，提出建立社会资本投资农业农村指引目录制度，发挥政府投入引领作用，支持以市场化方式设立乡村振兴基金，撬动金融资本、社会力量参与，重点支持乡村产业发展。

三、强化资金投入保障的进展与主要成效

（一）稳定增长的政府投入机制逐步形成

自 2012 年以来，中央财政用于农林水事务支出总体上呈递增趋势，

2012 年为 11903 亿元，2021 年达到 22146 亿元，十年来支出规模增长近一倍（见图 6-2）。2016 年至 2020 年，中央财政累计安排补助地方专项扶贫资金 5305 亿元，连续 5 年每年新增 200 亿元。在此基础上，2021 年中央财政又一次性安排综合财力补助资金 300 亿元。2022 年，中央财政按只增不减原则，预算安排衔接推进乡村振兴补助资金 1650 亿元，同口径比 2021 年增加 84.76 亿元，增长 5.4%。

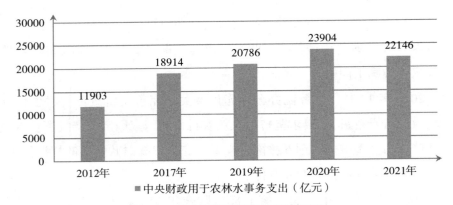

图 6-2　中央财政用于农林水事务支出

（二）农业农村金融服务能力不断提升

党的十八大以来，我国农业农村金融机构体系基本建成，为"三农"发展提供了有力支撑。从 2015 年起，农村信用社联社和农村合作银行的改制组建工作陆续开展，农村商业银行数量快速上升。截至 2020 年第一季度末，农商银行、农村信用社、村镇银行等农村金融机构总资产达到 39.09 万亿元，同比增长 8.3%，占银行业金融机构总资产的 12.9%。2019 年开始试点推广三大粮食作物完全成本保险与收入保险试点，到 2021 年在八省累计为 227 万户粮农种植的 2013 万亩粮田提供了 179 亿元风险保险，提高了粮农抵御农业风险的能力，消除了粮农的后顾之忧。2020 年，中国农业再保险公司成立，是国内唯一一家专业的农业再保险公司，其基本功能是分散农业大灾风险，推动建立并统筹管理国家农业保险的大灾风险基金，加强农业保险数据信息共享，承接国家相关支农惠农政策。据有关管理机构统计，2012 年中国农业保险保费收入为 240.60 亿元，2021 年中国实现农业保险保费收入 965.18 亿元（见图 6-3），比 2012 年增长 300.7%，提供风险保障 4.78 万亿元，服务农户达到 1.88 亿户次，在开办区域上已覆盖全国所有省（区、市）。

图 6-3　2012 年以来中国农业保险保费收入情况

（三）社会资本投资积极性逐步增强

社会资本进入农业农村的积极性较高，非农领域大中型企业也逐步进入乡村振兴领域，房地产、互联网等大中型企业纷纷布局农业，这类跨界投资已成为乡村振兴的重要资金来源。据国家统计局数据，2012 年我国农林牧渔业全社会固定资产投资为 10996.44 亿元，2020 年达到 34852.1 亿元（见图 6-4），期间增长 72.3%。2013—2020 年全国农林牧渔业民间固定资产投资累计规模从 0.8 万亿元增长到近 2.5 万亿元。社会资本涉农领域不断扩展，2020 年进入民营企业 500 强的农业领域企业达到 20 家，农业领域企业总营收比 2019 年增加 67.31 亿元，企业综合实力显著增强。

■全国农、林、牧、渔全社会固定资产投资（亿元）

图 6-4　2012 年以来全国农林牧渔业全社会固定资产投资

第七章　推动农业农村绿色发展

党的十八大以来，以习近平同志为核心的党中央围绕推动农业绿色发展，加强农村生态文明建设，提出了一系列新理念新思想新观点新战略，采取了一系列创新性举措，推进了一系列变革性实践，实现了一系列突破性进展，取得了一系列标志性成果。本章主要总结十年来推动农业农村绿色发展的理论和实践、成就和经验，以期为全面推进乡村生态振兴，促进农业农村发展全面绿色转型，加快农业农村现代化提供参考和借鉴。

第一节　推动建立农业绿色生产方式

一、推动农业绿色发展的理论探索

针对我国农业发展面临的耕地资源不足、水资源约束、环境压力大、气候变化影响等突出矛盾和问题，习近平总书记就如何转变农业发展方式，促进农业可持续发展作出了一系列重要论述。

2013 年 11 月，习近平总书记在山东省农科院同有关方面代表座谈时的讲话指出，"要适应资源禀赋和发展阶段的变化适时调整农业技术进步路线"，"走更加均衡的农业技术进步道路，在提高土地产出率、资源利用率、劳动生产率之间把握好平衡关系"，"加快构建适应高产、优质、高效、生态、安全农业发展要求的技术体系"[1]。

---

[1] 习近平：《论"三农"工作》，中央文献出版社 2022 年版，第 41—42 页。

2014 年 12 月，习近平总书记在中央经济工作会议上的讲话指出，"农业发展不仅要杜绝生态环境欠新账，而且要逐步还旧账。要推行农业标准化清洁生产，完善节水、节肥、节药的激励约束机制，发展生态循环农业，更好保障农畜产品安全。对山水林田湖实施更严格的保护，加快生态脆弱区、地下水漏斗区、土壤重金属污染区治理，打好农业面源污染治理攻坚战"①。

2017 年 5 月，习近平总书记在主持中共十八届中央政治局第四十一次集体学习时的讲话指出，"要开展土壤污染治理和修复，着力解决土壤污染农产品安全和人居环境健康两大突出问题。要加强农业面源污染治理，推动化肥、农药使用量零增长，提高农膜回收率，加快推进农作物秸秆和畜禽养殖废弃物全量资源化利用"②。

2017 年 7 月，习近平总书记主持召开中央全面深化改革领导小组第三十七次会议时强调，"推进农业绿色发展是农业发展观的一场深刻革命，也是农业供给侧结构性改革的主攻方向。要正确处理农业绿色发展和生态环境保护、粮食安全、农民增收的关系，创新有利于增加绿色优质农产品供给、降低资源环境利用强度、促进农民就业增收的体制机制，形成同环境资源承载能力相匹配、生产生活生态相协调的农业发展格局，实现农业可持续发展"③。

2020 年 3 月，习近平总书记在浙江考察时的讲话指出，"希望乡亲们坚定走可持续发展之路，在保护好生态前提下，积极发展多种经营，把生态效益更好转化为经济效益、社会效益"。同年 4 月，习近平总书记在山西考察时的讲话指出，"绿水青山既是自然财富，又是经济财富。希望乡亲们坚定不移走生态优先、绿色发展之路，因茶致富、因茶兴业，脱

---

① 习近平：《论"三农"工作》，中央文献出版社 2022 年版，第 138 页。
② 中共中央党史和文献研究院编：《习近平关于"三农"工作论述摘编》，中央文献出版社 2019 年版，第 65 页。
③ 习近平：《论"三农"工作》，中央文献出版社 2022 年版，第 68 页。

贫奔小康"①。

2020 年 12 月，习近平总书记在中央农村工作会议上的讲话指出，"这些年，我们在生态文明建设上下了很大的功夫，农村生态环境持续好转，农业绿色发展进展明显。目前，治理农业面源污染、改善农村生态环境还处在治存量、遏增量的关口，正是吃劲的时候，松一篙，退千寻。要保持战略定力，制定更具体、更有操作性的举措，以钉钉子精神推进农业面源污染防治，抓好化肥农药减量、白色污染治理、畜禽粪便和秸秆资源化利用，加强土壤污染、地下水超采、水土流失等治理和修复"②。

二、推动农业绿色生产的政策实践

（一）推动农业绿色生产的部署要求

2016—2020 年的中央"一号文件"都强调指出，"加快农业环境治理、加强农业资源保护和高效利用、注重农业生态保护和修复，提高农产品质量"。推动农业生产方式绿色转型，已成为新时代农业绿色发展的方向和要求。2016 年 10 月，国务院印发的《全国农业现代化规划（2016—2020 年）》提出绿色兴农的理念，将"补齐生态建设和质量安全短板，实现资源利用高效、生态系统稳定、产地环境良好、产品质量安全"作为农业绿色发展的要求。2017 年 9 月，中共中央办公厅、国务院办公厅印发的《关于创新体制机制推进农业绿色发展的意见》进一步提出，创新体制机制，推进农业绿色发展，将保障国家食物安全、资源安全和生态安全联系在一起，探求保供给、保收入、保生态的协调统一。2017 年中央"一号文件"明确指出，推行绿色生产方式，增强农业可持续发展能力。

---

① 中国政府网：《习近平主持召开中央全面深化改革领导小组第三十七次会议》，2017 年 7 月 19 日，见 http://www.gov.cn/xinwen/2017-07/19/content_5211833.htm。

② 习近平：《论"三农"工作》，中央文献出版社 2022 年版，第 13 页。

（二）着力推广农业清洁生产

深入推进化肥农药零增长行动，开展以有机肥取代化肥综合试点，发挥农业节本增效作用。建立健全肥料杀虫剂行业产品监督管理和产品质量溯源体系，严格规范产业准入管理工作。强力推行有效生态化循环的种养管理模式，提高牲畜大便集中式管理，促进农村规模化大型沼气生产健康发展。引导全国各地加强对农作物废弃秸秆资源化综合利用的支持力度，完善农村秸秆多元化使用补偿机制，进一步积极推进我国农村发展实验示范园建设。

（三）大规模实施农业节水工程

把农业节约用水工作当成发展方向性、战略性的重大事情来抓，积极推动完善我国重点支持农业节约用水工作的政策措施制度体系。继续强化对大中型电动机及灌溉排水核心工程建设的节能改革与工程建设力度，同时健全田间节水给水设备，逐步形成现代化灌区。大力开展区域规模化的长效节水浇灌行动，集中建成一批长效节水灌溉工程。建立健全农业节水科技产品标准体系。加速研制品种完整、系统配套、性能安全的农业节水灌溉技术和产品，大力普及喷灌、滴灌等农业节水灌溉技术，进一步加强水肥一体化等农业农艺节水推广力度。

（四）集中治理农业环境突出问题

制定实施农田、草场、河湖等休养生息计划。开展农村土壤污染现状详查，深入落实农村土壤污染治理计划，进一步实施对土壤中重金属污染农田恢复和种植等产业结构调整试验。逐步扩展全国农业产地面源环境污染整治试验区域，加强国家对东北黑土地保护与支持力度。推行农民耕地轮种休耕制试验，科学制定土地补偿标准。支持地方政府重视发展设施与农业土壤改良，提高土地有机质。逐步扩大中国西部地下水超采区的综合整治区域。

三、推动农业绿色生产的主要成效

（一）耕地质量逐步提升，农田灌溉面积逐步增加

据有关部门调查，2019 年全国耕地质量平均等级为 4.76，比 2014 年提高了 0.35 个等级，其中一至三等优质耕地面积比例比 2014 年提高 3.94 个百分点（见图 7–1）。2018 年全国农田灌溉水有效利用系数达到 0.554，比 2012 年增加 0.038。[①] 到 2020 年全国农田林网控制率达到 90%。

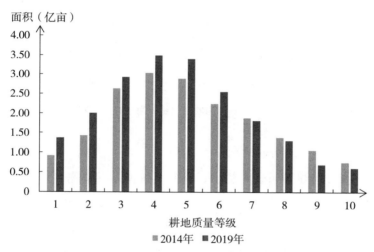

图 7–1　2014 年、2019 年我国耕地质量等级分布
资料来源：2014 年、2019 年《全国耕地质量等级情况公报》。

（二）化肥农药实现减量增效，资源利用率明显提升

截至 2017 年，我国提前三年实现化肥农药零增长（见图 7–2）。2020 年我国水稻、小麦、玉米三大粮食作物化肥利用率达到 40.2%，比 2015 年提高 5 个百分点；农药利用率达到 40.6%，比 2015 年提高 4 个百分点；全国秸秆综合利用率达到 86%。[②] 我国每年在 300 个县开展化肥减量增

---

① 中国农科院院网：《中国农科院发布〈中国农业绿色发展报告 2019〉》，2020 年 6 月 7 日，见 https://iarrp.caas.cn/ysdt/tpxw/236164.htm。

② 中国政府网：《"十三五"以来全国秸秆综合利用率达 86%，畜禽粪污综合利用率达 75%》，2020 年 11 月 20 日，见 http://www.gov.cn/xinwen/2020-11/20/content_5562821.htm。

效示范，在 600 个县建设统防统治与绿色防控融合示范基地。[①]

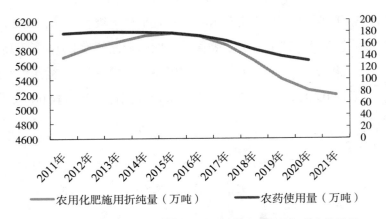

图 7-2　2011—2021 年我国农用化肥施用折存量与农药使用量
资料来源：国家统计局网站。

（三）生产组织体系逐步健全，政策支持体系逐步完善

自 2012 年以来，广大农业生产者发展绿色农产品的生产能力和技术水平逐步提高，涌现出一批掌握绿色食品生产技术的新型职业农民队伍。截至 2020 年年末，全国专业化统防统治服务组织达到 9.3 万个，农业绿色发展生产能力和科技水平稳步提升。财政对优质农产品生产的支持力度逐步加大，农业绿色金融发展步伐逐步加快，农业绿色生产的政策体系逐步形成。

第二节　推动形成农村绿色生活方式

一、推动形成绿色生活方式的理论探索

党的十八大以来，习近平总书记围绕形成绿色生活方式，作出了一

---

① 农业农村部科技教育司：《我国三大粮食作物化肥农药利用率双双超 40%》，2021 年 1 月 19 日，见 http://www.moa.gov.cn/xw/bmdt/202101/t20210119_6360102.htm。

系列的重要论述，提出了一系列新理念新观点。

2013 年 11 月，习近平总书记在中共中央政治局常委会会议上强调，"加强生态文明建设、加强生态环境保护、提倡绿色低碳生活方式，不仅是一个经济问题，而且也是很大的政治问题"[①]。同年 5 月，习近平总书记在中共十八届中央政治局第六次集体学习时指出，"着力树立生态观念、完善生态制度、维护生态安全、优化生态环境，形成节约资源和保护环境的空间格局、产业结构、生产方式、生活方式"[②]。

2017 年 5 月，习近平总书记在中共十八届中央政治局第四十一次集体学习时指出，"要加强生态文明宣传教育，强化公民环境意识，推动形成节约适度、绿色低碳、文明健康的生活方式和消费模式，形成全社会共同参与的良好风尚"[③]。同年 10 月，习近平总书记在党的十九大报告中强调"倡导健康文明生活方式"，指出"要倡导简约适度、绿色低碳的生活方式"。

2018 年 12 月，习近平总书记在中央经济工作会议上的讲话指出，"要发动农民参与人居环境治理，大家动手搞清洁、搞绿化、搞建设、搞管护，形成持续推进机制"[④]。

二、推动形成农村绿色生活方式的政策实践

（一）推动形成农村绿色生活方式的部署要求

党的十八大以来，我国围绕建设绿色交通、发展绿色能源、开展绿

---

① 学习强国：《习近平论社会主义生态文明建设（2012 年 11 月 8 日至 2013 年 12 月 31 日）》，2022 年 3 月 14 日，见 https://www.xuexi.cn/lgpage/detail/index.html?id=15291267660628265543。

② 共产党员网：《习近平在中共中央政治局第六次集体学习时强调　坚持节约资源和保护环境基本国策 努力走向社会主义生态文明新时代》，2013 年 5 月 24 日，见 https://news.12371.cn/2013/05/24/VIDE1369397046727817.shtml。

③ 新华网：《习近平：推动形成绿色发展方式和生活方式　为人民群众创造良好生产生活环境》，2017 年 5 月 27 日，见 http://www.xinhuanet.com/politics/2017-05/27/c_1121050509.htm。

④ 中国政府网：《中央经济工作会议举行　习近平李克强作重要讲话》，2018 年 12 月 21 日，见 http://www.gov.cn/xinwen/2018-12/21/content_5350934.htm。

色建筑行动、树立绿色生活理念、引导绿色消费等内容，作出了一系列部署安排，提出了一系列政策措施。2013年2月，国务院印发《关于印发循环经济发展战略及近期行动计划》提出，开展农村绿色建筑行动，建设绿色交通体系。2014年6月，国务院办公厅印发《关于印发能源发展战略行动计划（2014—2020年）》提出，加快农村用能结构向好转变的系列措施。2015年5月，中共中央、国务院印发《关于加快推进生态文明建设的意见》提出，倡导形成绿色低碳的良好社会风尚。2015年10月，环境保护部印发《关于加快推动生活方式绿色化的实施意见》提出，明确了推动生活方式绿色化的总体目标和政策保障措施。2016年2月，国家发展改革委等10个部门印发《关于促进绿色消费的指导意见》，明确了全民绿色消费的重要意义、践行绿色消费的总体目标和具体要求。2021年2月，国务院印发《关于加快建立健全绿色低碳循环发展经济体系的指导意见》提出，推行绿色低碳消费模式，积极引导全民绿色产品消费。2021年10月，国务院印发《关于2030年前碳达峰行动方案》提出，促进农村绿色建设和用能转型，推动形成绿色生活方式。2021年10月，中共中央办公厅、国务院办公厅印发《关于推动城乡建设绿色发展的意见》提出，打造生态宜居美丽乡村、推动形成农村绿色生活方式的政策措施。

（二）强化农村生活方式绿色化价值理念

一是加强农村生活方式绿色化理念的宣传教育。让节约能源资源、保护生态环境等价值观念融入农村生活，把生活方式绿色化作为素质教育的重要内容写入学校教育课程、纳入村级干部培训体系，普及绿色低碳的知识和理念，切实增强居民的低碳、节约意识。二是树立农村居民绿色消费理念。引导居民建立绿色、低碳、循环、节约的价值观念，鼓励引导居民合理消费，摒弃资源滥用、污染环境的行为。三是破除奢侈且浪费的不良习惯习俗，弘扬节俭、节约的传统美德，积极培育具有地方特色的绿色文化、绿色道德。

（三）加强农村绿色产品和服务有效供给

一是鼓励企业增强对农村绿色产品的供给力度。制定支持政策推动企业研发、设计和制造满足农村居民生活需求的绿色产品，完善绿色产品认证质检工作；做好绿色产品技术储备，加快先进技术成果转化和在农村地区的推广应用。二是发展农村生物质能源，加强煤炭清洁化利用，推进燃气下乡，加快农村绿色用能方式转型升级。增加清洁能源高效供应和开发利用，加快农村水电网改造升级工程、沼气工程和天然气工程建设，因地制宜加强农村节能工作。建设饮水安全提升工程，改善农村清洁供水条件。三是提供建筑节能建造技术。为居民提供建设新型环保建筑的节能技术服务，完善住房内水、电、气、厕配套设施，加强现有建筑的节能建设和改造。四是加快形成农村绿色交通体系和运输方式。规划建设快捷方便、高效衔接的客运和货运公共交通体系，降低不合理客运和货运周转量，建设发展农产品运输配送的智能交通体系。加强农村人行绿道和自行车道的科学规划和建设，增加节能环保能源使用的交通工具供给，完善道路充电桩、加氢站、交通电网等基础设施建设。五是创建特色生态旅游示范村镇，积极开发生态观光农业、健康养生、生态教育等服务，打造以绿色环保为特点的乡村生态旅游产业链。六是推进农村互联网络广泛覆盖，推动电商进村、信息入户，推进农村智慧物流发展建设。

（四）培养居民产品和服务绿色消费习惯

一是积极引导农村居民购买具有绿色认证的节能家电、器具等绿色产品；减少使用一次性的用品，购物要自备纸袋；提倡网上购物和使用移动支付方式。二是倡导节能省地、低碳环保的住宅装修，不使用产生高碳排放的低质材料进行装修，不采用奢侈的装修材料和装修方式。三是鼓励外出就餐要做到适度用餐，不浪费粮食，提倡餐后打包；农村婚丧嫁娶等事宜或风俗用餐要从简置办，杜绝铺张浪费。四是倡导农村居民外出多乘公共交通；鼓励居民购买电动农用车辆、节能环保农机和渔船，扩大氢能、电力等新能源的使用，确保居民出行产生的碳排放增长保持在合理区间。五是发展农村绿色生态旅游，保护旅游区生态环境。

（五）建立农村生活方式绿色化政策体系

一是建立引导农村生活方式绿色化的政策体系，因地制宜地制定体现节能减排、绿色低碳的政策措施。二是完善绿色低碳生活方式相关法律法规。推动制定和修订农村节约能源法、农村绿色消费法、农村清洁能源使用法及农村生态环境监测条例、农村建筑节能条例等法律法规，严厉执法、严格监督。三是健全加快绿色低碳、节能环保标准体系政策法规。扩大标准覆盖面，提升绿色产品认证标准，规范绿色产品认证过程，严厉打击伪绿色、假认证等行为，同时加强标准实施后的评估检查工作。四是健全加强农产品质量安全监管政策法规。完善农产品安全质量全程网络化、智能化监管体系，扩大质量安全监管范围，对农产品农药兽药残留超标和非法添加等问题严惩处置。推行食用农产品达标合格证制度，健全农产品溯源体系。

三、推动形成农村绿色生活方式的主要成效

（一）全民教育活动持续开展，绿色生活理念深入人心

《公民生态环境行为调查报告（2020年）》显示，公众认为呵护自然生态、关注生态环境、践行绿色消费等行为对于绿色生活方式转型非常重要，人数比例比2019年提高了10%—20%，生活方式绿色化理念逐渐深入人心（见图7-3）。①借助微信群、官方公众号平台等线上渠道进行绿色生活方式理念的宣传教育，逐渐增强了绿色生活方式以及绿色产品的公众认知度。

---

① 生态环境部：《〈公民生态环境行为调查报告（2020年）〉发布》，2020年7月14日，见 https://www.mee.gov.cn/ywgz/xcjy/gzcy_27007/202007/t20200714_789277.shtml。

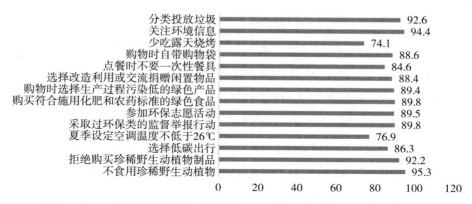

图7-3　2020年公民认为以上生活方式对生态环境保护重要的人数占比（％）

资料来源：《公民生态环境行为调查报告（2020年）》。

（二）全民行动体系建立健全，绿色生活方式成为习惯

根据《公民生态环境行为调查报告（2020年）》，经常践行绿色消费的
人数占比情况如图7-4所示，公众能够积极参与环保监督和环保志愿活动。
但是在绿色消费、减少污染等行为领域仍然存在"高认知、低践行"的现象。[1]

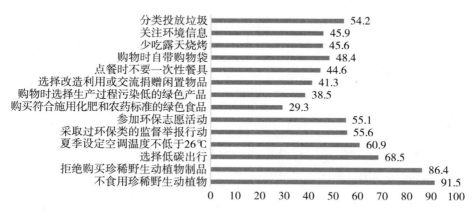

图7-4　2020年公民经常践行绿色消费的人数占比（％）

资料来源：《公民生态环境行为调查报告（2020年）》。

---

[1]　生态环境部：《〈公民生态环境行为调查报告（2020年）〉发布》，2020年7月14日，
见 https://www.mee.gov.cn/ywgz/xcjy/gzcy_27007/202007/t20200714_789277.shtml。

（三）搭建行动网络平台，共享绿色生活信息服务

到 2020 年，全国行政村通光纤和通 4G 比例均超过 98%，5G 加速向农村地区覆盖，电信普遍服务试点地区平均下载速率超过 70M，基本实现农村城市"同网同速"。农村宽带用户总数达 1.42 亿户，农村网民规模达 3.09 亿，农村居民平均每百户拥有移动电话 261.2 部，农村地区互联网普及率达 55.9%。[①]信息技术的进步增加了公众了解生态环境信息以及绿色生活信息的渠道和机会。农村地区通过互联网平台，不断完善构建绿色生活方式的民众参与制度，及时准确地披露各类环境信息，扩大绿色信息公开范围。

第三节　统筹山水林田湖草沙系统治理

一、统筹山水林田湖草沙系统治理的理论探索

针对部分生态保护修复工作各自为战，缺乏系统性和整体性思维，生态整治修复效果不尽如人意的问题，习近平总书记对"统筹山水林田湖草沙系统治理"作出了一系列重要论述。

2013 年 11 月，习近平总书记在《关于〈中共中央关于全面深化改革若干重大问题的决定〉的说明》强调，"山水林田湖是一个生命共同体，人的命脉在田，田的命脉在水，水的命脉在山，山的命脉在土，土的命脉在树。用途管制和生态修复必须遵循自然规律，如果种树的只管种树、治水的只管治水、护田的单纯护田，很容易顾此失彼，最终造成生态的系统性破坏。由一个部门负责领土范围内所有国土空间用途管制职责，对山水林田湖进行统一保护、统一修复是十分必要的"[②]。

---

① 资料来源：《农业农村部关于印发〈"十四五"全国农业农村信息化发展规划〉的通知》。
② 共产党员网：《习近平：关于〈中共中央关于全面深化改革若干重大问题的决定〉的说明》，2013 年 11 月 15 日，见 https://news.12371.cn/2013/11/15/ARTI1384513621204530.shtml。

2014 年 3 月，习近平总书记在中央财经领导小组第五次会议上的讲话指出，"坚持山水林田湖是一个生命共同体的系统思想"，"要用系统论的思想方法看问题，生态系统是一个有机生命躯体，应该统筹治水和治山、治水和治林、治水和治田、治山和治林等"。[1]

2017 年 7 月，习近平总书记主持召开全面深化改革领导小组第三十七次会议，审议通过了《建立国家公园体制总体方案》，进一步将"草"纳入"山水林田湖草是一个生命共同体"[2]。

2018 年 5 月，习近平总书记在全国第八次生态环境保护大会上的讲话指出，"新时代推进生态文明建设，必须坚持好以下原则……四是山水林田湖草是生命共同体，要统筹兼顾、整体施策、多措并举，全方位、全地域、全过程开展生态文明建设"[3]。

二、统筹山水林田湖草沙系统治理的政策实践

（一）统筹山水林田湖草沙系统治理的部署要求

党的十八大以来，我国围绕统筹山水林田湖草沙系统治理，作出了一系列部署安排，提出了一系列政策措施。2015 年 9 月，中共中央、国务院印发《生态文明体制改革总体方案》提出，树立山水林田湖是一个生命共同体的理念，按照生态系统的整体性、系统性及其内在规律，统筹考虑自然生态各要素、山上山下、地上地下、陆地海洋以及流域上下游，进行整体保护、系统修复、综合治理，增强生态系统循环能力，维护生态平衡。2018 年 6 月，中共中央、国务院印发《关于全面加强生态环境保护　坚决打好污染防治攻坚战的意见》提出坚持山水林田湖草是

---

[1]　中国政府网：《习近平主持召开中央财经委员会第五次会议》，2019 年 8 月 26 日，见 http://www.gov.cn/xinwen/2019-08/26/content_5424679.htm。

[2]　中国政府网：《习近平主持召开中央全面深化改革领导小组第三十七次会议》，2017 年 7 月 19 日，见 http://www.gov.cn/xinwen/2017-07/19/content_5211833.htm。

[3]　中国政府网：《习近平出席全国生态环境保护大会并发表重要讲话》，2018 年 5 月 19 日，见 http://www.gov.cn/xinwen/2018-05/19/content_5292116.htm。

生命共同体，必须按照系统工程的思路，构建生态环境治理体系，着力扩大环境容量和生态空间，全方位、全地域、全过程开展生态环境保护。2022年8月，自然资源部办公厅等三部门联合印发《山水林田湖草生态保护修复工程指南（试行）》，全面指导和规范各地山水林田湖草生态保护修复工程实施，推动山水林田湖草一体化保护和修复。

（二）建立多部门多层次跨区域协调机制

健全自然资源资产产权制度和用途管制制度，鼓励对水流、森林、山岭、草原、荒地、滩涂等自然生态空间进行统一确权登记，形成归属清晰、权责明确、监管有效的自然资源资产产权制度。组建"自然资源部"统一行使全民所有自然资源资产所有者职责，统一行使所有国土空间用途管制和生态保护修复职责。通过由自然资源部管理国家林业和草原局，统筹对森林、草原、湿地监督管理。中央财政对典型重要山水林田湖生态保护修复工程给予奖补。鼓励各地积极拓宽资金渠道，按照系统综合治理的要求，提出本地整合资金的具体措施和办法，统筹环境污染治理、农村环境保护、矿山地质环境治理、土地复垦、水污染防治、生态修复等各类资金，切实推进山水林田湖生态保护修复。

（三）落实山水林田湖草沙系统治理"一张图"制度

依托国土空间基础信息平台和自然资源三维立体"一张图"，建设山水林田湖草生态保护修复工程项目数据库与监测监管系统。将生态保护修复工程及子项目立项、实施、验收等环节的信息及时上图入库，明确项目位置、规模、类型、内容及建设进展与成效等。综合运用遥感、大数据等技术手段进行比对核查，实现实时动态、可视化、可追踪的全程全面监测监管。

（四）坚持因地制宜、科学治理

根据当地的自然状况、生态适宜性、立地条件、施工季节和施工工艺的难易程度等，充分吸收相关领域专家与本地居民的知识与经验，充分考虑当地居民的利益、权益与满意度，设计多个备选方案，分析措施实施的生态适宜性、优先级和时机。从生态环境影响与风险、经济技术可行性、社会可接受性等方面综合评价，可开展修复方法模拟预测，筛选相对最优的生态保护修复措施和技术。以县为单位，针对农业资源与生态环境突出问题，建立农业产业准入负面清单制度，因地制宜制定禁止和限制发展产业目录，明确种植业、养殖业发展方向和开发强度，强化准入管理和底线约束，分类推进重点地区资源保护和严重污染地区治理。

（五）加强重大农业生态工程建设

推动全国山林水田湖系统维护、系统恢复、综合治理，加速形成生态安全屏障。全面推进全国重大国土绿化行动。开展长江经济带等重要生态建设恢复工程，将抓大环境保护、不搞大发展的政策规定落到实处。持续开展全国森林重大生态建设工程，推进全国森林品质精准改善工程。完善全部终止自然林的商品性开采补贴优惠政策。做好重要地区的地下水土流失综合治理和水利环境恢复整治，进一步实施国家河流湖库等自然水体连通工程。

三、统筹山水林田湖草沙系统治理的主要成效

截至 2019 年，全国已有 25 个山水林田湖草生态保护修复工程正式启动，根据试点工程在生态安全战略布局中的区位，大致上可以划分为六大类（见表 7-1）。试点重点统筹五个方面的内容，即森林保护修复和水源涵养功能提升、矿山环境治理恢复、土地整治与污染修复、生物多样性保护以及重点流域源头区水质保护和提升。试点政策鼓励和支持各地区拓展资金渠道，整合财政专项资金和政策资金，统筹农村环境保护、土地复垦、矿山地质环境治理、水污染防治、生态修复等各类资金，推动了农村生态环境治理。

表 7-1　山水林田湖草生态保护修复试点工程概况

类型	试点工程地区
青藏高原生态屏障保护修复	主要包括青海祁连山和西藏拉萨河流域两个试点工程
黄土高原—川滇生态屏障保护修复	主要包括陕西黄土高原和云南抚仙湖两个试点工程
东北森林带生态保护修复	主要包括吉林长白山和黑龙江小兴安岭—三江平原两个试点工程
北方防沙带生态保护修复	主要包括河北京津冀水源涵养区、甘肃祁连山、内蒙古乌梁素海流域三个试点工程
南方丘陵山地带生态保护修复	主要包括福建闽江流域、江西赣南、广东粤北南岭山区、广西左右江流域四个试点工程
大江大河生态保护修复	主要包括湖北长江三峡地区、湖南湘江流域和洞庭湖、重庆长江上游生态屏障、四川华蓥山、贵州乌蒙山区五个长江流域的试点工程；山西汾河中上游、山东泰山、河南南太行地区、宁夏贺兰山东麓四个黄河流域的试点工程；河北雄安新区（河海流域）、浙江钱塘江源头区域、新疆额尔齐斯河流域三个试点工程

　　试点政策取得了良好的效果，对于保障国家生态安全发挥了重要作用。例如，湖南省湘江流域和洞庭湖生态保护修复工程投资 79.13 亿元，主要实施水环境、农业与农村环境、矿区生态环境和生物多样性四大类工程 20 项子工程的生态保护修复，为打造长江经济带"清水长廊"、筑牢长江中游生态屏障打下了坚实基础。再如，河南省南太行地区试点工程包括农田综合整治、土壤污染修复等五项工程，总概算费用达到 20641 万元。截至 2022 年 10 月，完成矿山治理面积 290 平方千米，治理河道 288 千米，新增土地整治面积 80.7 平方千米，新增林地 69.23 平方千米。[①]

第四节　加强农村人居环境综合整治

一、加强农村人居环境综合整治的理论探索

　　良好人居环境，是广大农民的殷切期盼。习近平总书记关于农村人

_____

① 河南省人民政府：《"河南省十大地质成就"新闻发布会》，2022 年 10 月 14 日，见 https://www.henan.gov.cn/2022/10-14/2623767.html。

居环境综合整治工作的重要论述，为各地区做好农村人居环境综合整治提供了理论指引。

2013年10月，习近平总书记在系统总结浙江省"千村示范万村整治"工程的经验时指出，"各地开展新农村建设，应坚持因地制宜、分类指导，规划先行、完善机制，突出重点、统筹协调，通过长期艰苦努力，全面改善农村生产生活条件"[①]。

2017年12月，习近平总书记在中央农村工作会议上的讲话指出，"要实施好农村人居环境整治三年行动方案，明确目标，落实责任，聚焦农村生活垃圾处理、生活污水治理、村容村貌整治，梯次推动乡村山水林田路房整体改善。这要作为实施乡村振兴战略的阶段性成果"[②]。

2018年12月，习近平总书记在中央经济工作会议上的讲话指出，"改善农村人居环境。这是实施乡村振兴战略的重点任务，也是农民群众的深切期盼。要压实县级主体责任，从农村实际出发，重点做好垃圾污水处理、厕所革命、村容村貌提升，注重实际效果，注重同农村经济发展水平相适应，同当地文化和风土人情相协调，绝不能刮风搞运动、做表面文章。要发动农民参与人居环境治理，大家动手搞清洁、搞绿化、搞建设、搞管护，形成持续推进机制"[③]。

2020年12月，习近平总书记在中央农村工作会议上的讲话指出，"'十四五'时期，要接续推进农村人居环境整治提升行动，重点抓好改厕和污水、垃圾处理，健全生活垃圾处理长效机制"[④]。

2021年7月，习近平总书记对深入推进农村厕所革命作出指示强调，

---

① 人民网：《习近平就改善农村人居环境作出重要指示》，2013年10月10日，见 http://cpc.people.com.cn/n/2013/1010/c64094-23144999.html。

② 共产党员网：《中央农村工作会议在北京举行　习近平作重要讲话》，2017年12月29日，见 https://news.12371.cn/2017/12/29/ARTI1514548988259610.shtml。

③ 中国政府网：《中央经济工作会议举行　习近平李克强作重要讲话》，2018年12月21日，见 http://www.gov.cn/xinwen/2018-12/21/content_5350934.htm。

④ 习近平：《论"三农"工作》，中央文献出版社2022年版，第15页。

"近年来，农村厕所革命深入推进，卫生厕所不断推广普及，农村人居环境得到明显改善。'十四五'时期要继续把农村厕所革命作为乡村振兴的一项重要工作，发挥农民主体作用，注重因地制宜、科学引导，坚持数量服从质量、进度服从实效，求好不求快，坚决反对劳民伤财、搞形式摆样子，扎扎实实向前推进。各级党委和政府及有关部门要各负其责、齐抓共管，一年接着一年干，真正把这件好事办好、实事办实"①。

二、加强农村人居环境综合整治的政策实践

（一）农村人居环境综合整治的部署要求

党的十八大以来，围绕农村人居环境综合整治，我国作出了一系列部署安排，提出了一系列政策措施。2013年2月，农业部办公厅印发《关于开展"美丽乡村"创建活动的意见》，重点推进生态农业建设、推广节能减排技术、节约和保护农业资源、改善农村人居环境。2014年5月，国务院办公厅印发《关于改善农村人居环境的指导意见》指出，以保障农民基本生活条件为底线，以村庄环境整治为重点，以建设宜居村庄为导向，全面改善农村生产生活条件。2018年2月，中共中央办公厅、国务院办公厅印发《农村人居环境整治三年行动方案》提出，以建设美丽宜居村庄为导向，以农村垃圾、污水治理和村容村貌提升为主攻方向，加快补齐农村人居环境突出短板，为如期实现全面建成小康社会目标打下坚实基础。2021年12月，中共中央办公厅、国务院办公厅印发的《农村人居环境整治提升五年行动方案（2021—2025年）》提出，巩固拓展农村人居环境整治三年行动成果，全面提升农村人居环境质量，为全面推进乡村振兴、加快农业农村现代化、建设美丽中国提供有力支撑。

---

① 中国政府网：《习近平对深入推进农村厕所革命作出重要指示》，2021年7月23日，见http://www.gov.cn/xinwen/2021-07/23/content_5626822.htm?jump=true。

（二）推进农村生活垃圾治理

统筹考虑生活垃圾和农业生产废弃物利用、处理，建立健全符合农村实际、方式多样的生活垃圾收运处置体系。有条件的地区要推行适合农村特点的垃圾就地分类和资源化利用方式。开展非正规垃圾堆放点排查整治，重点整治垃圾山、垃圾围村、垃圾围坝、工业污染"上山下乡"。

（三）开展农村厕所粪污治理

合理选择改厕模式，推进厕所革命。东部地区、中西部城市近郊区以及其他环境容量较小地区村庄，加快推进户用卫生厕所建设和改造，同步实施厕所粪污治理。其他地区要按照群众接受、经济适用、维护方便、不污染公共水体的要求，普及不同水平的卫生厕所。引导农村新建住房配套建设无害化卫生厕所，人口规模较大村庄配套建设公共厕所。加强改厕与农村生活污水治理的有效衔接。鼓励各地结合实际，将厕所粪污、畜禽养殖废弃物一并处理并资源化利用。

（四）推进农村生活污水治理

根据农村不同区位条件、村庄人口聚集程度、污水产生规模，因地制宜采用污染治理与资源利用相结合、工程措施与生态措施相结合、集中与分散相结合的建设模式和处理工艺。推动城镇污水管网向周边村庄延伸覆盖。积极推广低成本、低能耗、易维护、高效率的污水处理技术，鼓励采用生态处理工艺。加强生活污水源头减量和尾水回收利用。以房前屋后河塘沟渠为重点实施清淤疏浚，采取综合措施恢复水生态，逐步消除农村黑臭水体。将农村水环境治理纳入河长制、湖长制管理。

（五）提升村容村貌

加快推进通村组道路、入户道路建设，基本解决村内道路泥泞、村民出行不便等问题。充分利用本地资源，因地制宜选择路面材料。整治公共空间和庭院环境，消除私搭乱建、乱堆乱放。大力提升农村建筑风貌，突出乡土特色和地域民族特点。加大传统村落民居和历史文化名村名镇保护力度，弘扬传统农耕文化，提升田园风光品质。推进村庄绿化，充分利用闲置土地组织开展植树造林、湿地恢复等活动，建设绿色生态村庄。完善村庄公共照明设施。深入开展城乡环境卫生整洁行动，推进卫生县城、卫生乡镇等卫生创建工作。

（六）加强村庄规划管理

全面完成县域乡村建设规划编制或修编，与县乡土地利用总体规划、土地整治规划、村土地利用规划、农村社区建设规划等充分衔接，鼓励推行多规合一。推进实用性村庄规划编制实施，做到农房建设有规划管理、行政村有村庄整治安排、生产生活空间合理分离，优化村庄功能布局，实现村庄规划管理基本覆盖。推行政府组织领导、村委会发挥主体作用、技术单位指导的村庄规划编制机制。村庄规划的主要内容应纳入村规民约。加强乡村建设规划许可管理，建立健全违法用地和建设查处机制。

（七）完善建设和管护机制

明确地方党委和政府以及有关部门、运行管理单位责任，基本建立有制度、有标准、有队伍、有经费、有督察的村庄人居环境管护长效机制。鼓励专业化、市场化建设和运行管护，有条件的地区推行城乡垃圾污水处理统一规划、统一建设、统一运行、统一管理。推行环境治理依效付费制度，健全服务绩效评价考核机制。鼓励有条件的地区探索建立垃圾污水处理农户付费制度，完善财政补贴和农户付费合理分担机制。支持村级组织和农村"工匠"带头人等承接村内环境整治、村内道路、植树造林等小型涉农工程项目。组织开展专业化培训，把当地村民培养成为村内公益性基础设施运行维护的重要力量。简化农村人居环境整治建设项目审批和招投标程序，降低建设成本，确保工程质量。

三、农村人居环境综合整治的主要成效

党的十八大以来，我国扎实推进农村人居环境整治，扭转了农村长期以来存在的脏乱差局面，村庄环境基本实现干净整洁有序，农民群

众环境卫生观念发生可喜变化、生活质量普遍提高。各地区在农村地区
陆续开展了以改厕项目、垃圾治理和污水治理为主要内容的人居环境整
治，并取得了较好的效果（见表7-2）。2021年农户使用卫生厕所比例为
70%；2020年，农村生活垃圾进行收运处理的行政村比例超过90%，农
村生活污水治理率达到25.5%。

表7-2　农村地区人居环境综合整治概况

年份	农村地区卫生厕所普及率（%）	建制镇生活垃圾无害化处理率（%）	建制镇污水处理率（%）
2012	49.74	—	—
2013	52.40	—	18.90
2014	55.18	—	21.70
2015	57.50	44.99	50.95
2016	60.50	46.94	52.64
2017	62.50	51.17	49.35
2018	62.50	60.64	53.18
2019	62.50	65.45	54.43
2020	68.00	66.58	60.98
2021	70.00	—	—

资料来源：《中国农村统计年鉴》（2013—2021年）、《中国城乡建设统计年鉴》（2013—2021年）。

第五节　健全农村生态文明制度

一、健全农村生态文明制度的理论探索

围绕健全农村生态文明制度，习近平总书记作出了一系列重要论述，为推动新时代农业农村绿色发展提供了理论指引。

2015年12月，习近平总书记在党的十八届五中全会上所作的《关于〈中共中央关于制定国民经济和社会发展第十三个五年规划的建议〉的说

明》中指出，"实行耕地轮作休耕制度，国家可以根据财力和粮食供求状况，重点在地下水漏斗区、重金属污染区、生态严重退化地区开展试点，安排一定面积的耕地用于休耕，对休耕农民给予必要的粮食或现金补助"①。

2017 年 12 月，习近平总书记在中央农村工作会议上的讲话指出，"要完善天然林保护制度，健全耕地草原森林河流湖泊休养生息制度，建立统筹山水林田湖草系统治理制度。要在建立市场化、多元化生态补偿机制上取得新突破，让保护生态环境的不吃亏并得到实实在在的利益，让农民成为绿色空间的守护人"②。

2020 年 12 月，习近平总书记在中央农村工作会议上的讲话强调，"要健全草原森林河流湖泊休养生息制度，巩固退牧还草、退耕还林成果，开展大规模国土绿化行动，加强生物多样性保护"，"长江流域要抓好十年禁渔，加强执法监督和市场监管，妥善解决好渔民转产转业和社会保障问题"。③

二、健全农村生态文明制度的政策实践

（一）加强农村生态文明制度建设的部署要求

党的十八大以来，我国围绕加强农村生态文明建设作出了一系列部署安排，提出了一系列制度要求。2015 年 4 月，中共中央、国务院印发《关于加快推进生态文明建设的意见》指出，健全生态文明制度体系，强调加快建立系统完整的生态文明制度体系，引导、规范和约束各类开发、利用、保护自然资源的行为，用制度保护生态环境。2017 年 9 月，中共

---

① 共产党员网：《关于〈中共中央关于制定国民经济和社会发展第十三个五年规划的建议〉的说明》，2015 年 11 月 3 日，见 https://news.12371.cn/2015/11/03/VIDE1446558901726815.shtml。

② 习近平：《论"三农"工作》，中央文献出版社 2022 年版，第 251—252 页。

③ 习近平：《论"三农"工作》，中央文献出版社 2022 年版，第 13 页。

中央办公厅、国务院办公厅印发《关于创新体制机制推进农业绿色发展的意见》指出，坚持以制度创新、政策创新、科技创新为基本动力。全面深化改革，构建以资源管控、环境监控和产业准入负面清单为主要内容的农业绿色发展制度体系，科学适度有序的农业空间布局体系，绿色循环发展的农业产业体系，以绿色生态为导向的政策支持体系和科技创新推广体系，全面激活农业绿色发展的内生动力。2018年7月，农业农村部印发《关于深入推进生态环境保护工作的意见》强调，用最严格制度最严密法治保护生态环境的方法路径，实施最严格的水资源管理制度和耕地保护制度。

（二）加强农村生态文明法治建设

1. 健全农业绿色生产法律制度

党的十八大以来，我国先后于2017年2月修正《中华人民共和国水污染防治法》，2018年10月修正《中华人民共和国大气污染防治法》，2020年4月修订《中华人民共和国固体废弃物污染环境防治法》，为农业绿色生产提供了法律规范。2021年4月通过的《中华人民共和国乡村振兴促进法》提出，国家鼓励和支持农业生产者采用节水、节肥、节药、节能等先进的种植养殖技术，推动种养结合、农业资源综合开发，优先发展生态循环农业。各级人民政府应当采取措施加强农业面源污染防治，推进农业投入品减量化、生产清洁化、废弃物资源化、产业模式生态化，引导全社会形成节约适度、绿色低碳、文明健康的生产生活和消费方式。

2. 健全农村绿色生活法律制度

2015年7月，环境保护部颁布《环境保护公众参与办法》，其中第十七条提到，环境保护主管部门应当在其职责范围内加强宣传教育工作，普及环境科学知识，增强公众的环保意识、节约意识；鼓励公众自觉践行绿色生活、绿色消费，形成低碳节约、保护环境的社会风尚。该办法保障公民、法人获取环境信息、参与和监督环境保护的权利，公民、法人发现任何单位和个人有污染环境和破坏生态的行为，可以通过信函、电子邮件、"12369"环保举报热线、政府网站等途径向环保部门举报，为人民群众自觉践行绿色生活提供法律保障。同时，环保部门能够通过公平公开的项目资助、购买服务等方式鼓励公民、法人参与环境保护，团结社会力量推动绿色生活方式大众化。

3. 健全统筹山水林田湖草沙系统治理法律制度

通过修改《中华人民共和国宪法》、修改《中华人民共和国环境保护法》、编纂民法典、修改刑法等工作，确立了统筹山水林田湖草系统治理、推进生态文明整体建设法律保护制度的"四梁八柱"（高世楫等，2018）。2021年4月通过的《中华人民共和国乡村振兴促进法》提出，国家实行耕地养护、修复、休耕和草原森林河流湖泊休养生息制度。各级人民政府应当实施国土综合整治和生态修复，加强森林、草原、湿地等保护修复，开展荒漠化、石漠化、水土流失综合治理，改善乡村生态环境。

4. 健全农村环境综合整治法律制度

2014年4月修改的《中华人民共和国环境保护法》，2018年10月修改的《中华人民共和国大气污染防治法》等法律，规定要合理利用农村地区的资源，做好农村生活垃圾、污水等的收集、贮存、清运和无害化处理工作，改善农村地区的生态环境。2020年4月修订的《中华人民共和国固体废物污染环境防治法》明确提出，地方各级人民政府应当加强农村生活垃圾污染环境的防治，保护和改善农村人居环境。2017年6月修改的《中华人民共和国水污染防治法》明确规定，国家要支持农村污水、垃圾处理设施的建设，推进农村污水、垃圾集中处理。2021年4月通过的《中华人民共和国乡村振兴促进法》明确指出，国家健全重要生态系统保护制度和生态保护补偿机制，实施重要生态系统保护和修复工程，加强乡村生态保护和环境治理，绿化美化乡村环境，建设美丽乡村。各级人民政府应当建立政府、村级组织、企业、农民等各方面参与的共建共管共享机制，综合整治农村水系，因地制宜推广卫生厕所和简便易行的垃圾分类，治理农村垃圾和污水，加强乡村无障碍设施建设，鼓励和支持使用清洁能源、可再生能源，持续改善农村人居环境。

（三）完善农村生态文明建设管理体系

落实农业功能区制度，建立农业生产力布局、耕地轮作休耕、节约高效的农业用水等制度，建立农业产业准入负面清单制度，因地制宜制定禁止和限制发展产业目录。推动建立工业和城镇污染向农业转移防控机制，构建农业农村污染防治制度体系，加强农村人居环境整治和农业环境突出问题治理，推进农业投入品减量化、生产清洁化、废弃物资源化、产业模式生态化，加快补齐农业农村生态环境保护突出短板。健全以绿色生态为导向的农业补贴制度，推动财政资金投入向农业农村生态环境领域倾斜，完善生态补偿政策。加大政府和社会资本合作（PPP）在农业生态环境保护领域的推广应用，引导社会资本投向农业资源节约利用、污染防治和生态保护修复等领域。加快培育新型市场主体，采取政府统一购买服务、企业委托承包等多种形式，推动建立农业农村污染第三方治理机制。

（四）加大农村生态文明宣传教育力度

完善公众参与制度，及时准确披露各类环境信息，扩大公开范围，保障公众知情权，维护公众环境权益。健全举报、听证、舆论和公众监督等制度，构建全民参与的社会行动体系。建立环境公益诉讼制度，对污染环境、破坏生态的行为，有关组织可提起公益诉讼。在建设项目立项、实施、后评价等环节，有序增强公众参与程度。引导生态文明建设领域各类社会组织健康有序发展，发挥民间组织和志愿者的积极作用。

（五）健全政绩考核和责任追究制度

建立体现生态文明要求的目标体系、考核办法、奖惩机制。把资源消耗、环境损害、生态效益等指标纳入经济社会发展综合评价体系，大幅增加考核权重，强化指标约束。完善政绩考核办法，根据区域主体功能定位，实行差别化的考核制度。对限制开发区域、禁止开发区域和生态脆弱的国家扶贫开发工作重点县，取消地区生产总值考核；对农产品主产区和重点生态功能区，分别实行农业优先和生态保护优先的绩效评价；对禁止开发的重点生态功能区，重点评价其自然文化资源的原真性、完整性。根据考核评价结果，对生态文明建设成绩突出的地区、单位和个人给予表彰奖励。

建立领导干部任期生态文明建设责任制，完善节能减排目标责任考核及问责制度。探索编制自然资源资产负债表，对领导干部实行自然资源资产和环境责任离任审计。严格责任追究，对违背科学发展要求、造成资源环境生态严重破坏的要记录在案，实行终身追责，不得转任重要职务或提拔使用，已经调离的也要问责。对推动生态文明建设工作不力的，要及时诫勉谈话；对不顾资源和生态环境盲目决策、造成严重后果的，要严肃追究有关人员的领导责任；对履职不力、监管不严、失职渎职的，要依纪依法追究有关人员的监管责任。

三、健全农村生态文明制度的重要进展

党的十八大以来，我国农业农村生态文明制度不断健全完善。目前，我国制定实施的环保法律特别是污染防治法律共计 13 部，关于环境保护和污染防治方面的行政法规、党内环保法规共计 30 余部。立法主要有两种类型：一类是总体性环境规定，包括《环境保护法》《水土保持法》《水污染防治法》等；另一类是专门针对农业农村环境的农业环境法律法规，包括《农业法》《土壤污染防治法》《畜禽规模养殖污染防治条例》等。部分法律法规有关主要内容见表 7-3。

表 7-3　相关法律法规及主要内容（部分）

法律法规名称	主要内容	制订或修订时间
环境保护法	保护和改善环境，防治污染和其他公害，保障公众健康，推进生态文明建设，促进经济社会可持续发展	2015 年 1 月 1 日
水土保持法	预防和治理水土流失，保护和合理利用水土资源，减轻水、旱、风沙灾害，改善生态环境，保障经济社会可持续发展	2010 年 12 月 25 日

续表

法律法规名称	主要内容	制订或修订时间
水污染防治法	保护和改善环境，防治水污染，保护水生态，保障饮用水安全，维护公众健康，推进生态文明建设，促进经济社会可持续发展	2018 年 1 月 1 日
农业法	发展农业和农村经济必须合理利用和保护土地、水、森林、草原、野生动植物等自然资源，合理开发和利用水能、沼气、太阳能、风能等可再生能源和清洁能源，发展生态农业，保护和改善生态环境	2013 年 1 月 1 日
土壤污染防治法	保护和改善生态环境，防治土壤污染，保障公众健康，推动土壤资源永续利用，推进生态文明建设，促进经济社会可持续发展	2019 年 1 月 1 日
畜禽规模养殖污染防治条例	防治畜禽养殖污染，推进畜禽养殖废弃物的综合利用和无害化处理，保护和改善环境，保障公众身体健康，促进畜牧业持续健康发展	2014 年 1 月 1 日

第八章　决战决胜脱贫攻坚

党的十八大以来，以习近平同志为核心的党中央把脱贫攻坚摆在治国理政突出位置，作为全面建成小康社会、实现第一个百年奋斗目标的底线任务和标志性指标，提出一系列新思想新观点，作出一系列新决策新部署，推出一系列新政策新举措，推动中国减贫事业取得巨大成就，为世界减贫事业作出巨大贡献。本章主要总结中国特色反贫困理论的形成过程和中国特色减贫道路的实践经验，以期为切实保障和改善农村民生、促进农民农村共同富裕提供参考和借鉴。

第一节　探索形成中国特色反贫困理论

党的十八大以来，为打赢脱贫攻坚战，习近平总书记亲自指挥、亲自部署、亲自督战，出席中央扶贫开发工作会议，研究制定脱贫攻坚政策，七次主持召开中央扶贫工作座谈会，50多次调研扶贫工作，连续五年审定脱贫攻坚成效考核结果，连续七年在全国扶贫日期间出席重要活动或作出重要指示，连续七年在新年贺词中强调脱贫攻坚，每年在全国两会期间下团组同代表委员共商脱贫攻坚大计，多次回信勉励基层干部群众投身减贫事业。走遍全国14个集中连片特困地区，考察了20多个贫困村，深入贫困家庭访贫问苦，倾听贫困群众意见建议，了解扶贫脱贫需求，以钉钉子精神一抓到底，推动脱贫攻坚始终保持正确方向和良好态势。围绕精准扶贫、精准脱贫，作出一系列重要论述，提出一系列重要思想，探索形成了内涵丰富、思想深刻、逻辑严密的中国特色反贫困理论，为新时代打赢脱贫攻坚战提供了根本遵循和行动指南。

一、深化对打赢脱贫攻坚战重要性的认识

党的十八大以来，全面建成小康社会进入关键阶段，多数地区和人口的贫困问题已得到解决，剩下的为贫中之贫、困中之困、坚中之坚，扶贫脱贫难度加大，减贫进入啃硬骨头、攻坚拔寨的冲刺期。

2012 年 12 月，习近平总书记在河北阜平县考察扶贫开发工作时指出，"全面建成小康社会，最艰巨最繁重的任务在农村、特别是在贫困地区。没有农村的小康，特别是没有贫困地区的小康，就没有全面建成小康社会。"[①]

2013 年 2 月，习近平总书记在党的十八届二中全会上明确指出，"贫穷不是社会主义。如果贫困地区长期贫困，面貌长期得不到改变，群众生活长期得不到明显提高，那就没有体现我国社会主义制度的优越性，那也不是社会主义。"[②]

2014 年 3 月，习近平总书记在参加十二届全国人大二次会议贵州代表团审议时指出，"不了解农村，不了解贫困地区，不了解农民尤其是贫困农民，就不会真正了解中国，就不能真正懂得中国，更不可能治理好中国"，要"多到贫困地区去，了解真实情况，带着深厚感情做好扶贫开发工作，把扶贫开发工作抓紧抓紧再抓紧、做实做实再做实，真正使贫困地区群众不断得到真实惠"。[③]

2015 年 11 月，习近平总书记在中央扶贫开发工作会议上强调，"全

[①]　中共中央党史和文献研究院编：《习近平关于"三农"工作论述摘编》，中央文献出版社 2019 年版，第 155 页。

[②]　中共中央党史和文献研究院编：《习近平扶贫论述摘编》，中央文献出版社 2018 年版，第 5 页。

[③]　中共中央党史和文献研究院编：《习近平关于"三农"工作论述摘编》，中央文献出版社 2019 年版，第 157 页。

面建成小康社会、实现第一个百年奋斗目标，农村贫困人口全部脱贫是一个标志性指标"，"小康不小康，关键看老乡，关键看贫困老乡能不能脱贫"，"必须以更大的决心、更明确的思路、更精准的举措、超常规的力度，众志成城实现脱贫攻坚目标"。①

2018年9月，习近平总书记在中共十九届中央政治局第八次集体学习时的讲话中指出，"打好脱贫攻坚战是实施乡村振兴战略的优先任务。贫困村和所在县乡当前的工作重点就是脱贫攻坚，目标不变、靶心不散、频道不换。"②

2020年3月，面对突如其来的新冠肺炎疫情，习近平总书记主持召开决战决胜脱贫攻坚座谈会进行再部署再动员，指出农村贫困人口全部脱贫"必须如期实现，没有任何退路和弹性。这是一场硬仗，越到最后越要紧绷这根弦，不能停顿、不能大意、不能放松"，要求全党全国以更大的决心、更强的力度，做好"加试题"、打好收官战，信心百倍向着脱贫攻坚的最后胜利进军。

二、部署实施精准扶贫精准脱贫方略

2013年11月，习近平总书记赴湖南省花垣县十八洞村考察时首次提出"精准扶贫"概念，强调扶贫要实事求是，因地制宜。要精准扶贫，切忌喊口号，也不要定好高骛远的目标。③同年12月，习近平总书记在中央农村工作会议上发表重要讲话，强调要"坚持不懈推进扶贫开发，实行精准扶贫"④。

---

① 中共中央党史和文献研究院编：《习近平关于"三农"工作论述摘编》，中央文献出版社2019年版，第158—159、161页。
② 中共中央党史和文献研究院编：《习近平关于"三农"工作论述摘编》，中央文献出版社2019年版，第179页。
③ 央视网：《习近平最牵挂的一群人》，2016年11月13日，见http://news.cctv.com/2016/11/13/ARTIDkiKTeQH4zPPTz3kQr7j161113.shtml。
④ 共产党员网：《中央农村工作会议在北京举行》，2013年12月25日，见https://news.12371.cn/2013/12/25/ARTI1387911416091828.shtml。

2014 年 3 月，习近平总书记在参加十二届全国人大二次会议贵州代表团审议时的讲话中提出，"精准扶贫，就是要对扶贫对象实行精细化管理，对扶贫资源实行精确化配置，对扶贫对象实行精准化扶持，确保扶贫资源真正用在扶贫对象身上、真正用在贫困地区。"①

2015 年 6 月，习近平总书记到贵州考察时发表重要讲话，系统阐述精准扶贫思想，提出了"四个切实"（切实落实领导责任、切实做到精准扶、切实强化社会合力、切实加强基层组织）、"六个精准"（扶持对象精准、项目安排精准、资金使用精准、措施到户精准、因村派人精准、脱贫成效精准）、"四个一批"（扶持生产和就业发展一批、移民搬迁安置一批、低保政策兜底一批、医疗救助扶持一批）等重要思想，奠定了精准扶贫精准脱贫基本方略和中央脱贫攻坚决策部署的思想基础。同年 11 月，习近平总书记在中央扶贫开发工作会议上全面论述了扶贫开发重大理论和实践问题，从战略和全局高度，深刻凝练脱贫攻坚的重大意义，精辟分析脱贫攻坚的形势任务，系统阐述做到"六个精准"、实施"五个一批"、解决"四个问题"等重要思想，对精准扶贫的核心内容、实现路径、根本要求、保障体系、落实行动等进行了全面论述，赋予中国扶贫思想以新时代内涵与特征，发出打赢脱贫攻坚战的总攻令。其中，针对"扶持谁"的问题，习近平总书记指出，必须把建档立卡这项工作做实做细，"要提高统计数据质量，既不要遗漏真正的贫困人口，也不要把非贫困人口纳入扶贫对象。要把脱贫人口、贫困程度、致贫原因等搞清楚，以便做到因户施策、因人施策"②；针对"谁来扶"的问题，"要加快形成中央统筹、省（自治区、直辖市）负总责、市（地）县抓落实的扶贫开发工作机制，做到分工明确、责任清晰、任务到人、考核到位，既各司其职、各尽其

---

① 　中共中央党史和文献研究院编：《习近平扶贫论述摘编》，中央文献出版社 2018 年版，第 58 页。

② 　中共中央党史和文献研究院编：《习近平关于"三农"工作论述摘编》，中央文献出版社 2019 年版，第 163 页。

责，又协调运转、协同发力"①；针对"怎么扶"的问题，要按照贫困地区和贫困人口的具体情况，实施发展生产脱贫一批、易地搬迁脱贫一批、生态补偿脱贫一批、发展教育脱贫一批、社会保障兜底一批"五个一批"工程②；针对"如何退"的问题，要加快建立反映客观实际的贫困线县、贫困户退出机制，通过设定时间表、留出缓冲期、实行严格评估和逐户销号，努力做到精准脱贫。③

2017年3月，习近平总书记在参加十二届全国人大五次会议四川代表团审议时的讲话中明确指出，"脱贫攻坚越往后，难度越大，越要压实责任、精准施策、过细工作"，"要继续选派好驻村干部，整合涉农资金，改进脱贫攻坚动员和帮扶方式，扶持谁、谁来扶、怎么扶、如何退，全过程都要精准，有的需要下一番'绣花'功夫"。④

2018年2月，习近平总书记在打好精准脱贫攻坚战座谈会上的讲话中强调，"脱贫攻坚，精准是要义。必须坚持精准扶贫、精准脱贫，坚持扶持对象精准、项目安排精准、资金使用精准、措施到户精准、因村派人（第一书记）精准、脱贫成效精准等'六个精准'，解决好扶持谁、谁来扶、怎么扶、如何退问题，不搞大水漫灌，不搞手榴弹炸跳蚤，因村因户因人施策，对症下药、精准滴灌、靶向治疗，扶贫扶到点上扶到根上。"⑤

① 中共中央党史和文献研究院编：《习近平关于"三农"工作论述摘编》，中央文献出版社2019年版，第163—164页。
② 中共中央文献研究室编：《十八大以来重要文献选编（下）》，中央文献出版社2018年版，第40—43页。
③ 中共中央文献研究室编：《十八大以来重要文献选编（下）》，中央文献出版社2018年版，第44—45页。
④ 中共中央党史和文献研究院编：《习近平扶贫论述摘编》，中央文献出版社2018年版，第77页。
⑤ 求是网：《在打好精准脱贫攻坚战座谈会上的讲话》，2020年4月30日，见http://www.qstheory.cn/dukan/qs/2020-04/30/c_1125923810.htm。

三、巩固拓展脱贫攻坚成果防止返贫致贫

2020 年 12 月，习近平总书记在中央农村工作会议上指出，"在向第二个百年奋斗目标迈进的历史关口，在脱贫攻坚目标任务已经完成的形势下，在新冠肺炎疫情加剧世界动荡变革的特殊时刻，巩固拓展脱贫攻坚成果，全面推进乡村振兴，加快农业农村现代化，是需要全党高度重视的一个关系大局的重大问题"，"要做好巩固拓展脱贫攻坚成果同乡村振兴有效衔接，工作不留空档，政策不留空白，绝不能出现这边宣布全面脱贫，那边又出现规模性返贫"，"要压实责任，把巩固拓展脱贫攻坚成果纳入市县党政领导班子和领导干部推进乡村振兴战略实绩考核范围"。①

2021 年 3 月，习近平总书记在全国脱贫攻坚总结表彰大会上的讲话中强调，"脱贫摘帽不是终点，而是新生活、新奋斗的起点"，"我们要切实做好巩固拓展脱贫攻坚成果同乡村振兴有效衔接各项工作，让脱贫基础更加稳固、成效更可持续"，要"适时组织开展巩固脱贫成果后评估工作，压紧压实各级党委和政府巩固脱贫攻坚成果责任，坚决守住不发生规模性返贫的底线"。②同年 8 月，习近平总书记在中央财经委员会第十次会议上强调，"要巩固拓展脱贫攻坚成果，对易返贫致贫人口要加强监测、及早干预，对脱贫县要扶上马送一程，确保不发生规模性返贫和新的致贫"③。同年 12 月，中央农村工作会议召开之前，习近平总书记作出重要指示，"乡村振兴的前提是巩固脱贫攻坚成果，要持续抓紧抓好，让脱贫群众生活更上一层楼。要持续推动同乡村振兴战略有机衔接，确保

① 共产党员网：《坚持把解决好"三农"问题作为全党工作重中之重　举全党全社会之力推动乡村振兴》，2022 年 3 月 31 日，见 https://www.12371.cn/2022/03/31/ARTI1648714506421324.shtml。
② 新华网：《在全国脱贫攻坚总结表彰大会上的讲话》，2021 年 3 月 3 日，见 http://www.xinhuanet.com/world/2021-03/03/c_1211049315.htm。
③ 共产党员网：《习近平：扎实推动共同富裕》，2021 年 10 月 15 日，见 https://www.12371.cn/2021/10/15/ARTI1634282354903487.shtml。

不发生规模性返贫，切实维护和巩固脱贫攻坚战的伟大成就。"[①]

第二节　坚持走中国特色减贫道路

在中国特色反贫困理论的指引下，针对当时扶贫工作中存在的精准扶贫体制机制还不健全、扶贫开发责任还没有完全落到实处、扶贫合力还没有形成、扶贫资金投入还不能满足需要、贫困地区和贫困人口主观能动性还有待提高、因地制宜分类指导还有待加强等突出矛盾和主要问题，党和政府出台一系列超常规政策举措，构建了一整套行之有效的组织体系、工作体系、制度体系，走出了一条中国特色减贫道路。

2015年11月，中共中央、国务院印发《关于打赢脱贫攻坚战的决定》，明确了脱贫攻坚的总体目标和制度安排。

2016年4月，中共中央、国务院办公厅印发《关于建立贫困退出机制的意见》，对贫困退出的标准和机制作出了有关规定；同年10月，中共中央办公厅、国务院办公厅印发《脱贫攻坚责任制实施办法》，明确了中央、有关省（自治区、直辖市）、市县三级党委和政府的责任和奖惩办法；同年12月，国务院印发《"十三五"脱贫攻坚规划》，明确了"十三五"时期脱贫攻坚总体思路、基本目标、主要任务和保障措施。

2017年10月，党的十九大把精准脱贫作为三大攻坚战之一进行全面部署。

2018年8月，中共中央、国务院印发《关于打赢脱贫攻坚战三年行动的指导意见》，将脱贫攻坚的重点聚焦于最困难脱贫群体，要求实现从以开发式扶贫为主向坚持开发式和保障性扶贫相统筹转变。

2019年1月，国务院办公厅印发《关于深入开展消费扶贫助力打赢

① 共产党员网：《中央农村工作会议在京召开　习近平对做好"三农"工作作出重要指示 李克强提出要求》，2021年12月26日，见 https://www.12371.cn/2021/12/26/ARTI1640521047446184.shtml。

脱贫攻坚战的指导意见》，要求大力推动消费扶贫，以促进贫困人口稳定脱贫和贫困地区产业继续发展。

2020年，为有力应对新冠肺炎疫情和特大洪涝灾情带来的影响，党和政府一手抓疫情防控，一手抓脱贫攻坚，采取一系列有效措施，落实精准扶贫精准脱贫方略，防止发生返贫、致贫问题，确保全面完成脱贫攻坚任务。打赢脱贫攻坚战后，围绕巩固拓展脱贫攻坚成果，提高脱贫群众生活质量，同年12月，党中央、国务院印发《关于实现巩固拓展脱贫攻坚成果同乡村振兴有效衔接的意见》，2021年5月，中央农村工作领导小组印发《关于健全防止返贫动态监测和帮扶机制的指导意见》，对做好巩固拓展脱贫攻坚成果同乡村振兴有效衔接各项工作作出部署和安排，聚焦重点人群、持续增收、重点区域、工作落实和系统建设等方面采取一系列政策措施，持续推动巩固脱贫攻坚成果再上新台阶。

一、精准识别、建档立卡，解决"扶持谁"的问题

科学制定贫困识别的标准和程序，组织基层干部进村入户，摸清贫困人口分布、致贫原因、帮扶需求等情况。贫困户识别以农户收入为基本依据，综合考虑住房、教育、健康等情况，通过农户申请、民主评议、公示公告、逐级审核的方式，进行整户识别；贫困村识别综合考虑行政村贫困发生率、村民人均纯收入和村集体经济收入等情况，按照村委会申请、乡政府审核公示、县级审定公告等程序确定。对识别出的贫困村和贫困人口建档立卡，建立起全国统一的扶贫信息系统。组织开展"回头看"，实行动态管理，及时剔除识别不准人口、补录新识别人口，提高识别准确率。

二、加强领导、建强队伍，解决"谁来扶"的问题

充分发挥党的政治优势、组织优势，建立中央统筹、省负总责、市县抓落实的脱贫攻坚管理体制和片为重点、工作到村、扶贫到户的工作

机制，构建起横向到边、纵向到底的工作体系。各级党委充分发挥总揽全局、协调各方的作用，执行脱贫攻坚一把手负责制，中西部二十二个省份党政主要负责同志向中央签署脱贫攻坚责任书、立下"军令状"，脱贫攻坚期内保持贫困县党政正职稳定。有脱贫任务的地区，倒排工期、落实责任，抓紧施工、强力推进。脱贫攻坚任务重的地区，把脱贫攻坚作为头等大事和第一民生工程，以脱贫攻坚统揽经济社会发展全局。实行最严格的考核评估和监督检查，组织脱贫攻坚专项巡视，开展扶贫领域腐败和作风问题专项治理，加强脱贫攻坚督导和监察，确保扶贫工作务实、脱贫过程扎实、脱贫结果真实，使脱贫攻坚成果经得起实践和历史检验。建立健全干部担当作为的激励和保护机制，加大关心关爱干部力度，树立正确用人导向，引导广大干部在决胜脱贫攻坚中奋发有为、履职尽责。加强基层扶贫队伍建设，普遍建立干部驻村帮扶工作队制度，按照因村派人、精准选派的原则，选派政治素质好、工作能力强、作风实的干部驻村扶贫。

三、区分类别、靶向施策，解决"怎么扶"的问题

在减贫实践中，我国针对不同情况分类施策、对症下药，因人因地施策，因贫困原因施策，因贫困类型施策，通过实施"五个一批"实现精准扶贫。

（一）发展生产脱贫一批

支持和引导贫困地区因地制宜发展特色产业，鼓励支持电商扶贫、光伏扶贫、旅游扶贫等新业态新产业发展。实施贫困村"一村一品"产业推进行动，扶持建设一批贫困人口参与度高的特色农业基地。加强贫困地区农民合作社和龙头企业培育，强化其与贫困户的利益联结机制。支持贫困地区发展农产品加工业，加快一二三产业融合发展。加大对贫困地区农产品品牌推介营销支持力度。依托贫困地区特有的自然人文资源，深入实施乡村旅游扶贫工程。科学合理有序开发贫困地区水电、煤

炭、油气等资源，调整完善资源开发收益分配政策。探索水电利益共享机制，将从发电中提取的资金优先用于水库移民和库区后续发展。引导中央企业、民营企业分别设立贫困地区产业投资基金，吸引企业到贫困地区从事资源开发、产业园区建设、新型城镇化发展等。为贫困户提供扶贫小额信贷支持，培育贫困村创业致富带头人，建立完善带贫机制，鼓励和带领贫困群众发展产业增收致富。

（二）易地搬迁脱贫一批

对居住在生存条件恶劣、生态环境脆弱、自然灾害频发等地区的农村贫困人口，加快实施易地扶贫搬迁工程。坚持群众自愿、积极稳妥的原则，因地制宜选择搬迁安置方式，合理确定住房建设标准，完善搬迁后续扶持政策，确保搬迁对象有业可就、稳定脱贫，做到搬得出、稳得住、能致富。要紧密结合推进新型城镇化，编制实施易地扶贫搬迁规划，支持有条件的地方依托小城镇、工业园区安置搬迁群众，帮助其尽快实现转移就业，享有与当地群众同等的基本公共服务。加大中央预算内投资和地方各级政府投入力度，创新投融资机制，拓宽资金来源渠道，提高补助标准。积极整合交通建设、农田水利、土地整治、地质灾害防治、林业生态等支农资金和社会资金，支持安置区配套公共设施建设和迁出区生态修复。利用城乡建设用地增减挂钩政策支持易地扶贫搬迁。为符合条件的搬迁户提供建房、生产、创业贴息贷款支持。支持搬迁安置点发展物业经济，增加搬迁户财产性收入。探索利用农民进城落户后自愿有偿退出的农村空置房屋和土地安置易地搬迁农户。

（三）生态补偿脱贫一批

国家实施的退耕还林还草、天然林保护、防护林建设、石漠化治理、防沙治沙、湿地保护与恢复、坡耕地综合整治、退牧还草、水生态治理等重大生态工程，在项目和资金安排上进一步向贫困地区倾斜，提高贫困人口参与度和受益水平。加大贫困地区生态保护修复力度，增加重点生态功能区转移支付。结合建立国家公园体制，创新生态资金使用方式，利用生态补偿和生态保护工程资金使当地有劳动能力的部分贫困人口转为护林员等生态保护人员。合理调整贫困地区基本农田保有指标，加大贫困地区新一轮退耕还林还草力度。开展贫困地区生态综合补偿试点，健全公益林补偿标准动态调整机制，完善草原生态保护补助奖励政策，推动地区间建立横向生态补偿制度。

（四）发展教育脱贫一批

实施教育扶贫工程，国家教育经费向贫困地区、基础教育倾斜。健全学前教育资助制度，帮助农村贫困家庭幼儿接受学前教育。稳步推进贫困地区农村义务教育阶段学生营养改善计划。加大对乡村教师队伍建设的支持力度，特岗计划、国培计划向贫困地区基层倾斜，制定符合基层实际的教师招聘引进办法，建立省级统筹乡村教师补充机制，推动城乡教师合理流动和对口支援。全面落实连片特困地区乡村教师生活补助政策，建立乡村教师荣誉制度。合理布局贫困地区农村中小学校，改善基本办学条件，加快标准化建设，加强寄宿制学校建设，提高义务教育巩固率。普及高中阶段教育，加强有专业特色并适应市场需求的中等职业学校建设，努力办好贫困地区特殊教育和远程教育。健全覆盖各级各类教育的资助政策体系，学生资助政策实现应助尽助。对贫困家庭离校未就业的高校毕业生提供就业支持。实施教育扶贫结对帮扶行动计划。加大贫困地区推广普及国家通用语言文字工作力度。开展民族地区学前儿童学习普通话行动。

（五）社会保障兜底一批

将贫困人口全部纳入城乡居民基本医疗保险、大病保险和医疗救助保障范围。落实贫困人口参加城乡居民基本医疗保险个人缴费财政补贴政策，实施扶贫医疗救助。切实降低贫困人口就医负担，在严格费用管控、确定诊疗方案、确定单病种收费标准、规范转诊和集中定点救治的基础上，对城乡居民基本医疗保险和大病保险支付后自负费用仍有困难的患者，加大医疗救助和其他保障政策的帮扶力度。全面落实农村贫困人口县域内定点医疗机构住院治疗先诊疗后付费，在定点医院设立综合服务窗口，实现各项医疗保障政策"一站式"信息交换和即时结算。在贫困地区加快推进县乡村三级卫生服务标准化建设，确保每个贫困县建好1—2所县级公立医院（含中医院），加强贫困地区乡镇卫生院和村卫生室能力建设。深入实施医院对口帮扶，为贫困县医院配置远程医疗设施设备，全面建成从三级医院到县医院互联互通的远程医疗服务网络。贫困地区每个乡镇卫生院至少设立1个全科医生特岗。支持地方免费培养农村高职（专科）医学生，经助理全科医生培训合格后，补充到贫困地区村卫生室和乡镇卫生院。贫困地区可在现有编制总量内直接面向人才市场选拔录用医技人员，选拔录用时优先考虑当地医疗卫生事业紧缺人才。全面实施贫困地区县乡村医疗卫生机构一体化管理，构建三级联动的医疗服务和健康管理平台，为贫困群众提供基本健康服务。加强对贫困地区慢性病、常见病的防治，开展专项行动，降低因病致贫返贫风险。开展地方病和重大传染病攻坚行动，实施预防、筛查、治疗、康复、管理的全过程综合防治。贫困地区妇女宫颈癌、乳腺癌检查和儿童营养改善、新生儿疾病筛查项目扩大到所有贫困县。开展和规范家庭医生（乡村医生）签约服务，落实签约服务政策，优先为妇幼、老人、残疾人等重点人群开展健康服务和慢性病综合防控，做好高血压、糖尿病、结核病、严重精神障碍等慢性病规范管理。实施贫困地区健康促进三年行动计划。将脱贫攻坚与落实生育政策紧密结合，倡导优生优育，利用基层计划生育服务力量，加强出生缺陷综合防治宣传教育。

四、严格标准、有序退出，解决"如何退"的问题

建立贫困退出机制，明确贫困县、贫困村、贫困人口退出的标准和程序，规范贫困县、贫困村、贫困人口退出组织实施工作，既防止数字脱贫、虚假脱贫等"被脱贫"，也防止达到标准不愿退出等"该退不退"。制订脱贫摘帽规划和年度减贫计划，确保规范合理有序退出。严格执行退出标准，严格规范工作流程，贫困人口退出实行民主评议，贫困村、

贫困县退出进行审核审查，退出结果公示公告，让群众参与评价，做到程序公开、数据准确、档案完整、结果公正。指导地方修订完善扶贫工作考核评估指标和贫困县验收指标，对超出"两不愁、三保障"标准的指标，予以剔除或不作为硬性指标，取消行业部门与扶贫无关的搭车任务。改进贫困县退出专项评估检查，由各省（自治区、直辖市）统一组织，因地制宜制定符合贫困地区实际的检查方案，并对退出贫困县的质量负责。中央结合脱贫攻坚督查巡查工作，对贫困县退出进行抽查。强化监督检查，每年委托第三方对摘帽县和脱贫人口进行专项评估，重点抽选条件较差、基础薄弱的偏远地区，重点评估脱贫人口退出准确率、摘帽县贫困发生率、群众帮扶满意度，确保退出结果真实。贫困人口、贫困村、贫困县退出后，在一定时期内原有扶持政策保持不变，摘帽不摘责任，摘帽不摘帮扶，摘帽不摘政策，摘帽不摘监管，留出缓冲期，确保稳定脱贫。

五、跟踪监测、防止返贫，解决"如何稳"的问题

对脱贫县，从脱贫之日起设立五年过渡期，过渡期内保持主要帮扶政策总体稳定，对现有帮扶政策逐项分类优化调整，逐步由集中资源支持脱贫攻坚向全面推进乡村振兴平稳过渡。健全防止返贫动态监测和帮扶机制，对脱贫不稳定户、边缘易致贫户，以及因病因灾因意外事故等刚性支出较大或收入大幅缩减导致基本生活出现严重困难户，开展定期检查、动态管理，做到早发现、早干预、早帮扶，防止返贫和产生新的贫困。通过聚焦产业和就业帮扶两个关键，促进脱贫地区产业发展、确保脱贫劳动力就业稳定，使得脱贫群众收入持续增加，与其他农民的收入差距不断缩小；通过聚焦重点区域，加大国家乡村振兴重点帮扶县和易地扶贫搬迁集中安置区支持力度，缩小脱贫地区与其他地区的发展差距；通过做好兜底保障、完善社保体系，保障丧失劳动能力的脱贫人口和低收入人口的基本生活需要；通过开展考核评估、深化东西部协作、

完善中央单位定点帮扶、动员社会力量广泛参与、强化驻村帮扶、加强
系统建设等重要举措，持续推动巩固脱贫攻坚成果再上新台阶。

六、建立健全扶贫政策体系，强化扶贫政策支撑

为更好实现全面脱贫、真正做到精准扶贫，各部门密集出台针对特
殊行业和地区细分化的扶贫政策（见表 8-1），包含综合类财政政策、财
政专项扶贫资金政策、金融扶贫政策、就业扶贫政策、扶贫开发用地政
策等，加大交通、水利、电力建设力度，加强农村危房改造和人居环境
整治，改善贫困地区生产生活条件，提升贫困地区扶贫脱贫能力。

表 8-1　各部门支持脱贫攻坚相关政策文件

发文时间	文件名称	发文单位
2016 年 2 月	《关于用好用活增减挂钩政策　积极支持扶贫开发及易地扶贫搬迁工作的通知》	国土资源部
2016 年 2 月	《关于印发加强三级医院对口帮扶贫困县县级医院工作方案的通知》	国家卫生计生委等五部门
2016 年 6 月	《关于实施健康扶贫工程的指导意见》	国家卫生计生委等15 部门
2017 年 4 月	《关于印发健康扶贫工程"三个一批"行动计划的通知》	国家卫生计生委等六部门
2017 年 5 月	《关于做好财政支农资金支持资产收益扶贫工作的通知》（财农〔2011〕412 号）	财政部等三部门
2017 年 8 月	《关于加强和完善建档立卡贫困户等重点对象农村危房改造若干问题的通知》	住房和城乡建设部等三部门
2017 年 9 月	《财政专项扶贫资金绩效评价办法的通知》	财政部、扶贫办
2018 年 4 月	《关于全面加强乡村小规模学校和乡镇寄宿制学校建设的指导意见》	国务院办公厅
2018 年 6 月	《关于全面加强脱贫攻坚期内各级各类扶贫资金管理的意见》	财政部
2018 年10 月	《关于贯彻落实〈扶贫项目资金绩效管理办法〉的通知》	财政部脱贫攻坚领导小组

续表

发文时间	文件名称	发文单位
2018年 11月	《关于易地扶贫搬迁税收优惠政策的通知》	财政部、国家税务 总局
2018年 11月	《关于贯彻落实支持脱贫攻坚税收政策的通知》	财政部
2018年 12月	《关于深入开展消费扶贫助力打赢脱贫攻坚战的指导意见》	国务院办公厅
2019年2月	《关于进一步支持和促进重点群体创业就业有关税收政策 的通知》	财政部等四部门
2019年4月	《关于加强农村危房改造资金使用管理助力全面完成脱贫 攻坚任务的通知》	财政部、住房城乡 建设部
2019年6月	《财政部门财政扶贫资金违规管理责任追究办法》	财政部
2019年6月	《关于免征易地扶贫搬迁有关政府性基金和行政事业性收 费政策的通知》	财政部、国家发展 改革委
2019年9月	《关于调整〈财政专项扶贫资金绩效评价指标评分表〉的 通知》	财政部、国务院扶 贫办
2019年 12月	《关于在脱贫攻坚中切实加强农村最低生活保障家庭经济 状况评估认定工作的指导意见》	民政部、国家统 计局
2020年2月	《社会救助兜底脱贫行动方案》	民政部、国务院扶 贫办
2020年2月	《关于做好2020年产业扶贫工作的意见》	农业农村部办公 厅、国务院扶贫办 综合司
2020年3月	《关于深入贯彻落实习近平总书记重要讲话精神决战决胜 易地扶贫搬迁工作的通知》	国家发展改革委
2020年3月	《关于开展脱贫攻坚农村危房改造挂牌督战工作的通知》	住房和城乡建设部
2020年3月	《关于做好2020年财政专项扶贫资金、贫困县涉农资金 整合试点及资产收益扶贫等工作的通知》	财政部、国务院扶 贫办
2020年3月	《消费扶贫助力决战决胜脱贫攻坚2020年行动方案》	国家发展改革委
2020年4月	《关于开展易地扶贫搬迁就业帮扶专项行动的通知》	人力资源和社会保障 部办公厅等四部门

续表

发文时间	文件名称	发文单位
2020 年 4 月	《关于进一步扩大农村贫困人口大病专项救治病种范围的通知》	国家卫生健康委办公厅等四部门
2020 年 4 月	《关于开展 2020 年人力资源服务机构助力脱贫攻坚行动的通知》	人力资源和社会保障部办公厅
2020 年 5 月	《关于进一步用好公益性岗位发挥就业保障作用的通知》	人力资源和社会保障部等七部门
2020 年 5 月	《关于做好 2020 年边远贫困地区、边疆民族地区和革命老区人才支持计划教师专项计划有关实施工作的通知》	教育部办公厅
2020 年 5 月	《关于做好易地扶贫搬迁安置住房不动产登记工作的通知》	自然资源部办公厅
2020 年 5 月	《关于高质量打赢医疗保障脱贫攻坚战的通知》	国家医保局办公室等五部门
2020 年 6 月	《关于巩固拓展家政扶贫工作的通知》	商务部等 10 部门
2020 年 6 月	《关于进一步加强财政扶贫资金监管工作的指导意见》	财政部
2020 年 6 月	《关于下达 2020 年中央财政农村危房改造补助资金预算的通知》	财政部、住房和城乡建设部
2020 年 6 月	《关于下达深度贫困地区 2020 年中央对地方重点生态功能区转移支付预算的通知》	财政部
2020 年 6 月	《关于下达 2020 年"三区"科技人才支持计划预算的通知》	财政部
2020 年 6 月	《关于进一步加强控辍保学工作健全义务教育有保障长效机制的若干意见》	教育部等 10 部门
2020 年 7 月	《关于做好 52 个未摘帽贫困县建档立卡贫困家庭高校毕业生就业精准帮扶工作的通知》	教育部办公厅等三部门
2020 年 7 月	《关于进一步加强贫困家庭高校毕业生就业帮扶工作的通知》	人力资源和社会保障部等三部门
2020.08	《关于切实做好 2020 年秋季学期高校家庭经济困难学生资助工作的通知》	教育部办公厅

（一）加大交通、水利、电力建设力度

推动国家铁路网、国家高速公路网连接贫困地区的重大交通项目建设。增加中央投资对中西部地区和贫困地区的铁路、公路建设的投入，提高贫困地区农村公路建设补助标准，加快乡镇和建制村通硬化路的建设，加强农村公路安全防护和危桥改造。加强贫困地区重大水利工程、病险水库水闸除险加固、灌区续建配套与节水改造等水利项目建设。实施农村饮水安全巩固提升工程。小型农田水利、"五小水利"工程等建设向贫困村倾斜。加大贫困地区抗旱水源建设、中小河流治理、水土流失综合治理力度。加强山洪和地质灾害防治体系建设。大力扶持贫困地区农村水电开发。推进贫困地区农网改造升级，提升贫困地区农网供电能力和供电质量。增加贫困地区年度发电指标，提高贫困地区水电工程留存电量比例，支持光伏发电设施接入电网运行。

（二）加强农村危房改造和人居环境整治

推进贫困地区农村危房改造，统筹开展农房抗震改造，提高建档立卡贫困户补助标准，探索采用贷款贴息、建设集体公租房等方式，保障贫困户基本住房安全。加大贫困村生活垃圾处理、污水治理、改厕和村庄绿化美化力度。加大贫困地区传统村落保护力度。推进贫困地区农村环境连片整治。加大贫困地区以工代赈投入力度，支持农村山水田林路建设和综合治理。财政支持的微小型建设项目，涉及贫困村的，允许按照一事一议方式直接委托村级组织自建自管。以整村推进为平台，加快改善贫困村生产生活条件，扎实推进美丽宜居乡村建设。

（三）加大财政扶贫投入力度

发挥政府投入在扶贫开发中的主体和主导作用，开辟扶贫开发新的资金渠道，确保政府扶贫投入力度与脱贫攻坚任务相适应。中央财政继续加大对贫困地区的转移支付力度，一般性转移支付资金、专项转移支付资金和中央预算内投资进一步向贫困地区和贫困人口倾斜，农业综合开发、农村综合改革转移支付等涉农资金要明确一定比例用于贫困村。各部门安排的各项工程和项目，最大限度地向贫困地区、贫困村、贫困人口倾斜。各省（自治区、直辖市）要调整省级财政支出结构，加大扶贫资金投入。支持连片特困地区县和国家扶贫开发工作重点县，以重点扶贫项目为平台，把专项扶贫资金、相关涉农资金和社会帮扶资金捆绑集中使用。落实国家在贫困地区安排的公益性建设项目取消县级和西部连片特困地区地市级配套资金的政策，提高中央和省级财政投资补助比重。

（四）加大金融扶贫支持力度

鼓励和引导各类金融机构加大对扶贫开发的金融支持，拓宽扶贫资金来源渠道。向金融机构提供长期、低成本的资金，用于支持扶贫开发。设立扶贫再贷款，实行比支农再贷款更优惠的利率。允许采用过桥贷款方式，撬动信贷资金投入。支持金融机构为贫困户提供免抵押、免担保扶贫小额信贷，由财政按基础利率贴息。加大创业担保贷款、助学贷款、妇女小额贷款、康复扶贫贷款实施力度。支持在贫困地区设立村镇银行、小额贷款公司等机构。支持贫困地区培育发展农民资金互助组织，开展农民合作社信用合作试点，设立扶贫贷款风险补偿基金。支持贫困地区设立政府出资的融资担保机构，重点开展扶贫担保业务。建立健全融资风险分担和补偿机制，支持地方设立扶贫贷款风险补偿基金。发展扶贫小额贷款保证保险，对贫困户保证保险保费予以补助。扩大农业保险覆盖面，通过中央财政以奖代补等支持贫困地区特色农产品保险发展。

（五）完善扶贫开发用地政策

支持贫困地区根据第二次全国土地调查及最新年度变更调查成果，调整完善土地利用总体规划。新增建设用地计划指标优先保障扶贫开发用地需要，专项安排国家扶贫开发工作重点县年度新增建设用地计划指标。中央在安排高标准基本农田建设任务和分配中央补助资金时，继续向贫困地区倾斜，引导地方支持贫困地区土地整治和高标准农田建设。在连片特困地区和国家扶贫开发工作重点县开展易地扶贫搬迁，允许将城乡建设用地增减挂钩指标在省域范围内调剂使用。探索市场化运作模式，吸引社会力量积极参与土地整治和扶贫开发工作。在贫困地区优先安排国土资源管理制度改革试点，支持开展历史遗留工矿废弃地复垦利用、城镇低效用地再开发和低丘缓坡荒滩等未利用地开发利用试点。

（六）发挥科技、人才支撑作用

深入实施边远贫困地区、边疆民族地区、革命老区人才支持计划，扩大急需紧缺专业技术人才选派培养规模。贫困地区在县乡公务员考试录用中，从大学生村官、"三支一扶"等人员中定向招录公务员，从贫困地区优秀村干部中招录乡镇公务员。动员全社会科技力量投入扶贫开发工作，开展科技精准帮扶行动。以县为单位建立产业扶贫技术专家组，各类涉农院校和科研院所组建产业扶贫技术团队，重点为贫困村、贫困户提供技术服务。支持贫困县建设农业科技园和星创天地等载体，展示和推广农业先进科技成果。深入推行科技特派员制度，支持科技特派员开展创业式扶贫服务。强化贫困地区基层农技推广体系建设，加强农民职业技能培训。鼓励各类人才扎根贫困地区基层建功立业，对表现优秀的人员在职称评聘等方面给予倾斜。推进实施贫困村创业致富带头人培训工程。

第三节　脱贫攻坚的历史成就和经验启示

党的十八大以来，我们以习近平扶贫理论为行动指南，构建扶贫脱贫体制机制和政策体系，走中国特色扶贫减贫之路。经过多年持续奋斗，脱贫攻坚取得了重大历史性成就，为推动全球减贫事业贡献了中国力量。中国在减贫实践中探索形成的宝贵经验，既属于中国也属于世界，拓展了人类反贫困思路，为人类减贫探索了新的路径。

一、脱贫攻坚的历史成就

（一）贫困人口全部脱贫，生活水平显著提高

到2020年年底，中国如期完成新时代脱贫攻坚目标任务，现行标准下9899万农村贫困人口全部脱贫（见图8-1），832个贫困县全部摘帽（见图8-2），12.8万个贫困村全部出列，区域性整体贫困得到解决，绝对贫困得到彻底消除。从收入水平看，贫困地区农村居民人均可支配收入持

续提升（见图 8-3），从 2016 的 8452 元增长到 2020 年的 12588 元，年均增长 10.4%，增长持续快于全国农村，增速比全国农村高 2 个百分点。2021 年，脱贫县农村居民人均可支配收入名义增速和实际增速均比全国农村快 1.1 个百分点。从收入结构看，2020 年贫困地区农村居民人均工资性收入为 4444 元，2016—2020 年年均增长 11.7%，占可支配收入的比重为 35.3%；人均经营性收入为 4391 元，2016—2020 年年均增长 6.0%，占可支配收入的比重为 34.9%；人均转移性净收入为 3567 元，2016—2020 年年均增长 15.7%，占可支配收入的比重为 28.3%。贫困人口工资性收入和经营性收入占比较高，转移性收入占比相对较小，自主增收脱贫能力稳步提升。从消费水平看，贫困地区农村居民消费水平不断提升（见图 8-3），2020 年达到 10758 元，是农村平均水平的 78.5%，比 2015 年提高 6.3 个百分点；贫困地区农村居民家庭耐用消费品数量持续增加，2020 年贫困地区农村每百户拥有移动电话、电冰箱、汽车、计算机等耐用消费品分别为 271.6 部、94.5 台、22.7 辆、19.8 台，比 2015 年分别增加 62.7 部、26.6 台、14.4 辆和 6.6 台。2021 年，脱贫县农村居民人均消费支出比上年实际增长 13.6%，脱贫攻坚成果得到巩固拓展，脱贫地区农村居民生活质量继续提升。从消费结构看，贫困地区农村居民消费结构明显优化。2020 年贫困地区农村居民人均食品烟酒支出为 3632 元，占消费支出的比重为 33.8%，比 2015 年下降 0.6 个百分点；交通通信、教育文化娱乐、医疗保健支出分别为 1261 元、1128 元、1061 元，占消费支出的比重分别为 11.7%、10.5%、9.9%，比 2015 年分别提高 1.3 个百分点、0.3 个百分点、1.4 个百分点。[①]

根据脱贫攻坚普查资料，建档立卡贫困人口全面实现不愁吃，平常能吃饱且能适当吃好，能够摄入身体所需的蛋白质。其中国家贫困县 98.94% 的建档立卡户随时能吃肉蛋奶或豆制品，非国家贫困县 99.03%

---

① 国家统计局：《脱贫攻坚战取得全面胜利　脱贫地区农民生活保持持续改善——党的十八大以来经济社会发展成就系列报告之二十》，2022 年 10 月 11 日，见 http://www.stats.gov.cn/xxgk/jd/sjjd2020/202210/t20221011_1889191.html。

的建档立卡户随时能吃肉蛋奶或豆制品。同时，建档立卡户全面实现不愁穿，国家贫困县和非国家贫困县的建档立卡户一年四季都有应季的换洗衣物和御寒被褥。贫困人口受教育的机会显著增多、水平持续提高，农村贫困家庭子女义务教育阶段辍学问题实现动态清零，2020年贫困县九年义务教育巩固率达到94.8%。建档立卡贫困人口全部纳入基本医疗保险、大病保险和医疗救助等制度保障范围，实施大病集中救治、慢病签约管理、重病兜底保障等措施，99.9%以上的贫困人口参加基本医疗保险，全面实现贫困人口看病有地方、有医生、有医疗保险制度保障，看病难、看病贵问题有效解决。建档立卡户原住房经鉴定或评定不安全的，均通过危房改造、异地扶贫搬迁等有效措施，全面实现住房安全有保障。实施农村饮水安全和巩固提升工程，累计解决2889万贫困人口的饮水安全问题，饮用水量和水质全部达标，3.82亿农村人口受益；贫困地区自来水普及率从2015年的70%提高到2020年的83%。全部实现垃圾集中处理或清运的行政村比例达到89.9%，部分实现的行政村比重为9.0%。[①]综合保障体系逐步健全，居民获得感、幸福感、安全感显著增强。

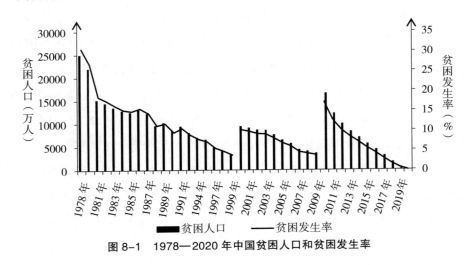

图8-1　1978—2020年中国贫困人口和贫困发生率

---

① 国务院新闻办公室：《人类减贫的中国实践》，2021年4月6日，见 http://www.scio.gov.cn/zfbps/32832/Document/1701632/1701632.htm。

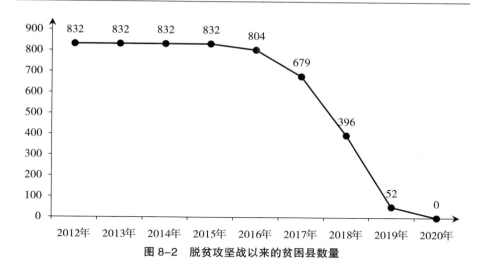

图 8-2　脱贫攻坚战以来的贫困县数量

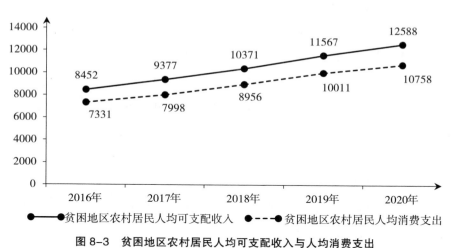

●──●贫困地区农村居民人均可支配收入　　●--●贫困地区农村居民人均消费支出

图 8-3　贫困地区农村居民人均可支配收入与人均消费支出

（二）经济社会大幅发展，落后面貌根本改变

特色产业不断壮大，新业态蓬勃发展，产业扶贫、电商扶贫、旅游扶贫等方式使得贫困地区经济活力和发展后劲明显增强，生态扶贫、易地搬迁、退耕还林还草等方式使得贫困地区生态环境明显改善。贫困地区生产总值持续保持较快增长，人均一般公共预算财政收入年均增幅高于同期全国平均水平。东西部扶贫协作和对口支援推动生产要素在不同

地区之间的有序流动，东部产业向西部梯度转移为西部地区自我发展创造了有利条件，促进了区域经济协调发展。贫困地区公共文化服务水平不断提高，截至 2020 年年底，中西部 22 个省份基层文化中心建设完成比例达到 99.48%，基本实现村级文化设施全覆盖；持续推进文化下乡，贫困群众也有了丰富多彩的业余文化生活。

基础设施显著改善。贫困地区具备条件的乡镇和建制村全部通硬化路、通客车、通邮路；农田有效灌溉面积不断增加和改善，水利支撑贫困地区发展的能力显著增强；用电条件大幅提升，农村地区基本实现稳定可靠的供电服务全覆盖，供电能力和服务水平明显提升；贫困地区通信设施建设不断加强，贫困村通光纤和 4G 比例均超过 98%，远程教育加快向贫困地区学校推进，远程医疗、电子商务覆盖所有贫困县，贫困地区信息化建设实现跨越式发展。

贫困地区优秀文化繁荣发展，生态环境得到极大改善，广大农村旧貌换了新颜，生态宜居水平不断提高。通过脱贫攻坚，"三区三州"等深度贫困地区突出问题得到根本解决，基础设施和公共服务水平显著提升，特色主导产业加快发展，社会文明程度明显提高，区域性整体贫困问题彻底解决。

（三）基层治理能力显著提升，脱贫群众面貌明显变化

农村基层党组织更加坚强。精准选派贫困村党组织第一书记、驻村工作队，把农村致富能手、退役军人、外出务工经商返乡人员、农民合作社负责人、大学生村官等群体中具有奉献精神、吃苦耐劳、勇于创新的优秀党员选配到村党组织书记岗位上，基层党组织的战斗堡垒作用不断增强，凝聚力战斗力号召力明显提高，党群干群关系更加密切，贫困地区群众对党和政府的信赖、信任、信心进一步增强，党在农村的执政基础更加牢固。基层群众自治更加有效。村委会（居委会）作用更好发挥，贫困群众自我管理、自我教育、自我服务、自我监督不断加强。贫困村集体经济收入增加，增强了村级组织自我保障和服务群众的能力。"三农"

工作队伍不断壮大。大批教育、科技、医疗卫生、文化等领域的专业人才支援贫困地区建设，大批企业家到贫困地区投资兴业，很多高校毕业生放弃城市的优厚待遇回到农村建设家乡。社会治理水平明显提升。脱贫攻坚为贫困地区带来了先进发展理念、现代科技手段、科学管理模式，显著提升了贫困地区的社会治理水平；网格化管理、精细化服务、信息化支撑、开放共享的基层管理服务体系建立健全，社会治理的社会化、法治化、智能化、专业化水平进一步提升，基层社会矛盾预防和化解能力显著增强，贫困地区社会更加和谐、稳定、有序。

脱贫致富热情高涨。脱贫攻坚不仅使贫困群众拓宽了增收渠道、增加了收入，而且唤醒了贫困群众对美好生活的追求，增强了脱贫致富的信心和劲头。主人翁意识显著提升。贫困群众参与脱贫攻坚的议事管事空间得到拓展，参与集体事务的积极性自觉性不断提高，建设家乡的热情被激发，乡村发展的凝聚力大大增强。现代观念不断增强。贫困群众的开放意识、创新意识、科技意识、规则意识、市场意识等显著增强，脱贫致富的点子越来越多、路子越来越宽。文明新风广泛弘扬。社会主义核心价值观广泛传播，贫困地区文明程度显著提升。俭朴节约、绿色环保、讲究卫生等科学、健康、文明的生活方式成为贫困群众的新追求，婚事新办、丧事简办、孝亲敬老、邻里和睦、扶危济困、扶弱助残等社会风尚广泛弘扬，既有乡土气息又有现代时尚的新时代乡村文明新风正在形成。

此外，贫困妇女生存发展状况和贫困老年人生活、服务保障显著改善，困境儿童关爱水平明显提高，孤儿保障水平大幅增强，贫困残疾人保障水平全面提升。特殊困难群体的福利水平持续提高，生存权利充分保障，发展机会明显增多。

（四）为国际减贫事业作出突出贡献，为全球贫困治理提供中国方案

作为世界上最大的发展中国家，中国致力于全球减贫和发展事业，以自己的行动推动人类减贫事业的发展。从减贫规模看，按照世界银行每人每天1.9美元的贫困标准，中国有8亿多贫困人口实现脱贫，对全

球减贫贡献率超过 70%，是世界上减贫人口最多的国家；从减贫进程看，西方发达国家用了几百年的时间才摆脱大规模的贫困且绝对贫困仍未彻底消除，中国仅用短短几十年的时间就历史性地解决了绝对贫困问题，走在了全球减贫事业的前列；从减贫质量看，中国对脱贫质量的要求和措施贯穿始终，通过严格脱贫标准和程序，强化扶贫监督和考核，开展第三方评估和脱贫攻坚普查，建立解决相对贫困的长效机制，确保脱贫质量经得起历史和人民的检验。中国全面打赢脱贫攻坚战，提前 10 年实现《联合国 2030 年可持续发展议程》减贫目标，大大加快了全球减贫进程，为全球减贫事业作出了重要贡献。

中国的减贫道路凝结着推进精准扶贫精准脱贫的独特智慧和制度成果，在脱贫攻坚中积累的成功经验，为其他国家尤其是发展中国家提供了重要启示和有益借鉴。比如，我国在解决绝对贫困、区域性整体贫困问题的过程中，创造性地提出"两不愁三保障"，在收入贫困的基础上构建了新的多维度贫困衡量标准；形成了一套自上而下与自下而上相结合的精准识别机制，对完善全球减贫方式具有重要作用；强调发挥贫困群体的能动性，通过"扶贫"与"扶志""扶智"相结合激发内生动力，为创新减贫理论具有积极意义。联合国开发计划署 2015 年发布的《联合国千年发展目标报告》指出，中国的减贫实践"为其他国家提供了学习经验"。联合国秘书长古特雷斯称"中国的经验可以为其他发展中国家提供有益借鉴"。

中国在致力于消除自身贫困的同时，积极参与国际减贫合作，做国际减贫事业的倡导者、推动者和贡献者，与各国携手共建没有贫困、共同发展的人类命运共同体。在一些西方大国掀起逆全球化浪潮，不断推卸全球治理责任之时，中国推动建立国际减贫交流合作关系，发起共建"一带一路"倡议、开展南南合作等，通过提供项目资金支持、债务减免、技术扩散、智库交流等方式，支持和帮助广大发展中国家特别是最不发达国家消除贫困，开展抗疫合作，建立人类健康命运共同体。为推动实现联合国 2030 年可持续发展目标，2021 年 9 月 21 日，习近平在第七十六届联合国大会一般性辩论上提出"全球发展倡议"，呼吁国际社会在减贫、粮食安全等领域加强合作，解决全球发展不平等不平衡问题，充分展现了负责任的大国担当，为发展中国家消除绝对贫困提供了中国智慧和中国方案。

二、脱贫攻坚的经验启示

（一）坚持党对脱贫攻坚的集中统一领导

党的十八大以来，我们坚持党中央对脱贫攻坚的集中统一领导，把脱贫攻坚纳入"五位一体"总体布局、"四个全面"战略布局，统筹谋划，强力推进。强化中央统筹、省负总责、市县抓落实的工作机制，构建五级书记抓扶贫、全党动员促攻坚的局面。我们执行脱贫攻坚一把手负责制，中西部 22 个省份党政主要负责同志向中央签署脱贫攻坚责任书、立下"军令状"，脱贫攻坚期内保持贫困县党政正职稳定。抓好以村党组织为核心的村级组织配套建设，把基层党组织建设成为带领群众脱贫致富的坚强战斗堡垒。我们集中精锐力量投向脱贫攻坚主战场，全国累计选派 25.5 万个驻村工作队、300 多万名第一书记和驻村干部，同近 200 万名乡镇干部和数百万村干部一道奋战在扶贫一线，鲜红的党旗始终在脱贫攻坚主战场上高高飘扬。实践表明，中国共产党具有无比坚强的领导力、组织力、执行力，是团结带领人民攻坚克难、开拓前进最可靠的领导力量。只要我们始终不渝坚持党的领导，就一定能够战胜前进道路上的任何艰难险阻，不断满足人民对美好生活的向往。

（二）坚持以人民为中心的发展思想

党的十八大以来，我们始终坚定人民立场，强调消除贫困、改善民生、实现共同富裕是社会主义的本质要求，是我们党坚持全心全意为人民服务根本宗旨的重要体现，是党和政府的重大责任。把群众满意度作为衡量脱贫成效的重要尺度，集中力量解决贫困群众的基本民生需求。

发挥政府投入的主体和主导作用，宁肯少上几个大项目，也要优先保障脱贫攻坚资金投入。中央、省、市县财政专项扶贫资金累计投入近 1.6 万亿元，其中中央财政累计投入 6601 亿元。打响脱贫攻坚战以来，土地增减挂指标跨省域调剂和省域内流转资金 4400 多亿元，扶贫小额信贷累计发放 7100 多亿元，扶贫再贷款累计发放 6688 亿元，金融精准扶贫贷款发放 9.2 万亿元，东部 9 省市共向扶贫协作地区投入财政援助和社会帮扶资金 1005 亿多元，东部地区企业赴扶贫协作地区累计投资 1 万多亿元，等等。① 我们统筹整合使用财政涉农资金，强化扶贫资金监管，确保把钱用到刀刃上。真金白银的投入，为打赢脱贫攻坚战提供了强大的资金保障。实践表明，做好党和国家各项工作，必须把实现好、维护好、发展好最广大人民的根本利益作为一切工作的出发点和落脚点，更加自觉地使改革发展成果更多更公平惠及全体人民。只要我们始终坚持以人民为中心的发展思想，一件事情接着一件事情办，一年接着一年干，就一定能够不断推动全体人民共同富裕取得更为明显的实质性进展！

（三）坚持发挥社会主义集中力量办大事的政治优势

党的十八大以来，我们广泛动员全党全国各族人民以及社会各方面力量共同向贫困宣战，举国同心，合力攻坚，党政军民学劲往一处使，东西南北中拧成一股绳。我们强化东西部扶贫协作，推动省市县各层面结对帮扶，促进人才、资金、技术向贫困地区流动。组织开展定点扶贫，中央和国家机关各部门、民主党派、人民团体、国有企业和人民军队等都积极行动，所有的国家扶贫开发工作重点县都有帮扶单位。各行各业发挥专业优势，开展产业扶贫、科技扶贫、教育扶贫、文化扶贫、健康扶贫、消费扶贫。民营企业、社会组织和公民个人热情参与，"万企帮万村"行动蓬勃开展。构建专项扶贫、行业扶贫、社会扶贫互为补充的

---

① 中国政府网：《习近平：在全国脱贫攻坚总结表彰大会上的讲话》，2021 年 2 月 25 日，见 http://www.gov.cn/xinwen/2021-02/25/content_5588869.htm。

大扶贫格局，形成跨地区、跨部门、跨单位、全社会共同参与的社会扶贫体系。千千万万的扶贫善举彰显了社会大爱，汇聚起排山倒海的磅礴力量。实践表明，中国共产党领导和我国社会主义制度是抵御风险挑战、聚力攻坚克难的根本保证。只要我们坚持党的领导、坚定走中国特色社会主义道路，就一定能够办成更多像脱贫攻坚这样的大事难事，不断从胜利走向新的胜利！

（四）坚持用发展的办法消除贫困根源

党的十八大以来，我们围绕脱贫攻坚打出了一套政策组合拳，因村因户因人施策，因贫困原因施策，因贫困类型施策，对症下药、精准滴灌、靶向治疗，真正发挥拔穷根的作用。坚持开发式扶贫方针，坚持把发展作为解决贫困的根本途径，改善发展条件，增强发展能力，实现由"输血式"扶贫向"造血式"帮扶转变，让发展成为消除贫困最有效的办法、创造幸福生活最稳定的途径。紧紧扭住教育这个脱贫致富的根本之策，强调再穷不能穷教育、再穷不能穷孩子，不让孩子输在起跑线上，努力让每个孩子都有人生出彩的机会，尽力阻断贫困代际传递。实践表明，精准扶贫是打赢脱贫攻坚战的制胜法宝，开发式扶贫方针是中国特色减贫道路的鲜明特征。只要我们坚持精准的科学方法、落实精准的工作要求，坚持用发展的办法解决发展不平衡不充分问题，就一定能够为经济社会发展和民生改善提供科学路径和持久动力！

（五）坚持发挥广大贫困群众主体作用

党的十八大以来，我们注重把人民群众对美好生活的向往转化成脱贫攻坚的强大动能，实行扶贫和扶志扶智相结合，既富口袋也富脑袋，引导贫困群众依靠勤劳双手和顽强意志摆脱贫困、改变命运。引导贫困群众树立"宁愿苦干、不愿苦熬"的观念，鼓足"只要有信心，黄土变成金"的干劲，增强"弱鸟先飞、滴水穿石"的韧性，让他们心热起来、行动起来。实践表明，人民是真正的英雄，激励人民群众自力更生、艰苦奋斗的内生动力，对人民群众创造自己的美好生活至关重要。只要我们始终坚持为了人民、依靠人民，尊重人民群众主体地位和首创精神，把人民群众中蕴藏着的智慧和力量充分激发出来，就一定能够不断创造出更多令人刮目相看的人间奇迹！

（六）坚持汇聚各方力量形成强大合力

党的十八大以来，我们推动全社会践行社会主义核心价值观，传承中华民族守望相助、和衷共济、扶贫济困的传统美德，培育弘扬"上下同心、尽锐出战、精准务实、开拓创新、攻坚克难、不负人民"的脱贫攻坚伟大精神，引导社会各界关爱贫困群众、关心减贫事业、投身脱贫行动。完善社会动员机制，搭建社会参与平台，创新社会帮扶方式，形成了人人愿为、人人可为、人人能为的社会帮扶格局。实践表明，社会主义核心价值观、中华优秀传统文化、脱贫攻坚伟大精神是凝聚人心、汇聚民力的强大力量。只要我们坚定道德追求，不断激发全社会向上向善的正能量，就一定能够为中华民族乘风破浪、阔步前行提供不竭的精神力量！

第九章　促进城乡融合发展

党的十八大以来，以习近平同志为核心的党中央，从城乡一体化发展到城乡融合发展，提出了一系列新理念新观点，采取了一系列战略性举措，推进了一系列变革性实践，实现了一系列突破性进展。本章主要总结十年来的理论和实践及取得的成绩和进展，以期为加快城乡融合发展、推进农业农村现代化提供参考和借鉴。

第一节　新时代城乡融合发展的理论探索

党的十八大以来，以习近平同志为核心的党中央，对新时代统筹城乡发展进行了理论探索，习近平总书记围绕促进城乡融合发展，提出一系列新理念新观点。

一、重塑城乡关系的重要意义

2012 年 11 月，中国共产党第十八次全国代表大会在北京召开。党的十八大报告指出，"城乡发展一体化是解决'三农'问题根本途径"[1]。同年 12 月，习近平总书记在广东考察时指出，"实现城乡区域协调发展，不仅是国土空间均衡布局发展的需要，而且是走共同富裕道路的要求"[2]。

---

[1] 《中国共产党第十八次全国代表大会文件汇编》，人民出版社 2012 年版，第 21 页。
[2]　中共中央党史和文献研究院编：《习近平关于"三农"工作论述摘编》，中央文献出版社 2019 年版，第 29 页。

2013 年 11 月，习近平总书记在《关于〈中共中央关于全面深化改革若干重大问题的决定〉的说明》中强调："城乡发展不平衡不协调，是我国经济社会发展存在的突出矛盾，是全面建成小康社会、加快推进社会主义现代化必须解决的重大问题"，"城乡发展差距不断拉大趋势没有根本扭转"，"要根本解决这些问题，必须推进城乡发展一体化"。[①] 同年 12 月，习近平总书记在中央农村工作会议上的讲话提出，"农业还是'四化同步'的短腿，农村还是全面建成小康社会的短板"，"我们必须坚持工业反哺农业、城市支持农村和多予少取放活方针，始终把'三农'工作牢牢抓住、紧紧抓好"。[②]

2014 年 12 月，习近平总书记在中央经济工作会议上的讲话指出，"我国城乡、区域发展不平衡现象严重，但差距也是潜力。这些潜在的需求如果能激发出来并拉动供给，就会成为新的增长点，形成推动发展的强大动力"[③]。

2015 年 4 月，习近平总书记在中共十八届中央政治局第二十二次集体学习时的讲话指出，要"从我国城乡发展不平衡不协调和二元结构的现实出发，从我国的自然禀赋、历史文化传统、制度体制出发"，"通过城乡融合的体制机制，形成以工促农、以城带乡、工农互惠、城乡一体的新型工农城乡关系"。[④]

2017 年 12 月，习近平总书记在中央农村工作会议上的讲话指出，"我们一定要认识到，城镇和乡村是互促互进、共生共存的。能否处理好城乡关系，关乎社会主义现代化建设全局"[⑤]；"走中国特色社会主义乡村振兴道路"，要"重塑城乡关系，走城乡融合发展之路"，"要坚持以工补

---

① 中共中央党史和文献研究院编：《习近平关于"三农"工作论述摘编》，中央文献出版社 2019 年版，第 29 页。

② 习近平：《论"三农"工作》，中央文献出版社 2022 年版，第 70—71 页。

③ 习近平：《论"三农"工作》，中央文献出版社 2022 年版，第 34 页。

④ 习近平：《论"三农"工作》，中央文献出版社 2022 年版，第 157 页。

⑤ 习近平：《论"三农"工作》，中央文献出版社 2022 年版，第 242 页。

农、以城带乡，推动形成工农互促、城乡互补、全面融合、共同繁荣的新型工农城乡关系"。①

2018 年 9 月，习近平总书记在中共十九届中央政治局第八次集体学习时的讲话指出，"在现代化进程中，如何处理好工农关系、城乡关系，在一定程度上决定着现代化的成败"，"我国作为中国共产党领导的社会主义国家，应该有能力、有条件处理好工农关系、城乡关系，顺利推进我国社会主义现代化进程"，"当前，我国正处于正确处理工农关系、城乡关系的历史关口"，"长期以来，我们对工农关系、城乡关系的把握是完全正确的，也是富有成效的"，"同时，我们也要看到，同快速推进的工业化、城镇化相比，我国农业农村发展步伐还跟不上，'一条腿长、一条腿短'的问题还比较突出"，"在现代化进程中，城的比重上升，乡的比重下降，是客观规律"，"在我国拥有近十四亿人口的国情下，不管工业化、城镇化进展到哪一步，农业都要发展，乡村都不会消亡，城乡将长期共生共存，这也是客观规律"，"如果在现代化进程中把农村四亿多人口落下，到头来'一边是繁荣的城市、一边是凋敝的农村'……这样的现代化是不可能取得成功的！"②

二、探索走城乡融合发展之路

（一）推进新型"四化同步"发展

2012 年 11 月，党的十八大报告提出"促进工业化、信息化、城镇化、农业现代化同发展"，要求"让广大农民平等参与现代化进程、共同分享现代化成果"。③同年 12 月，习近平总书记在广东考察时指出，要"加大统筹城乡发展、统筹区域发展力度，加大对欠发达地区和农村的扶持力度，促进工业化、信息化、城镇化、农业现代化同步发展，推动城乡发

---

① 习近平：《论"三农"工作》，中央文献出版社 2022 年版，第 241—242 页。
② 习近平：《论"三农"工作》，中央文献出版社 2022 年版，第 275—276 页。
③ 《中国共产党第十八次全国代表大会文件汇编》，人民出版社 2012 年版，第 21 页。

展一体化，逐步缩小城乡区域发展差距，促进城乡区域共同繁荣"①。

2013 年 9 月，习近平总书记在主持中共十八届中央政治局第九次集体学习时指出，"我们要后来居上，把'失去的二百年'找回来，决定了我国发展必然是一个'并联式'的过程，工业化、信息化、城镇化、农业现代化是叠加发展的"②。

2014 年 12 月，习近平总书记在江苏调研时的讲话指出，"发达地区在这方面一定要带好头、领好向，把工业化、信息化、城镇化、农业现代化同步发展真正落在实处"③。

2015 年 5 月，习近平总书记在浙江召开的华东七省市党委主要负责同志座谈会上的讲话指出，"同步推进新型工业化、信息化、城镇化、农业现代化，薄弱环节是农业现代化。要着眼于加快农业现代化……加快转变农业发展方式，加快农业技术创新步伐，走出一条集约、高效、安全、持续的现代农业发展道路"④。同年 10 月，习近平总书记在党的十八届五中全会上强调，"正确处理发展中的重大关系，重点促进城乡区域协调发展，促进经济社会协调发展，促进新型工业化、信息化、城镇化、农业现代化同步发展"⑤。

2018 年 11 月，习近平总书记在民营企业座谈会上的讲话指出，"我国有十三亿多人口的内需市场，正处于新型工业化、信息化、城镇化、农业现代化同步发展阶段，中等收入群体扩大孕育着大量消费升级需求，城乡区域发展不平衡蕴藏着可观发展空间。"⑥

① 中共中央党史和文献研究院编：《习近平关于"三农"工作论述摘编》，中央文献出版社 2019 年版，第 29 页。
② 习近平：《论"三农"工作》，中央文献出版社 2022 年版，第 33 页。
③ 习近平：《论"三农"工作》，中央文献出版社 2022 年版，第 35 页。
④ 习近平：《论"三农"工作》，中央文献出版社 2022 年版，第 35 页。
⑤ 央广网：《带你读懂十八届五中全会公报（附全文）》，2015 年 10 月 29 日，见 http://m.cnr.cn/news/20151029/t20151029_520329003.html?ivk_sa=1024320u。
⑥ 习近平：《论"三农"工作》，中央文献出版社 2022 年版，第 37 页。

（二）健全城乡发展一体化体制机制

2012 年 11 月，党的十八大报告强调，要推动城乡发展一体化，"坚持把国家基础设施建设和社会事业发展重点放在农村"，"加快完善城乡发展一体化体制机制，着力在城乡规划、基础设施、公共服务等方面推进一体化，促进城乡要素平等交换和公共资源均衡配置，形成以工促农、以城带乡、工农互惠、城乡一体的新型工农、城乡关系"。①

2015 年 4 月，习近平总书记在中共十八届中央政治局第二十二次集体学习时的讲话指出，"推进城乡发展一体化，是工业化、城镇化、农业现代化发展到一定阶段的必然要求，是国家现代化的重要标志"②，要"逐步实现城乡居民基本权益平等化、城乡公共服务均等化、城乡居民收入均衡化、城乡要素配置合理化，以及城乡产业发展融合化"③。同年12 月，习近平总书记在中央城市工作会议上的讲话指出，"不管城市怎么发展，我国仍会有大量农民留在农村……这就要求我国城镇化必须同农业现代化同步发展，城市工作必须同'三农'工作一起推动。要坚持工业反哺农业、城市支持农村和多予少取放活方针，推动城乡规划、基础设施、基本公共服务等一体化发展，增强城市对农村的反哺能力、带动能力"④。

2017 年 10 月，党的十九大报告提出，实施乡村振兴战略，"要坚持农业农村优先发展，按照产业兴旺、生态宜居、乡风文明、治理有效、生活富裕的总要求，建立健全城乡融合发展体制机制和政策体系，加快推进农业农村现代化"⑤。同年 12 月，习近平总书记在中央农村工作会议

---

① 《中国共产党第十八次全国代表大会文件汇编》，人民出版社 2012 年版，第 21—22 页。
② 农业农村部：《习近平关于"三农"工作论述摘编——二、建立健全城乡融合发展体制机制和政策体系，加快推进农业农村现代化》，2021 年 5 月 21 日，见 http://www.moa.gov.cn/ztzl/xjpgysngzzyls/zyll/202105/t20210521_6368113.htm。
③ 习近平：《论"三农"工作》，中央文献出版社 2022 年版，第 157 页。
④ 习近平：《论"三农"工作》，中央文献出版社 2022 年版，第 35—36 页。
⑤ 《中国共产党第十九次全国代表大会文件汇编》，人民出版社 2017 年版，第 25—26 页。

上的讲话指出，"现阶段，城乡差距大最直观的是基础设施和公共服务差距大。农业农村优先发展，要体现在公共资源配置上。要把公共基础设施建设的重点放在农村，推进城乡基础设施共建共享、互联互通"，"要加快推动公共服务下乡，逐步建立健全全民覆盖、普惠共享、城乡一体的基本公共服务体系"。①

（三）推进农业转移人口市民化

2013 年 12 月，习近平总书记在中央城镇化工作会议上的讲话指出，"解决好人的问题是推进新型城镇化的关键，城镇化最基本的趋势是农村富余劳动力和农村人口向城镇转移"，"主要任务是解决已经转移到城镇就业的农业转移人口落户问题，努力提高农民工融入城镇的素质和能力"。②

2017 年 12 月，习近平总书记在中央农村工作会议上的讲话指出，"我国城镇化正在推进，农民进城还是大趋势"，"当务之急是让符合条件的农业转移人口在城市落户安居，加快实现基本公共服务常住人口全覆盖。要通过制度保障，让进城的进得放心，让留在农村的留得安心，实现城镇与乡村相得益彰"。③

2020 年 12 月，习近平总书记在中央农村工作会议上的讲话指出，"尽管我们的'三农'工作取得了显著成就，但农业基础还不稳固，城乡区域发展和居民收入差距仍然较大，城乡发展不平衡、农村发展不充分仍是社会主要矛盾的集中体现"，"全面建设社会主义现代化国家是一个长期过程，农民在城里没有彻底扎根之前，不要急着断了他们在农村的后路，让农民在城乡间可进可退。这就是中国城镇化道路的特色"。"把战略基点放在扩大内需上，农村有巨大空间，可以大有作为。几亿农民

① 习近平：《论"三农"工作》，中央文献出版社 2022 年版，第 243 页。
② 习近平：《论"三农"工作》，中央文献出版社 2022 年版，第 56 页。
③ 习近平：《论"三农"工作》，中央文献出版社 2022 年版，第 244 页。

同步迈向全面现代化，能够释放出巨量的消费和投资需求。"①

第二节　建立健全城乡融合发展体制机制

党的十八大以来，围绕建立健全体制机制，促进城乡融合发展，党和政府及有关部门出台了一系列政策性文件（见表9-1），提出了一系列政策性举措，进行了一系列探索性实践。

表9-1　2013年以来发布的关于城乡融合发展的文件和规划

发布时间	文件名称	发文单位
2013年1月	《关于加快发展现代农业 进一步增强农村发展活力的若干意见》	中共中央、国务院
2013年11月	《中共中央关于全面深化改革若干重大问题的决定》	党的十八届三中全会通过
2014年1月	《关于全面深化农村改革加快推进农业现代化的若干意见》	中共中央、国务院
2014年3月	《国家新型城镇化规划（2014—2020年）》	中共中央、国务院
2014年7月	《关于进一步推进户籍制度改革的意见》	国务院
2015年1月	《关于加大改革创新力度加快农业现代化建设的若干意见》	中共中央、国务院
2015年10月	《居住证暂行条例（草案）》	国务院常务会议通过
2016年1月	《关于落实发展新理念加快农业现代化 实现全面小康目标的若干意见》	中共中央、国务院
2016年2月	《关于深入推进新型城镇化建设的若干意见》	国务院
2016年3月	《中华人民共和国国民经济和社会发展第十三个五年规划纲要》	第十二届全国人大四次会议通过
2016年9月	《推动1亿非户籍人口在城市落户方案》	国务院办公厅

---

① 习近平：《论"三农"工作》，中央文献出版社2022年版，第3—5页。

续表

发布时间	文件名称	发文单位
2017 年 1 月	《关于深入推进农业供给侧结构性改革　加快培育农业农村发展新动能的若干意见》	中共中央、国务院
2018 年 1 月	《关于实施乡村振兴战略的意见》	中共中央、国务院
2018 年 3 月	《关于实施 2018 年推进新型城镇化建设重点任务的通知》	国家发展改革委
2018 年 9 月	《乡村振兴战略规划（2018—2022 年）》	中共中央、国务院
2019 年 3 月	《2019 年新型城镇化建设重点任务》	国家发展改革委
2019 年 4 月	《关于建立健全城乡融合发展体制机制和政策体系的意见》	中共中央、国务院
2019 年 12 月	《关于开展国家城乡融合发展试验区工作的通知》《国家城乡融合发展试验区改革方案》	国家发展改革委等 18 个部门
2021 年 1 月	《关于全面推进乡村振兴加快农业农村现代化的意见》	中共中央、国务院
2021 年 3 月	《中华人民共和国国民经济和社会发展第十四个五年规划和 2035 年远景目标纲要》	第十三届全国人大四次会议通过
2021 年 4 月	《2021 年新型城镇化和城乡融合发展重点任务》	国家发展改革委
2022 年 3 月	《2022 年新型城镇化和城乡融合发展重点任务》	国家发展改革委
2022 年 3 月	《关于加快建设全国统一大市场的意见》	中共中央、国务院
2022 年 5 月	《关于推进以县城为重要载体的城镇化建设的意见》	中共中央办公厅、国务院办公厅

一、建立健全城乡要素合理配置的体制机制

2013 年中央"一号文件"提出，要依法推进农村土地综合整治，严格规范城乡建设用地增减挂钩试点和集体经营性建设用地流转。

2014 年中央"一号文件"要求，完善城乡建设用地增减挂钩试点工作，切实保证耕地数量不减少、质量有提高。同年 3 月，中共中央、国务院印发《国家新型城镇化规划（2014—2020 年）》，要求加快建立城乡统一的人力资源市场，落实城乡劳动者平等就业、同工同酬制度。建立城乡统一的建设用地市场，保障农民公平分享土地增值收益。同年 7 月，国务院印发《关于进一步推进户籍制度改革的意见》，要求建立与统一城

乡户口登记制度相适应的教育、卫生计生、就业、社保、住房、土地及人口统计制度。

2016 年中央"一号文件"要求，依法维护农民工合法劳动权益，完善城乡劳动者平等就业制度，建立健全农民工工资支付保障长效机制。完善和拓展城乡建设用地增减挂钩试点，将指标交易收益用于改善农民生产生活条件。

2017 年中央"一号文件"提出，优化城乡建设用地布局，合理安排农业农村各业用地。完善城乡劳动者平等就业制度，健全农业劳动力转移就业服务体系。

2018 年中央"一号文件"提出，要建立城乡、区域、校地之间人才培养合作与交流机制。同年 9 月，中共中央、国务院印发《乡村振兴战略规划（2018—2022 年）》，要求完善城乡融合发展政策体系，顺应城乡融合发展趋势，重塑城乡关系，更好激发农村内部发展活力、优化农村外部发展环境，推动人才、土地、资本等要素双向流动，为乡村振兴注入新动能。

2019 年中央"一号文件"提出，要优先满足"三农"发展要素配置，坚决破除妨碍城乡要素自由流动、平等交换的体制机制壁垒。同年 4 月，中共中央、国务院印发《关于建立健全城乡融合发展体制机制和政策体系的意见》，提出通过健全农业转移人口市民化机制、建立城市人才入乡激励机制、改革完善农村承包地制度、稳慎改革农村宅基地制度、建立集体经营性建设用地入市制度、健全财政投入保障机制、完善乡村金融服务体系、建立工商资本入乡促进机制、建立科技成果入乡转化机制等方式，建立健全有利于城乡要素合理配置的体制机制。

2020 年中央"一号文件"提出，要优化城乡建设用地增减挂钩、扶贫小额信贷等支持政策。同年 3 月，国家发展改革委印发《2019 年新型城镇化建设重点任务》，要求推进城乡要素合理配置。吸引各类城市人才返乡下乡创业，允许农村集体经济组织探索人才加入机制。按照国家统一部署，在符合空间规划、用途管制和依法取得的前提下，允许农村集体经营性建设用地入市，允许就地入市或异地调整入市。鼓励各级财政支持城乡融合发展及载体平台建设，撬动更多社会资金投入。完善乡村金融服务体系。强化法律规划政策指导和诚信建设，引导工商资本下乡创业兴业。健全涉农技术创新市场导向机制和产学研用合作机制，引导科研人员按规定到乡村兼职和离岗创业。做好实用性村庄规划，合理引导要素流动。

2021年3月，第十三届全国人大四次会议通过的《关于国民经济和社会发展第十四个五年规划和2035年远景目标纲要》提出，加强农业农村发展要素保障。健全农业农村投入保障制度，加大中央财政转移支付、土地出让收入、地方政府债券支持农业农村力度。完善农村用地保障机制，保障设施农业和乡村产业发展合理用地需求。允许入乡就业创业人员在原籍地或就业创业地落户并享受相关权益，建立科研人员入乡兼职兼薪和离岗创业制度。同年12月，国务院办公厅印发《要素市场化配置综合改革试点总体方案》，提出建立健全城乡统一的建设用地市场。在坚决守住土地公有制性质不改变、耕地红线不突破、农民利益不受损三条底线的前提下，支持试点地区结合新一轮农村宅基地制度改革试点，探索宅基地所有权、资格权、使用权分置实现形式。在依法自愿有偿的前提下，允许将存量集体建设用地依据规划改变用途入市交易。在企业上市合规性审核标准中，对集体经营性建设用地与国有建设用地给予同权对待。

2022年3月，中共中央、国务院印发《关于加快建设全国统一大市场的意见》，提出健全城乡统一的土地和劳动力市场。完善城乡建设用地增减挂钩节余指标、补充耕地指标跨区域交易机制。完善全国统一的建设用地使用权转让、出租、抵押二级市场。健全统一规范的人力资源市场体系，促进劳动力、人才跨地区顺畅流动。完善财政转移支付和城镇新增建设用地规模与农业转移人口市民化挂钩政策。同月，国家发展改革委印发《2022年新型城镇化和城乡融合发展重点任务》，要求各类城市根据资源环境承载能力和经济社会发展实际需求，完善体制机制，畅通在本地稳定就业生活的农业转移人口举家进城落户渠道。

二、建立健全城乡基本公共服务均等化的体制机制

2013年中央"一号文件"提出，按照提高水平、完善机制、逐步并轨的要求，大力推动社会事业发展和基础设施建设向农村倾斜，努力缩小城乡差距，加快实现城乡基本公共服务均等化。

2014年中央"一号文件"提出，要继续提高新型农村合作医疗的筹资标准和保障水平，完善重大疾病保险和救助制度，推动基本医疗保险制度城乡统筹。稳定农村计划生育网络和队伍，开展城乡计生卫生公共服务均等化试点。整合城乡居民基本养老保险制度，逐步建立基础养老金标准正常调整机制，加快构建农村社会养老服务体系。同年3月，中共中央、国务院印发的《国家新型城镇化规划（2014—2020年）》提出，加快公共服务向农村覆盖，推进公共就业服务网络向县以下延伸，全面建成覆盖城乡居民的社会保障体系，推进城乡社会保障制度衔接，加快形成政府主导、覆盖城乡、可持续的基本公共服务体系，推进城乡基本公共服务均等化。

2015年中央"一号文件"要求，全面开展城乡居民大病保险，加强农村基层基本医疗、公共卫生能力和乡村医生队伍建设，落实统一的城乡居民基本养老保险制度。

2016年中央"一号文件"提出，建立城乡统一、重在农村的义务教育经费保障机制。整合城乡居民基本医疗保险制度，适当提高政府补助标准、个人缴费和受益水平。全面实施城乡居民大病保险制度。健全城乡医疗救助制度。完善城乡居民养老保险参保缴费激励约束机制，引导参保人员选择较高档次缴费。

2017年中央"一号文件"要求，全面落实城乡统一、重在农村的义

务教育经费保障机制，继续提高城乡居民基本医疗保险筹资水平，加快推进城乡居民医保制度整合，推进基本医保全国联网和异地就医结算。完善城乡居民养老保险筹资和保障机制。

2018年中央"一号文件"提出，推动建立以城带乡、整体推进、城乡一体、均衡发展的义务教育发展机制。统筹配置城乡师资，并向乡村倾斜，建好建强乡村教师队伍。

2019年中央"一号文件"要求，全面提升农村教育、医疗卫生、社会保障、养老、文化体育等公共服务水平，加快推进城乡基本公共服务均等化。推动城乡义务教育一体化发展。建立健全统一的城乡居民基本医疗保险制度，同步整合城乡居民大病保险。完善城乡居民基本养老保险待遇确定和基础养老金正常调整机制。统筹城乡社会救助体系，完善最低生活保障制度、优抚安置制度。推动建立城乡统筹的基本公共服务经费投入机制，完善农村基本公共服务标准。同年3月，国家发展改革委印发《2019年新型城镇化建设重点任务》，提出要缩小城乡基本公共服务差距。鼓励省级政府建立统筹规划、统一选拔的乡村教师补充机制，通过稳步提高待遇等措施增强乡村教师岗位吸引力。增加基层医务人员岗位吸引力，鼓励县医院与乡镇卫生院建立县域医共体，鼓励城市大医院与县医院建立对口帮扶、巡回医疗和远程医疗机制。建立公共文化服务群众需求征集和评价反馈机制，推动服务项目与居民需求有效对接。推进城乡低保制度统筹发展，健全低保标准动态调整机制，确保动态管理下应保尽保。提高城市、县城、小城镇、中心村公共服务联动性。同年4月，中共中央、国务院印发《关于建立健全城乡融合发展体制机制和政策体系的意见》，要求建立健全有利于城乡基本公共服务普惠共享的体制机制，推动公共服务向农村延伸、社会事业向农村覆盖，健全全民覆盖、普惠共享、城乡一体的基本公共服务体系，推进城乡基本公共服务标准统一、制度并轨。

2020年中央"一号文件"提出，要适当提高城乡居民基本医疗保险财政补助和个人缴费标准。提高城乡居民基本医保、大病保险、医疗救助经办服务水平。

2021 年中央"一号文件"提出，建立城乡公共资源均衡配置机制。支持建设城乡学校共同体，健全统筹城乡的就业政策和服务体系，完善统一的城乡居民基本医疗保险制度，落实城乡居民基本养老保险待遇确定和正常调整机制，推进城乡低保制度统筹发展，推进城乡公共文化服务体系一体建设。同年 4 月，国家发展改革委印发《2021 年新型城镇化和城乡融合发展重点任务》，要求推进义务教育优质均衡发展和城乡一体化，促进义务教育教师"县管校聘"管理改革。实施医师区域注册，推进医师多机构执业，积极发展医疗联合体。

2022 年中央"一号文件"强调，扎实推进城乡学校共同体建设。落实对特殊困难群体参加城乡居民基本医保的分类资助政策。

三、建立健全城乡基础设施一体化的体制机制

2013 年中央"一号文件"要求，加快推进以城市标准化菜市场、生鲜超市、城乡集贸市场为主体的农产品零售市场建设。

2014 年中央"一号文件"提出，要以西部和集中连片特困地区为重点加快农村公路建设，加强农村公路养护和安全管理，推进城乡道路客运一体化。同年 3 月，中共中央、国务院印发《国家新型城镇化规划（2014—2020 年）》，要求统筹城乡基础设施建设，加快基础设施向农村延伸，强化城乡基础设施连接，推动水电路气等基础设施城乡联网、共建共享。

2015 年中央"一号文件"提出，要强化规划引领作用，加快提升农村基础设施水平，推进城乡基本公共服务均等化，让农村成为农民安居乐业的美丽家园。

2016 年中央"一号文件"提出，健全农村基础设施投入长效机制，促进城乡基础设施互联互通、共建共享。创造条件推进城乡客运一体化。

2017 年中央"一号文件"提出，开展城乡垃圾乱排乱放集中排查整治行动，积极推进城乡交通运输一体化。

2018 年 3 月，国家发展改革委印发《关于实施 2018 年推进新型城镇化建设重点任务的通知》，要求把公共基础设施建设的重点放在农村，加快农村公路、供水、供气、环保、电网、物流、信息、广播电视建设，进一步提高农村饮水安全保障程度，加大农村"厕所革命"推进力度。

2019 年 3 月，国家发展改革委印发《2019 年新型城镇化建设重点任务》，要求提高城乡基础设施建管能力，以市县域为整体，统筹规划城乡基础设施，统筹布局道路、供水、供电、信息、物流、防洪和垃圾污水处理等设施。对城乡道路和普通公路等公益性设施管护和运行投入，一般公共财政预算按规定予以支持。同年 4 月，中共中央、国务院印发《关于建立健全城乡融合发展体制机制和政策体系的意见》，提出把公共基础设施建设重点放在乡村，坚持先建机制、后建工程，加快推动乡村基础设施提档升级，实现城乡基础设施统一规划、统一建设、统一管护。以市县域为整体，统筹规划城乡基础设施，统筹布局道路、供水、供电、信息、广播电视、防洪和垃圾污水处理等设施。统筹规划重要市政公用设施，推动向城市郊区乡村和规模较大的中心镇延伸。推动城乡路网一体规划设计，畅通城乡交通运输连接，加快实现县乡村（户）道路联通、城乡道路客运一体化，完善道路安全防范措施。

2020 年中央"一号文件"要求有条件的地区将城市管网向农村延伸，推进城乡供水一体化。同年 4 月，国家发展改革委印发《2020 年新型城镇化建设和城乡融合发展重点任务》，提出推进实施城乡统筹的污水垃圾收集处理、城乡联结的冷链物流、城乡农贸市场一体化改造、城乡道路客运一体化发展、市政供水供气供热向城郊村延伸、乡村旅游路产业路等城乡联动建设项目。

2021 年中央"一号文件"要求开展城乡交通一体化示范创建工作，

有条件的地区推广城乡环卫一体化第三方治理。

2022 年 3 月，国家发展改革委印发《2022 年新型城镇化和城乡融合发展重点任务》，提出要因地制宜推动供水供气供热管网向城郊乡村和规模较大中心镇延伸。推动县乡村（户）道路连通，促进城乡道路客运一体化。建设联结城乡的冷链物流、电商平台、农贸市场网络，建设重要农产品仓储设施和城乡冷链物流设施。推动城乡基础设施管护一体化。

四、建立健全促进乡村经济多元化发展的体制机制

2018 年 3 月，国家发展改革委印发《关于实施 2018 年推进新型城镇化建设重点任务的通知》，要求构建农村一二三产业融合发展体系，创建认定一批国家农村产业融合发展示范园和先导区，实施产业兴村强县行动，发展农产品加工流通、农村休闲旅游养老、"互联网 +"现代农业和设施农业。全面开展农村集体资产清产核资、集体成员身份确认，推进集体经营性资产股份合作制改革，探索农村集体经济新的实现形式和运行机制。启动新型农业经营主体培育工程，促进小农户和现代农业发展有机衔接。同年 9 月，中共中央、国务院印发的《乡村振兴战略规划（2018—2022 年）》提出，要把握城乡发展格局发生重要变化的机遇，培育农业农村新产业新业态，打造农村产业融合发展新载体新模式，推动要素跨界配置和产业有机融合，让农村一二三产业在融合发展中同步升级、同步增值、同步受益。

2019 年中央"一号文件"提出，要发展适应城乡居民需要的休闲旅游、餐饮民宿、文化体验、健康养生、养老服务等产业。同年 3 月，国家发展改革委印发《2019 年新型城镇化建设重点任务》，要求促进乡村经济多元化发展。建立新产业新业态培育机制，构建农村一二三产业融合发展体系，实现城乡生产与消费多层次对接。探索建立政府主导、企业和各界参与、市场化运作、可持续的城乡生态产品价值实现机制。加

强优秀农耕文化遗产保护与合理适度利用，推动农村地区传统工艺振兴，发展特色文化产业和工艺产品。培育发展城乡产业协同发展先行区，创建一批城乡融合典型项目，鼓励经营性与公益性项目综合体立项，促进资金平衡、金融支持和市场化运作，推进城乡要素跨界配置和产业有机融合。同年4月，中共中央、国务院印发《关于建立健全城乡融合发展体制机制和政策体系的意见》，要求建立健全有利于乡村经济多元化发展的体制机制，围绕发展现代农业、培育新产业新业态，完善农企利益紧密联结机制，实现乡村经济多元化和农业全产业链发展。同年12月，国家发改委等18个部门联合印发《关于开展国家城乡融合发展试验区工作的通知》，要求搭建城乡产业协同发展平台。在试验区内选择一批产业园区或功能区，率先打造城乡产业协同发展先行区。在先行区内重点优化提升特色小镇、特色小城镇、美丽乡村和各类农业园区，创建一批城乡融合发展典型项目。

五、建立健全促进农民收入持续稳定增长的体制机制

2013年中央"一号文件"提出，要加强农村最低生活保障的规范管理，有条件的地方研究制定城乡最低生活保障相对统一的标准。同年11月，党的十八届三中全会通过的《中共中央关于全面深化改革若干重大问题的决定》提出，要规范收入分配秩序，完善收入分配调控体制机制和政策体系，建立个人收入和财产信息系统，保护合法收入，调节过高收入，清理规范隐性收入，取缔非法收入，增加低收入者收入，扩大中等收入者比重，努力缩小城乡、区域、行业收入分配差距，逐步形成橄榄型分配格局。

2015年中央"一号文件"提出，必须充分挖掘农业内部增收潜力，开发农村二三产业增收空间，拓宽农村外部增收渠道，加大政策助农增收力度，努力在经济发展新常态下保持城乡居民收入差距持续缩小的势头。

2019 年 3 月，国家发展改革委印发《2019 年新型城镇化建设重点任务》，要求促进农民收入持续增长。推动形成平等竞争、规范有序、城乡统一的人力资源市场，统筹推进农村劳动力转移就业和就地创业就业。履行好政府再分配调节职能，完善对农民直接补贴政策，健全生产者补贴制度。同年 4 月，中共中央、国务院印发《关于建立健全城乡融合发展体制机制和政策体系的意见》，要求完善促进农民工资性收入增长环境、健全农民经营性收入增长机制、建立农民财产性收入增长机制、强化农民转移性收入保障机制、强化打赢脱贫攻坚战体制机制，拓宽农民增收渠道，促进农民收入持续增长，持续缩小城乡居民生活水平差距。

2021 年 3 月，第十八届全国人大四次会议审议通过的《国民经济和社会发展第十四个五年规划和 2035 年远景目标纲要》提出，完善按要素分配政策制度，健全各类生产要素由市场决定报酬的机制，探索通过土地、资本等要素使用权、收益权增加中低收入群体要素收入。多渠道增加城乡居民财产性收入，提高农民土地增值收益分享比例，完善上市公司分红制度，创新更多适应家庭财富管理需求的金融产品。

六、建立以县城为重要载体的城乡融合发展的体制机制

2016 年 3 月，第十二届全国人大四次会议通过的《国民经济和社会发展第十三个五年规划纲要》提出，要推动新型城镇化和新农村建设协调发展，提升县域经济支撑辐射能力，促进公共资源在城乡间均衡配置，拓展农村广阔发展空间，形成城乡共同发展新格局。

2018 年 9 月，中共中央、国务院印发《乡村振兴战略规划（2018—2022 年）》，要求按照主体功能定位，对国土空间的开发、保护和整治进行全面安排和总体布局，推进"多规合一"，加快形成城乡融合发展的空间格局。

2021 年中央"一号文件"提出，加快县域内城乡融合发展。把县域

作为城乡融合发展的重要切入点，强化统筹谋划和顶层设计，破除城乡分割的体制弊端，加快打通城乡要素平等交换、双向流动的制度性通道。统筹县域产业、基础设施、公共服务、基本农田、生态保护、城镇开发、村落分布等空间布局，强化县城综合服务能力，把乡镇建设成为服务农民的区域中心，实现县乡村功能衔接互补。推进以县城为重要载体的城镇化建设，有条件的地区按照小城市标准建设县城。同年3月，第十八届全国人大四次会议通过的《国民经济和社会发展第十四个五年规划和2035年远景目标纲要》提出，以县域为基本单元推进城乡融合发展，强化县城综合服务能力和乡镇服务农民功能。同年4月，国家发展改革委印发《2021年新型城镇化和城乡融合发展重点任务》，要求以县域为基本单元推进城乡融合发展，坚持以工补农、以城带乡，推进城乡要素双向自由流动和公共资源合理配置，以11个国家城乡融合发展试验区为突破口，推动体制机制改革和政策举措落实落地。

2022年中央"一号文件"提出，加快推进以县城为重要载体的城镇化建设。加强普惠性、基础性、兜底性民生建设，推动基本公共服务供给由注重机构行政区域覆盖向注重常住人口服务覆盖转变。同年3月，国家发改委印发《2022年新型城镇化和城乡融合发展重点任务》，要求推进以县城为重要载体的城镇化建设。推进县城产业配套设施提质增效、市政公用设施提档升级、公共服务设施提标扩面、环境基础设施提级扩能，促进县乡村功能衔接互补。同年5月，中共中央办公厅、国务院办公厅印发《关于推进以县城为重要载体的城镇化建设的意见》，要求以县域为基本单元推进城乡融合发展，发挥县城连接城市、服务乡村的作用，增强对乡村的辐射带动能力，促进县城基础设施和公共服务向乡村延伸覆盖，强化县城与邻近城市发展的衔接配合。

第三节　促进城乡融合发展的成就和经验

从党的十六大提出的"统筹城乡发展",到党的十八大提出的"促进城乡一体化发展",再到党的十九大提出"促进城乡融合发展",既体现了新时代的特征和要求,又体现了中央政策的继承和发展。在这个进程中,我国城乡经济社会在适应中进步,在传承中成长,各项事业都取得了长足发展。

一、城乡居民收入消费差距逐步缩小

党的十八大以来,随着党和政府对"三农"重视程度的不断提升和城乡融合发展工作的持续推进,我国城乡居民收入消费差距已经有了明显的缩小。

2013—2021 年,城乡居民收入均实现较快增长,农村居民收入增速快于城市,城乡收入差距不断缩小。农民居民人均可支配收入从 2013 年的 9430 元增加到 2021 年的 18931 元,年均增长 9.1%;同期城镇居民人均可支配收入从 2013 年的 26467 元增加到 2021 年的 47412 元,年均增长 7.6%;城乡收入比从 2013 年的 2.8 ：1 降低到 2021 年的 2.5 ：1（见表 9-2）。

表 9-2　2013—2021 年城乡人均可支配收入变化

年份	城镇居民人均可支配收入（元）	农村居民人均可支配收入（元）	城乡居民可支配收入比
2013 年	26467	9430	2.8:1
2014 年	28844	10489	2.7:1
2015 年	31195	11422	2.7:1
2016 年	33616	12363	2.7:1
2017 年	36396	13432	2.7:1
2018 年	39251	14617	2.7:1
2019 年	42359	16021	2.6:1

年份	城镇居民人均 可支配收入（元）	农村居民人均 可支配收入（元）	城乡居民 可支配收入比
2020 年	43834	17132	2.6∶1
2021 年	47412	18931	2.5∶1

资料来源：2013—2020 年数据来源于《中国统计年鉴》（2014—2021 年），2021 年数据来源于《中华人民共和国 2021 年国民经济和社会发展统计公报》。

　　2013—2021 年，城乡居民消费水平得到了明显提升，农村居民消费水平提升速度更快。农村居民人均消费支出从 2013 年的 7485 元增加到 2021 年的 15916 元，年均增长 9.9%；同期城镇居民人均消费支出从 2013 年的 18488 元增加到 2021 年的 30307 元，年均增长 6.4%；城乡居民人均消费支出比从 2013 年的 2.5∶1 降低到 2021 年的 1.9∶1（见表 9-3）。同期，恩格尔系数明显下降，2013—2021 年，城镇居民家庭和农村居民家庭的恩格尔系数分别从 35% 和 37.7%，下降到 28.6% 和 32.7%。

表 9-3　2013—2020 年城乡居民人均消费支出变化

年份	城镇居民 人均消费支出（元）	农村居民 人均消费支出（元）	城乡居民 人均消费支出比
2013 年	18488	7485	2.5∶1
2014 年	19968	8383	2.4∶1
2015 年	21392	9223	2.3∶1
2016 年	23079	10130	2.3∶1
2017 年	24445	10955	2.2∶1
2018 年	26112	12124	2.2∶1
2019 年	28063	13328	2.1∶1
2020 年	27007	13713	2.0∶1
2021 年	30307	15916	1.9∶1

资料来源：2013—2020 年数据来源于《中国统计年鉴》（2014—2021 年），2021 年数据来源于《中华人民共和国 2021 年国民经济和社会发展统计公报》。

二、城乡基本公共服务均等化取得重要进展

党的十八大以来，农村教育加快发展。2021年，城镇地区所在社区可以便利地上幼儿园或学前班的户数比例比2013年提高2.3个百分点，农村地区所在自然村可以便利地上幼儿园或学前班的户数比例比2013年提高14.4个百分点；2021年，城镇地区所在社区可以便利地上小学的户数比例比2013年提高2.4个百分点，农村地区所在自然村可以便利地上小学的户数比例比2013年提高10.5个百分点。

党的十八大以来，农村医疗条件明显提升，医疗卫生机构床位有所提高，医疗卫生技术人员结构不断改善，城乡之间的差距逐渐缩小。城市每千人口医疗卫生机构床位数从2013年的7.36张增加到2020年的8.81张，农村每千人口医疗卫生机构床位数从2013年的3.35张增加到2020年的4.95张，城乡比例从2013年的2.21∶1降低到2020年的1.83∶1（见表9-4）。城市每千人口卫生技术人员、执业（助理）医师、注册护士数分别从2013年的9.18个、3.39个、4.00个增加到2020年的11.46个、4.25个、5.40个；农村每千人口卫生技术人员、执业（助理）医师、注册护士数分别从2013年的3.64个、1.48个、1.22个增加到2020年的5.18个、2.06个、2.10个；城乡比例分别从2013年的2.52、2.29、3.28降低到2020年的2.21、2.06、2.57（见表9-5）。2021年，城镇地区有87.5%的户所在社区有卫生站，农村地区有94.8%的户所在自然村有卫生站，分别比2013年提高7.8个和13.2个百分点。随着国家医疗改革的深化，城乡居民医保制度整合稳步推进，基本医疗保障能力显著提高。2021年参加基本医疗保险的有136424万人，其中城乡居民基本医疗保险101002万人，参保率稳定在95%以上，基本实现全民医保。城乡居民医保的人均补助标准逐年提高，2021年达到580元/人，住院待遇保障水平，政策范围内基金支付比例稳定在70%左右，有效降低了农民的医疗负担。

党的十八大以来，农村最低生活保障能力明显增强，低保标准稳步提高。2020年农村低保对象1985万户、3620.8万人，年平均标准5962.3

元/人（见表9-6），约占2020年农村居民人均可支配收入的34.8%，城乡最低生活保障平均标准之比由2015年的1.70：1下降至2020年的1.36：1。在社会保障等公共服务供给方面，江浙等经济发达地区早已探索出城乡一体化发展的新路子，例如，浙江德清县深入推进户籍制度改革，附着在户籍制度上的医保、低保、养老、住房保障等多项制度实现全面并轨，城乡统一的社保服务基本实现。农村"养老难"问题正在逐步解决，以居家养老为基础、社区服务为依托、机构养老为补充的多层次养老服务体系正在逐步形成。

表9-4　2013—2020年城乡医疗卫生机构床位情况

年份	每千人口医疗卫生机构床位数		每千人口医疗卫生机构床位城乡比
	城市（张）	农村（张）	
2013年	7.36	3.35	2.21:1
2014年	7.84	3.54	2.20:1
2015年	8.27	3.71	2.21:1
2016年	8.41	3.91	2.23:1
2017年	8.75	4.19	2.15:1
2018年	8.70	4.56	2.09:1
2019年	8.78	4.81	1.91:1
2020年	8.81	4.95	1.83:1

资料来源：《中国社会统计年鉴2021》。

表9-5　2013—2020年每千人口卫生技术人员情况

年份	卫生技术人员		执业（助理）医师		注册护士	
	城市（个）	农村（个）	城市（个）	农村（个）	城市（个）	农村（个）
2013年	9.18	3.64	3.39	1.48	4.00	1.22
2014年	9.70	3.77	3.54	1.51	4.30	1.31
2015年	10.21	3.90	3.72	1.55	4.58	1.39
2016年	10.42	4.08	3.79	1.61	4.75	1.50
2017年	10.87	4.28	3.97	1.68	5.01	1.62

年份	卫生技术人员		执业（助理）医师		注册护士	
	城市（个）	农村（个）	城市（个）	农村（个）	城市（个）	农村（个）
2018 年	10.91	4.63	4.01	1.82	5.08	1.80
2019 年	11.10	4.96	4.10	1.96	5.22	1.99
2020 年	11.46	5.18	4.25	2.06	5.40	2.10

资料来源：《中国社会统计年鉴 2021》。

表 9-6　城乡居民最低生活保障平均标准比较

年份	2015	2016	2017	2018	2019	2020
城市最低生活保障平均标准（元/年）	5413.2	5935.2	6487.2	6956.4	7488	8131.2
农村最低生活保障平均标准（元/年）	3177.6	3744.0	4300.7	4833.4	5335.5	5962.3
城乡比较	1.70∶1	1.59∶1	1.51∶1	1.44∶1	1.40∶1	1.36∶1

资料来源：《中国社会统计年鉴 2021》。

三、城乡基础设施建设一体化取得明显进展

党的十八大以来，我国城乡基础设施联通化、一体化步伐加快，越来越多有条件的地方推进城乡污水垃圾统筹收集处理、城乡供水和客运一体化、城乡物流配送网络化。交通运输部自 2016 年起持续开展城乡交通运输一体化示范县创建工作，到 2022 年 3 月，已命名 41 个第一批示范县。通过示范创建，调动了各地推进城乡交通运输一体化发展的积极性，带动各地提升了城乡交通运输基础设施、客运服务、货运和物流服务均等化水平。城乡供水一体化取得明显进展，江苏省率先在全省实现城乡供水一体化发展，整体上达到了发达国家水平。

四、进城农民工权益得到有效保障

根据《2021 农民工监测调查报告》数据，进城农民工的生活条件得到了明显改善，对所在城市的归属感和适应度不断增强。在生活条件方

面，进城农民工住户中有电冰箱、洗衣机、洗澡设施的分别占 68.9%、70.8%、86.5%，有独用厕所的占 71.7%，拥有汽车（包括经营用车）的占 34.1%。在随迁子女方面，3—5 岁随迁儿童入园率（含学前班）达到 88.2%，61.6% 在公办幼儿园或普惠性民办幼儿园。义务教育年龄段随迁儿童的在校率达到 99.6%，小学年龄段随迁儿童 84.4% 在公办学校就读，初中年龄段随迁儿童的 88.2% 在公办学校就读。在生活认同方面，41.5% 的进城农民工认为自己是所居住城市的"本地人"，83% 的进城农民工表示对本地生活非常适应和比较适应，城市规模越小，农民工对所在城市的归属感越强。从对本地生活的适应情况看，进城农民工参加所在社区、工会组织的活动更加积极，30.4% 的进城农民工参加过所在社区组织的活动，加入工会组织的进城农民工占已就业进城农民工的 14.5%，在已加入工会的农民工中参加过工会活动的占 84.5%。

总结新时代十年的实践和成就，可以得出以下一些经验和启示。

以习近平总书记关于促进城乡融合发展重要论述为指引，坚持农业农村优先发展，坚持以人为核心的城镇化，以协调推进乡村振兴战略和新型城镇化战略为抓手，以缩小城乡居民收入差距和实际生活水平差距为目标，以完善产权制度和要素市场化配置为重点，以县域为重要切入点，以县城为重要载体，促进城乡要素自由流动、平等交换和公共资源合理配置，加快形成工农互促、城乡互补、协调发展、共同繁荣的新型工农城乡关系，加快推进农业农村现代化。

一是树立城乡一盘棋理念，突出以工促农、以城带乡重点，构建促进城乡规划布局、要素配置、产业发展、基础设施、公共服务、生态保护等协同发展的体制机制。

二是围绕乡村全面振兴和社会主义现代化国家建设目标，增强改革的系统性、整体性、协同性，着力破除户籍、土地、资本、公共服务等体制机制弊端，为城乡融合发展提供全方位制度供给。

三是考虑不同地区城乡融合发展阶段和乡村差异特征，把握好改革时序、节奏和步骤，尊重基层首创精神，发挥地方积极性，分类施策、梯次推进，形成符合实际、各具特色的改革路径和发展模式。

四是正确处理改革发展稳定关系，守住土地所有制性质不改变、耕地红线不突破、农民利益不受损底线，守住生态保护红线，守住乡村文化根脉，有效防范各类政治经济社会风险。

五是坚持农民主体地位，发挥农民主体作用，充分尊重农民意愿，切实保护农民权益，充分调动亿万农民积极性、主动性、创造性，不断提升农民群众获得感、幸福感、安全感。

第十章　全面深化农村改革

　　党的十八大以来，以习近平同志为核心的党中央，对全面深化农村改革作出了一系列重要论述，提出了一系列新理论新思想。根据党的十八届三中全会决定，部署了五个方面19项改革试验任务，截至2019年5月，58个农村改革试验区承担了中央部署的226批次的改革试验任务，基本覆盖了农村改革的各领域和各方面。[①] 全面深化农村改革取得重要进展，解放和发展了农业生产力，推动农村经济社会持续稳定发展，有力地支持了我国经济社会的发展和深刻变革。本章主要回顾总结农村土地制度、农业经营制度、农村集体产权制度、农业支持保护制度和农业对外开放等进展和成效，以期为构建高水平农村市场经济体制和推进农业高水平对外开放提供参考和借鉴。

第一节　全面深化农村土地制度改革

　　改革开放之初，我国在农村实行家庭联产承包责任制，将土地所有权和承包经营权分设，所有权归集体，承包经营权归农户，极大地调动了亿万农民积极性，有效地解决了温饱问题，农村改革取得重大成果。进入新时代，为更好地维护农民集体、承包农户、经营主体的权益，促

------

　　① 农业农村部：《农村改革试验区：226批次任务基本覆盖农村改革各领域》，2019年5月27日，见 http://www.moa.gov.cn/xw/zwdt/201905/t20190527_6315509.htm。

进土地资源合理利用，迫切需要实行所有权、承包权、经营权分置并行，着力推进农业农村现代化。同时，为充分激发农村土地要素活力，形成合理的利益分配格局，需要对农村宅基地、集体经营性建设用地以及征地制度等进行深化改革。

一、全面深化农村土地制度改革的理论探索

党的十八大以来，以习近平同志为核心的党中央，在坚持农村土地农民集体所有、坚持家庭经营基础性地位、坚持稳定土地承包关系的基础上，全面深化农村土地制度改革。2013 年 12 月，习近平总书记在中央农村工作会议上指出，"农村土地制度改革是个大事，涉及的主体、包含的利益关系十分复杂，必须审慎稳妥推进。不管怎么改，不能把农村土地集体所有制改垮了，不能把耕地改少了，不能把粮食产量改下去了，不能把农民利益损害了。要加强土地经营权流转管理和服务，推动土地经营权等农村产权流转交易公开、公正、规范运行"[1]。"坚持稳定土地承包关系。现有农村土地承包关系保持稳定并长久不变，这是维护农民土地承包经营权的关键。"[1]

2014 年 9 月，习近平总书记在中央全面深化改革领导小组第五次会议上提出，"现阶段深化农村土地制度改革，要更多考虑推进中国农业现代化问题，既要解决好农业问题，也要解决好农民问题，走出一条中国特色农业现代化道路。我们要在坚持农村土地集体所有的前提下，促使承包权和经营权分离，形成所有权、承包权、经营权三权分置、经营权流转的格局。"[2]同年 12 月，习近平总书记在中央经济工作会议上指出，"要完善农村土地经营权流转政策，搞好土地承包经营权确权登记颁证工作，健全公开规范的土地流转市场，做好基础性工作，创造良好流转环境"[3]。

---

①　习近平：《论"三农"工作》，中央文献出版社 2022 年版，第 86—87 页。
②　习近平：《论"三农"工作》，中央文献出版社 2022 年版，第 83 页。
③　习近平：《论"三农"工作》，中央文献出版社 2022 年版，第 134 页。

2016 年 4 月，习近平总书记在农村改革座谈会上指出，"新形势下深化农村改革，主线仍然是处理好农民和土地的关系"，"现有农村土地承包关系要保持稳定并长久不变。建立土地承包经营权登记制度，是实现土地承包关系稳定的保证，要把这项工作抓紧抓实，真正让农民吃上'定心丸'。"[①]"三权分置"是"我国农村改革又一次重大制度创新，有利于更好坚持集体对土地的所有权，更好保障农户对土地的承包权，更好用活土地经营权，推进现代农业发展"[②]。

2017 年 12 月，习近平总书记在中央农村工作会议上强调，"要完善承包地'三权分置'制度，在依法保护集体土地所有权和农户承包权前提下，平等保护土地经营权，理顺'三权'关系。""完善农民闲置宅基地和闲置农房的政策，探索宅基地所有权、资格权、使用权'三权分置'，落实宅基地集体所有权，保障宅基地农户资格权和农民房屋财产权，适度放活宅基地和农民房屋使用权。"[③]

2020 年 12 月，习近平总书记在中央农村工作会议上强调，"第二轮土地承包即将陆续到期，要抓好再延长三十年试点，保持农村土地承包关系稳定并长久不变"[④]。

二、全面深化农村土地制度改革的政策实践

（一）完善土地承包制度

党的十八大以来，多个中央"一号文件"对完善土地承包制度提出了明确的任务和要求。有关部门印发的相关文件也对完善土地承包制度

---

① 农业农村部：《习近平关于"三农"工作论述摘编——三、巩固和完善农村基本经营制度，深化农村土地制度改革》，2021 年 5 月 21 日，见 http://www.moa.gov.cn/ztzl/xjpgysngzzyls/zyll/202105/t20210521_6368120.htm。

② 农业农村部：《习近平关于"三农"工作论述摘编——三、巩固和完善农村基本经营制度，深化农村土地制度改革》，2021 年 5 月 21 日，见 http://www.moa.gov.cn/ztzl/xjpgysngzzyls/zyll/202105/t20210521_6368120.htm。

③ 习近平：《论"三农"工作》，中央文献出版社 2022 年版，第 199—200 页。

④ 习近平：《论"三农"工作》，中央文献出版社 2022 年版，第 245—247 页。

提出了具体的政策和措施（见表 10-1）。

表 10-1　2013 年以来发布的关于完善土地承包制度的文件和规划

发布时间	文件名称	发文单位
2013 年 1 月	《关于加快发展现代农业进一步增强农村发展活力的若干意见》	中共中央、国务院
2013 年 11 月	《关于全面深化改革若干重大问题的决定》	党的十八届三中全会审议通过
2014 年 1 月	《关于全面深化农村改革加快推进农业现代化的若干意见》	中共中央、国务院
2014 年 11 月	《关于引导农村土地经营权有序流转发展农业适度规模经营的意见》	中共中央办公厅、国务院办公厅
2015 年 1 月	《关于加大改革创新力度加快农业现代化建设的若干意见》	中共中央、国务院
2015 年 1 月	《关于认真做好农村土地承包经营权确权登记颁证工作的意见》	农业部等六部门
2015 年 11 月	《深化农村改革综合性实施方案》	中共中央办公厅、国务院办公厅
2016 年 1 月	《关于落实发展新理念加快农业现代化实现全面小康目标的若干意见》	中共中央、国务院
2016 年 10 月	《关于完善农村土地所有权承包权经营权分置办法的意见》	中共中央办公厅、国务院办公厅
2017 年 1 月	《关于深入推进农业供给侧结构性改革加快培育农业农村发展新动能的若干意见》	中共中央、国务院
2018 年 1 月	《关于实施乡村振兴战略的意见》	中共中央、国务院
2019 年 1 月	《关于坚持农业农村优先发展做好"三农"工作的若干意见》	中共中央、国务院
2019 年 11 月	《关于保持土地承包关系稳定并长久不变的意见》	中共中央、国务院
2020 年 1 月	《关于抓好"三农"领域重点工作确保如期实现全面小康的意见》	中共中央、国务院
2021 年 1 月	《关于全面推进乡村振兴加快农业农村现代化的意见》	中共中央、国务院

发布时间	文件名称	发文单位
2021年3月	《中华人民共和国国民经济和社会发展第十四个五年规划和2035年远景目标纲要》	第十三届全国人大四次会议审议通过
2022年1月	《关于做好2022年全面推进乡村振兴重点工作的意见》	中共中央、国务院

1. 完善农村土地承包政策

2013年中央"一号文件"提出，要稳定农村土地承包关系。抓紧研究现有土地承包关系保持稳定并长久不变的具体实现形式，完善相关法律制度。加强农村土地承包经营纠纷调解仲裁体系建设。同年11月，党的十八届三中全会通过的《中共中央关于全面深化改革若干重大问题的决定》提出，稳定农村土地承包关系并保持长久不变，在坚持和完善最严格的耕地保护制度前提下，赋予农民对承包地占有、使用、收益、流转及承包经营权抵押、担保权能，允许农民以承包经营权入股发展农业产业化经营。

2014年中央"一号文件"指出，完善农村土地承包政策。稳定农村土地承包关系并保持长久不变，在坚持和完善最严格的耕地保护制度前提下，赋予农民对承包地占有、使用、收益、流转及承包经营权抵押、担保权能。切实维护妇女的土地承包权益。同年11月，中共中央办公厅、国务院办公厅印发《关于引导农村土地经营权有序流转发展农业适度规模经营的意见》，要求各地要保持承包关系稳定，以现有承包台账、合同、证书为依据确认承包地归属。

2015年中央"一号文件"指出，要抓紧修改农村土地承包方面的法律，明确现有土地承包关系保持稳定并长久不变的具体实现形式，保障好农村妇女的土地承包权益。

2016年中央"一号文件"要求稳定土地承包关系，明确农村土地承包关系长久不变的具体规定。同年10月，中共中央办公厅、国务院办公厅印发《关于完善农村土地所有权承包权经营权分置办法的意见》，要求农户享有土地承包权是农村基本经营制度的基础，要稳定现有土地承包关系并保持长久不变。土地承包权人对承包土地依法享有占有、使用和收益的权利。不得违法调整农户承包地，不得以退出土地承包权作为农民进城落户的条件。

2018年中央"一号文件"指出，要落实农村土地承包关系稳定并长久不变政策，衔接落实好第二轮土地承包到期后再延长30年的政策，让农民吃上长效"定心丸"。

2019年中央"一号文件"指出，要保持农村土地承包关系稳定并长久不变，研究出台配套政策，指导各地明确第二轮土地承包到期后延包的具体办法，确保政策衔接平稳过渡。同年11月，中共中央、国务院印发的《关于保持土地承包关系稳定并长久不变的意见》指出，家庭经营在农业生产经营中居于基础性地位，要长久保障和实现农户依法承包集体土地的基本权利。农户承包地要保持稳定，发包方及其他经济组织和个人不得违法调整。

2020年中央"一号文件"指出，要完善农村基本经营制度，开展第二轮土地承包到期后再延长30年试点，在试点基础上研究制定延包的具体办法。

2021年中央"一号文件"指出，要坚持家庭承包经营基础性地位不动摇，有序开展第二轮土地承包到期后再延长30年试点，保持农村土地承包关系稳定并长久不变。

2022年中央"一号文件"要求开展第二轮土地承包到期后再延长30年整县试点。

2.推进土地确权登记颁证工作

2013年中央"一号文件"提出，全面开展农村土地确权登记颁证工作。健全农村土地承包经营权登记制度，强化对农村耕地、林地等各类土地承包经营权的物权保护。用5年时间基本完成农村土地承包经营权确权登记颁证工作，妥善解决农户承包地块面积不准、四至不清等问题。农村土地确权登记颁证工作经费纳入地方财政预算，中央财政予以补助。

2014年中央"一号文件"指出，要切实加强组织领导，抓紧抓实农村土地承包经营权确权登记颁证工作，充分依靠农民群众自主协商解决工作中遇到的矛盾和问题，可以确权确地，也可以确权确股不确地，确权登记颁证工作经费纳入地方财政预算，中央财政给予补助。同年11月，中共中央办公厅、国务院办公厅印发的《关于引导农村土地经营权有序流转发展农业适度规模经营的意见》指出，推进土地承包经营权确权登记颁证工作。按照中央统一部署、地方全面负责的要求，在稳步扩大试点的基础上，用5年左右时间基本完成土地承包经营权确权登记颁证工作，妥善解决农户承包地块面积不准、四至不清等问题。

2015年中央"一号文件"指出，要抓紧抓实土地承包经营权确权登记颁证工作，扩大整省推进试点范围，总体上要确地到户，从严掌握确权确股不确地的范围。

2016年中央"一号文件"要求继续扩大农村承包地确权登记颁证整省推进试点。同年10月，中共中央办公厅、国务院办公厅印发《关于完善农村土地所有权承包权经营权分置办法的意见》，要求加快推进农村承包地确权登记颁证，形成承包合同网签管理系统，健全承包合同取得权利、登记记载权利、证书证明权利的确权登记制度。

2017年中央"一号文件"指出，要加快推进农村承包地确权登记颁证，扩大整省试点范围。

2018年中央"一号文件"指出，全面完成土地承包经营权确权登记颁证工作，实现承包土地信息联通共享。

2019年中央"一号文件"指出，在基本完成承包地确权登记颁证工作基础上，开展"回头看"，做好收尾工作，妥善化解遗留问题，将土地承包经营权证书发放至农户手中。同年11月，中共中央、国务院印发《关于保持土地承包关系稳定并长久不变的意见》，要求在2018年年底前基本完成确权登记颁证工作的基础上，继续做好收尾工作、化解遗留问题，健全承包合同取得权利、登记记载权利、证书证明权利的确权登记制度，并做好与不动产统一登记工作的衔接，赋予农民更有保障的土地承包权益，为实行"长久不变"奠定坚实基础。

3. 探索"三权分置"实现形式

"三权分置"是在坚持农村土地集体所有的前提下，促使承包权和经营权分离，形成所有权、承包权、经营权三权分置，经营权流转的格局，是农村基本经营制度的自我改革和进一步完善。2014 年 11 月，中共中央办公厅、国务院办公厅印发《关于引导农村土地经营权有序流转发展农业适度规模经营的意见》，要求坚持农村土地集体所有，实现所有权、承包权、经营权三权分置。

2015 年中央"一号文件"要求界定农村土地集体所有权、农户承包权、土地经营权之间的权利关系。

2016 年中央"一号文件"指出，要落实集体所有权，稳定农户承包权，放活土地经营权，完善"三权分置"办法。同年 10 月，中共中央办公厅、国务院办公厅印发《关于完善农村土地所有权承包权经营权分置办法的意见》，要求落实集体所有权，稳定农户承包权，放活土地经营权，充分发挥"三权"的各自功能和整体效用，形成层次分明、结构合理、平等保护的格局。

2017 年中央"一号文件"要求落实农村土地集体所有权、农户承包权、土地经营权"三权分置"办法。

2018 年中央"一号文件"要求完善农村承包地"三权分置"制度，在依法保护集体土地所有权和农户承包权前提下，平等保护土地经营权。

2019 年中央"一号文件"指出，要完善落实集体所有权、稳定农户承包权、放活土地经营权的法律法规和政策体系。同年 11 月，中共中央、国务院印发《关于保持土地承包关系稳定并长久不变的意见》，要求充分发挥所有权、承包权、经营权的各自功能和整体效用，形成层次分明、结构合理、平等保护的格局。同年 3 月，第十三届全国人大四次会议审议通过《国民经济和社会发展第十四个五年规划和 2035 年远景目标纲要》，要求完善农村承包地所有权、承包权、经营权分置制度，进一步放活经营权。

4. 发展多种形式规模经营

2013 年中央"一号文件"提出，要坚持依法自愿有偿原则，引导农村土地承包经营权有序流转，鼓励和支持承包土地向专业大户、家庭农场、农民合作社流转，发展多种形式的适度规模经营。2014 年 11 月，中共中央办公厅、国务院办公厅印发《关于引导农村土地经营权有序流转发展农业适度规模经营的意见》，对如何发展多种形式适度规模经营作出了全面部署，提出了具体要求。

（二）改革农村宅基地制度

农村宅基地制度改革事关农民切身利益，事关农村社会稳定和发展大局，是深化农村改革的重要内容。党的十八大以来，多年的中央"一号文件"和有关部门印发的文件都对改革农村宅基地制度提出了明确的任务和要求（见表 10-2）。

表 10-2　2013 年以来发布的关于农村宅基地制度改革的文件和规划

发布时间	文件名称	发文单位
2013 年 1 月	《关于加快发展现代农业进一步增强农村发展活力的若干意见》	中共中央、国务院
2013 年 11 月	《关于全面深化改革若干重大问题的决定》	党的十八届三中全会审议通过
2014 年 12 月	《关于农村土地征收、集体经营性建设用地入市、宅基地制度改革试点工作的意见》	中共中央办公厅、国务院办公厅
2015 年 8 月	《关于开展农村承包土地的经营权和农民住房财产权抵押贷款试点的指导意见》	国务院
2015 年 11 月	《深化农村改革综合性实施方案》	中共中央办公厅、国务院办公厅

续表

发布时间	文件名称	发文单位
2017 年 1 月	《关于深入推进农业供给侧结构性改革　加快培育农业农村发展新动能的若干意见》	中共中央、国务院
2017 年 11 月	《关于拓展农村宅基地制度改革试点的请示》	国土资源部
2018 年 1 月	《关于实施乡村振兴战略的意见》	中共中央、国务院
2019 年 1 月	《关于坚持农业农村优先发展　做好"三农"工作的若干意见》	中共中央、国务院
2019 年 8 月	《中华人民共和国土地管理法》	第十三届全国人大常委会十二次会议审议通过
2020 年 4 月	《关于构建更加完善的要素市场化配置体制机制的意见》	中共中央、国务院
2021 年 1 月	《关于全面推进乡村振兴加快农业农村现代化的意见》	中共中央、国务院
2021 年 3 月	《中华人民共和国国民经济和社会发展第十四个五年规划和 2035 年远景目标纲要》	第十三届全国人大四次会议审议通过
2022 年 1 月	《关于做好 2022 年全面推进乡村振兴重点工作的意见》	中共中央、国务院

1. 完善宅基地权益保障

2013 年中央"一号文件"提出，加快包括农村宅基地在内的农村集体土地所有权和建设用地使用权地籍调查，尽快完成确权登记颁证工作。改革和完善农村宅基地制度，加强管理，依法保障农户宅基地使用权。同年 11 月，党的十八届三中全会通过的《中共中央关于全面深化改革若干重大问题的决定》提出，保障农户宅基地用益物权，改革完善农村宅基地制度，选择若干试点，慎重稳妥推进农民住房财产权抵押、担保、转让，探索农民增加财产性收入渠道。

2014 年 12 月，中共中央办公厅、国务院办公厅印发的《关于农村土地征收、集体经营性建设用地入市、宅基地制度改革试点工作的意见》

提出，针对农户宅基地取得困难、利用粗放、退出不畅等问题，要完善宅基地权益保障和取得方式，探索农民住房保障在不同区域户有所居的多种实现形式。

2015 年 8 月，国务院印发的《关于开展农村承包土地的经营权和农民住房财产权抵押贷款试点的指导意见》提出，农民住房财产权（含宅基地使用权）抵押贷款的抵押物处置应与商品住房制定差别化规定。探索农民住房财产权抵押担保中宅基地权益的实现方式和途径，保障抵押权人合法权益。同年 11 月，中共中央办公厅、国务院办公厅印发《深化农村改革综合性实施方案》，要求在保障农户依法取得的宅基地用益物权基础上，改革完善农村宅基地制度，探索农民住房保障新机制，对农民住房财产权作出明确界定。

2017 年中央"一号文件"指出，要在充分保障农户宅基地用益物权、防止外部资本侵占控制的前提下，落实宅基地集体所有权，维护农户依法取得的宅基地占有和使用权。

2018 年中央"一号文件"指出，扎实推进房地一体的农村集体建设用地和宅基地使用权确权登记颁证。完善农民闲置宅基地和闲置农房政策，探索宅基地所有权、资格权、使用权"三权分置"，落实宅基地集体所有权，保障宅基地农户资格权和农民房屋财产权，适度放活宅基地和农民房屋使用权。

2019 年中央"一号文件"要求，加快推进宅基地使用权确权登记颁证工作，力争 2020 年基本完成。

2. 探索实行宅基地有偿机制和审批制度

2014 年 12 月，中共中央办公厅、国务院办公厅印发的《关于农村土地征收、集体经营性建设用地入市、宅基地制度改革试点工作的意见》提出，对因历史原因形成超标准占用宅基地和一户多宅等情况，探索实行有偿使用；探索进城落户农民在本集体经济组织内部自愿有偿退出或转让宅基地；改革宅基地审批制度，发挥村民自治组织的民主管理作用。

2015 年 8 月，国务院印发《关于开展农村承包土地的经营权和农民住房财产权抵押贷款试点的指导意见》，要求建立宅基地使用权有偿转让机制。同年 11 月，中共中央办公厅、国务院办公厅印发的《深化农村改革综合性实施方案》要求探索宅基地有偿使用制度和自愿有偿退出机制。

2017 年中央"一号文件"指出，允许地方多渠道筹集资金，按规定用于村集体对进城落户农民自愿退出承包地、宅基地的补偿。

2018 年中央"一号文件"要求引导进城落户农民依法自愿有偿转让宅基地使用权。

2021 年中央"一号文件"提出，要保障进城落户农民土地承包权、宅基地使用权、集体收益分配权，研究制定依法自愿有偿转让的具体办法。

3. 开展宅基地制度改革试点工作

2015 年 8 月，国务院印发的《关于开展农村承包土地的经营权和农民住房财产权抵押贷款试点的指导意见》提出，农民住房财产权抵押贷款试点原则上选择国土资源部牵头确定的宅基地制度改革试点地区开展。

2017 年 11 月，第十九届中央全面深化改革领导小组第一次会议审核通过《关于拓展农村宅基地制度改革试点的请示》，要求拓展宅基地制度改革试点范围。

2018 年中央"一号文件"要求系统总结宅基地制度改革试点经验。

2019 年中央"一号文件"要求，稳慎推进农村宅基地制度改革，拓展改革试点，丰富试点内容，完善制度设计。

2020 年 4 月，中共中央、国务院印发《关于构建更加完善的要素市场化配置体制机制的意见》，提出深化农村宅基地制度改革试点。

2021 年中央"一号文件"提出，要加强宅基地管理，稳慎推进农村宅基地制度改革试点，探索宅基地所有权、资格权、使用权分置有效实现形式。

2022 年中央"一号文件"要求稳慎推进农村宅基地制度改革试点，规范开展房地一体宅基地确权登记。

（三）推进集体建设用地入市

随着改革开放的进一步深化，农村集体经营性建设用地流转形式越来越多样化。党的十八届三中全会提出，允许农村集体经营性建设用地出让、租赁、入股，实行与国有土地同等入市、同权同价。2019 年 8 月，新修订的《中华人民共和国土地管理法》正式确立农村集体建设用地入市制度，有关部门也就推进集体建设用地入市提出了政策措施（见表 10–3）。

表 10–3　2013 年以来发布的关于集体建设用地入市改革的文件和规划

发布时间	文件名称	发文单位
2013 年 11 月	《全面深化改革若干重大问题的决定》	党的十八届三中全会审议通过
2014 年 12 月	《关于农村土地征收、集体经营性建设用地入市、宅基地制度改革试点工作的意见》	中共中央办公厅、国务院办公厅
2016 年 6 月	《农村集体经营性建设用地土地增值收益调节金征收使用管理暂行办法》	财政部、国土资源部
2019 年 5 月	《健全城乡融合发展体制机制和政策体系的意见》	中共中央、国务院
2019 年 8 月	《中华人民共和国土地管理法》	第十三届全国人大常委会十二次会议审议通过
2020 年 4 月	《关于构建更加完善的要素市场化配置体制机制的意见》	中共中央、国务院
2020 年 5 月	《关于加快开展县城城镇化补短板强弱项工作的通知》	国家发展改革委
2021 年 1 月	《关于全面推进乡村振兴加快农业农村现代化的意见》	中共中央、国务院
2021 年 3 月	《中华人民共和国国民经济和社会发展第十四个五年规划和 2035 年远景目标纲要》	第十三届全国人大四次会议审议通过

1. 建立农村集体经营性建设用地入市制度

2013 年 11 月，党的十八届三中全会审议通过了《全面深化改革若干重大问题的决定》，提出在符合规划和用途管制前提下，允许农村集体经营性建设用地出让、租赁、入股，实行与国有土地同等入市、同权同价。

2014 年 12 月，中共中央办公厅、国务院办公厅印发《关于农村土地征收、集体经营性建设用地入市、宅基地制度改革试点工作的意见》，要求完善农村集体经营性建设用地产权制度，赋予农村集体经营性建设用地出让、租赁、入股权能。

2019 年 5 月，中共中央、国务院印发的《健全城乡融合发展体制机制和政策体系的意见》提出，加快完成农村集体建设用地使用权确权登记颁证。按照国家统一部署，在符合国土空间规划、用途管制和依法取得前提下，允许农村集体经营性建设用地入市，允许就地入市或异地调整入市。

2020 年 4 月，中共中央、国务院印发《关于构建更加完善的要素市场化配置体制机制的意见》，要求建立健全城乡统一的建设用地市场。加快修改完善土地管理法实施条例，完善相关配套制度，制定出台农村集体经营性建设用地入市指导意见。同年 5 月，国家发展改革委印发《关于加快开展县城城镇化补短板强弱项工作的通知》，要求积极组织农村集体经营性建设用地直接入市，分类推进就地入市或异地调整入市。

2021 年中央"一号文件"要求，积极探索实施农村集体经营性建设用地入市制度。完善盘活农村存量建设用地政策，实行负面清单管理，优先保障乡村产业发展、乡村建设用地。同年 3 月，第十三届全国人大四次会议审议通过《国民经济和社会发展第十四个五年规划和 2035 年远景目标纲要》，要求积极探索实施农村集体经营性建设用地入市制度。允许农村集体在农民自愿前提下，依法把有偿收回的闲置宅基地、废弃的集体公益性建设用地转变为集体经营性建设用地入市。

2. 完善农村集体经营性建设用地入市的金融服务体系

2019 年 5 月，中共中央、国务院印发的《健全城乡融合发展体制机制和政策体系的意见》提出，依法合规开展农村集体经营性建设用地使用权、农民房屋财产权、集体林权抵押融资，以及承包地经营权、集体资产股权等担保融资。实现已入市集体土地与国有土地在资本市场同地同权。建立健全农业信贷担保体系，鼓励有条件有需求的地区按市场化方式设立担保机构。

2020年4月，中共中央、国务院印发《关于构建更加完善的要素市场化配置体制机制的意见》，要求研究完善促进盘活存量建设用地的税费制度。

3. 规范农村集体经营性建设用地入市的收益管理

2014年12月，中共中央办公厅、国务院办公厅印发《关于农村土地征收、集体经营性建设用地入市、宅基地制度改革试点工作的意见》，要求建立健全市场交易规则和服务监管制度。

2016年6月，财政部、国土资源部联合印发《农村集体经营性建设用地土地增值收益调节金征收使用管理暂行办法》，要求试点县综合考虑土地增值收益情况，按照土地征收转用与农村集体经营性建设用地入市取得的土地增值收益在国家和集体之间分享比例大体平衡以及保障农民利益等原则，考虑土地用途、土地等级、交易方式等因素，确定调节金征收比例。

2020年4月，中共中央、国务院印发《关于构建更加完善的要素市场化配置体制机制的意见》，要求建立公平合理的集体经营性建设用地入市增值收益分配制度。

（四）完善征地制度

我国农村征地制度的改革、创新与完善已成为新形势下全面深化土地制度改革的重点、发展土地市场的关键以及农业供给侧结构性改革的基础之一。党的十八大以来，相关部门颁布了一些完善征地制度的政策，见表10-4。

表10-4　2013年以来发布的关于完善征地制度改革的文件和规划

发布时间	文件名称	发文单位
2013年 1月	《关于加快发展现代农业进一步增强农村发展活力的若干意见》	中共中央、 国务院
2013年 11月	《中共中央关于全面深化改革若干重大问题的决定》	党的十八届三中全 会审议通过

续表

发布时间	文件名称	发文单位
2014 年 12 月	《关于农村土地征收、集体经营性建设用地入市、宅基地制度改革试点工作的意见》	中共中央办公厅、国务院办公厅
2015 年 11 月	《深化农村改革综合性实施方案》	中共中央办公厅 国务院办公厅
2019 年 8 月	《中华人民共和国土地管理法》	第十三届全国人大常委会十二次会议审议通过
2021 年 3 月	《中华人民共和国国民经济和社会发展第十四个五年规划和 2035 年远景目标纲要》	第十三届全国人大四次会议审议通过

2013 年中央"一号文件"提出，要加快推进征地制度改革。依法征收农民集体所有土地，要提高农民在土地增值收益中的分配比例，确保被征地农民生活水平有提高、长远生计有保障。加快修订土地管理法，尽快出台农民集体所有土地征收补偿条例。完善征地补偿办法，合理确定补偿标准，严格征地程序，约束征地行为，补偿资金不落实的不得批准和实施征地。同年 11 月，党的十八届三中全会审议通过的《中共中央关于全面深化改革若干重大问题的决定》要求，缩小征地范围，规范征地程序，完善对被征地农民合理、规范、多元保障机制。

2014 年 12 月，中共中央办公厅、国务院办公厅印发《关于农村土地征收、集体经营性建设用地入市、宅基地制度改革试点工作的意见》，要求缩小土地征收范围，探索制定土地征收目录，严格界定公共利益用地范围；规范土地征收程序，建立社会稳定风险评估制度，健全矛盾纠纷调处机制，全面公开土地征收信息；完善对被征地农民合理、规范、多元保障机制。

2015 年 11 月，中共中央办公厅、国务院办公厅印发《深化农村改革综合性实施方案》，对农村土地征收制度改革的基本思路进行了说明。

2019 年 8 月，《中华人民共和国土地管理法》第三次修正，要求征收土地应当给予公平、合理的补偿，保障被征地农民原有生活水平不降低、长远生计有保障。

2021 年 3 月，《国民经济和社会发展第十四个五年规划和 2035 年远景目标纲要》提出，要建立土地征收公共利益认定机制，缩小土地征收范围。

三、全面深化农村土地制度改革的进展与成效

（一）农村土地承包制度进一步完善

2020 年，国家选择 16 个省 20 个县的 61 个村（组）开展延包先行试点。截至 2020 年 10 月底，全国 2838 个县市区、3.4 万个乡镇、55 万多个行政村基本完成承包地确权登记颁证工作，15 亿亩承包地确权到承包农户，为近 2 亿农户颁发了土地承包经营权证书，颁证率超过 96%，解决了 388.7 万承包农户证书未发放、1420 万亩土地暂缓确权、322 万户确权信息不准等问题，[①]保证土地承包关系的稳定，为土地延包奠定了基础，农村土地制度改革持续深化。

（二）宅基地制度改革试点稳步推进

自宅基地制度改革试点启动以来，取得了积极进展。各地加大闲置宅基地盘活力度，稳步探索宅基地自愿有偿退出机制，截至 2018 年 6 月底，共腾退零星、闲置宅基地 9.7 万户、7.2 万亩。各地在确权登记的基础上，积极配合开展农民住房财产权抵押贷款试点。同期办理农房抵押贷款 4.9 万宗、98 亿元，群众获得感明显增强。[②]

（三）集体建设用地入市取得明显进展

截至 2018 年 12 月，全国集体经营性建设用地入市的地块达到 1 万多宗，面积规模达到 9 万多亩，总计得到 257 亿元价款，为国家增收了 28.6 亿元调节金；集体经营性建设用地抵押贷款 228 宗，贷款金额达

---

① 中国政府网：《国务院新闻办发布会介绍"十三五"时期农业农村发展主要成就有关情况》，2020 年 10 月 27 日，见 http://www.gov.cn/xinwen/2020-10/27/content_5555058.htm。

② 中国政府网：《"三块地"改革试点为何再延期》，2019 年 1 月 14 日，见 http://www.gov.cn/zhengce/2019-01/14/content_5357601.htm。

38.6 亿元。

（四）失地农民权益得到切实保障

在多年来征地实践和改进管理基础上，按照新的改革试点任务，征地制度改革着力在"缩小土地征收范围"上取得突破，在"规范土地征收程序""完善对被征地农民合理、规范、多元保障机制""建立兼顾国家、集体、个人的土地增值收益分配机制"等方面积极探索，切实保障农民根本利益。截至2018年6月底，按新办法实施征地共1101宗、16.6万亩，形成了一些宝贵的改革成果。[①]

第二节　创新农业经营体制机制

一、改革创新农业经营体制机制的理论探索

2013年11月，习近平总书记在《关于〈中共中央关于全面深化改革若干重大问题的决定〉的说明》中指出，"加快构建新型农业经营体系。主要是坚持家庭经营在农业中的基础性地位，鼓励土地承包经营权在公开市场上向专业大户、家庭农场、农民合作社、农业企业流转，鼓励农村发展合作经济，鼓励和引导工商资本到农村发展适合企业化经营的现代种养业，允许农民以土地承包经营权入股发展农业产业化经营等。"[②]同月，习近平总书记在山东考察工作结束时的讲话指出，"坚持家庭经营在农业中的基础性地位，推进家庭经营、集体经营、合作经营、企业经营等共同发展的农业经营方式创新，鼓励土地承包经营权在公开市场上向专业大户、家庭农场、农民合作社、农业企业有序流转，鼓励农村发展合作经济，鼓励和引导工商资本到农村发展适合企业化经营的现代种养

[①]　中国政府网：《我国农村土地制度改革完成阶段性目标任务》，2018年8月17日，见 http://www.gov.cn/xinwen/2018-08/17/content_5314540.htm。

[②]　中共中央党史和文献研究院编：《习近平关于"三农"工作论述摘编》，中央文献出版社2019年版，第30页。

业，允许农民以土地承包经营权入股发展农业产业化经营，等等。这些都是重大理论创新和实践突破，是对以家庭承包经营为基础、统分结合的双层经营体制的丰富和发展。"①同年 12 月，习近平总书记在中央农村工作会议上指出，"完善农村基本经营制度，需要在理论上回答一个重大问题，就是农民土地承包权和土地经营权分离问题"，"家家包地、户户务农，是农村基本经营制度的基本实现形式。家庭承包、专业大户经营，家庭承包、家庭农场经营，家庭承包、集体经营，家庭承包、合作经营，家庭承包、企业经营，是农村基本经营制度新的实现形式。说到底，要以不变应万变，以农村土地集体所有、家庭经营基础性地位、现有土地承包关系的不变，来适应土地经营权流转、农业经营方式的多样化，推动提高农业生产经营集约化、专业化、组织化、社会化，使农村基本经营制度更加充满持久的制度活力。"②

2014 年 9 月，习近平总书记在中央全面深化改革领导小组第五次会议上的讲话指出，"发展农业规模经营要与城镇化进程和农村劳动力转移规模相适应，与农业科技进步和生产手段改进程度相适应，与农业社会化服务水平提高相适应"，"要根据各地基础和条件发展，确定合理的耕地经营规模加以引导，不能片面追求快和大，更不能忽视了经营自家承包耕地的普通农户仍占大多数的基本农情。"③

2015 年 5 月，习近平总书记在就做好耕地保护和农村土地流转工作作出的指示中指出，"土地流转和多种形式规模经营，是发展现代农业的必由之路，也是农村改革的基本方向"④。同年 12 月，习近平总书记在中

---

① 中共中央党史和文献研究院编：《习近平关于"三农"工作论述摘编》，中央文献出版社 2019 年版，第 49 页。
② 中共中央党史和文献研究院编：《习近平关于"三农"工作论述摘编》，中央文献出版社 2019 年版，第 53—54 页。
③ 中共中央党史和文献研究院编：《习近平关于"三农"工作论述摘编》，中央文献出版社 2019 年版，第 56—57 页。
④ 中共中央党史和文献研究院编：《习近平关于"三农"工作论述摘编》，中央文献出版社 2019 年版，第 57 页。

央经济工作会议上的讲话指出，要"推动农业从传统劳动密集型产业向多种形式适度规模经营的现代农业转变"[1]。

2016年4月，习近平总书记在农村改革座谈会上的讲话指出，"必须坚持和完善农村基本经营制度，决不能动摇。""加快构建新型农业经营体系，推动家庭经营、集体经营、合作经营、企业经营共同发展，提高农业经营集约化、规模化、组织化、社会化、产业化水平。"[2]

2017年10月，习近平总书记在党的十九大报告中指出，要"发展多种形式适度规模经营，培育新型农业经营主体，健全农业社会化服务体系，实现小农户和现代农业发展有机衔接"[3]。同年12月，习近平总书记在中央农村工作会议上指出，"农村基本经营制度是乡村振兴的制度基础。要坚持农村土地集体所有，坚持家庭经营基础性地位，坚持稳定土地承包关系，完善农村产权制度，健全农村要素市场化配置机制，实现小农户和现代农业发展有机衔接。"[4]"要处理好培育新型农业经营主体和扶持小农生产的关系，农业生产经营规模要坚持宜大则大、宜小则小，不搞一刀切，不搞强迫命令。要注重发挥新型农业经营主体带动作用，培育各类专业化市场化服务组织，提升小农生产经营组织化程度，改善小农户生产设施条件，提升小农户抗风险能力，扶持小农户拓展增收空间，把小农生产引入现代农业发展轨道。"[5]

2018年9月，习近平总书记在十九届中央政治局第八次集体学习时

---

① 中共中央党史和文献研究院编：《习近平关于"三农"工作论述摘编》，中央文献出版社2019年版，第85页。

② 中共中央党史和文献研究院编：《习近平关于"三农"工作论述摘编》，中央文献出版社2019年版，第58、60页。

③ 中共中央党史和文献研究院编：《习近平关于"三农"工作论述摘编》，中央文献出版社2019年版，第5—6页。

④ 中共中央党史和文献研究院编：《习近平关于"三农"工作论述摘编》，中央文献出版社2019年版，第60页。

⑤ 中共中央党史和文献研究院编：《习近平关于"三农"工作论述摘编》，中央文献出版社2019年版，第62页。

的讲话指出，"当前和今后一个时期，要突出抓好农民合作社和家庭农场两类农业经营主体发展，赋予双层经营体制新的内涵，不断提高农业经营效率。"①

2019年3月，习近平总书记在参加十三届全国人大二次会议河南代表团审议时的讲话指出，要"发展多种形式农业适度规模经营，突出抓好家庭农场和农民合作社两类农业经营主体发展，支持小农户和现代农业发展有机衔接"②。

2020年7月，习近平总书记在吉林考察时的讲话指出，"农民专业合作社是市场经济条件下发展适度规模经营、发展现代农业的有效组织形式"，"要积极扶持家庭农场、农民合作社等新型农业经营主体，鼓励各地因地制宜探索不同的专业合作社模式"。③同年12月，习近平总书记在中央农村工作会议上指出，"粮食生产一大软肋是生产成本偏高，解决办法还是要创新经营方式，要培育好家庭农场、农民合作社，发展适度规模经营，健全专业化社会化服务体系，把一家一户办不了、办起来不划算的事交给社会化服务组织来办"④。

二、改革创新农业经营体制机制的政策实践

（一）支持小农户发展

小农户作为乡村社会群体最大、涉及面最广、最基层的利益单元，是乡村振兴的建设主体和价值主体，乡村振兴本质上就是小农户的振兴

---

① 中共中央党史和文献研究院编：《习近平关于"三农"工作论述摘编》，中央文献出版社2019年版，第64页。

② 中共中央党史和文献研究院编：《习近平关于"三农"工作论述摘编》，中央文献出版社2019年版，第64页。

③ 农业农村部：《习近平论"三农"工作和乡村振兴战略（2020年）》，2021年5月24日，见 http://www.moa.gov.cn/ztzl/xjpgysngzzyls/zyll/202105/t20210524_6368245.htm。

④ 共产党员网：《坚持把解决好"三农"问题作为全党工作重中之重 举全党全社会之力推动乡村振兴》，2022年3月31日，见 https://www.12371.cn/2022/03/31/ARTI1648714506421324.shtml。

（刘奇，2018）。党的十八大以来，党和政府及有关部门出台相关政策，对小农户发展提出了明确的要求和具体的措施（见表10-5）。

表 10-5　2018 年以来发布的关于支持小农户发展的政策文件

发布时间	文件名称	发文单位
2018 年 1 月	《关于实施乡村振兴战略的意见》	中共中央、国务院
2019 年 1 月	《关于坚持农业农村优先发展做好"三农"工作的若干意见》	中共中央、国务院
2019 年 2 月	《关于促进小农户和现代农业发展有机衔接的意见》	中共中央办公厅、国务院办公厅
2020 年 1 月	《关于抓好"三农"领域重点工作确保如期实现全面小康的意见》	中共中央、国务院
2021 年 1 月	《关于全面推进乡村振兴加快农业农村现代化的意见》	中共中央、国务院
2022 年 1 月	《关于做好 2022 年全面推进乡村振兴重点工作的意见》	中共中央、国务院

2018 年中央"一号文件"提出，促进小农户和现代农业发展有机衔接。统筹兼顾培育新型农业经营主体和扶持小农户，采取有针对性的措施，把小农生产引入现代农业发展轨道。培育各类专业化市场化服务组织，推进农业生产全程社会化服务，帮助小农户节本增效。发展多样化的联合与合作，提升小农户组织化程度。注重发挥新型农业经营主体带动作用，打造区域公用品牌，开展农超对接、农社对接，帮助小农户对接市场。扶持小农户发展生态农业、设施农业、体验农业、定制农业，提高产品档次和附加值，拓展增收空间。改善小农户生产设施条件，提升小农户抗风险能力。研究制定扶持小农生产的政策意见。

2019 年中央"一号文件"进一步要求，落实扶持小农户和现代农业发展有机衔接的政策，完善"农户 + 合作社""农户 + 公司"利益联结机制。同年 2 月，中共中央办公厅、国务院办公厅印发《关于促进小农户和现代农业发展有机衔接的意见》，提出通过启动家庭农场培育计划、实施小农户能力提升工程、加强小农户科技装备应用、改善小农户生产基础设施等方式，提升小农户发展能力；通过引导小农户开展合作与联合、创新合作社组织小农户机制、发挥龙头企业对小农户带动作用等方式，提高小农户组织化程度；提出通过支持小农户发展特色优质农产品、带动小农户发展新产业新业态、鼓励小农户创业就业等方式，拓展小农户增收空间。

2020年中央"一号文件"要求将小农户融入农业产业链，健全面向小农户的农业社会化服务体系。

2021年中央"一号文件"提出，要发展壮大农业专业化社会化服务组织，将先进适用的品种、投入品、技术、装备导入小农户。

2022年中央"一号文件"提出，聚焦关键薄弱环节和小农户，加快发展农业社会化服务，支持农业服务公司、农民合作社、农村集体经济组织、基层供销合作社等各类主体大力发展单环节、多环节、全程生产托管服务，开展订单农业、加工物流、产品营销等，提高种粮综合效益。

（二）培育发展家庭农场

发展多种形式适度规模经营，培育新型农业经营主体，是增加农民收入、提高农业竞争力的有效途径，是建设现代农业的前进方向和必由之路。2008年10月，党的十七届三中全会《关于推进农村改革发展若干重大问题的决定》首次提出要发展家庭农场。党的十八大以来，连续多年的中央"一号文件"都强调要培育和发展家庭农场。为贯彻落实中央的部署和安排，有关部门也印发了相关的政策文件，提出了培育发展家庭农场的总体要求、主要任务和政策措施（见表10-6）。

表10-6　2013年以来发布的关于培育发展家庭农场的文件和规划

发布时间	文件名称	发文单位
2013年1月	《关于加快发展现代农业进一步增强农村发展活力的若干意见》	中共中央、国务院

发布时间	文件名称	发文单位
2013 年 11 月	《中共中央关于全面深化改革若干重大问题的决定》	党的十八届三中全会审议通过
2014 年 1 月	《关于全面深化农村改革　加快推进农业现代化的若干意见》	中共中央、国务院
2015 年 1 月	《关于加大改革创新力度　加快农业现代化建设的若干意见》	中共中央、国务院
2016 年 1 月	《关于落实发展新理念　加快农业现代化　实现全面小康目标的若干意见》	中共中央、国务院
2017 年 1 月	《关于深入推进农业供给侧结构性改革　加快培育农业农村发展新动能的若干意见》	中共中央、国务院
2017 年 4 月	《关于加快构建政策体系　培育新型农业经营主体的意见》	中共中央办公厅、国务院办公厅
2018 年 1 月	《关于实施乡村振兴战略的意见》	中共中央、国务院
2019 年 9 月	《关于实施家庭农场培育计划的指导意见》	农业农村部等、11 个部门
2020 年 3 月	《新型农业经营主体和服务主体高质量发展规划（2020—2022 年）》	农业农村部、
2021 年 1 月	《关于全面推进乡村振兴　加快农业农村现代化的意见》	中共中央、国务院
2022 年 1 月	《关于做好 2022 年全面推进乡村振兴重点工作的意见》	中共中央、国务院

2013 年中央"一号文件"提出，要充分利用各类培训资源，加大专业大户、家庭农场经营者培训力度，提高他们的生产技能和经营管理水平。

2014 年中央"一号文件"要求按照自愿原则开展家庭农场登记。

2015 年中央"一号文件"提出，鼓励发展规模适度的农户家庭农场，完善对粮食生产规模经营主体的支持服务体系。

2016 年中央"一号文件"要求积极培育家庭农场等新型农业经营主体。

2017 年中央"一号文件"提出，要完善家庭农场认定办法，扶持规模适度的家庭农场。支持家庭农场、农民合作社科学储粮。同年 4 月，中共中央办公厅、国务院办公厅印发《关于加快构建政策体系　培育新型农业经营主体的意见》，鼓励农户家庭农场使用规范的生产记录和财务收支记录，提升标准化生产和经营管理水平。

2019 年 9 月，中央农村工作领导小组办公室、农业农村部、国家发展改革委等 11 个部门联合印发《关于实施家庭农场培育计划的指导意见》，明确提出到 2020 年，支持家庭农场发展的政策体系基本建立，管理制度更加健全，指导服务机制逐步完善，家庭农场数量稳步提升，经营管理更加规范，经营产业更加多元，发展模式更加多样；到 2022 年，支持家庭农场发展的政策体系和管理制度进一步完善，家庭农场生产经营能力和带动能力得到巩固提升的发展目标。

2020 年 3 月，农业农村部印发《新型农业经营主体和服务主体高质量发展规划（2020—2022 年）》，要求以县（市、区）为重点抓紧建立健全家庭农场名录管理制度，完善纳入名录的条件和程序，引导广大农民和各类人才创办家庭农场，同时把符合家庭农场条件的种养大户和专业大户、已在市场监管部门登记的家庭农场纳入名录管理，建立完整的家庭农场名录，实行动态管理，确保质量。健全家庭农场名录系统，及时把名录管理的家庭农场纳入系统，实现随时填报、动态更新和精准服务。合理确定示范家庭农场评定标准和程序，加大示范家庭农场创建力度，加强示范引导，探索系统推进家庭农场发展的政策体系和工作机制。

2021 年中央"一号文件"提出，实施家庭农场培育计划，把农业规模经营户培育成有活力的家庭农场。

（三）规范发展农民合作社

农民合作社是广大农民群众在家庭承包经营基础上自愿联合、民主管理的互助性经济组织，是实现小农户和现代农业发展有机衔接的中坚力量。为进一步加强指导扶持服务，引导其规范发展，党中央、国务院及有关部门出台了一系列政策措施，促进农民合作社高质量发展（见表 10–7）。

表 10-7　2014 年以来发布的关于规范发展农民合作社的文件和规划

发布时间	文件名称	发文单位
2014 年 1 月	《关于全面深化农村改革　加快推进农业现代化的若干意见》	中共中央、国务院
2014 年 8 月	《关于引导和促进农民合作社规范发展的意见》	农业部等九个部门
2015 年 1 月	《关于加大改革创新力度　加快农业现代化建设的若干意见》	中共中央、国务院
2016 年 1 月	《关于落实发展新理念　加快农业现代化　实现全面小康目标的若干意见》	中共中央、国务院
2017 年 1 月	《关于深入推进农业供给侧结构性改革　加快培育农业农村发展新动能的若干意见》	中共中央、国务院
2017 年 4 月	《关于加快构建政策体系　培育新型农业经营主体的意见》	中共中央办公厅、国务院办公厅
2019 年 1 月	《关于坚持农业农村优先发展做好"三农"工作的若干意见》	中共中央、国务院
2019 年 9 月	《关于开展农民合作社规范提升行动的若干意见》	中央农办等 11 个部门
2020 年 1 月	《关于抓好"三农"领域重点工作　确保如期实现全面小康的意见》	中共中央、国务院
2020 年 3 月	《新型农业经营主体和服务主体高质量发展规划（2020—2022 年）》	农业农村部
2021 年 1 月	《关于全面推进乡村振兴　加快农业农村现代化的意见》	中共中央、国务院
2022 年 1 月	《关于做好 2022 年全面推进乡村振兴重点工作的意见》	中共中央、国务院

1. 提升合作社规范化水平

2014 年中央"一号文件"提出，鼓励发展专业合作、股份合作等多种形式的农民合作社，引导规范运行，着力加强能力建设。同年 8 月，农业部等九部门联合印发的《关于引导和促进农民合作社规范发展的意见》提出，指导农民合作社参照示范章程，制定符合自身特点的章程。

农民合作社要根据生产经营活动和自身发展变化及时修改完善章程。章程一经法定程序通过，必须严格执行。有关部门根据年报公示信息，加强对农民专业合作社的监督管理和配套服务，对没有按时报送信息或在年报中弄虚作假的农民专业合作社，列入经营异常名录，并不得纳入示范社评定和政策扶持范围。

2015年中央"一号文件"要求促进农民专业合作社规范发展，实行年度报告公示制度。

2017年4月，中共中央办公厅、国务院办公厅印发《关于加快构建政策体系　培育新型农业经营主体的意见》，要求引导农民合作社依照章程加强民主管理、民主监督，发挥成员积极性，共同办好合作社。

2019年中央"一号文件"提出，开展农民合作社规范提升行动，深入推进示范合作社建设，建立健全支持家庭农场、农民合作社发展的政策体系和管理制度。同年9月，中央农办等11个部门联合印发《关于开展农民合作社规范　提升行动的若干意见》，要求通过完善章程制度、健全组织机构、规范财务管理、合理分配收益、加强登记管理等方式，提升农民合作社规范化水平。

2020年3月，农业农村部印发的《新型农业经营主体和服务主体高质量发展规划（2020—2022年）》提出，指导农民合作社制定符合自身特点的章程，加强档案管理，实行社务公开。依法建立健全成员（代表）大会、理事会、监事会等组织机构。执行财务会计制度，设置会计账簿，建立会计档案，规范会计核算，公开财务报告。依法建立成员账户，加强内部审计监督。按照法律和章程制定盈余分配方案，可分配盈余主要按照成员与农民合作社的交易量（额）比例返还。

2021年中央"一号文件"提出，要推进农民合作社质量提升，加大对运行规范的农民合作社扶持力度。

2. 增强合作社服务带动能力

2014年8月，农业部等九部门联合印发《关于引导和促进农民合作社规范发展的意见》，要求注重示范带动，不断增强农民合作社经济实力、发展活力和带动能力，使之成为引领农民参与国内外市场竞争的现代农业经营组织。

2015年中央"一号文件"要求引导农民专业合作社拓宽服务领域。

2019年9月，中央农办等11个部门联合印发《关于开展农民合作社规范提升行动的若干意见》，从发展乡村产业、增强服务功能、参与乡村建设、增强利益联结、推进合作与联合等五方面，提出增强农民合作社服务带动能力的路径和措施。

2020年3月，农业农村部印发的《新型农业经营主体和服务主体高质量发展规划（2020—2022年）》提出，鼓励农民合作社利用当地资源禀赋，带动成员开展连片种植、规模饲养，壮大优势特色产业，培育农业品牌。鼓励农民合作社加强农产品初加工、仓储物流、技术指导、市场营销等关键环节能力建设。鼓励农民合作社延伸产业链条，拓宽服务领域。鼓励农民合作社建设运营农业废弃物、农村厕所粪污、生活垃圾处理和资源化利用设施，参与农村公共基础设施建设和运行管护，参与乡村文化建设。

3. 加强合作社试点示范引领

2014年中央"一号文件"提出，推进财政支持农民合作社创新试点，引导发展农民专业合作社联合社。同年8月，农业部等九部门联合印发《关于引导和促进农民合作社规范发展的意见》，要求深入推进示范社建设行动，积极开展示范社评定，建立示范社名录，实行示范社动态监测，引导带动农民合作社规范发展。认真总结推广各地依法办社的先进典型和经验做法，树立一批可学可比的标杆和样板，营造规范办社、比学赶超、争创先进的良好氛围。

2016年中央"一号文件"提出，要加强农民合作社示范社建设，支持合作社发展农产品加工流通和直供直销。

2019年9月，中央农办等11个部门联合印发《关于开展农民合作社规范提升行动的若干意见》，要求深入开展农民合作社质量提升整县推进试点，发展壮大单体农民合作社、培育发展农民合作社联合社、提升县域指导扶持服务水平。认真总结各地整县推进农民合作社质量提升和示范社创建的经验做法，树立一批制度健全、运行规范的农民合作社典型，加大宣传推广力度。

2020年3月，农业农村部印发《新型农业经营主体和服务主体高质量发展规划（2020—2022年）》，要求深入开展农民合作社质量提升整县推进试点，发展壮大单体农民合作社、培育发展农民合作社联合社、提升县域指导扶持服务水平。持续开展示范社评定，建立示范社名录，推进国家、省、市、县级示范社四级联创。

4. 加大政策支持力度

2014年中央"一号文件"提出，允许财政项目资金直接投向符合条件的合作社，允许财政补助形成的资产转交合作社持有和管护。落实和完善相关税收优惠政策，支持农民合作社发展农产品加工流通。同年8月，农业部等九部门联合印发《关于引导和促进农民合作社规范发展的意见》，要求进一步完善财政、税收、金融等支持政策，加大扶持力度，拓宽扶持渠道，改进扶持方式，提高扶持效益，真正把运行规范的农民合作社作为政策扶持重点。要高度重视发挥政策的激励和导向作用，通过政策扶持，引导农民合作社加强制度建设，完善民主管理，增强服务意识，提升发展质量，让广大农民成员真正受益。

2017年4月，中共中央办公厅、国务院办公厅印发《关于加快构建政策体系　培育新型农业经营主体的意见》，要求落实农民合作社税收优惠政策。统筹规划建设农村物流设施，重点支持一村一品示范村镇和农民合作社示范社建设电商平台基础设施，逐步带动形成以县、乡、村、社为支撑的农村物流网络体系。鼓励发展新型农村合作金融，稳步扩大农民合作社内部信用合作试点。

2019年9月，中央农办等11个部门联合印发《关于开展农民合作社规范提升行动的若干意见》，提出从加大财政项目扶持、创新金融服务、落实用地用电政策、强化人才支撑等方面，加大政策支持力度。

（四）健全农业社会化服务体系

农业社会化服务体系是指与农业相关的社会经济组织，为满足农业生产的需要以及为农业生产的经营主体提供的各种服务而形成的网络体系。近年来，在中央和相关部委的大力推动下，我国各类农业社会化服务组织快速发展，农村的新型社会化服务体系逐渐建立，在农业生产经营健康快速发展过程中的保障作用日益凸显，是实现农业现代化的重要支撑，也为乡村产业振兴提供服务支持（宋洪远，2019）。多年的中央"一号文件"都对健全农业社会化服务体系提出了明确要求。有关部门印发的文件也对发展农业社会化服务提出了政策措施（见表10-8）。

表10-8 2013年以来发布的关于健全农业社会化服务体系的文件和规划

发布时间	文件名称	发文单位
2013年1月	《关于加快发展现代农业 进一步增强农村发展活力的若干意见》	中共中央、国务院
2014年1月	《关于全面深化农村改革 加快推进农业现代化的若干意见》	中共中央、国务院
2015年1月	《关于加大改革创新力度 加快农业现代化建设的若干意见》	中共中央、国务院
2016年1月	《关于落实发展新理念 加快农业现代化实现全面小康目标的若干意见》	中共中央、国务院
2017年6月	《关于支持农业生产社会化服务工作的通知》	农业部、财政部
2019年2月	《关于促进小农户和现代农业发展有机衔接的意见》	中共中央、办公厅 国务院办公厅
2020年3月	《新型农业经营主体和服务主体高质量发展规划（2020—2022年）》	农业农村部
2021年1月	《关于全面推进乡村振兴 加快农业农村现代化的意见》	中共中央、国务院

续表

发布时间	文件名称	发文单位
2021年7月	《关于加快发展农业社会化服务的指导意见》	农业农村部
2022年1月	《关于做好2022年全面推进乡村振兴重点工作的意见》	中共中央、国务院

2013年中央"一号文件"提出，要构建农业社会化服务新机制，大力培育发展多元服务主体。要坚持主体多元化、服务专业化、运行市场化的方向，充分发挥公共服务机构作用，加快构建公益性服务与经营性服务相结合、专项服务与综合服务相协调的新型农业社会化服务体系。

2014年中央"一号文件"指出，要积极发展农机作业、维修、租赁等社会化服务，支持发展农机合作社等服务组织。健全农业社会化服务体系。采取财政扶持、税费优惠、信贷支持等措施，大力发展主体多元、形式多样、竞争充分的社会化服务，推行合作式、订单式、托管式等服务模式，扩大农业生产全程社会化服务试点范围。

2015年中央"一号文件"提出，强化农业社会化服务。抓好农业生产全程社会化服务机制创新试点，重点支持为农户提供代耕代收、统防统治、烘干储藏等服务。创新气象为农服务机制，推动融入农业社会化服务体系。

2016年中央"一号文件"提出，支持多种类型的新型农业服务主体开展代耕代种、联耕联种、土地托管等专业化规模化服务。加强气象为农服务体系建设。实施农业社会化服务支撑工程，扩大政府购买农业公益性服务机制创新试点。加快发展农业生产性服务业。

2017年6月，农业部办公厅、财政部办公厅联合印发《关于支持农业生产社会化服务工作的通知》，从强化组织领导、强化实施指导、严格资金管理、加强宣传引导、强化绩效考核、建立试点县的退出机制、按时报送方案和总结等方面，提出支持农业生产社会化服务工作的保障措施。

2019 年 2 月，中共中央办公厅、国务院办公厅印发《关于促进小农户和现代农业发展有机衔接的意见》，要求建立健全农业农村社会化服务体系，大力培育适应小农户需求的多元化多层次农业生产性服务组织，促进专项服务与综合服务相互补充、协调发展，积极拓展服务领域，重点发展小农户急需的农资供应、绿色生产技术、农业废弃物资源化利用、农机作业、农产品初加工等服务领域。

2020 年 3 月，农业农村部印发《新型农业经营主体和服务主体高质量发展规划（2020—2022 年）》，要求按照主体多元、形式多样、服务专业、竞争充分的原则，加快培育各类服务组织，充分发挥不同服务主体各自的优势和功能。支持农村集体经济组织通过发展农业生产性服务，发挥其统一经营功能；鼓励农民合作社向成员提供各类生产经营服务，发挥其服务成员、引领农民对接市场的纽带作用；引导龙头企业通过基地建设和订单方式为农户提供全程服务，发挥其服务带动作用；支持各类专业服务公司发展，发挥其服务模式成熟、服务机制灵活、服务水平较高的优势。

2021 年中央"一号文件"提出，加强农业科技社会化服务体系建设，发展壮大农业专业化社会化服务组织。同年 7 月，农业农村部印发的《关于加快发展农业社会化服务的指导意见》提出，要把专业服务公司和服务型农民合作社作为社会化服务的骨干力量，推进其专业化、规模化，不断增强服务能力，拓展服务半径。要把农村集体经济组织作为组织小农户接受社会化服务的重要力量，充分发挥其居间服务的优势。要把服务专业户作为重要补充力量，发挥其贴近小农户、服务小农户的优势，弥补其他服务主体的不足。要发挥供销、农垦、邮政的系统优势，着力完善服务机制，不断增强为农服务能力。同时，要鼓励各类服务主体以资金、技术、服务等要素为纽带，加强联合合作，促进融合发展。推动服务主体与银行、保险、邮政等机构深度合作，实现优势互补、互利共赢。

2022 年中央"一号文件"提出，加快发展农业社会化服务，支持农业服务公司、农民合作社、农村集体经济组织、基层供销合作社等各类主体大力发展单环节、多环节、全程生产托管服务。

（五）发展多种形式农业规模经营

在构建现代农业产业体系、生产体系、经营体系过程中，发展多种形式适度规模经营，对于中国这样一个人均土地面积少、资源禀赋多样化、区域发展差异性比较大的国家发展现代农业、实现小农户与现代农业发展有机衔接至为关键（黄祖辉，2017）。党的十八大以来，多年的中央"一号文件"都对发展多种形式的农业规模经营提出了明确的任务和要求。有关部门印发的相关文件也对发展多种形式的农业规模经营提出了具体的政策和措施（见表 10-9）。

表 10-9　2013 年以来发布的关于发展多种形式农业规模经营的政策文件

发布时间	文件名称	发文单位
2013 年 1 月	《关于加快发展现代农业　进一步增强农村发展活力的若干意见》	中共中央、国务院
2014 年 11 月	《关于引导农村土地经营权有序流转　发展农业适度规模经营的意见》	中共中央办公厅、国务院办公厅
2015 年 7 月	《关于支持多种形式适度规模经营　促进转变农业发展方式的意见》	财政部
2016 年 1 月	《关于落实发展新理念　加快农业现代化　实现全面小康目标的若干意见》	中共中央、国务院
2018 年 1 月	《关于实施乡村振兴战略的意见》	中共中央、国务院
2019 年 2 月	《关于促进小农户和现代农业发展有机衔接的意见》	中共中央办公厅、国务院办公厅
2020 年 1 月	《关于抓好"三农"领域重点工作确保如期实现全面小康的意见》	中共中央、国务院
2021 年 1 月	《关于全面推进乡村振兴　加快农业农村现代化的意见》	中共中央、国务院

2013 年中央"一号文件"提出，要引导农村土地承包经营权有序流转，鼓励和支持承包土地向专业大户、家庭农场、农民合作社流转，发展多种形式的适度规模经营。

2014 年 11 月，中共中央办公厅、国务院办公厅印发《关于引导农村土地经营权有序流转 发展农业适度规模经营的意见》提出，各地要依据自然经济条件、农村劳动力转移情况、农业机械化水平等因素，研究确定本地区土地规模经营的适宜标准。创新规模经营方式，在引导土地资源适度集聚的同时，通过农民的合作与联合、开展社会化服务等多种形式，提升农业规模化经营水平。

2015 年 7 月，财政部印发《关于支持多种形式适度规模经营 促进转变农业发展方式的意见》提出，要加大对适度规模经营的资金扶持力度。探索安排一部分中央财政现代农业生产发展资金，引导各地统筹安排相关涉农资金，专门用于解决适度规模经营面临的突出问题。

2016 年中央"一号文件"要求，发挥多种形式农业适度规模经营引领作用。充分发挥多种形式适度规模经营在农业机械和科技成果应用、绿色发展、市场开拓等方面的引领功能。

2018 年中央"一号文件"提出，实施新型农业经营主体培育工程，培育发展家庭农场、合作社、龙头企业、社会化服务组织和农业产业化联合体，发展多种形式适度规模经营。

2019 年 2 月，中共中央办公厅、国务院办公厅印发的《关于促进小农户和现代农业发展有机衔接的意见》提出，发展多种形式适度规模经营，培育新型农业经营主体，是增加农民收入、提高农业竞争力的有效途径，是建设现代农业的前进方向和必由之路。

2020 年中央"一号文件"鼓励发展多种形式适度规模经营。

三、改革创新农业经营体制机制的进展与成效

党的十八大以来，国家积极培育新型农业生产经营主体，推动创新农

业经营方式，构建新型农业经营体系，为现代农业发展增添了动力和活力。

一是初步形成了以家庭农场为基础、农民合作社为中坚、农业产业化龙头企业为骨干、农业社会化服务组织为支撑，引领带动小农户发展的立体式复合型现代农业经营体系。

二是新型农业经营主体数量不断增加。2015—2019年，家庭农场经营土地面积增长约2.6倍，发展质量不断提升。[1]截至2018年年底，全国家庭农场年销售农产品总值达1946亿元，平均每个家庭农场约30多万元。[2]截至2021年，全国家庭农场名录系统填报数量超过390万个，创建县级及以上示范家庭农场数量达11.7万个，与2013年相比增长近40倍。[3]全国有实际经营活动的农民专业合作社超过100万家，家庭农场近89万个。截至2022年9月底，我国累计认定县级以上农业产业化龙头企业9万多家，累计培育家庭农场390万个、农民合作社222万家。

三是农业生产社会化服务渐成规模。截至2021年年底，全国农业社会化服务组织数量超95万个，服务带动小农户7800多万户，[4]实现了高效、便捷、全程的服务规模化，有力推动了小农户与现代农业有机衔接。

四是适度规模经营取得明显进展。近年来，各地按照依法自愿有偿原则，引导土地经营权有序流转，实现了集中连片种植和集约化经营，节约了生产成本，促进了农业发展和农民增收。截至2021年7月，全国已有1239个县（市、区）、18731个乡镇建立农村土地经营权流转市场或

① 农业农村部：《全国家庭农场工作座谈会强调　进一步加大推进力度 加快培育家庭农场》，2020年12月20日，见 http://www.moa.gov.cn/xw/zwdt/202012/t20201220_6358472.htm。

② 中国新闻网：《中国进入名录的家庭农场达60万家》，2019年9月18日，见 http://www.chinanews.com/cj/2019/09-18/8959389.shtml。

③ 农业农村部：《对十三届全国人大四次会议第3477号建议的答复》，2021年7月15日，见 https://www.moa.gov.cn/govpublic/XZQYJ/202107/t20210715_6371970.htm。

④ 中国人大网：《国务院关于加快构建新型农业经营体系　推动小农户和现代农业发展有机衔接情况的报告》，2021年12月21日，见 http://www.npc.gov.cn/npc/c30834/202112/e0995f9916d747e38bcc7deafda97048.shtml。

服务中心，全国家庭承包耕地流转面积超过 5.55 亿亩。^①

第三节　推进农村集体产权制度改革

　　农村集体产权制度改革是对农村集体经济组织所拥有的各类资源（主要是土地资源）、资金和资产（经营性资产、公益性资产），按照股份合作制的原则，将集体资产折股量化到人，由成员集体共有的产权制度转变为按份共有的产权制度、按份享受集体资产收益的制度改革。发展壮大农村集体经济，是实现乡村振兴的重要条件和基础。

一、农村集体产权制度改革的理论探索

　　2014 年 9 月，习近平总书记在中央全面深化改革领导小组第五次会议上的讲话指出，"积极发展农民股份合作、赋予集体资产股份权能改革试点的目标方向，是要探索赋予农民更多财产权利，明晰产权归属，完善各项权能，激活农村各类生产要素潜能，建立符合市场经济要求的农村集体经济运营新机制。"^②

　　2016 年 4 月，习近平总书记在农村改革座谈会上的讲话指出，"着力推进农村集体资产确权到户和股份合作制改革，发展多种形式股份合作，赋予农民对集体资产更多权能，赋予农民更多财产权利。"^③同年 12 月，习近平总书记在中央经济工作会议上指出，"要深化农村产权制度改革，开展清产核资，明晰农村集体产权归属，赋予农民更加充分的财产权利。"^④

---

　　① 农业农村部：《对十三届全国人大四次会议第 7262 号建议的答复》，2021 年 7 月 6 日，见 https://www.moa.gov.cn/govpublic/zcggs/202107/t20210706_6371063.htm。

　　② 中共中央党史和文献研究院编：《习近平关于"三农"工作论述摘编》，中央文献出版社 2019 年版，第 143—144 页。

　　③ 中共中央党史和文献研究院编：《习近平关于"三农"工作论述摘编》，中央文献出版社 2019 年版，第 145 页。

　　④ 中共中央党史和文献研究院编：《习近平关于"三农"工作论述摘编》，中央文献出版社 2019 年版，第 148 页。

2017 年 10 月，习近平总书记在党的十九大报告中指出，要深化农村集体产权制度改革，保障农民财产权益，壮大集体经济。同年 12 月，习近平总书记在中央农村工作会议上指出，"要稳步推进农村集体产权制度改革，全面开展清产核资，进行身份确认、股份量化，推动资源变资产、资金变股金、农民变股东，建立符合市场经济要求的集体经济运行新机制，确保集体资产保值增值，确保农民受益，增强集体经济发展活力，增强农村基层党组织的凝聚力和战斗力。"①

2018 年 9 月，习近平总书记在十九届中央政治局第八次集体学习时的讲话指出，"要把好乡村振兴战略的政治方向，坚持农村土地集体所有制性质，发展新型集体经济，走共同富裕道路。"②

2019 年 3 月，习近平总书记在参加第十三届全国人大二次会议河南代表团审议时的讲话指出，"建立健全集体资产各项管理制度，完善农村集体产权权能，发展壮大新型集体经济，赋予双层经营体制新的内涵"③。

2020 年 7 月，习近平总书记在吉林考察时强调，要抓住实施乡村振兴战略的重大机遇，深化农村集体产权制度改革。④同年 12 月，习近平总书记在中央农村工作会议上再次强调，"要完成农村集体产权制度改革阶段性任务，用好改革成果，发展壮大新型农村集体经济。"⑤

---

① 中共中央党史和文献研究院编：《习近平关于"三农"工作论述摘编》，中央文献出版社 2019 年版，第 149 页。

② 中共中央党史和文献研究院编：《习近平关于"三农"工作论述摘编》，中央文献出版社 2019 年版，第 194 页。

③ 中共中央党史和文献研究院编：《习近平关于"三农"工作论述摘编》，中央文献出版社 2019 年版，第 64 页。

④ 中国政协网：《习近平在吉林考察时强调：坚持新发展理念深入实施东北振兴战略 加快推动新时代吉林全面振兴全方位振兴》，2020 年 7 月 25 日，见 http://www.cppcc.gov.cn/zxww/2020/07/27/ARTI1595807713347103.shtml。

⑤ 共产党员网：《坚持把解决好"三农"问题作为全党工作重中之重　举全党全社会之力推动乡村振兴》，2022 年 3 月 31 日，见 https://www.12371.cn/2022/03/31/ARTI1648714506421324.shtml。

二、农村集体产权制度改革的政策实践

（一）深化集体经营性资产产权制度改革

农村集体经营性资产是农村经济组织生产运营的主要动力，为农村经济组织扩大生产经营规模提供物质保障，也是村集体组织重点管理的资产（刘涛，2021）。推进集体经营性资产制度改革是农村集体产权制度改革的重点任务，党的十八大以来，党和政府印发了有关文件，出台了一系列政策措施（见表10-10），各地积极开展股份合作制改革。

表 10-10　2013 年以来发布的关于集体经营性资产改革的文件和规划

发布时间	文件名称	发文单位
2013 年 1 月	《关于加快发展现代农业　进一步增强农村发展活力的若干意见》	中共中央、国务院
2014 年 1 月	《关于全面深化农村改革　加快推进农业现代化的若干意见》	中共中央、国务院
2014 年 11 月	《积极发展农民股份合作赋予农民对集体资产股份权能改革试点方案》	农业部等三部门
2015 年 1 月	《关于加大改革创新力度　加快农业现代化建设的若干意见》	中共中央、国务院
2016 年 1 月	《关于落实发展新理念　加快农业现代化　实现全面小康目标的若干意见》	中共中央、国务院
2016 年 12 月	《关于稳步推进农村集体产权制度改革的意见》	中共中央、国务院
2017 年 1 月	《关于深化推进农业供给侧结构性改革　加快培育农业农村发展新动能的若干意见》	中共中央、国务院
2018 年 1 月	《关于实施乡村振兴战略的意见》	中共中央、国务院
2019 年 1 月	《关于坚持农业农村优先发展　做好"三农"工作的若干意见》	中共中央、国务院
2020 年 1 月	《关于抓好"三农"领域重点工作　确保如期实现全面小康的意见》	中共中央、国务院
2020 年 3 月	《关于做好 2020 年农业农村政策与改革相关重点工作的通知》	农业农村部办公厅

发布时间	文件名称	发文单位
2020 年 4 月	《关于农村集体产权制度改革情况的报告》	农业农村部
2021 年 3 月	《中华人民共和国国民经济和社会发展第十四个五年规划和 2035 年远景目标纲要》	第十三届全国人大四次会议审议通过
2022 年 1 月	《关于做好 2022 年全面推进乡村振兴重点工作的意见》	中共中央、国务院

1. 加强农村集体"三资"管理

2013 年"一号文件"提出，以清产核资、资产量化、股权管理为主要内容，加快推进农村集体"三资"管理的制度化、规范化、信息化。

2014 年中央"一号文件"提出，加强农村集体资金、资产、资源管理，提高集体经济组织资产运营管理水平。同年 11 月，农业部等三部门联合印发《积极发展农民股份合作赋予农民对集体资产股份权能改革试点方案》，要求保护农民财产权利，明晰产权归属，完善各项权能，激活农村各类生产要素潜能，使农民真正成为集体资产的主人。

2015 年中央"一号文件"要求健全农村集体"三资"管理监督和收益分配制度。

2016 年 12 月，中共中央、国务院印发《关于稳步推进农村集体产权制度改革的意见》，要对集体所有的各类资产进行全面清产核资，摸清集体家底，健全管理制度，防止资产流失。在清产核资中，重点清查核实未承包到户的资源性资产和集体统一经营的经营性资产以及现金、债权债务等，查实存量、价值和使用情况，做到账证相符和账实相符。加强农村集体资金资产资源监督管理，加强乡镇农村经营管理体系建设。

2017 年中央"一号文件"提出，要从实际出发探索发展集体经济有效途径，鼓励地方开展资源变资产、资金变股金、农民变股东等改革，增强集体经济发展活力和实力。

2018 年中央"一号文件"提出，推动资源变资产、资金变股金、农民变股东，探索农村集体经济新的实现形式和运行机制。

2019 年中央"一号文件"提出，要按期完成全国农村集体资产清产核资，加快农村集体资产监督管理平台建设，建立健全集体资产各项管理制度。

2022 年中央"一号文件"提出，要巩固提升农村集体产权制度改革成果，探索建立农村集体资产监督管理服务体系，探索新型农村集体经济发展路径。

2. 推进经营性资产股份合作制改革

2013 年"一号文件"鼓励具备条件的地方推进农村集体产权股份合作制改革。

2014 中央"一号文件"要求推动农村集体产权股份合作制改革。同年 11 月，农业部等三部门联合印发的《积极发展农民股份合作赋予农民对集体资产股份权能改革试点方案》提出，按照"归属清晰、权责明确、保护严格、流转顺畅"的现代产权制度要求，开展以清产核资、明确债权债务、资产量化、股权设置、股权管理、收益分配等为主要内容的农村集体产权股份合作制改革。

2015 年中央"一号文件"提出，要出台稳步推进农村集体产权制度改革的意见。

2016 年中央"一号文件"提出，要深化农村集体产权制度改革，制定促进农村集体产权制度改革的税收优惠政策。

2017 年中央"一号文件"指出，要稳妥有序、由点及面推进农村集体经营性资产股份合作制改革，确认成员身份，量化经营性资产，保障农民集体资产权利。

2019 年中央"一号文件"要求加快推进农村集体经营性资产股份合作制改革。

3. 确认农村集体经济组织成员身份

2013 年中央"一号文件"要求探索集体经济组织成员资格界定的具体办法。

2016 年 12 月，中共中央、国务院印发《关于稳步推进农村集体产权制度改革的意见》，要求依据有关法律法规，按照尊重历史、兼顾现实、程序规范、群众认可的原则，统筹考虑户籍关系、农村土地承包关系、对集体积累的贡献等因素，协调平衡各方利益，做好农村集体经济组织成员身份确认工作，解决成员边界不清的问题。改革试点中，要探索在群众民主协商基础上确认农村集体经济组织成员的具体程序、标准和管理办法，建立健全农村集体经济组织成员登记备案机制。成员身份的确认既要得到多数人认可，又要防止多数人侵犯少数人权益，切实保护妇女合法权益。提倡农村集体经济组织成员家庭今后的新增人口，通过分享家庭内拥有的集体资产权益的办法，按章程获得集体资产份额和集体成员身份。

2019 年中央"一号文件"提出，要指导农村集体经济组织在民主协商的基础上，做好成员身份确认，注重保护外嫁女等特殊人群的合法权利。

4. 保障农民集体资产股份权利

2014 年中央"一号文件"要求保障农民集体经济组织成员权利，赋予农民对落实到户的集体资产股份占有、收益、有偿退出及抵押、担保、继承权。同年 11 月，农业部等三部门联合印发《积极发展农民股份合作赋予农民对集体资产股份权能改革试点方案》，要求保护农民财产权利，明晰产权归属，完善各项权能，激活农村各类生产要素潜能，使农民真正成为集体资产的主人。

2015 年中央"一号文件"提出，要明晰产权归属，将资产折股量化到本集体经济组织成员，发展多种形式的股份合作。

2016 年 12 月，中共中央、国务院印发《关于稳步推进农村集体产权制度改革的意见》，要求建立集体资产股权登记制度，记载农村集体经济组织成员持有的集体资产股份信息，出具股权证书。健全集体收益分配制度，明确公积金、公益金提取比例，把农民集体资产股份收益分配权落到实处。探索农民对集体资产股份有偿退出的条件和程序，现阶段农民持有的集体资产股份有偿退出不得突破本集体经济组织的范围，可以在本集体内部转让或者由本集体赎回。有关部门要研究制定集体资产股份抵押、担保贷款办法，指导农村集体经济组织制定农民持有集体资产股份继承的办法。

2018 年"一号文件"要求，坚持农村集体产权制度改革正确方向，发挥村党组织对集体经济组织的领导核心作用，防止内部少数人控制和外部资本侵占集体资产。

5. 推进改革试点探索

2015 年中央"一号文件"提出，开展赋予农民对集体资产股份权能改革试点，试点过程中要防止侵蚀农民利益，试点各项工作应严格限制在本集体经济组织内部。

2016 年 12 月，中共中央、国务院印发《关于稳步推进农村集体产权制度改革的意见》，要求组织实施好赋予农民对集体资产股份占有、收益、有偿退出及抵押、担保、继承权改革试点。

2020 年中央"一号文件"要求全面推开农村集体产权制度改革试点。同年 3 月，农业农村部办公厅印发《关于做好 2020 年农业农村政策与改革相关重点工作的通知》，要求全面推开农村集体产权制度改革试点。已有的 15 个整省试点省份要做好检查验收，非整省试点省份要全面推开改革，力争改革覆盖面扩大到所有涉农县（市、区）。

（二）探索集体公益性资产产权制度改革

集体公益性资产是指用于公共服务的教育、科技、文化、卫生、体育等方面的非经营性资产，例如村委会办公室、卫生室、学校等。这类资产应当通过集体统一运行管护机制的建立健全，实现教育、科技、文化、卫生、体育等方面的公益目标（刘同山、陈晓萱，2020）。党的十八大以来，党中央国务院及有关部门印发的文件和报告都对探索集体公益性资产产权制度改革提出了部署和要求（见表 10-11）。

表 10-11　2013 年以来发布的关于探索集体公益性资产的政策文件

发布时间	文件名称	发文单位
2013 年 1 月	《关于加快发展现代农业　进一步增强农村发展活力的若干意见》	中共中央、国务院
2014 年 11 月	《积极发展农民股份合作　赋予农民对集体资产股份权能改革试点方案》	农业部等三部门
2015 年 1 月	《关于加大改革创新力度　加快农业现代化建设的若干意见》	中共中央、国务院
2019 年 5 月	《关于建立健全城乡融合发展体制机制和政策体系的意见》	中共中央、国务院
2020 年 4 月	《关于农村集体产权制度改革情况报告》	农业农村部

2013 中央"一号文件"提出，要积极推进公益性乡村债务清理化解试点。

2014 年 11 月，农业部等三部门联合印发《积极发展农民股份合作赋予农民对集体资产股份权能改革试点方案》，要求对于非经营性资产，重点是探索集体统一运营管理的有效机制，更好地为集体经济组织成员及社区居民提供公益性服务，已经折股量化的，也应由集体经济组织管理。

2015 年中央"一号文件"提出，要完善村级公益事业一事一议财政奖补机制，扩大农村公共服务运行维护机制试点范围，重点支持村内公益事业建设与管护。

2019 年 5 月，中共中央、国务院印发《关于建立健全城乡融合发展体制机制和政策体系的意见》，提出允许村集体在农民自愿前提下，依法把有偿收回的闲置宅基地、废弃的集体公益性建设用地转变为集体经营性建设用地入市。

三、农村集体产权制度改革的进展与成效

　　党的十八大以来，农村集体产权制度改革取得了明显成效。通过全面开展集体资产清产核资，全国农村集体家底基本摸清，截至 2020 年年底，我国共清查核实集体资产 7.7 万亿元、集体土地 65.5 亿亩，确认集体成员约 9 亿人，近95% 的村完成了集体产权制度改革，建立的 96 万个乡镇、村、组三级组织全部在有关部门注册登记领取《农村集体经济组织登记证书》。[①]2020 年，我国村集体经济总收入为 6320.2 亿元，比上年增长 11.2%，是 2012 年的 1.8 倍；全国村集体经营收益超过 5 万元以上的村占到 54.4%，比 2012 年增加 32.8 个百分点。[②]

第四节　完善农业支持保护制度

　　农业支持保护制度是指在国民经济运行过程中，政府为确保农业在国民经济中发挥基础作用，使农业的发展与国民经济其他产业的发展相适应，以便实现整个国民经济持续、协调、快速发展而采取的一系列保护与支持农业的政策措施的总和。农业支持保护制度的建立与完善，不仅是农业现代化发展的必由之路，也是经济社会现代化的表现，对于保障国家粮食安全意义重大，有利于促进和保持农业农村经济持续健康发展。

一、完善农业支持保护制度的理论探索

　　2013 年 12 月，习近平总书记在中央经济工作会议上的讲话指出，

---

　　①　农业农村部政策与改革司：《中国农村政策与改革统计年报（2020）》，中国农业出版社 2021 年版，第 135—137 页。

　　②　农业农村部政策与改革司：《中国农村政策与改革统计年报（2020）》，中国农业出版社 2021 年版，第 31、39—40 页。

"任何时候都不能放松粮食生产和对农业的支持。恰恰相反，我们要不断加大对农业的支持力度。"[1]同月，习近平总书记在中央农村工作会议上的讲话指出，"中央财政要从重大水利设施建设、中低产田改造、科技创新推广、信息化服务、市场体系完善、农产品质量安全、主产区转移支付等方面，加强对粮食生产的支持。"[2]"扶持农民，就要强化政府对农业的支持保护，创造良好务农条件和环境。农业面对着自然灾害和市场波动的双重风险，必须有国家支持保护。要根据新形势新情况，研究如何使农业支持保护措施更有针对性、更加有实效。要加大农业投入力度，财政再困难也要优先保证农业支出，开支再压缩也不能减少'三农'投入。要研究开辟新的投融资渠道，建立健全'三农'投入稳定增长的长效机制。"[3]

2016年3月，习近平总书记在参加十二届全国人大四次会议湖南代表团审议时的讲话指出，要"以健全市场机制为目标改革完善农业支持保护政策"[4]。同年4月，习近平总书记在农村改革座谈会上的讲话指出，要"健全农业支持保护制度，完善农产品价格形成机制，完善农产品市场调控制度，完善农业补贴制度，加快形成覆盖全面、指向明确、重点突出、措施配套、操作简便的农业支撑保护制度"[5]。同年12月，习近平总书记在中央经济工作会议上指出，"要优化农业供给政策，积极稳妥改革粮食等重要农产品价格形成机制和收储制度，以市场定价、价补分离为取向，以确保口粮绝对安全、防止谷贱伤农为底线，分类完善改革方

---

[1]　中共中央党史和文献研究院编：《习近平关于"三农"工作论述摘编》，中央文献出版社2019年版，第67页。

[2]　中共中央党史和文献研究院编：《习近平关于"三农"工作论述摘编》，中央文献出版社2019年版，第79页。

[3]　中共中央党史和文献研究院编：《习近平关于"三农"工作论述摘编》，中央文献出版社2019年版，第143页。

[4]　中共中央党史和文献研究院编：《习近平关于"三农"工作论述摘编》，中央文献出版社2019年版，第93页。

[5]　中共中央党史和文献研究院编：《习近平关于"三农"工作论述摘编》，中央文献出版社2019年版，第145页。

案，释放反映供求关系的价格信号。要抓好玉米收储制度改革，做好政策性粮食库存消化工作，该花的钱要舍得花。要完善农业补贴制度，提高补贴政策指向性和精准性，及时把农业补贴转向支持改善生产条件、生态环境、助农增收的'绿箱'政策。"①

2017 年 10 月，习近平总书记在党的十九大报告中明确提出，要完善农业支持保护制度。同年 12 月，习近平总书记在中央农村工作会议上指出，"要健全以绿色生态为导向的农业政策支持体系"②。

2020 年 12 月，习近平总书记在中央农村工作会议上指出，"要完善农业支持保护制度，继续把农业农村作为一般公共预算优先保障领域。"③

二、完善农业支持保护制度的政策实践

（一）建立健全农业投入稳定增长机制

确保农业投入持续增加，为乡村振兴提供投入保障，是加快推进农业农村现代化的迫切需要。为推进我国农业农村持续健康发展，党和政府制定了有关文件，出台了一系列相关政策措施（见表 10-12）。

表 10-12　2013 年以来发布的关于农业投入稳定增长机制的文件和规划

发布时间	文件名称	发文单位
2013 年 1 月	《关于加快发展现代农业　进一步增强农村发展活力的若干意见》	中共中央、国务院
2014 年 1 月	《关于全面深化农村改革　加快推进农业现代化的若干意见》	中共中央、国务院

① 中共中央党史和文献研究院编：《习近平关于"三农"工作论述摘编》，中央文献出版社 2019 年版，第 94—95 页。
② 中共中央党史和文献研究院编：《习近平关于"三农"工作论述摘编》，中央文献出版社 2019 年版，第 113 页。
③ 共产党员网：《坚持把解决好"三农"问题作为全党工作重中之重　举全党全社会之力推动乡村振兴》，2022 年 3 月 31 日，见 https://www.12371.cn/2022/03/31/ARTI1648714506421324.shtml。

发布时间	文件名称	发文单位
2015 年 1 月	《关于加大改革创新力度　加快农业现代化建设的若干意见》	中共中央、国务院
2015 年 5 月	《全国农业可持续发展规划（2015—2030 年）》	农业部等八部门
2016 年 1 月	《关于落实发展新理念加快农业现代化　实现全面小康目标的若干意见》	中共中央、国务院
2016 年 3 月	《中华人民共和国国民经济和社会发展第十三个五年规划纲要》	第十二届全国人大四次会议审议通过
2017 年 1 月	《关于深入推进农业供给侧结构性改革　加快培育农业农村发展新动能的若干意见》	中共中央、国务院
2018 年 1 月	《关于实施乡村振兴战略的意见》	中共中央、国务院
2018 年 9 月	《乡村振兴战略规划（2018—2022 年）》	中共中央、国务院
2019 年 1 月	《关于坚持农业农村优先发展　做好"三农"工作的若干意见》	中共中央、国务院
2020 年 1 月	《关于抓好"三农"领域重点工作确保如期实现小康的意见》	中共中央、国务院
2020 年 7 月	《关于扩大农业农村有效投资　加快补上"三农"领域突出短板的意见》	中央农村工作领导小组办公室等七部门
2021 年 1 月	《关于全面推进乡村振兴　加快农业农村现代化的意见》	中共中央国务院
2021 年 3 月	《中华人民共和国国民经济和社会发展第十四个五年规划和 2035 年远景目标纲要》	第十三届全国人大四次会议审议通过

1. 增加农业农村投入

2013 年中央"一号文件"提出，要在稳定完善强化行之有效政策基础上，着力构建"三农"投入稳定增长长效机制，确保总量持续增加、比例稳步提高。

2014 年中央"一号文件"指出，要健全"三农"投入稳定增长机制。完善财政支农政策，增加"三农"支出。公共财政要坚持把"三农"作为支出重点，中央基建投资继续向"三农"倾斜，优先保证"三农"投入稳定增长。

2015年中央"一号文件"指出，要优先保证农业农村投入。坚持把农业农村作为各级财政支出的优先保障领域，加快建立投入稳定增长机制，持续增加财政农业农村支出，中央基建投资继续向农业农村倾斜。

2016年中央"一号文件"指出，要健全农业农村投入持续增长机制。优先保障财政对农业农村的投入，坚持将农业农村作为国家固定资产投资的重点领域，确保力度不减弱、总量有增加。

2017年中央"一号文件"要求改革财政支农投入机制。坚持把农业农村作为财政支出的优先保障领域，确保农业农村投入适度增加，着力优化投入结构，创新使用方式，提升支农效能。固定资产投资继续向农业农村倾斜。

2018年中央"一号文件"提出，要确保财政投入持续增长。建立健全实施乡村振兴战略财政投入保障制度，公共财政更大力度向"三农"倾斜，确保财政投入与乡村振兴目标任务相适应。同年9月，中共中央、国务院印发《乡村振兴战略规划（2018—2022年）》，要求建立健全国家农业投入增长机制，政府固定资产投资继续向农业倾斜。

2019年中央"一号文件"提出，要优先保障"三农"资金投入，坚持把农业农村作为财政优先保障领域和金融优先服务领域，公共财政更大力度向"三农"倾斜，县域新增贷款主要用于支持乡村振兴。

2020年中央"一号文件"提出，要优先保障"三农"投入。加大中央和地方财政"三农"投入力度，中央预算内投资继续向农业农村倾斜，确保财政投入与补上全面小康"三农"领域突出短板相适应。

2021年中央"一号文件"要求强化农业农村优先发展投入保障。继续把农业农村作为一般公共预算优先保障领域。中央预算内投资进一步向农业农村倾斜。同年3月，第十三届全国人大四次会议审议通过《国民经济和社会发展第十四个五年规划和2035年远景目标纲要》，要求健全农业农村投入保障制度，加大中央财政转移支付、土地出让收入、地方政府债券支持农业农村力度。

2022年中央"一号文件"要求扩大乡村振兴投入。继续把农业农村作为一般公共预算优先保障领域，中央预算内投资进一步向农业农村倾斜，压实地方政府投入责任。

2. 优化"三农"投入结构

2015年中央"一号文件"要求，优化财政支农支出结构，重点支持农民增收、农村重大改革、农业基础设施建设、农业结构调整、农业可持续发展、农村民生改善。

2016年中央"一号文件"要求加大专项建设基金对扶贫、水利、农村产业融合、农产品批发市场等"三农"领域重点项目和工程支持力度。

2018年中央"一号文件"提出，要优化财政供给结构，推进行业内资金整合与行业间资金统筹相互衔接配合，增加地方自主统筹空间，加快建立涉农资金统筹整合长效机制。

2020年中央"一号文件"提出，中央和省级各部门要根据补短板的需要优化涉农资金使用结构。按照"取之于农、主要用之于农"要求，抓紧出台调整完善土地出让收入使用范围进一步提高农业农村投入比例的意见。

3. 开拓支农资金渠道

2014年中央"一号文件"指出，要拓宽"三农"投入资金渠道，充分发挥财政资金引导作用，通过贴息、奖励、风险补偿、税费减免等措施，带动金融和社会资金更多投入农业农村。

2015年5月，农业部等八部门印发《全国农业可持续发展规划（2015—2030年）》，要求充分发挥市场配置资源的决定性作用，鼓励引导金融资本、社会资本投向农业资源利用、环境治理和生态保护等领域，构建多元化投入机制。

2016年中央"一号文件"提出，要充分发挥财政政策导向功能和财政资金杠杆作用，鼓励和引导金融资本、工商资本更多投向农业农村。

2018年中央"一号文件"要求，充分发挥财政资金的引导作用，撬动金融和社会资本更多投向乡村振兴。同年9月，中共中央、国务院印发《乡村振兴战略规划（2018—2022年）》，要求健全投入保障制度，完善政府投资体制，充分激发社会投资的动力和活力，加快形成财政优先保障、社会积极参与的多元投入格局。

2020年7月，中央农办等七部门联合印发《关于扩大农业农村有效投资加快补上"三农"领域突出短板的意见》，提出扩大地方政府债券用于农业农村规模、保障财政支农投入、加大金融服务"三农"力度、积极引导鼓励社会资本投资农业农村等方式，多渠道加大农业农村投资力度。

2021年中央"一号文件"提出，要发挥财政投入引领作用，支持以市场化方式设立乡村振兴基金，撬动金融资本、社会力量参与，重点支持乡村产业发展。

（二）改革农产品价格形成机制

提高农产品价格是调动农民生产积极性的最有效手段，在市场经济下，农产品价格对引导农业生产、促进农民增收具有不可替代的作用。完善农产品价格形成机制，是当前调整农业农村发展政策的重头戏，也是当务之急。党的十八大以来，党和政府不断改革农产品价格形成机制改革，出台了一系列相关政策文件（见表10-13）。

表10-13　2013年以来发布的关于农产品价格形成机制的文件和规划

发布时间	文件名称	发文单位
2013年1月	《关于加快发展现代农业　进一步增强农村发展活力的若干意见》	中共中央、国务院
2013年11月	《关于全面深化改革若干重大问题的决定》	党的十八届三中全会通过
2014年1月	《关于全面深化农村改革　加快推进农业现代化的若干意见》	中共中央、国务院

续表

发布时间	文件名称	发文单位
2015 年 1 月	《关于加大改革创新力度　加快农业现代化建设的若干意见》	中共中央、国务院
2016 年 1 月	《关于落实发展新理念　加快农业现代化　实现全面小康目标的若干意见》	中共中央、国务院
2017 年 1 月	《关于深化入进农业供给侧结构性改革　加快培育农业农村发展新动能的若干意见》	中共中央、国务院
2017 年 2 月	《关于推进农业供给侧结构性改革的实施意见》	农业部
2018 年 1 月	《关于实施乡村振兴战略的意见》	中共中央、国务院
2018 年 5 月	《小麦和稻谷最低收购价执行预案》	国家发展改革委等六部门
2018 年 9 月	《乡村振兴战略规划（2018—2022 年）》	中共中央、国务院
2019 年 1 月	《关于坚持农业农村优先发展做好"三农"工作的若干意见》	中共中央、国务院
2019 年 10 月	《中国的粮食安全》白皮书	国务院新闻办公室
2020 年 1 月	《关于抓好"三农"领域重点工作确保如期实现全面小康的意见》	中共中央、国务院
2020 年 2 月	《关于落实党中央、国务院 2020 年农业农村重点工作部署的实施意见》	农业农村部
2020 年 2 月	《关于完善稻谷最低收购价有关政策的通知》	国家发展改革委等五部门
2021 年 1 月	《关于全面推进乡村振兴　加快农业农村现代化的意见》	中共中央、国务院
2021 年 3 月	《中华人民共和国国民经济和社会发展第十四个五年规划和 2035 年远景目标纲要》	第十三届全国人大四次会议审议通过

　　2013 年中央"一号文件"提出，要充分发挥价格对农业生产和农民增收的激励作用，按照生产成本加合理利润的原则，继续提高小麦、稻谷最低收购价。同年 11 月，党的十八届三中全会通过《关于全面深化改

革若干重大问题的决定》，要求完善农产品价格形成机制，注重发挥市场形成价格作用。

2014 年中央"一号文件"提出，完善粮食等重要农产品价格形成机制。继续坚持市场定价原则，探索推进农产品价格形成机制与政府补贴脱钩的改革，逐步建立农产品目标价格制度，在市场价格过高时补贴低收入消费者，在市场价格低于目标价格时按差价补贴生产者，切实保证农民收益。

2015 年中央"一号文件"要求，继续执行稻谷、小麦最低收购价政策。总结新疆棉花、东北和内蒙古大豆目标价格改革试点经验，完善补贴方式，降低操作成本，确保补贴资金及时足额兑现到农户。

2016 年中央"一号文件"提出，坚持市场化改革取向与保护农民利益并重，采取"分品种施策、渐进式推进"的办法，完善农产品市场调控制度。继续执行并完善稻谷、小麦最低收购价政策。深入推进新疆棉花、东北地区大豆目标价格改革试点。

2017 年中央"一号文件"提出，坚持并完善稻谷、小麦最低收购价政策，合理调整最低收购价水平，形成合理比价关系。调整完善新疆棉花目标价格政策，改进补贴方式。调整大豆目标价格政策。

2018 年 9 月，中共中央、国务院印发《乡村振兴战略规划（2018—2022 年）》，要求深化棉花目标价格改革，研究完善食糖（糖料）、油料支持政策，促进价格合理形成，激发企业活力，提高国内产业竞争力。

2020 年中央"一号文件"要求完善新疆棉花目标价格政策。

2022 年中央"一号文件"再次强调完善棉花目标价格政策。

（三）完善粮食收储制度

自 2004 年建立起并逐渐完善的粮食收储制度，在促进粮食生产、稳定粮价波动、保证种粮收益等方面作用突出，是保障国家粮食安全和农民持续增收的重要制度基础（谭洪业等，2020）。为健全农产品储备制度，完善农产品市场调控，党和政府及有关部门出台相关政策文件（见表 10-14）。

表 10-14　2013 年以来发布的关于农产品收储制度的政策文件

发布时间	文件名称	发文单位
2013 年 1 月	《关于加快发展现代农业　进一步增强农村发展活力的若干意见》	中共中央、国务院
2015 年 1 月	《关于加大改革创新力度　加快农业现代化建设的若干意见》	中共中央、国务院
2015 年 2 月	《关于扎实做好 2015 年农业农村经济工作的意见》	农业部
2017 年 1 月	《关于深入推进农业供给侧结构性改革　加快培育农业农村发展新动能的若干意见》	中共中央、国务院
2018 年 1 月	《关于实施乡村振兴战略的意见》	中共中央、国务院
2019 年 10 月	《中国的粮食安全》白皮书	国务院新闻办公室

2013 年中央"一号文件"指出，要适时启动玉米、大豆、油菜子、棉花、食糖等农产品临时收储。优化粮食等大宗农产品储备品种结构和区域布局，完善粮棉油糖进口转储制度。

2015 年中央"一号文件"要求，合理确定粮食、棉花、食糖、肉类等重要农产品储备规模。完善国家粮食储备吞吐调节机制，加强储备粮监管。落实新增地方粮食储备规模计划，建立重要商品商贸企业代储制度，完善制糖企业代储制度。完善重要农产品临时收储政策。加快千亿斤粮食新建仓容建设进度，尽快形成中央和地方职责分工明确的粮食收储机制，提高粮食收储保障能力。

2017 年中央"一号文件"提出，要科学确定粮食等重要农产品国家储备规模，优化中央储备粮品种结构和区域布局，改革完善中央储备粮管理体制，充分发挥政策性职能作用，严格政策性粮食监督管理，严防跑冒滴漏，确保储存安全。

2018 年中央"一号文件"提出，深化农产品收储制度和价格形成机制改革，加快培育多元市场购销主体，改革完善中央储备粮管理体制。

通过完善拍卖机制、定向销售、包干销售等，加快消化政策性粮食库存。

（四）完善农业补贴制度

我国农业补贴主要包括良种补贴、种粮农民直接补贴、农资综合补贴和农机购置补贴。良种补贴始于 2002 年，种粮农民直接补贴始于 2004年，农资综合补贴始于 2006 年，大规模的农机购置补贴始于 2008 年，除"四项补贴"外，从 2007 年起，国家对生猪、奶牛良种繁育以及渔用柴油给予了补贴。粮食直补、良种补贴、农资综合补贴这三项补贴极大地激发了农民种粮积极性，但执行中也出现了一系列问题：一是政策针对性不强，补贴按承包面积发放，与农民种粮脱钩，已变为普惠性的收入补贴，政策边际效应递减；二是我国化肥农药施用长期超标，农资综合补贴更刺激了化肥用量，与环境保护目标相悖。因此，农业补贴政策亟须改革。党的十八大以来，我国针对农业补贴制度出台了一系列相关政策文件（见表 10-15）。

表 10-15　2013 年以来发布的关于农业补贴制度的文件和规划

发布时间	文件名称	发文单位
2013 年 1 月	《关于加快发展现代农业　进一步增强农村发展活力的若干意见》	中共中央、 国务院
2014 年 1 月	《关于全面深化农村改革　加快推进农业现代化的若干意见》	中共中央、 国务院
2015 年 1 月	《关于加大改革创新力度　加快农业现代化建设的若干意见》	中共中央、 国务院
2016 年 1 月	《关于落实发展新理念　加快农业现代化 实现全面小康目标的若干意见》	中共中央、 国务院
2017 年 1 月	《关于深入推进农业供给侧结构性改革　加快培育农业农村发展新动能的若干意见》	中共中央、 国务院
2018 年 1 月	《关于实施乡村振兴战略的意见》	中共中央、 国务院
2018 年 9 月	《乡村振兴战略规划（2018—2022 年）》	中共中央、 国务院

发布时间	文件名称	发文单位
2019 年 1 月	《关于坚持农业农村优先发展　做好"三农"工作的若干意见》	中共中央、国务院
2020 年 1 月	《关于抓好"三农"领域重点工作　确保如期实现全面小康的意见》	中共中央、国务院
2020 年 11 月	《关于进一步加强惠民惠农财政补贴资金"一卡通"管理的指导意见》	财政部
2021 年 1 月	《关于全面推进乡村振兴　加快农业农村现代化的意见》	中共中央、国务院
2021 年 3 月	《中华人民共和国国民经济和社会发展第十四个五年规划和 2035 年远景目标纲要》	第十三届全国人大四次会议审议通过

2013 年中央"一号文件"提出，要加大农业补贴力度。继续增加农业补贴资金规模，新增补贴向主产区和优势产区集中，向专业大户、家庭农场、农民合作社等新型生产经营主体倾斜。落实好对种粮农民直接补贴、良种补贴政策，扩大农机具购置补贴规模，推进农机以旧换新试点。完善农资综合补贴动态调整机制，逐步扩大种粮大户补贴试点范围。继续实施农业防灾减灾稳产增产关键技术补助和土壤有机质提升补助，支持开展农作物病虫害专业化统防统治，启动低毒低残留农药和高效缓释肥料使用补助试点。完善畜牧业生产扶持政策，支持发展肉牛肉羊，落实远洋渔业补贴及税收减免政策。

2014 年中央"一号文件"提出，要完善农业补贴政策。积极开展改进农业补贴办法的试点试验。继续实行种粮农民直接补贴、良种补贴、农资综合补贴等政策，新增补贴向粮食等重要农产品、新型农业经营主体、主产区倾斜。在有条件的地方开展按实际粮食播种面积或产量对生产者补贴试点。加大农机购置补贴力度，完善补贴办法，继续推进农机报废更新补贴试点。强化农业防灾减灾稳产增产关键技术补助。继续实施畜牧良种补贴政策。

2015 年中央"一号文件"提出，要提高农业补贴政策效能。保持农业补贴政策连续性和稳定性，逐步扩大"绿箱"支持政策实施规模和范围，调整改进"黄箱"支持政策，充分发挥政策惠农增收效应。完善农机具购置补贴政策，向主产区和新型农业经营主体倾斜，扩大节水灌溉设备购置补贴范围。实施农业生产重大技术措施推广补助政策。实施粮油生产大县、粮食作物制种大县、生猪调出大县、牛羊养殖大县财政奖励补助政策。扩大现代农业示范区奖补范围。

2016 年中央"一号文件"要求，将种粮农民直接补贴、良种补贴、农资综合补贴合并为农业支持保护补贴，重点支持耕地地力保护和粮食产能提升。完善农机购置补贴政策。

2017 年中央"一号文件"指出，要深入推进农业"三项补贴"制度改革。完善农机购置补贴政策，加大对粮棉油糖和饲草料生产全程机械化所需机具的补贴力度。深入实施新一轮草原生态保护补助奖励政策。健全林业补贴政策，扩大湿地生态效益补偿实施范围。

2018 年中央"一号文件"要求，落实和完善对农民直接补贴制度，提高补贴效能。同年 9 月，中共中央、国务院印发《乡村振兴战略规划（2018—2022 年）》，要求建立以绿色生态为导向的农业补贴制度，落实和完善对农民直接补贴制度，改革完善渔业油价补贴政策，鼓励对绿色农业发展机具、高性能机具以及保证粮食等主要农产品生产机具实行敞开补贴。

2019 年中央"一号文件"要求，加快构建新型农业补贴政策体系。

2020 年中央"一号文件"要求，进一步完善农业补贴政策。调整完善农机购置补贴范围，赋予省级更大自主权。同年 11 月，财政部印发《关于进一步加强惠民惠农财政补贴资金"一卡通"管理的指导意见》，要求向社会公布补贴政策清单，规范补贴资金发放流程，依法依规公开补贴信息。

2021 年中央"一号文件"稳定种粮农民补贴，完善玉米、大豆生产者补贴政策。加大购置补贴力度，开展农机作业补贴。

2022 年中央"一号文件"要求，加大耕地轮作补贴和产油大县奖励力度，稳定玉米、大豆生产者补贴和稻谷补贴政策。实施农机购置与应用补贴政策，优化补贴兑付方式。

（五）发展农业保险

农业保险制度是针对农业弱质性实施的一项农业支持保护政策。党的十八大以来，我国高度重视农业支持保护，中央"一号文件"及相关部门出台了一系列政策措施，推进完善农业保险制度（见表 10-16）。

表 10-16　2013 年以来发布的关于农业保险制度的文件和规划

发布时间	文件名称	发文单位
2013 年 1 月	《关于加快发展现代农业　进一步增强农村发展活力的若干意见》	中共中央、国务院
2013 年 11 月	《关于全面深化改革若干重大问题的决定》	党的十八届三中全会通过
2014 年 1 月	《关于全面深化农村改革　加快推进农业现代化的若干意见》	中共中央、国务院
2015 年 1 月	《关于加大改革创新力度　加快农业现代化建设的若干意见》	中共中央、国务院
2015 年 2 月	《关于扎实做好 2015 年农业农村经济工作的意见》	农业部
2016 年 1 月	《关于落实发展新理念　加快农业现代化　实现全面小康目标的若干意见》	中共中央、国务院
2016 年 1 月	《关于扎实做好 2016 年农业农村经济工作的意见》	农业部
2017 年 1 月	《关于深入推进农业供给侧结构性改革　加快培育农业农村发展新动能的若干意见》	中共中央、国务院
2018 年 1 月	《关于实施乡村振兴战略的若干意见》	中共中央、国务院
2018 年 9 月	《乡村振兴战略规划（2018—2022 年）》	中共中央、国务院

续表

发布时间	文件名称	发文单位
2019 年 1 月	《关于坚持农业农村优先发展　做好"三农"工作的若干意见》	中共中央、国务院
2020 年 1 月	《关于抓好"三农"领域重点工作　确保如期实现全面小康的意见》	中共中央、国务院
2020 年 2 月	《关于落实党中央、国务院 2020 年农业农村重点工作部署的实施意见》	农业农村部
2020 年 7 月	《关于扩大农业农村有效投资　加快补上"三农"领域短板的意见》	中央农村工作领导小组办公室等七部门
2021 年 1 月	《关于全面推进乡村振兴　加快农业农村现代化的意见》	中共中央、国务院
2021 年 3 月	《中华人民共和国国民经济和社会发展第十四个五年规划和 2035 年远景目标纲要》	第十三届全国人大四次会议审议通过
2022 年 1 月	《关于做好 2022 年全面推进乡村振兴重点工作的意见》	中共中央、国务院

2013 年中央"一号文件"提出，要健全政策性农业保险制度，完善农业保险保费补贴政策，加大对中西部地区、生产大县农业保险保费补贴力度，适当提高部分险种的保费补贴比例。开展农作物制种、渔业、农机、农房保险和重点国有林区森林保险保费补贴试点。推进建立财政支持的农业保险大灾风险分散机制。

2014 年中央"一号文件"提出，要加大农业保险支持力度。提高中央、省级财政对主要粮食作物保险的保费补贴比例，逐步减少或取消产粮大县县级保费补贴，不断提高稻谷、小麦、玉米三大粮食品种保险的覆盖面和风险保障水平。鼓励保险机构开展特色优势农产品保险，有条件的地方提供保费补贴，中央财政通过以奖代补等方式予以支持。扩大畜产品及森林保险范围和覆盖区域。鼓励开展多种形式的互助合作保险。规范农业保险大灾风险准备金管理，加快建立财政支持的农业保险大灾风险分散机制。探索开办涉农金融领域的贷款保证保险和信用保险等业务。

2015年中央"一号文件"提出，将主要粮食作物制种保险纳入中央财政保费补贴目录。中央财政补贴险种的保险金额应覆盖直接物化成本。加快研究出台对地方特色优势农产品保险的中央财政以奖代补政策。扩大森林保险范围。

2016年中央"一号文件"提出，要完善农业保险制度。把农业保险作为支持农业的重要手段，扩大农业保险覆盖面、增加保险品种、提高风险保障水平。积极开发适应新型农业经营主体需求的保险品种。探索开展重要农产品目标价格保险，以及收入保险、天气指数保险试点。支持地方发展特色优势农产品保险、渔业保险、设施农业保险。完善森林保险制度。探索建立农业补贴、涉农信贷、农产品期货和农业保险联动机制。积极探索农业保险保单质押贷款和农户信用保证保险。稳步扩大"保险＋期货"试点。鼓励和支持保险资金开展支农融资业务创新试点。进一步完善农业保险大灾风险分散机制。

2017年中央"一号文件"鼓励地方多渠道筹集资金，支持扩大农产品价格指数保险试点。探索建立农产品收入保险制度。

2018年中央"一号文件"提出，要探索开展稻谷、小麦、玉米三大粮食作物完全成本保险和收入保险试点，加快建立多层次农业保险体系。稳步扩大"保险＋期货"试点，探索"订单农业＋保险＋期货（权）"试点。同年9月，中共中央、国务院印发的《乡村振兴战略规划（2018—2022年）》提出，要完善农业保险政策体系，设计多层次、可选择、不同保障水平的保险产品。积极开发适应新型农业经营主体需求的保险品种，鼓励开展天气指数保险、价格指数保险、贷款保证保险等试点。

2019年中央"一号文件"要求，按照扩面增品提标的要求，完善农业保险政策。推进稻谷、小麦、玉米完全成本保险和收入保险试点。扩大农业大灾保险试点和"保险＋期货"试点。探索对地方优势特色农产品保险实施以奖代补试点。

2020年中央"一号文件"提出，要推进稻谷、小麦、玉米完全成本保险和收入保险试点。同年7月，中央农办等七部门联合印发《关于扩大农业农村有效投资　加快补上"三农"领域短板的意见》，要求完善地方优势特色农产品保险奖补试点政策，优化"保险＋期货"试点模式。

2021年中央"一号文件"指出，扩大稻谷、小麦、玉米三大粮食作物完全成本保险和收入保险试点范围，支持有条件的省份降低产粮大县三大粮食作物农业保险保费县级补贴比例。健全农业再保险制度。发挥"保险＋期货"在服务乡村产业发展中的作用。

2022年中央"一号文件"要求，探索开展糖料蔗完全成本保险和种植收入保险，2022年实现三大粮食作物完全成本保险和种植收入保险主产省产粮大县全覆盖。积极发展农业保险和再保险。优化完善"保险＋期货"模式。

（六）完善产销区补偿机制

由于粮食主产区在保障粮食供给安全方面作出了较大的牺牲，产粮大县财政收入与全国平均县差距较大，因此中央提出要建立产销区利益补偿机制。党的十八大以来，党和政府以及有关部门出台一系列相关政策文件，不断完善产销区补偿机制（见表10-17）。

表10-17　2013年以来发布的关于产销区利益补偿调节的文件和规划

发布时间	文件名称	发文单位
2013年1月	《关于加快发展现代农业　进一步增强农村发展活力的若干意见》	中共中央、国务院
2013年11月	《关于全面深化改革若干重大问题的决定》	党的十八届三中全会通过
2014年1月	《关于全面深化农村改革　加快推进农业现代化的若干意见》	中共中央、国务院
2015年1月	《关于加大改革创新力度　加快农业现代化建设的若干意见》	中共中央、国务院
2016年1月	《关于落实发展新理念　加快农业现代化 实现全面小康目标的若干意见》	中共中央、国务院

续表

发布时间	文件名称	发文单位
2017 年 1 月	《关于深入推进农业供给侧结构性改革 加快培育农业农村发展新动能的若干意见》	中共中央、国务院
2018 年 1 月	《关于实施乡村振兴战略的意见》	中共中央、国务院
2018 年 9 月	《乡村振兴战略规划（2018—2022 年）》	中共中央、国务院
2019 年 1 月	《关于坚持农业农村优先发展　做好"三农"工作的若干意见》	中共中央、国务院
2021 年 3 月	《中华人民共和国国民经济和社会发展第十四个五年规划和 2035 年远景目标纲要》	第十三届全国人大四次会议审议通过

2013 年中央"一号文件"提出，要完善主产区利益补偿、耕地保护补偿、生态补偿办法，加快让农业获得合理利润、让主产区财力逐步达到全国或全省平均水平。

2014 年中央"一号文件"提出，要加快建立利益补偿机制。加大对粮食主产区的财政转移支付力度，增加对商品粮生产大省和粮油猪生产大县的奖励补助，鼓励主销区通过多种方式到主产区投资建设粮食生产基地，更多地承担国家粮食储备任务，完善粮食主产区利益补偿机制。

2015 年中央"一号文件"强调，要健全粮食主产区利益补偿、耕地保护补偿、生态补偿制度。

2017 年中央"一号文件"要求，完善粮食主产区利益补偿机制，稳定产粮大县奖励政策，调整产粮大省奖励资金使用范围，盘活粮食风险基金。

2019 年中央"一号文件"提出，要发挥粮食主产区优势，完善粮食主产区利益补偿机制，健全产粮大县奖补政策。压实主销区和产销平衡区稳定粮食生产责任。

2021 年 3 月，第十三届全国人大四次会议审议通过的《国民经济和社会发展第十四个五年规划和 2035 年远景目标纲要》提出，完善区域合作与利益调节机制，支持流域上下游、粮食主产区主销区、资源输出地输入地之间开展多种形式的利益补偿，鼓励探索共建园区、飞地经济等利益共享模式。

三、完善农业支持保护制度的进展与成效

党的十八大以来，我国农业支持保护政策体系不断完善，为农村改革发展提供了重要支撑。

一是农业农村投入稳定增长机制基本建立。2016—2019 年，全国财政一般公共预算累计安排农业农村相关支出 6.07 万亿元，年均增长 8.8%，高于全国一般公共预算支出平均增幅。

二是农产品价格形成机制不断完善。2014 年开始，采取"分品种施策，渐进式推进"的方式，对粮食等重要农产品收储和流通体制进行改革。逐步取消棉花、大豆、玉米等的临时收储政策，建立玉米的"市场化收购 + 生产者补贴"制度，开展大豆、棉花目标价格补贴试点。坚持并完善稻谷、小麦最低收购价政策框架，合理调整最低收购价水平，增强政策灵活性。近年来，玉米、棉花价格逐渐回归市场，国内外价差缩小。在种植结构调整政策的共同作用下，市场价格信号的供求调节功能更好得以发挥，产业链上下游关系得到理顺。

三是农业补贴制度深化调整。2016 年，在全国范围内将农作物良种补贴、种粮农民直接补贴、农资综合补贴调整为农业支持保护补贴。

四是农业保险试点范围逐步扩大。2018 年，启动三大粮食作物完全成本保险和种植收入保险试点，实施范围逐步扩大。开展农业大灾保险、三大粮食作物完全成本保险和收入保险试点，扩大地方优势特色农产品保险以奖代补试点范围，健全农业再保险制度，推动农业保险实现扩面增品提质。

第五节　扩大农业对外开放

农业国际化、市场化是世界农业发展的客观趋势，扩大农业对外开放制度是实现农业现代化的必然要求。党的十九大报告指出，要坚持新发展理念，主动参与和推动经济全球化进程，发展更高层次的开放型经济，不断壮大我国经济实力和综合国力。

一、扩大农业对外开放的理论探索

2013 年 6 月，习近平主席在接受拉美三国媒体联合书面采访时指出，要"实施更加积极主动的开放战略，在更大范围、更广领域、更高水平上推进对外开放，鼓励外资投向现代农业、高新技术、先进制造、节能环保、新能源、现代服务业等领域"①。同年 10 月，习近平主席出席中马经济合作高峰论坛时指出，要深化农业渔业合作，继续加强在天然橡胶种植和加工、农业机械贸易、渔业捕捞、深水养殖等领域合作。②

2018 年 4 月，习近平主席在博鳌亚洲论坛主旨演讲时提出，中国开放的大门不会关闭，只会越开越大的郑重决定和中国进一步扩大开放新的四个重大举措及十条具体措施。③

2019 年 4 月，习近平主席在第二届"一带一路"国际合作高峰论坛开幕式上的主旨演讲中指出，"中国已实施准入前国民待遇加负面清单管理模式，将继续大幅缩减负面清单，推动现代服务业、制造业、农业全

---

① 共产党员网：《习近平接受拉美三国媒体联合书面采访》，2013 年 6 月 1 日，见 https://www.12371.cn/2013/06/01/ARTI1370030934104421.shtml。
② 共产党员网：《习近平出席中马经济合作高峰论坛时强调：抓住机遇　续写互利合作新篇章》，2013 年 10 月 5 日，见 https://news.12371.cn/2013/10/05/ARTI1380924053415567.shtml。
③ 人民网：《中国开放的大门只会越开越大——五论习近平主席博鳌亚洲论坛主旨演讲》，2018 年 4 月 14 日，见 http://opinion.people.com.cn/n1/2018/0414/c1003-29926026.html。

方位对外开放，并在更多领域允许外资控股或独资经营"。①

2021年11月，习近平主席在亚太经合组织工商领导人峰会上的主旨演讲中指出，"推动农业和制造业全方位开放，加大服务业开放力度，依法给予内外资企业同等待遇。"②

二、扩大农业对外开放的政策实践

（一）健全农产品进出口调控机制

农产品贸易是国际贸易中的一个重要组成部分，推进农产品进出口一方面能够保障国内粮食安全，另一方面有助于推进农村经济的发展。在世界农产品贸易出口总额越来越大的情况下，我国也越来越关注农产品在世界市场的地位，着力发挥农产品进出口在推进农村经济发展上的作用。多年的中央"一号文件"都提出，要完善农产品进出口调节制度，扩大农产品国际贸易（见表10-18）。

表10-18　2013年以来发布的关于农产品进出口调节制度的文件和规划

发布时间	文件名称	发文单位
2013年1月	《关于加快发展现代农业　进一步增强农村发展活力的若干意见》	中共中央、国务院
2014年1月	《关于全面深化农村改革　加快推进农业现代化的若干意见》	中共中央、国务院
2015年1月	《关于加大改革创新力度　加快实现农业现代化建设的若干意见》	中共中央、国务院
2016年1月	《关于落实发展新理念　加快农业现代化 实现全面小康目标的若干意见》	中共中央、国务院

---

① 共产党员网：《习近平出席第二届"一带一路"国际合作高峰论坛开幕式并发表主旨演讲》，2019年4月26日，见 https://www.12371.cn/2019/04/26/ARTI1556255802040433.shtml。
② 共产党员网：《习近平在亚太经合组织工商领导人峰会上的主旨演讲（全文）》，2021年11月11日，见 https://www.12371.cn/2021/11/11/ARTI1636585390801767.shtml。

续表

发布时间	文件名称	发文单位
2016 年 10 月	《全国农业现代化规划（2016—2020 年）》	国务院
2017 年 1 月	《关于深入推进农业供给侧结构性改革　加快培育农业农村发展新动能的若干意见》	中共中央、国务院
2017 年 1 月	《农业对外合作"十三五"规划》	农业部等三部门
2017 年 5 月	《共同推进"一带一路"建设农业合作的愿景与行动》	农业部等四部门
2017 年 11 月	《农业对外合作"两区"建设方案》	农业部
2018 年 1 月	《关于实施乡村振兴战略的意见》	中共中央、国务院
2019 年 1 月	《关于坚持农业农村优先发展　做好"三农"工作的若干意见》	中共中央、国务院
2020 年 1 月	《关于抓好"三农"领域重点工作　确保如期实现全面小康的意见》	中共中央、国务院
2020 年 2 月	《关于落实党中央、国务院 2020 年农业农村重点工作部署的实施意见》	农业农村部
2021 年 1 月	《关于全面推进乡村振兴　加快农业农村现代化的意见》	中共中央、国务院

2013 年中央"一号文件"指出，完善农产品进出口税收调控政策，加强进口关税配额管理，健全大宗品种进口报告制度，强化敏感品种进口监测。推动进口来源多元化，规范进出口秩序，打击走私行为。

2014 年中央"一号文件"指出，要抓紧制定重要农产品国际贸易战略，加强进口农产品规划指导，优化进口来源地布局，建立稳定可靠的贸易关系。有关部门要密切配合，加强进出境动植物检验检疫，打击农产品进出口走私行为，保障进口农产品质量安全和国内产业安全。鼓励金融机构积极创新为农产品国际贸易和农业走出去服务的金融品种和方式。

2015 年中央"一号文件"指出，加强农产品进出口调控，积极支持优势农产品出口，把握好农产品进口规模、节奏。完善粮食、棉花、食糖等重要农产品进出口和关税配额管理，严格执行棉花滑准税政策。严厉打击农产品走私行为。

2016 年中央"一号文件"提出，要加大对农产品出口支持力度，巩固农产品出口传统优势，培育新的竞争优势，扩大特色和高附加值农产品出口。优化重要农产品进口的全球布局，推进进口来源多元化，加快形成互利共赢的稳定经贸关系。同年 10 月，国务院印发《全国农业现代化规划（2016—2020 年）》，要求把握好重要农产品进口时机、节奏，完善进口调控政策，适度增加国内紧缺农产品进口。积极参加全球农业贸易规则制定，加强粮棉油糖等大宗农产品进口监测预警，健全产业损害风险监测评估、重要农产品贸易救济、贸易调整援助等机制。加强进口农产品检验检疫监管，强化边境管理，打击农产品走私。

2017 年中央"一号文件"提出，要依法对进口农产品开展贸易救济调查。鼓励扩大优势农产品出口，加大海外推介力度。

2018 年中央"一号文件"要求实施特色优势农产品出口提升行动，扩大高附加值农产品出口。

2019 年中央"一号文件"提出，要加快推进并支持农业走出去，加强"一带一路"农业国际合作，主动扩大国内紧缺农产品进口，拓展多元化进口渠道，培育一批跨国农业企业集团，提高农业对外合作水平。

2020 年中央"一号文件"提出，拓展多元化进口渠道，增加适应国内需求的农产品进口。扩大优势农产品出口。

2021 年中央"一号文件"要求优化农产品贸易布局，实施农产品进口多元化战略，支持企业融入全球农产品供应链。

（二）统筹利用两个市场两种资源

2014 年中央"一号文件"提出，要合理利用国际农产品市场。加快实施农业走出去战略，培育具有国际竞争力的粮棉油等大型企业。

2015 年中央"一号文件"明确提出，要提高统筹利用国际国内两个市场两种资源的能力。支持农产品贸易做强，加快培育具有国际竞争力的农业企业集团。完善支持农业对外合作的投资、财税、金融、保险、贸易、通关、检验检疫等政策，落实到境外从事农业生产所需农用设备和农业投入品出境的扶持政策。

2016 年中央"一号文件"提出，要统筹用好国际国内两个市场、两种资源。利用国际资源和市场，优化国内农业结构，缓解资源环境压力。支持我国企业开展多种形式的跨国经营，加强农产品加工、储运、贸易等环节合作，培育具有国际竞争力的粮商和农业企业集团。同年 10 月，国务院印发《全国农业现代化规划（2016—2020 年）》，提出开放助农，着力扩大农业对外合作，统筹用好国内国际两个市场、两种资源，提升农业对外开放层次和水平。

2017 年中央"一号文件"要求，统筹利用国际市场，优化国内农产品供给结构，健全公平竞争的农产品进口市场环境。以"一带一路"沿线及周边国家和地区为重点，支持农业企业开展跨国经营，建立境外生产基地和加工、仓储物流设施，培育具有国际竞争力的大企业大集团。同年 5 月，农业部等四部门联合印发《共同推进"一带一路"建设农业合作的愿景与行动》，明确了合作原则、合作重点、合作机制等重要内容。同年 11 月，农业部印发《农业对外合作"两区"建设方案》，提出在"一带一路"沿线以及其他重点区域组织开展境外农业合作示范区建设试点，在沿海、沿江、沿边等条件成熟地区组织开展农业对外开放合作试验区建设试点（简称"两区"建设），以外带内、以内促外，形成推动农业对外合作的高水平双向开放格局。

2018 年中央"一号文件"要求构建农业对外开放新格局。

2019 年中央"一号文件"指出，要加强顶层设计和系统规划，立足国内保障粮食等重要农产品供给，统筹用好国际国内两个市场、两种资源，科学确定国内重要农产品保障水平，健全保障体系，提高国内安全保障能力。

（三）积极参与全球农业治理

参与全球农业治理是中国国家战略和农业全球战略的重要组成部分，也是中国扩大农业对外开放制度的新课题。我国现代化农业经济体系建设的顺畅推进离不开全球农业治理体系的完善、优化及支撑。2018年中央"一号文件"提出，积极参与全球粮食安全治理和农业贸易规则制定，促进形成更加公平合理的农业国际贸易秩序，深化与"一带一路"沿线国家和地区农产品贸易关系，构建农业对外开放新格局。

1. 准确定位中国在全球农业治理中的角色和话语身份

党的十九大报告指出，中国"始终做世界和平的建设者、全球发展的贡献者、国际秩序的维护者"。因此中国应成为全球农业制度体系的深度参与者、重要建设者和共同改善者（肖卫东、詹琳，2018）。

2. 全方位深度参与全球农业治理体系变革

充分利用全球平台、双边多边机制，推动制定反映新兴市场经济体和大多数发展中国家利益需求和农业比较优势的适度规则，提高代表性，增强发言权。主动引领与推进农业贸易投资新规则。在农产品贸易、粮食安全、农业基础设施建设、农业生态环境与可持续发展、农业投融资、农村扶贫等全球性农业议题上，贡献中国智慧，提出中国主张、中国倡议、中国行动方案。

3. 加强中国农业对外开放的正面海外宣传，正面回应国际质疑与负面舆论

对中国农业对外开放、农业全球化战略、"一带一路"等进行更为全面、准确和务实的宣介和传播，讲好"中国故事"，及时纠正误解、增信释疑，创造积极的国际舆论氛围。

三、扩大农业对外开放的进展与成效

近年来，我国通过开展农业对外合作境外示范区和境内试验区建

设、打造农业对外合作服务体系等，推动农业对外投资合作大幅增长，在丰富我国农产品来源、推动企业增强国际竞争力的同时，也为东道国增加就业岗位，贡献税收和外汇，带动当地粮食、经作、畜牧、农产品加工等产业发展，为改善当地农民生活、保障粮食安全作出重要贡献。

一是我国农产品贸易快速增长，贸易地位和影响力不断提高。2021年，我国农产品进出口额 3041.7 亿美元，同比增长 323.2%。其中，出口 843.5 亿美元，增长 10.9%；进口 2198.2 亿美元，增长 28.6%；贸易逆差 1354.7 亿美元，增长 42.9%。[1]

二是开展境外农业合作示范区和农业对外开放合作试验区建设试点。2017 年，农业农村部印发《农业对外合作"两区"建设方案》，首批认定塔吉克斯坦—中国农业合作示范园等 10 个境外农业合作示范区和山东省潍坊市等 10 个农业对外开放合作试验区。截至 2019 年年底，首批 10 个境外园区共吸引约 70 家涉农企业入驻，累计完成投资额约 6 亿美元。[2]农业对外开放合作试验区立足沿海、沿江、沿边区位条件，结合自身产业优势和对外合作优势，组织开展农业走出去的政策、项目、机制建设试点，为我国开展农业对外合作积累了可复制、可推广的经验。

三是支持跨国涉农企业积极参与农业国际竞争。截至 2019 年年底，195 家省级以上农业龙头企业参与了境外投资，投资额超过 94.7 亿美元，涉及 50 多个国家和地区。[3]

四是农业对外合作公共信息服务体系不断完善，截至 2019 年年底，农业对外合作公共信息服务平台共提供资讯类信息 3 万多条，内容覆盖

[1]　中国农业信息网：《2021 年我国农产品进出口情况》，2022 年 1 月 27 日，见 http://www.agri.cn/V20/SC/jcyj_1/202201/t20220127_7809985.htm。

[2]　农业农村部：《农业现代化辉煌五年系列宣传之三十：农业对外投资步伐更加坚实》，2021 年 7 月 28 日，见 http://www.ghs.moa.gov.cn/ghgl/202107/t20210728_6372940.htm。

[3]　农业农村部：《农业现代化辉煌五年系列宣传之三十：农业对外投资步伐更加坚实》，2021 年 7 月 28 日，见 http://www.ghs.moa.gov.cn/ghgl/202107/t20210728_6372940.htm。

100 多个国家，37 类主要农产品；已发布"一带一路"沿线 65 个国家农业合作国别研究报告，海外 19 种农产品市场研究报告，组织实施"扬帆出海"培训工程，已举办 40 余期培训班，培训累计近 3000 人次。[1]

---

① 　农业农村部：《农业现代化辉煌五年系列宣传之三十：农业对外投资步伐更加坚实》，2021 年 7 月 28 日，见 http://www.ghs.moa.gov.cn/ghgl/202107/t20210728_6372940.htm。

第十一章　强化农业农村政治法律保障

党的十八大以来，以习近平同志为核心的党中央，加强党对"三农"工作的全面领导，加强农业农村法治建设，采取一系列战略性举措，推进一系列变革性实践，取得一系列标志性成果。本章以习近平总书记有关重要论述为理论指引，以《中国共产党农村工作条例》和《中华人民共和国乡村振兴促进法》为根本遵循，总结归纳党的十八大以来党的农村工作和我国农村法治建设的实践和进展，以期为全面推进乡村振兴加快农业农村现代化提供政治保证和法律保障。

第一节　关于党领导"三农"工作的理论探索

党政军民学，东西南北中，党是领导一切的。党的十八大以来，以习近平同志为核心的党中央，围绕坚持和加强党对"三农"工作的全面领导，作出一系列重要论述，提出一系列新理念新思想。

一、深化党领导"三农"工作重要性的认识

我国是一个农业大国，办好农村的事情，关键在党。2013 年 12 月，习近平总书记在中央农村工作会议上指出，"基础不牢，地动山摇。农村工作千头万绪，抓好农村基层组织建设是关键。无论农村社会结构如何变化，无论各类经济社会组织如何发育成长，农村基层党组织的领导地位不能动摇、战斗堡垒作用不能削弱。""农村党支部在农村各项工作中

居于领导核心地位"，"农村政策千条万条，最终都得靠基层干部来落实。我国有几百万农村基层干部，常年风里来雨里去，同农民直接打交道，是推动农村发展、维护社会稳定的基本力量。"①

2014年1月，习近平总书记在给大学生村官张广秀的复信中指出，"改变农村面貌，帮助农民群众过上好日子，推动广大农村全面建成小康，需要党和政府的好政策，也需要千千万万农村基层干部带领广大农民群众不懈努力"②。同年4月，习近平总书记在新疆考察时指出，"我们的农村党组织，一定要成为团结带领群众建设社会主义新农村的坚强堡垒。有了这一条，无论抓稳定还是抓发展，都会有力量、有后劲。"③

2016年4月，习近平总书记在农村改革座谈会上的讲话中指出，"办好农村的事情，关键在党。党管农村工作是我们的传统。这个传统不能丢。各级党委要加强对'三农'工作的领导，各级领导干部都要重视'三农'工作，多到农村去走一走、多到农民家里去看一看，了解农民诉求和期盼，化解农村社会矛盾，真心实意帮助农民解决生产生活中的实际问题，做广大农民贴心人。"④

2017年12月，习近平总书记在江苏徐州市考察时指出，"农村基层党组织是农村各个组织和各项工作的领导核心，要强化农村基层党组织职能，把农村基层党组织建设成为宣传党的主张、贯彻党的决定、领导基层治理、团结动员群众、推动改革发展的坚强战斗堡垒"⑤。同月，

---

① 中央文献研究室编：《十八大以来重要文献选编》（上），中央文献出版社2014年版，第684页。

② 农业农村部：《习近平关于"三农"工作论述摘编——十一、加强和改善党对"三农"工作的领导》，2021年5月21日，见 http://www.moa.gov.cn/ztzl/xjpgysngzzyls/zyll/202105/t20210521_6368152.htm。

③ 人民网：《紧紧依靠各族干部群众共同团结奋斗　建设团结和谐繁荣富裕文明进步安居乐业的社会主义新疆》，2014年5月1日，见 http://data.people.com.cn/rmrb/20140501/1。

④ 农业农村部：《习近平关于"三农"工作论述摘编——十一、加强和改善党对"三农"工作的领导》，2021年5月21日，见 http://www.moa.gov.cn/ztzl/xjpgysngzzyls/zyll/202105/t20210521_6368152.htm。

⑤ 人民网：《深入学习贯彻党的十九大精神　紧扣新时代要求推动改革发展》，2017年12月14日，见 http://data.people.com.cn/rmrb/20171214/1。

习近平总书记在中央农村工作会议上强调，"办好农村的事情，实现乡村振兴，关键在党"，"实施乡村振兴战略，迫切需要造就一支懂农业、爱农村、爱农民的农村工作队伍"。①

2018 年 9 月，习近平总书记在中共十九届中央政治局第八次集体学习时的讲话中指出，"实施乡村振兴战略，各级党委和党组织必须加强领导，汇聚起全党上下、社会各方的强大力量。……要充分发挥好乡村党组织的作用，把乡村党组织建设好，把领导班子建设强。"② 同年 12 月，习近平总书记在广东考察时的讲话中指出，"火车跑得快，全靠车头带。要加强基层党组织带头人队伍建设，注重培养选拔有干劲、会干事、作风正派、办事公道的人担任支部书记，团结带领乡亲们脱贫致富奔小康"③。

2020 年 9 月，习近平总书记在基层代表座谈会上的讲话中提出，"只有把基层党组织建设强、把基层政权巩固好，中国特色社会主义的根基才能稳固"，"要加强和改进党对农村基层工作的全面领导，提高农村基层组织建设质量"。④

二、完善党领导"三农"工作的体制机制

完善党领导"三农"工作体制机制，是做好"三农"工作的政治保证。2017 年 12 月，习近平总书记在中央农村工作会议上指出，"各级党委和政府要坚持工业农业一起抓、坚持城市农村一起抓，并把农业农村

---

① 农业农村部：《习近平关于"三农"工作论述摘编——十一、加强和改善党对"三农"工作的领导》，2021 年 5 月 21 日，见 http://www.moa.gov.cn/ztzl/xjpgysngzzyls/zyll/202105/t20210521_6368152.htm。

② 中国政府网：《习近平主持中共中央政治局第八次集体学习并讲话》，2018 年 9 月 22 日，见 http://www.gov.cn/xinwen/2018-09/22/content_5324654.htm?cid=303。

③ 农业农村部：《习近平关于"三农"工作论述摘编——十一、加强和改善党对"三农"工作的领导》，2021 年 5 月 21 日，见 http://www.moa.gov.cn/ztzl/xjpgysngzzyls/zyll/202105/t20210521_6368152.htm。

④ 新华网：《在基层代表座谈会上的讲话》，2020 年 9 月 19 日，见 http://www.xinhuanet.com/politics/leaders/2020-09/19/c_1126514697.htm。

优先发展的要求落到实处，在干部配备上优先考虑，在要素配置上优先满足，在资金投入上优先保障，在公共服务上优先安排。要健全党委全面统一领导、政府负责、党委农村工作部门统筹协调的农村工作领导体制。各级党委和政府主要领导要懂'三农'工作、会抓'三农'工作，分管领导要真正成为'三农'工作的行家里手。要建立实施乡村振兴战略领导责任制，实行中央统筹、省负总责、市县抓落实的工作机制。党委和政府一把手是第一责任人，五级书记抓乡村振兴。要建立市县党政领导班子和领导干部推进乡村振兴战略的实绩考核制度。要结合机构改革，理顺涉农部门的职责分工。各部门要结合自身职能定位，明确工作思路，细化政策举措，主动对表、积极作为。各省、自治区、直辖市党委和政府每年要向党中央报告实施乡村振兴战略进展情况。要制定中国共产党农村工作条例，把党领导农村工作的传统、要求、政策等以党内法规的形式确定下来。"①。为加强对党领导"三农"工作的监督管理，习近平总书记指出，要"严肃查处侵犯农民利益的'微腐败'，给老百姓一个公道清明的乡村。要把农民群众关心的突出问题作为纪检监察工作的重点，继续紧盯惠农项目资金、集体资产管理、土地征收等领域的突出问题，持之以恒正风肃纪。针对扶贫领域腐败和作风问题，部署开展专项治理。严惩横行乡里、欺压百姓的黑恶势力及充当保护伞的党员干部，廓清农村基层政治生态"②。

2018 年 3 月，习近平总书记在参加十三届全国人大一次会议山东代表团审议时的讲话中指出，要"打造千千万万个坚强的农村基层党组织，培养千千万万名优秀的农村基层党组织书记，深化村民自治实践，发展

---

① 中共中央党史和文献研究院编：《习近平关于"三农"工作论述摘编》，中央文献出版社 2019 年版，第 191—192 页。

② 农业农村部：《习近平关于"三农"工作论述摘编——十一、加强和改善党对"三农"工作的领导》，2021 年 5 月 21 日，见 http://www.moa.gov.cn/ztzl/xjpgysngzzyls/zyll/202105/t20210521_6368152.htm。

农民合作经济组织，建立健全党委领导、政府负责、社会协同、公众参与、法治保障的现代乡村社会治理体制，确保乡村社会充满活力、安定有序"①。同年9月，习近平总书记在中共十九届中央政治局第八次集体学习时的讲话中指出，"要充分发挥好乡村党组织的作用，把乡村党组织建设好，把领导班子建设强，弱的村要靠好的党支部带领打开局面，富的村要靠好的党支部带领再上一层楼。人才振兴是乡村振兴的基础，要创新乡村人才工作体制机制，充分激发乡村现有人才活力，把更多城市人才引向乡村创新创业。"②

2020年12月，习近平总书记在中央农村工作会议上提出，"全面推进乡村振兴，必须健全党领导农村工作的组织体系、制度体系、工作机制"③，"县委书记要把主要精力放在'三农'工作上，当好乡村振兴的'一线总指挥'"，"县以上各级党委要发挥好农村工作领导小组牵头抓总、统筹协调作用，健全议事协商、督查考核等机制"④。

三、提高党领导"三农"工作的能力和水平

2013年12月，习近平总书记在中央农村工作会议上指出，"对广大农村基层干部，政治上要信任，工作上要依靠，生活上要关心。要完善农村基层干部选拔任用制度，打造一支高素质农村基层党组织带头人队伍，加大从优秀村干部中考录乡镇公务员和乡镇领导干部力度，为加强农村社会治理服务充实新生力量。要建立稳定的村级组织运转和基本公共服务经费保障制度，提高农村基层干部报酬待遇和社会保障水平。要

① 人民网：《习近平李克强王沪宁赵乐际韩正分别参加全国人大会议一些代表团审议》，2018年3月9日，见 http://data.people.com.cn/rmrb/20180309/1。
② 农业农村部：《习近平关于"三农"工作论述摘编——十一、加强和改善党对"三农"工作的领导》，2021年5月21日，见 http://www.moa.gov.cn/ztzl/xjpgysngzzyls/zyll/202105/t20210521_6368152.htm。
③ 中国政府网：《坚持把解决好"三农"问题作为全党工作重中之重 举全党全社会之力推动乡村振兴》，2022年3月31日，见 http://www.gov.cn/xinwen/2022-03/31/content_5682705.htm。
④ 习近平：《论"三农"工作》，中央文献出版社2022年版，第17页。

加强农村基层干部教育培训和监督管理力度，引导他们提高为民服务本领、强化廉洁履职意识，为现代农业和新农村建设贡献力量。"①"各级领导干部特别是以农业为主产业的市县乡镇干部，要熟悉农业、了解农业，农作物的种类和品质、节气、农业科技等方面的基本知识还是要懂的，不懂要抓紧补课。"②

2017 年 12 月，习近平总书记在中央农村工作会议上强调，"要加强'三农'工作干部队伍的培养、配备、管理、使用，把到农村一线锻炼作为培养干部的重要途径，形成人才向农村基层一线流动的用人导向"③，要"加强农村基层党组织带头人队伍和党员队伍建设，整顿软弱涣散农村基层党组织，解决弱化、虚化、边缘化问题，稳妥有序开展不合格党员处置工作，着力引导农村党员发挥先锋模范作用"④。

2020 年 12 月，习近平总书记在中央农村工作会议上强调指出，"要突出抓基层、强基础、固基本的工作导向，推动各类资源向基层下沉，为基层干事创业创造更好条件"，"要选派一批优秀干部到乡村振兴一线岗位，把乡村振兴作为培养锻炼干部的广阔舞台，对在艰苦地区、关键岗位工作表现突出的干部要优先重用"。⑤

第二节　切实加强党对"三农"工作的全面领导

党的十八大以来，为切实加强党对"三农"工作的全面领导，2018

① 中央文献研究室：《十八大以来重要文献选编》（上），中央文献出版社 2014 年版，第 684—685 页。

② 中央文献研究室：《十八大以来重要文献选编》（上），中央文献出版社 2014 年版，第 685—686 页。

③ 农业农村部：《习近平关于"三农"工作论述摘编——十一、加强和改善党对"三农"工作的领导》，2021 年 5 月 21 日，见 http://www.moa.gov.cn/ztzl/xjpgysngzzyls/zyll/202105/t20210521_6368152.htm。

④ 习近平：《论坚持全面深化改革》，中央文献出版社 2018 年版，第 407—408 页。

⑤ 习近平：《论"三农"工作》，中央文献出版社 2022 年版，第 18 页。

年 3 月，《中共中央关于深化党和国家机构改革的决定》指出，要加强和优化党对农业农村工作的领导。中央决定组建农业农村部，将中央农村工作领导小组办公室设在农业农村部，负责组织协调农村工作。

2019 年 1 月，修订后的《中国共产党农村基层组织工作条例》印发，强调农村基层党组织的领导地位，规范农村基层党组织设置，规定乡镇党委和村党组织的主要职责。同年 9 月，中共中央印发《中国共产党农村工作条例》（以下简称《条例》），这是党的历史上首次专门制定关于农村工作的党内法规，充分体现了党对农村工作的高度重视（宋洪远等，2021）。

《条例》以习近平新时代中国特色社会主义思想为指导，对坚持和加强党对农村工作的全面领导作出了系统规定，是新时代党管农村工作的总依据。《条例》围绕实施乡村振兴战略，强化农业农村优先发展的政策导向，明确五级书记抓乡村振兴的领导责任，提出加强党对农村经济建设、民主政治建设、精神文明建设、社会建设、生态文明建设的领导、农村党的建设的主要任务，对更好地把党集中统一领导的政治优势转化为重农强农、推动乡村振兴的行动优势，提高基层党组织和干部队伍领导"三农"工作的能力和水平，具有十分重要的意义（华中农业大学乡村振兴研究院，2021）。

一、党的农村工作必须遵循的原则

必须遵循的原则：（1）坚持党对农村工作的全面领导，确保党在农村工作中总揽全局、协调各方，保证农村改革发展沿着正确的方向前进；（2）坚持以人民为中心，尊重农民主体地位和首创精神，切实保障农民物质利益和民主权利，把农民拥护不拥护、支持不支持作为制定党的农村政策的依据；（3）坚持巩固和完善农村基本经营制度，夯实党的农村政策基石；（4）坚持走中国特色社会主义乡村振兴道路，推进乡村产业振兴、人才振兴、文化振兴、生态振兴、组织振兴；（5）坚持教育引导农民听党话、感党恩、跟党走，把农民群众紧紧团结在党的周围，筑牢党在农村的执政基础；（6）坚持一切从实际出发，分类指导、循序渐进，不搞强迫命令、不刮风、不一刀切。

二、党的农村工作的领导体制

（一）明确了中央统筹、省负总责、市县乡抓落实的农村工作领导体制，构建了职责清晰、分工负责、合力推进的责任体系

加强各级党委农村工作部门建设，履行决策参谋、统筹协调、政策指导、推动落实、督导检查等职能。

（二）明确了党中央及其农村工作领导小组的主要职责和任务

1. 党中央全面领导农村工作，统一制定农村工作大政方针，统一谋划农村发展重大战略，统一部署农村重大改革。定期研究农村工作，每年召开农村工作会议，制定出台指导农村工作的文件。

2. 党中央设立中央农村工作领导小组，发挥农村工作牵头抓总、统筹协调等作用，在中央政治局及其常务委员会的领导下开展工作，对党中央负责，向党中央和总书记请示报告工作，督促落实党中央关于农村工作重要决策部署。

3. 中央农村工作领导小组各成员单位应当加强对本单位本系统农村工作的领导，落实职责任务，加强部门协同，形成农村工作合力。中央农村工作领导小组下设办公室，承担中央农村工作领导小组日常事务。

（三）明确了地方党委及其农村工作领导小组的主要职责和任务

省（自治区、直辖市）党委应当定期研究本地区农村工作，决策农村工作重大事项，召开农村工作会议，制定出台农村工作政策举措，抓好重点任务分工、重大项目实施、重要资源配置等工作；市（地、州、盟）党委应当做好上下衔接、域内协调、督促检查工作，发挥好以市带县作用；县（市、区、旗）党委应当结合本地区实际，制定具体管用的工作措施，建立健全职责清晰的责任体系，贯彻落实党中央以及上级党

委关于农村工作的要求和决策部署。县级以上地方党委应当设立农村工作领导小组，省市级农村工作领导小组一般由同级党委副书记任组长，县级农村工作领导小组由县委书记任组长，其成员由党委和政府有关负责人以及相关部门主要负责人组成。

三、党的农村工作的主要任务

（一）加强党对农村经济建设的领导

巩固和加强农业基础地位，实施藏粮于地、藏粮于技战略，确保谷物基本自给、口粮绝对安全。深化农业供给侧结构性改革，构建现代农业产业体系、生产体系、经营体系，促进农村一二三产业融合发展，发展壮大农村集体经济，巩固和扩大脱贫攻坚成果，促进农民持续增收致富。

（二）加强党对农村社会主义民主政治建设的领导

完善基层民主制度，深化村民自治实践，健全村党组织领导的充满活力的村民自治机制，丰富基层民主协商形式，保证农民依法实行民主选举、民主协商、民主决策、民主管理、民主监督。巩固农村基层政权，开展平安乡村建设，促进农村社会公平正义。

（三）加强党对农村社会主义精神文明建设的领导

培育和践行社会主义核心价值观，深入开展中国特色社会主义、习近平新时代中国特色社会主义思想宣传教育，建好用好新时代文明实践中心。加强农村思想道德建设，传承发展提升农村优秀传统文化，推进移风易俗。加强农村思想政治工作，广泛开展民主法治教育。深入开展农村群众性精神文明创建活动，丰富农民精神文化生活，提高农民科学文化素质和乡村社会文明程度。

（四）加强党对农村社会建设的领导

坚持保障和改善农村民生，大力发展教育、医疗卫生、养老、文化体育、社会保障等农村社会事业，加快改善农村公共基础设施和基本公共服务条件，提升农民生活质量。建立健全党委领导、政府负责、社会协同、公众参与、法治保障、科技支撑的现代乡村社会治理体制，健全党组织领导下的自治、法治、德治相结合的乡村治理体系，建设充满活力、和谐有序的乡村社会。

（五）加强党对农村生态文明建设的领导

牢固树立和践行绿水青山就是金山银山的发展理念，统筹山水林田湖草沙系统治理，促进农业绿色发展，加强农村生态环境保护，改善农村人居环境，建设生态宜居美丽乡村。

（六）加强农村党的建设

坚持农村基层党组织领导地位不动摇，乡镇党委和村党组织全面领导乡镇、村的各类组织和各项工作。村党组织书记应当通过法定程序担任村民委员会主任和村级集体经济组织、合作经济组织负责人，推行村"两委"班子成员交叉任职。加强村党组织对共青团、妇联等群团组织的领导，发挥它们的积极作用。健全村党组织领导下的议事决策机制、监督机制，建立健全村务监督委员会，村级重大事项决策实行"四议两公开"。健全以财政投入为主的稳定的村级组织运转经费保障制度，持续加强基本队伍、基本活动、基本阵地、基本制度、基本保障建设。

四、党的基层组织和队伍建设

（一）组织设置

1.乡镇应当设立党的基层委员会。乡镇党委每届任期5年，由党员大会或者党员代表大会选举产生。

2.以村为基本单元设置党组织。有正式党员3人以上的村，应当成立党支部；不足3人的，可以与邻近村联合成立党支部。党员人数超过50人的村，或者党员人数虽不足50人、确因工作需要的村，可以成立党的总支部。党员人数100人以上的村，根据工作需要，经县级地方党委批准，可以成立党的基层委员会，下设若干党支部；村党的委员会受乡镇党委领导。村党的委员会、总支部委员会、支部委员会每届任期 5 年，由党员大会选举产生。党员人数 500 人以上的村党的委员会，经乡镇党委批准，可以由党员代表大会选举产生。

3. 县以上有关部门驻乡镇的单位，应当根据党员人数和工作需要成立党的基层组织。这些党组织，除党中央另有规定的以外，受乡镇党委领导。

4. 农村经济组织、社会组织具备单独成立党组织条件的，根据工作需要，可以成立党组织，一般由所在村党组织或者乡镇党委领导。在跨村跨乡镇的经济组织、社会组织中成立的党组织，由批准其成立的上级党组织或者县级党委组织部门确定隶属关系。村改社区应当同步调整或者成立党组织。村及以下成立或者撤销党组织，必须经乡镇党委或者以上党组织批准。

5. 乡镇党委一般设委员 7 至 9 名，其中书记 1 名、副书记 2 至 3 名，应当设组织委员、宣传委员，纪委书记由党委委员兼任。党委委员按照乡镇领导职务配备，应当进行合理分工，保证各项工作有人负责。村党的支部委员会一般设委员 3 至 5 名，其中书记 1 名，必要时可以设副书记 1 名；正式党员不足 7 人的支部，不设支部委员会。村党的总支部委员会一般设委员 5 至 7 名，其中书记 1 名、副书记 1 名、纪检委员 1 名。村党的委员会一般设委员 5 至 7 名，最多不超过 9 名，其中书记 1 名、副书记 1 至 2 名、纪委书记 1 名。

（二）领导班子和干部队伍建设

1. 农村基层干部应当认真学习和忠实践行习近平新时代中国特色社会主义思想，学习党的基本理论、基本路线、基本方略，学习必备知识技能。懂农业，掌握"三农"政策，熟悉农村情况，有能力、有措施、有办法解决实际问题；爱农村，扎根农村基层，安身安心安业，甘于奉献、苦干实干；爱农民，对农民群众充满感情、始终放在心上，把农民群众的利益摆在第一位，与农民群众想在一起、干在一起，不断创造美好生活。各级党组织应当注重加强农村基层干部教育培训，不断提高素质。县级党委每年至少对村党组织书记培训 1 次。

2. 加强农村基层干部队伍作风建设。坚持实事求是，不准虚假浮夸；坚持依法办事，不准违法乱纪；坚持艰苦奋斗，不准奢侈浪费；坚持说服教育，不准强迫命令；坚持廉洁奉公，不准以权谋私。坚决反对形式主义、官僚主义、享乐主义和奢靡之风。严格农村基层干部管理监督，坚决纠正损害群众利益行为，严厉整治群众身边腐败问题。

3. 乡镇党委领导班子应当由信念坚定、为民服务、勤政务实、敢于担当、清正廉洁，善于结合实际开展工作的党员干部组成。乡镇党委书记还应当具备一定的理论和政策水平，坚持依法办事，具有较强的组织协调能力、群众工作能力、处理农村复杂问题的能力，熟悉党务工作和"三农"工作，带头实干、敢抓敢管。注重从优秀村党组织书记、选调生、大学生村官、乡镇事业编制人员中选拔乡镇领导干部，从优秀村党组织书记中考录乡镇公务员、招聘乡镇事业编制人员。重视发现培养选拔优秀年轻干部、女干部和少数民族干部。

4. 村党组织领导班子应当由思想政治素质好、道德品行好、带富能力强、协调能力强，公道正派、廉洁自律，热心为群众服务的党员组成。村党组织书记还应当具备一定的政策水平，坚持依法办事，善于做群众工作，甘于奉献、敢闯敢拼。村党组织书记应当注重从本村致富能手、外出务工经商返乡人员、本乡本土大学毕业生、退役军人中的党员培养选拔。每个村应当储备村级后备力量。村党组织书记由县级党委组织部门备案管理。根据工作需要，上级党组织可以向村党组织选派第一书记。

5. 党的农村基层组织领导班子应当坚定执行党的政治路线。始终在政治立场、政治方向、政治原则、政治道路上同以习近平同志为核心的党中央保持高度一致，组织推进农村深化改革，促进各项事业发展，维护社会和谐稳定，不断增强群众获得感、幸福感、安全感。

6. 党的农村基层组织领导班子应当贯彻党的思想路线。反映情况、安排工作、决定事项必须实事求是，一切从实际出发，说实话、办实事、求实效。

7. 党的农村基层组织领导班子应当贯彻新时代党的组织路线。全面加强农村基层组织体系建设，建强战斗堡垒，把党员组织起来，把人才凝聚起来，把群众动员起来，合力推动新时代乡村全面振兴。

8. 党的农村基层组织领导班子应当贯彻党的群众路线。决定重大事项要同群众商量，布置工作任务要向群众讲清道理；经常听取群众意见，不断改进工作；关心群众生产生活，维护群众的合法权益，切实减轻群众负担。

9. 党的农村基层组织领导班子应当贯彻党的民主集中制，认真执行集体领导和个人分工负责相结合的制度。凡属重要问题，必须经过集体讨论决定，不允许个人或者少数人说了算。书记应当有民主作风，善于发挥每个委员的作用，敢于负责。委员应当积极参与和维护集体领导，主动做好分工负责的工作。

10. 乡镇党委领导班子每年至少召开 1 次民主生活会，村党组织领导班子每年至少召开 1 次组织生活会，严肃认真地开展批评和自我批评，接受党员、群众的监督。

（三）党员队伍建设

1. 党的农村基层组织应当组织党员认真学习和忠实践行习近平新时代中国特色社会主义思想，推进"两学一做"学习教育常态化制度化，认真开展党内主题教育活动，学习党的基本理论、基本路线、基本方略，学习形势政策、科学文化、市场经济、党内法规和国家法律法规等知识。县、乡两级党委应当加强农村党员教育培训，建好用好乡镇党校、党员活动室，注重运用现代信息技术开展党员教育。乡镇党委每年至少对全体党员分期分批集中培训 1 次。

2. 党的农村基层组织应当严格党的组织生活。坚持"三会一课"制度，村党组织应当以党支部为单位，每月相对固定 1 天开展主题党日，组织党员学习党的文件、上党课，开展民主议事、志愿服务等，突出党性锻炼，防止表面化、形式化。党员领导干部应当定期为基层党员讲党课。党支部应当经常开展谈心谈话。

3. 党的农村基层组织应当坚持和完善民主评议党员制度。对优秀党员，进行表彰表扬；对不合格党员，加强教育帮助，依照有关规定，分别给予限期改正、劝其退党、党内除名等组织处置。

4. 党的农村基层组织应当教育和监督党员履行义务，尊重和保障党员的各项权利。推进党务公开，使党员对党内事务有更多的了解和参与。

5. 党的农村基层组织应当加强和改进流动党员教育管理。流入地党组织应当及时将外来党员编入党的支部和小组，组织他们参加组织生活和党的活动。流出地党组织应当加强对外出党员的经常联系，可以在外出党员相对集中的地方建立流动党员党组织。流动党员每半年至少向流出地党组织汇报 1 次在外情况。

6. 党的农村基层组织应当严格执行党的纪律。经常对党员进行遵纪守法教育。党员违犯党的纪律，应当及时教育或者处理，问题严重的应当向上级党组织报告。对于受到党的纪律处分的，应当加强教育，帮助其改正错误。

7. 党的农村基层组织应当按照控制总量、优化结构、提高质量、发挥作用的总要求和有关规定，把政治标准放在首位，做好发展党员工作。注重从青年农民、农村外出务工人员中发展党员，注意吸收妇女入党。村级党组织发展党员必须经过乡镇党委审批。

8. 农村党员应当在社会主义物质文明建设和精神文明建设中发挥先锋模范作用，带头投身乡村振兴，带领群众共同致富。党的农村基层组织应当组织开展党员联系农户、党员户挂牌、承诺践诺、设岗定责等活动，给党员分配适当的社会工作和群众工作，为党员发挥作用创造条件。

五、党的农村工作的保障措施

以处理好农民和土地的关系为主线推动深化农村改革，坚持农村土地农民集体所有，坚持家庭经营基础性地位，坚持保持土地承包关系稳定并长久不变，健全符合社会主义市场经济要求的农村经济体制，把实现好、维护好、发展好广大农民的根本利益作为出发点和落脚点，调动亿万农民的积极性、主动性、创造性，不断解放和发展农村社会生产力。

推动建立"三农"财政投入稳定增长机制，加大强农惠农富农政策力度，完善农业支持保护制度，健全商业性金融、合作性金融、政策性金融相结合的农村金融服务体系，拓宽资金筹措渠道，确保"三农"投入力度不断增强、总量持续增加。

深入实施科教兴农战略，健全国家农业科技创新体系、现代农业教育体系、农业技术推广服务体系，把农业农村发展转到创新驱动发展的轨道上来。

坚持规划先行，突出乡村特色，保持乡村风貌，加强各类规划统筹管理和系统衔接，推动形成城乡融合、区域一体、多规合一的规划体系，科学有序推进乡村建设发展。

坚持法治思维，增强法治观念，健全农业农村法律体系，加强农业综合执法，保障农民合法权益，自觉运用法治方式深化农村改革、促进农村发展、维护农村稳定，提高党领导农村工作法治化水平。

六、党的农村工作的考核监督

地方各级党委和政府主要负责人、农村基层党组织书记是本地区乡村振兴工作第一责任人。上级党委和政府应当对下级党委和政府主要负责人、农村基层党组织书记履行第一责任人职责情况开展督查考核，并将考核结果作为干部选拔任用、评先奖优、问责追责的重要参考。

各省（自治区、直辖市）党委和政府每年向党中央、国务院报告乡村振兴战略实施情况，省以下各级党委和政府每年向上级党委和政府报告乡村振兴战略实施情况。

实行市县党政领导班子和领导干部推进乡村振兴战略实绩考核制度，

将抓好农村工作特别是推进乡村振兴战略实绩、巩固拓展脱贫成果作为政绩考核的重要内容，由上级党委统筹安排实施，考核结果作为对市县党政领导班子和有关领导干部综合考核评价的重要依据。

地方各级党政领导班子和主要负责人不履行或者不正确履行农村工作职责的，应当依照有关党内法规和法律法规予以问责；对农村工作履职不力、工作滞后的，上级党委应当约谈下级党委，本级党委应当约谈同级有关部门。

中央和地方党政机关各涉农部门应当认真履行贯彻落实党中央关于农村工作各项决策部署的职责，贴近基层服务农民群众，不得将部门职责转嫁给农村基层组织。不履行或者不正确履行职责的，应当依照有关党内法规和法律法规予以问责。

各级党委应当建立激励机制，鼓励干部敢于担当作为、勇于改革创新、乐于奉献为民，按照规定表彰和奖励在农村工作中作出突出贡献的集体和个人。

第三节　加强农业农村法治建设的部署和要求

党的十八大以来，以习近平同志为核心的党中央提出，"依法治国是党领导人民治理国家的基本方略，法治是治国理政的基本方式"①。依法治农是全面推进依法治国，建设中国特色社会主义法治国家的重要内容。强化农业农村法治建设，是做好新时代"三农"工作的制度保障。

2020年2月，习近平总书记在中央全面依法治国委员会第三次会议上提出，"加强法治乡村建设是实施乡村振兴战略、推进全面依法治国的基础性工作。要教育引导农村广大干部群众办事依法、遇事找法、解决

---

① 新华网：《法治是治国理政的基本方式》，2014年8月11日，见 http://www.xinhuanet.com//politics/2014-08/11/c_1112026904.htm。

问题用法、化解矛盾靠法，积极推进法治乡村建设"①。

2021 年 12 月，习近平总书记在中共十九届中央政治局第三十五次集体学习时强调，"要坚定不移走中国特色社会主义法治道路，以解决法治领域突出问题为着力点，更好推进中国特色社会主义法治体系建设，提高全面依法治国能力和水平，为全面建设社会主义现代化国家、实现第二个百年奋斗目标提供有力法治保障"②。

为推进和加强农业农村法治建设，2013 年中央"一号文件"要求加快修订土地管理法，加强农村法制宣传教育。

2014 年中央"一号文件"要求完善食品安全监管法律法规和标准体系。同年 10 月，党的十八届四中全会作出了《中共中央关于全面推进依法治国若干重大问题的决定》，要求实现立法和改革决策相衔接，做到重大改革于法有据、立法主动适应改革和经济社会发展需要，系统提出了全面推进依法治国的基本原则、工作布局和重点任务。

2015 年中央"一号文件"提出，从健全农村产权保护法律制度、健全农业市场规范运行法律制度、健全"三农"支持保护法律制度、依法保障农村改革发展、提高农村基层法治水平等方面，对加强农村法治建设进行部署和安排。

2016 年中央"一号文件"提出，贯彻落实种子法，全面推进依法治种。完善农村产权保护、农业市场规范运行、农业支持保护、农业资源环境等方面的法律法规。

2017 年中央"一号文件"要求，抓紧修订农产品质量安全法，抓紧研究制定农村集体经济组织相关法律，推动相关政策出台和法律法规

---

① 共产党员网：《推进全面依法治国，发挥法治在国家治理体系和治理能力现代化中的积极作用》，2020 年 11 月 15 日，见 https://www.12371.cn/2020/11/15/ARTI1605425287256852.shtml。

② 人民网：《坚定不移走中国特色社会主义法治道路　更好推进中国特色社会主义法治体系建设》，2021 年 12 月 8 日，见 http://jhsjk.people.cn/article/32302197。

修改。

2018 年中央"一号文件"要求，强化法律在维护农民权益、规范市场运行、农业支持保护、生态环境治理、化解农村社会矛盾等方面的权威地位；强化乡村振兴法治保障，抓紧研究制定乡村振兴法的有关工作，把行之有效的乡村振兴政策法定化，充分发挥立法在乡村振兴中的保障和推动作用。

2019 年中央"一号文件"要求，加快推进粮食安全保障立法进程；完善落实集体所有权、稳定农户承包权、放活土地经营权的法律法规和政策体系；加快修订土地管理法、物权法等法律法规；研究制定农村集体经济组织法。同年 10 月，党的十九届四中全会提出，必须坚定不移走中国特色社会主义法治道路，全面推进依法治国，坚持依法治国、依法执政、依法行政共同推进，坚持法治国家、法治政府、法治社会一体建设。要健全保证宪法全面实施的体制机制，完善立法体制机制，健全社会公平正义法治保障制度，加强对法律实施的监督。

2020 年中央"一号文件"提出，要深化农业综合行政执法改革，完善执法体系，提高执法能力。同年 5 月，农业农村部印发《农业综合行政执法事项指导目录（2020 年版）》，明确了农业综合行政执法职能，对执法事项名称、实施依据、法定实施主体等内容作出了规定。同年 11 月，中央全面依法治国工作会议召开，明确了习近平法治思想在全面依法治国工作中的指导地位，会议系统阐述了新时代全面依法治国的战略思想和工作部署，深刻回答了为什么实行、怎样实行全面依法治国等一系列重大问题，为新时代全面依法治国提供了根本遵循和行动指南。

2021 年中央"一号文件"提出，健全农房建设质量安全法律法规和监管体制，3 年内完成安全隐患排查整治；创建民主法治示范村，培育农村学法用法示范户。同年 4 月，农业农村部出台《关于全面推进农业农村法治建设的意见》，对农业农村法治建设的总体目标、主要任务、保障措施等提出明确要求。同年 4 月 29 日，第十三届全国人民代表大会常务委员会第二十八次会议通过《中华人民共和国乡村振兴促进法》，自 2021 年 6 月 1 日起施行，为全面实施乡村振兴战略、加快推动农业农村现代化提供了制度保障。

第四节　加强农业农村法治建设的制度和措施

党的十八大以来，我国立法工作坚持"立改废释"并举，在强化法治保障的过程中，农业农村法制建设不断强化，立法质量不断提高，基本形成了较为完备的农业农村法律法规体系。据不完全统计，目前我国农业农村领域共有法律 22 部、行政法规 28 部、部门规章 144 部（唐仁健，2021），以《农业法》《乡村振兴促进法》《民法典》为支柱的"三农"法律制度框架体系基本形成。有关法律内容涉及"三农"领域的方方面面，主要包括农村土地管理制度、农村基本经营制度、农业经营主体、农业生产力提升、农业农村资源管理、农业生态环境保护、农产品质量安全监管、农村人居环境建设、农村基层村民自治、农民权益保护等，实现了农业农村治理中的有法可依，为全面深化农村改革、全面推进乡村振兴、加快推进农业农村现代化提供了法治保障。

一、统领农业各方面发展的《农业法》

为了巩固和加强农业在国民经济中的基础地位，深化农村改革，发展农业生产力，推进农业现代化，维护农民和农业生产经营组织的合法权益，增加农民收入，提高农民科学文化素质，促进农业和农村经济的持续稳定健康发展，实现全面建设小康社会的目标，1993 年 7 月 2 日第八届全国人大常委会第二次会议通过《中华人民共和国农业法》。2002 年 12 月 28 日第九届全国人大常委会第三十一次会议对《农业法》进行了修订，之后，在 2009 年和 2012 年又对《农业法》进行了两次修正。修正后的《农业法》包括总则和附则在内共 13 章 99 条，主要内容涵盖农业生产经营体制、农业生产、农产品流通与加工、粮食安全、农业投入与支持保护、农业科技与农业教育、农业资源与农业环境保护、农业权益保护、农村经济发展等方面。

（一）农业生产经营体制

1.实行农村土地承包经营制度，依法保障农村土地承包关系的长期稳定，保护农民对承包土地的使用权。

2.鼓励农民在家庭承包经营的基础上自愿组成各类专业合作经济组织。

3.农民和农业生产经营组织可以自愿按照民主管理、按劳分配和按股分红相结合的原则，以资金、技术、实物等入股，依法兴办各类企业。

4.国家采取措施发展多种形式的农业产业化经营，鼓励和支持农民和农业生产经营组织发展生产、加工、销售一体化经营。

5.农民和农业生产经营组织可以按照法律、行政法规成立各种农产品行业协会，为成员提供生产、营销、信息、技术、培训等服务，发挥协调和自律作用，提出农产品贸易救济措施的申请，维护成员和行业的利益。

（二）农业生产

1.县级以上人民政府要根据国民经济和社会发展的中长期规划、农业和农村经济发展的基本目标和农业资源区划，制定农业发展规划。省级以上人民政府农业行政主管部门根据农业发展规划，采取措施发挥区域优势，促进形成合理的农业生产区域布局，指导和协调农业和农村经济结构调整。

2.引导和支持农民和农业生产经营组织结合本地实际按照市场需求，调整和优化农业生产结构，协调发展种植业、林业、畜牧业和渔业，发展优质、高产、高效益的农业，提高农产品国际竞争力。

3.各级人民政府应当采取措施，加强农业和农村基础设施建设，改善农业生产条件，保护和提高农业综合生产能力。

4.国家扶持动植物品种的选育、生产、更新和良种的推广使用，鼓励品种选育和生产、经营相结合，实施种子工程和畜禽良种工程。国务院和省、自治区、直辖市人民政府设立专项资金，用于扶持动植物良种的选育和推广工作。

5.加强农田水利设施建设，提高农业机械化以及对气象灾害的监测和预报水平。

6.建立健全农产品质量标准体系和质量检验检测监督体系，依法建立健全优质农产品认证和标志制度。

7.实行动植物防疫、检疫制度，健全动植物防疫、检疫体系，建设动物无规定疫病区，实施植物保护工程。

8.依照相关法律、行政法规的规定，对可能危害人畜安全的农业生产资料的生产经营实行登记或者许可制度，建立健全农业生产资料的安全使用制度。

（三）农产品流通与加工

1.农产品的购销实行市场调节。

2.逐步建立统一、开放、竞争、有序的农产品市场体系，制定农产品批发市场发展规划。

3.支持发展多种形式的农产品流通活动，支持发展农产品加工业和食品工业，增加农产品的附加值。建立健全农产品加工制品质量标准，加强农产品加工过程中的质量安全管理和监督，保障食品安全。

4.鼓励发展农产品进出口贸易。

（四）粮食安全

1.采取措施保护和提高粮食综合生产能力，稳步提高粮食生产水平，保障粮食安全。建立耕地保护制度，对基本农田依法实行特殊保护。

2.在政策、资金、技术等方面对粮食主产区给予重点扶持，支持粮食主产区与主销区建立稳定的购销合作关系。

3.在粮食的市场价格过低时，国务院可以决定对部分粮食品种实行保护价制度。

4. 建立粮食安全预警制度，采取措施保障粮食供给。对粮食实行中央和地方分级储备调节制度，建设仓储运输体系。

5. 建立粮食风险基金，用于支持粮食储备、稳定粮食市场和保护农民利益。提倡珍惜和节约粮食，并采取措施改善人民的食物营养结构。

（五）农业投入与支持保护

1. 建立和完善农业支持保护体系，采取措施从不同方面扶持农民和农业生产经营组织发展农业生产，提高农民的收入水平。

2. 逐步提高农业投入的总体水平。

3. 各级人民政府应当加强对国家各项农业资金分配、使用过程的监督管理，保证资金安全，提高资金的使用效率。

4. 鼓励和引导农民和农业生产经营组织增加农业生产经营性投入和小型农田水利等基本建设投入。鼓励和支持农民和农业生产经营组织在自愿的基础上依法采取多种形式，筹集农业资金。鼓励社会资金投向农业。

5. 鼓励和支持企业事业单位及其他各类经济组织开展农业信息服务。

6. 鼓励和扶持农用工业的发展。

7. 鼓励发展多种形式的农业社会化服务事业。

8. 国家建立健全农村金融体系，建立和完善农业保险制度。

9. 提高农业防御自然灾害的能力。

（六）农业科技与农业教育

1. 国务院和省级人民政府应当制定农业科技、农业教育发展规划。县级以上人民政府应当按照国家有关规定逐步增加农业科技经费和农业教育经费。鼓励和吸引企业等社会力量增加农业科技投入，鼓励农民、农业生产经营组织、企业事业单位等依法举办农业科技、教育事业。

2. 鼓励和引导农业科研、教育单位加强农业科学技术的基础研究和应用研究，传播和普及农业科学技术知识，加速科技成果转化与产业化，促进农业科学技术进步。促进国际农业科技、教育合作与交流，鼓励引进国外先进技术。

3. 扶持农业技术推广事业，促使先进的农业技术尽快应用于农业生产。

4. 农业技术推广机构应当为农民和农业生产经营组织提供无偿农业技术服务。县级以上人民政府应当根据农业生产发展需要，稳定和加强农业技术推广队伍，保障农业技术推广机构的工作经费。

5. 农业科研单位、有关学校、农民专业合作社、涉农企业、群众性科技组织及有关科技人员应当提高服务水平，保证服务质量。

6. 建立农业专业技术人员继续教育制度。在农村依法实施义务教育，并保障义务教育经费。发展农业职业教育。

7. 鼓励农民采用先进的农业技术，支持农民举办各种科技组织，开展农业实用技术培训、农民绿色证书培训和其他就业培训，提高农民的文化技术素质。

（七）农业资源与农业环境保护

1. 发展农业和农村经济必须合理利用和保护自然资源，合理开发和利用可再生能源和清洁能源，发展生态农业，保护和改善生态环境。

2. 农民和农业生产经营组织应当保养耕地，县级以上人民政府农业行政主管部门应当采取措施，支持农民和农业生产经营组织加强耕地质量建设，并对耕地质量进行定期监测。

3. 各级人民政府应当采取措施，加强小流域综合治理，预防和治理水土流失、土地沙化。

4. 实行全民义务植树制度。加强草原的保护、建设和管理。禁止毁林毁草开垦、烧山开垦以及开垦国家禁止开垦的陡坡地，禁止围湖造田以及围垦国家禁止围垦的湿地。依法执行捕捞限额和禁渔、休渔制度。

5. 建立与农业生产有关的生物物种资源保护制度。

6. 各级农业行政主管部门应当引导农民和农业生产经营组织采取生物措施或者使用高效低毒低残留农药、兽药，防治动植物病、虫、杂草、鼠害。农产品采收后的秸秆及其他剩余物质应当综合利用，妥善处理。从事畜禽等动物规模养殖的单位和个人应当对粪便、废水及其他废弃物进行无害化处理或者综合利用，从事水产养殖的单位和个人应当合理投饵、施肥、使用药物。督促有关单位进行治理，防治废水、废气和固体废弃物对农业生态环境的污染。

（八）农民权益保护

1. 任何机关或者单位向农民或者农业生产经营组织收取行政、事业性费用必须依据法律、法规的规定，对农民或者农业生产经营组织进行罚款处罚必须依据法律、法规、规章的规定。任何机关或者单位不得以任何方式向农民或者农业生产经营组织进行摊派，不得以任何方式向农民或者农业生产经营组织集资，不得在农村进行任何形式的达标、升级、验收活动。

2. 农民和农业生产经营组织依照法律、行政法规的规定承担纳税义务。税务机关及代扣、代收税款的单位应当依法征税，不得违法摊派税款及以其他违法方法征税。

3. 农村义务教育除按国务院规定收取的费用外，不得向农民和学生收取其他费用。禁止任何机关或者单位通过农村中小学校向农民收费。

4. 国家依法征收农民集体所有的土地，应当保护农民和农村集体经济组织的合法权益，依法给予农民和农村集体经济组织征地补偿。

5. 各级人民政府、农村集体经济组织或者村民委员会，不得侵犯农民的土地承包经营权，不得干涉农民自主安排的生产经营项目，不得强迫农民购买指定的生产资料或者按指定的渠道销售农产品。

6. 农村集体经济组织或者村民委员会为发展生产或者兴办公益事业，需要经成员（村民）会议或者成员（村民）代表会议过半数通过。依照规定筹资筹劳的，不得超过省级以上人民政府规定的上限控制标准，禁止强行以资代劳。农村集体经济组织和村民委员会对涉及农民利益的重要事项，应当向农民公开，并定期公布财务账目，接受农民的监督。

7. 任何单位和个人向农民或者农业生产经营组织提供生产、技术、信息、文化、保险等有偿服务，必须坚持自愿原则。

8.农产品收购单位在收购农产品时，不得压级压价，不得在支付的价款中扣缴任何费用。农业生产资料使用者因生产资料质量问题遭受损失的，出售该生产资料的经营者应当予以赔偿。

9.农业生产主体有向各级人民政府及其有关部门反映情况和提出合法要求的权利，人民政府及其有关部门对提出的合理要求，应当按照国家规定及时给予答复。违反法律规定，侵犯农民权益的，农民或者农业生产经营组织可以依法申请行政复议或者向人民法院提起诉讼，有关人民政府及其有关部门或者人民法院应当依法受理。

（九）农村经济发展

1.坚持城乡协调发展的方针，扶持农村第二、第三产业发展，调整和优化农村经济结构。各级人民政府应当采取措施，发展乡镇企业，支持农业的发展，转移富余的农业劳动力。完善乡镇企业发展的支持措施，引导乡镇企业优化结构，更新技术，提高素质。

2.县级以上地方人民政府应当有重点地推进农村小城镇建设。注重运用市场机制，完善相应政策，吸引农民和社会资金投资小城镇开发建设，发展第二、第三产业，引导乡镇企业相对集中发展。

3.国家采取措施引导农村富余劳动力在城乡、地区间合理有序流动。地方各级人民政府依法保护进入城镇就业的农村劳动力的合法权益，不得设置不合理限制，已经设置的应当取消。

4.逐步完善农村社会救济制度。鼓励、支持农民巩固和发展农村合作医疗和其他医疗保障形式，提高农民健康水平。

5.扶持贫困地区改善经济发展条件，帮助进行经济开发。省级人民政府根据国家关于扶持贫困地区的总体目标和要求，制定扶贫开发规划，并组织实施。中央和省级财政应当把扶贫开发投入列入年度财政预算，并逐年增加，加大对贫困地区的财政转移支付和建设资金投入。鼓励和扶持金融机构、其他企业事业单位和个人投入资金支持贫困地区开发建设。

二、涉及"三农"不同领域的专门法律

（一）规范农村土地管理制度的《土地管理法》

为了加强土地管理，维护土地的社会主义公有制，保护、开发土地资源，合理利用土地，切实保护耕地，促进社会经济的可持续发展，1986 年 6 月 25 日第六届全国人大常委会第十六次会议通过《中华人民共和国土地管理法》，并自 1987 年 1 月 1 日起施行。1988 年 12 月，第七届全国人民代表大会常务委员会第五次会议对《土地管理法》进行第一次修正；1998 年 8 月，第九届全国人民代表大会常务委员会第四次会议进行了修订；2004 年 8 月第十届全国人民代表大会常务委员会第十一次会议和 2019 年 8 月第十三届全国人民代表大会常务委员会第十二次会议对《土地管理法》进行了两次修正。主要内容包括土地的所有权和使用权、土地利用总体规划、耕地保护、建设用地等方面。

（二）规范农村基本经营制度的《土地承包法》

为了巩固和完善以家庭承包经营为基础、统分结合的双层经营体制，保持农村土地承包关系稳定并长久不变，维护农村土地承包经营当事人的合法权益，促进农业、农村经济发展和农村社会和谐稳定，2002 年 8 月 29 日第九届全国人大常委会第二十九次会议通过《中华人民共和国农村土地承包法》。自施行以来，《土地承包法》分别在 2009 年 8 月和 2018 年 12 月进行了修正。主要内容包括家庭承包、其他方式的承包方式、争议的解决和法律责任等方面，其中，重点内容为家庭承包中的五小节，第一节为发包方和承包方的权利和义务，第二节为承包的原则和程序，第三节为承包期限和承包合同，第四节为土地承包经营权的保护和互换、转让，第五节为土地经营权。

（三）规范农业经营主体行为的《农民专业合作社法》

为了规范农民专业合作社的组织和行为，鼓励、支持、引导农民专业合作社的发展，保护农民专业合作社及其成员的合法权益，推进农业农村现代化，2006 年 10 月 31 日第十届全国人大常委会第二十四次会议

通过《中华人民共和国农民专业合作社法》。2017 年 12 月，第十二届全国人大常委会第三十一次会议对《农民专业合作社法》进行了第一次修订。主要内容包括设立和登记、成员、组织机构、财务管理、农民专业合作社联合社等内容。

（四）规范提升农业生产力发展的《农业技术推广法》

为了加强农业技术推广工作，促使农业科研成果和实用技术尽快应用于农业生产，增强科技支撑保障能力，促进农业和农村经济可持续发展，实现农业现代化，1993 年 7 月 2 日第八届全国人大常委会第二次会议通过《中华人民共和国农业技术推广法》。2012 年 8 月，第十一届全国人大常委会第二十八次会议对《农业技术推广法》进行了修正。主要内容包括农业技术推广体系、农业技术的推广与应用、农业技术推广的保障措施等方面。

（五）规范种子选育和生产经营行为的《种子法》

为了保护和合理利用种质资源，规范品种选育和种子生产、经营、使用行为，维护品种选育者和种子生产者、经营者、使用者的合法权益，提高种子质量水平，推动种子产业化，促进种植业和林业的发展，2000 年 7 月 8 日第九届全国人大常委会第十六次会议通过《中华人民共和国种子法》，2004 年 8 月 28 日第十届全国人大常委会第十一次会议对《种子法》进行第一次修正，2013 年 6 月 29 日第十二届全国人大常委会第三次会议进行第二次修正。主要内容包括种质资源保护、品种选育与审定、种子生产、种子经营、种子使用、种子质量、种子进出口和对外合作、种子行政管理、法律责任等方面。

（六）规范农业农村资源开发管理的《草原法》

为了保护、建设和合理利用草原，改善生态环境，维护生物多样性，发展现代畜牧业，促进经济和社会的可持续发展，1985 年 6 月 18 日第六届全国人大常委会第十一次会议通过《中华人民共和国草原法》。自施行以来，《中华人民共和国草原法》在 2002 年 12 月 28 日第九届全国人大常委会第三十一次会议上进行了一次修订；在 2009 年 8 月 27 日第十一届全国人大常委会第十次会议和 2013 年 6 月 29 日第十二届全国人大常委会第三次会议上进行了两次修正；在 2021 年 4 月 29 日第十三届全国人大常委会第二十八次会议上进了修改。最新修改的《草原法》共 9 章 75 条，重点内容涵盖草原权属、规划、建设、利用、保护等方面。

（七）规范农业生态环境保护的《水污染防治法》

为了保护和改善环境，防治水污染，保护水生态，保障饮用水安全，维护公众健康，推进生态文明建设，促进经济社会可持续发展，1984 年 5 月 11 日第六届全国人大常委会第五次会议通过《中华人民共和国水污染防治法》。自实施以来，1996 年 5 月 15 日第八届全国人大常委会第十九次会议进行了第一次修正，2008 年 2 月 28 日第十届全国人大常委会第三十二次会议进行了修订，2017 年 6 月 27 日第十二届全国人大常委会第二十八次会议进行了第二次修正。现行的《水污染防治法》包括总则和附则在内共 8 章 103 条，主要内容包括水污染防治的标准和规划、水污染防治的监督管理、水污染防治措施、饮用水水源和其他特殊水体保护、水污染事故处置等。

（八）规范农产品质量安全监管的《农产品质量安全法》

为保障农产品质量安全，维护公众健康，促进农业和农村经济发展，第十届全国人大常委会第二十一次会议于 2006 年 4 月 29 日通过了《中华人民共和国农产品质量安全法》。2018 年 10 月 26 日第十三届全国人大常委会第六次会议对《农产品质量安全法》进行了修正。目前施行的《农产品质量安全法》包括总则和附则在内共 8 章 56 条，内容涵盖了农产品质量安全标准、农产品产地、农产品生产、农产品包装和标识等内容。

（九）规范农村人居环境建设的《城乡规划法》

为了加强城乡规划管理，协调城乡空间布局，改善人居环境，促进城乡经济社会全面协调可持续发展，2007 年 10 月 28 日，第十届全国人大常委会第三十次会议通过了《中华人民共和国城乡规划法》。2015 年

4月24日第十二届全国人大常委会第十四次会议和2019年4月23日第十三届全国人大常委会第十次会议分别对《城乡规划法》进行了修正。目前施行的《城乡规划法》包括总则和附则在内共7章70条，与规范农村人居环境建设相关的内容主要集中于城乡规划的制定和城乡规划的实施两个章节。

（十）规范农村村民自治的《村民委员会组织法》

为了保障农村村民实行自治，由村民群众依法办理自己的事情，发展农村基层民主，促进农村社会主义物质文明和精神文明建设，1998年11月4日，第九届全国人大常委会第五次会议修订通过《中华人民共和国村民委员会组织法》，2010年10月28日第十一届全国人大常委会第十七次会议和2018年12月29日第十三届全国人大常委会第七次会议分别对《村民委员会组织法》进行了修订和修正。现行有效的《村民委员会组织法》包括总则和附则在内共6章41条，主要内容包括村民委员会的组成和职责、村民委员会的选举、村民会议和村民代表会议、民主管理和民主监督等方面。

三、统筹乡村发展和建设的《乡村振兴促进法》

根据2018年中央"一号文件"的要求，全国人大农业与农村委员会牵头起草了《中华人民共和国乡村振兴促进法（草案）》。2020年6月，第十三届全国人大常委会第十九次会议对《中华人民共和国乡村振兴促进法（草案）》进行了审议。2021年4月29日，第十三届全国人大常委会第二十八次会议通过了《中华人民共和国乡村振兴促进法》，自2021年6月1日起施行。《乡村振兴促进法》的目的是全面实施乡村振兴战略，促进农业全面升级、农村全面进步、农民全面发展，加快农业农村现代化，全面建设社会主义现代化国家，共有10章74条，主要内容围绕产业发展、人才支撑、文化繁荣、生态保护、组织建设、城乡融合、扶持措施、监督检查等方面展开。

（一）产业发展

1. 完善农村集体产权制度，增强农村集体所有制经济发展活力，促进集体资产保值增值，确保农民受益。

2. 采取措施优化农业生产力布局，推进农业结构调整，发展优势特色产业，保障粮食和重要农产品有效供给和质量安全，推动品种培优、品质提升、品牌打造和标准化生产，推动农业对外开放，提高农业质量、效益和竞争力。

3. 建立农用地分类管理制度，严格保护耕地。实行永久基本农田保护制度，建设粮食生产功能区、重要农产品生产保护区，建设并保护高标准农田。推进农村土地整理和农用地科学安全利用，加强农田水利等基础设施建设，改善农业生产条件。

4. 加强农业种质资源保护利用和种质资源库建设，鼓励种业科技成果转化和优良品种推广，促进种业高质量发展。

5. 采取措施加强农业科技创新，培育创新主体，构建以企业为主体、产学研协同的创新机制，强化高等学校、科研机构、农业企业创新能力，建立创新平台，加强研发和农业知识产权保护，建设现代农业产业技术体系。

6. 加强农业技术推广体系建设，促进建立有利于农业科技成果转化推广的激励机制和利益分享机制，鼓励企业、高等学校、职业学校、科研机构、科学技术社会团体、农民专业合作社、农业专业化社会化服务组织、农业科技人员等创新推广方式，开展农业技术推广服务。鼓励农业机械生产研发和推广应用，促进机械化生产与农田建设相适应、服务模式与农业适度规模经营相适应。加强农业信息监测预警和综合服务，推进农业生产经营信息化。

7. 各级人民政府应当发挥农村资源和生态优势，支持乡村新产业新业态的发展；引导新型经营主体通过特色化、专业化经营，合理配置生产要素，促进乡村产业深度融合。支持特色农产品优势区、现代农业产业园、农业科技园、农村创业园、休闲农业和乡村旅游重点村镇等的建设。加强农产品流通骨干网络和冷链物流体系建设。鼓励企业获得国际通行的农产品认证，增强乡村产业竞争力。

8. 完善扶持政策，加强指导服务，支持农民、返乡入乡人员在乡村创业创新，促进乡村产业发展和农民就业。建立健全有利于农民收入稳定增长的机制，鼓励支持农民拓宽增收渠道，促进农民增加收入。

9. 深化供销合作社综合改革，鼓励供销合作社加强与农民利益联结，完善市场运作机制，强化为农服务功能，发挥其为农服务综合性合作经济组织的作用。

（二）人才支撑

1. 健全乡村人才工作体制机制，采取措施鼓励和支持社会各方面提供教育培训、技术支持、创业指导等服务，培养本土人才，引导城市人才下乡，推动专业人才服务乡村，促进农业农村人才队伍建设。

2. 各级人民政府应当加强农村教育工作统筹和乡村医疗卫生队伍建设，采取措施培育农业科技人才、经营管理人才、法律服务人才、社会工作人才，加强乡村文化人才队伍建设，培育乡村文化骨干力量。

3. 各级人民政府应当采取措施，加强职业教育和继续教育，组织开展农业技能培训、返乡创业就业培训和职业技能培训，培养有文化、懂技术、善经营、会管理的高素质农民和农村实用人才、创新创业带头人。

4. 鼓励城市人才向乡村流动，建立健全城乡、区域、校地之间人才培养合作与交流机制。县级以上人民政府及其教育行政部门应当指导、支持高等学校、职业学校设置涉农相关专业，加大农村专业人才培养力度，鼓励高等学校、职业学校毕业生到农村就业创业。

（三）文化繁荣

1. 各级人民政府应当组织开展新时代文明实践活动，加强农村精神文明建设，不断提高乡村社会文明程度。应当采取措施丰富农民文化体育生活，倡导科学健康的生产生活方式，发挥村规民约积极作用，普及科学知识，推进移风易俗，破除大操大办、铺张浪费等陈规陋习，提倡孝老爱亲、勤俭节约、诚实守信，促进男女平等，创建文明村镇、文明家庭，培育文明乡风、良好家风、淳朴民风，建设文明乡村。

2. 各级人民政府应当健全完善乡村公共文化体育设施网络和服务运行机制，鼓励开展形式多样的农民群众性文化体育、节日民俗等活动，充分利用广播电视、视听网络和书籍报刊，拓展乡村文化服务渠道，提供便利可及的公共文化服务。

3. 各级人民政府应当采取措施保护农业文化遗产和非物质文化遗产，挖掘优秀农业文化深厚内涵，弘扬红色文化，传承和发展优秀传统文化。

4. 县级以上地方人民政府应当坚持规划引导、典型示范，有计划地建设特色鲜明、优势突出的农业文化展示区、文化产业特色村落，发展乡村特色文化体育产业，推动乡村地区传统工艺振兴，积极推动智慧广电乡村建设，活跃繁荣农村文化市场。

（四）生态保护

1. 健全重要生态系统保护制度和生态保护补偿机制，实施重要生态系统保护和修复工程，加强乡村生态保护和环境治理，绿化美化乡村环境，建设美丽乡村。

2. 鼓励和支持农业生产者采用节水、节肥、节药、节能等先进的种植养殖技术，推动种养结合、农业资源综合开发，优先发展生态循环农业。

3. 各级人民政府应当实施国土综合整治和生态修复，加强森林、草原、湿地等保护修复，开展荒漠化、石漠化、水土流失综合治理，改善乡村生态环境。

4. 各级人民政府应当建立共建共管共享机制，综合整治农村水系，因地制宜推广卫生厕所和简便易行的垃圾分类，治理农村垃圾和污水，加强乡村无障碍设施建设，鼓励和支持使用清洁能源、可再生能源，持续改善农村人居环境。

5. 对农业投入品实行严格管理，对剧毒、高毒、高残留的农药、兽药采取禁用限用措施。

6. 实行耕地养护、修复、休耕和草原森林河流湖泊休养生息制度。地方各级人民政府及其有关部门应当采取措施，推进农业投入品包装废弃物回收处理，推进农作物秸秆、畜禽粪污的资源化利用，严格控制河流湖库、近岸海域投饵网箱养殖。

（五）组织建设

1. 建立健全党委领导、政府负责、民主协商、社会协同、公众参与、法治保障、科技支撑的现代乡村社会治理体制和自治、法治、德治相结合的乡村社会治理体系，建设充满活力、和谐有序的善治乡村。

2. 建立健全农业农村工作干部队伍的培养、配备、使用、管理机制，选拔优秀干部充实到农业农村工作干部队伍，采取措施提高农业农村工作干部队伍的能力和水平，落实农村基层干部相关待遇保障，建设懂农业、爱农村、爱农民的农业农村工作干部队伍。

3. 地方各级人民政府应当构建简约高效的基层管理体制。引导和支持农村集体经济组织发挥依法管理集体资产、合理开发集体资源、服务集体成员等方面的作用。加强基层执法队伍建设，鼓励乡镇人民政府根据需要设立法律顾问和公职律师。健全农村社会治安防控体系，加强农村警务工作，推动平安乡村建设。健全农村公共安全体系，强化农村安全管理责任。

（六）城乡融合

1. 各级人民政府应当协同推进乡村振兴战略和新型城镇化战略的实施，整体筹划城镇和乡村发展，科学有序统筹安排生态、农业、城镇等功能空间，优化城乡产业发展、基础设施、公共服务设施等布局，逐步健全全民覆盖、普惠共享、城乡一体的基本公共服务体系，加快县域城乡融合发展。

2. 县级人民政府和乡镇人民政府应当优化本行政区域内乡村发展布局，按照尊重农民意愿、方便群众生产生活、保持乡村功能和特色的原则，因地制宜安排村庄布局，依法编制村庄规划，分类有序推进村庄建设，严格规范村庄撤并。

3. 县级以上地方人民政府应当统筹规划、建设、管护城乡道路以及垃圾污水处理、供水供电供气、物流、客运、信息通信、广播电视、消防、防灾减灾等公共基础设施和新型基础设施，推动城乡基础设施互联互通。

4. 发展农村社会事业，促进公共教育、医疗卫生、社会保障等资源向农村倾斜，提升乡村基本公共服务水平，推进城乡基本公共服务均等化。健全乡村便民服务体系，提升乡村公共服务数字化智能化水平，支持完善村级综合服务设施和综合信息平台，培育服务机构和服务类社会组织，完善服务运行机制。

5. 完善城乡统筹的社会保障制度，建立健全保障机制，支持乡村提高社会保障管理服务水平。建立健全城乡居民基本养老保险待遇确定和基础养老金标准正常调整机制。

6. 推动形成平等竞争、规范有序、城乡统一的人力资源市场，健全城乡均等的公共就业创业服务制度。

7. 县级以上人民政府应当采取措施促进城乡产业协同发展，在保障农民主体地位的基础上健全联农带农激励机制，实现乡村经济多元化和农业全产业链发展。鼓励农民进城务工，全面落实城乡劳动者平等就业、同工同酬，依法保障农民工工资支付和社会保障权益。

（七）扶持措施

1. 国家建立健全农业支持保护体系和实施乡村振兴战略财政投入保障制度。县级以上人民政府应当优先保障用于乡村振兴的财政投入，确保投入力度不断增强、总量持续增加、与乡村振兴目标任务相适应。省、自治区、直辖市人民政府可以依法发行政府债券，用于现代农业设施建设和乡村建设。各级人民政府应当完善涉农资金统筹整合长效机制，强化财政资金监督管理，全面实施预算绩效管理，提高财政资金使用效益。

2. 建立农村低收入人口、欠发达地区帮扶长效机制，建立健全易返贫致贫人口动态监测预警和帮扶机制。国家加大对革命老区、民族地区、边疆地区实施乡村振兴战略的支持力度。

3. 国家按照增加总量、优化存量、提高效能的原则，构建以高质量绿色发展为导向的新型农业补贴政策体系。

4. 各级人民政府应按照国家有关规定调整完善土地使用权出让收入使用范围，提高农业农村投入比例。县级以上人民政府设立的相关专项资金、基金应当按照规定加强对乡村振兴的支持。国家支持以市场化方式设立乡村振兴基金，重点支持乡村产业发展和公共基础设施建设。县级以上地方人民政府应当优化乡村营商环境，鼓励创新投融资方式，引导社会资本投向乡村。

5. 完善政府性融资担保机制，依法完善乡村资产抵押担保权能，改进、加强乡村振兴的金融支持和服务。健全多层次资本市场，多渠道推动涉农企业股权融资，发展并规范债券市场，促进涉农企业利用多种方式融资；丰富农产品期货品种，发挥期货市场价格发现和风险分散功能。建立健全多层次、广覆盖、可持续的农村金融服务体系，完善金融支持乡村振兴考核评估机制，促进农村普惠金融发展，鼓励金融机构依法将更多资源配置到乡村发展的重点领域和薄弱环节。政策性金融机构应当在业务范围内为乡村振兴提供信贷支持和其他金融服务。商业银行应当结合自身职能定位和业务优势，创新金融产品和服务模式，扩大基础金融服务覆盖面，增加对农民和农业经营主体的信贷规模。农村中小金融机构应当主要为本地农业农村农民服务，当年新增可贷资金主要用于当地农业农村发展。

6. 建立健全多层次农业保险体系，完善政策性农业保险制度，鼓励商业性保险公司开展农业保险业务，支持农民和农业经营主体依法开展互助合作保险。

7. 县级以上地方人民政府应当推进节约集约用地，保障乡村产业用地。经国土空间规划确定为工业、商业等经营性用途并依法登记的集体经营性建设用地，土地所有权人可以依法通过出让、出租等方式交由单位或者个人使用，优先用于发展集体所有制经济和乡村产业。

（八）监督检查

1. 国家实行乡村振兴战略实施目标责任制和考核评价制度。

2. 国务院和省级人民政府有关部门建立反映乡村振兴进展的指标和统计体系。

3. 县级以上各级人民政府应当向本级人民代表大会或者其常务委员会报告乡村振兴促进工作情况，地方各级人民政府应当每年向上一级人民政府报告乡村振兴促进工作情况。

4. 县级以上人民政府发展改革、财政、农业农村、审计等部门按照各自职责对农业农村投入优先保障机制落实情况、乡村振兴资金使用情况和绩效等实施监督。

5. 各级人民政府及其有关部门在乡村振兴促进工作中不履行或者不正确履行职责的，依照法律法规和国家有关规定追究责任，对直接负责的主管人员和其他直接责任人员依法给予处分。

四、保障农民各项权益的《民法典》

2020年5月28日，第十三届全国人大三次会议通过《中华人民共和国民法典》，自2021年1月1日起施行。《民法典》共7编、1260条，分别为总则编、物权编、合同编、人格权编、婚姻家庭编、继承编、侵权责任编以及附则，涉及"三农"领域的内容包括农村承包经营户、农村集体所有权、土地承包经营权和宅基地使用权等方面。

（一）关于农村承包经营户

《民法典》第一编第二章第四节中第五十五条和第五十六条规定，农村集体经济组织的成员，依法取得农村土地承包经营权，从事家庭承包经营的，为农村承包经营户。农村承包经营户的债务，以从事农村土地承包经营的农户财产承担；事实上由农户部分成员经营的，以该部分成员的财产承担。

（二）关于农村集体所有权

《民法典》第二编第二分编第五章中第二百六十条、第二百六十一条、第二百六十二条、第二百六十四条和第二百六十五条规定：

1. 集体所有的不动产和动产包括：法律规定属于集体所有的土地和森林、山岭、草原、荒地、滩涂；集体所有的建筑物、生产设施、农田水利设施；集体所有的教育、科学、文化、卫生、体育等设施；集体所有的其他不动产和动产。

2. 农民集体所有的不动产和动产，属于本集体成员集体所有。下列事项应当依照法定程序经本集体成员决定：土地承包方案以及将土地发包给本集体以外的组织或者个人承包；个别土地承包经营权人之间承包地的调整；土地补偿费等费用的使用、分配办法；集体出资的企业的所有权变动等事项；法律规定的其他事项。

3. 对于集体所有的土地和森林、山岭、草原、荒地、滩涂等，依照下列规定行使所有权：属于村农民集体所有的，由村集体经济组织或者村民委员会依法代表集体行使所有权；分别属于村内两个以上农民集体所有的，由村内各该集体经济组织或者村民小组依法代表集体行使所有权；属于乡镇农民集体所有的，由乡镇集体经济组织代表集体行使所有权。

4. 农村集体经济组织或者村民委员会、村民小组应当依照法律、行政法规以及章程、村规民约向本集体成员公布集体财产的状况。集体成员有权查阅、复制相关资料。

5. 集体所有的财产受法律保护，禁止任何组织或者个人侵占、哄抢、私分、破坏。农村集体经济组织、村民委员会或者其负责人作出的决定侵害集体成员合法权益的，受侵害的集体成员可以请求人民法院予以撤销。

（三）关于土地承包经营权

《民法典》第二编第三分编第十一章规定：

1. 农村集体经济组织实行家庭承包经营为基础、统分结合的双层经营体制。农民集体所有和国家所有由农民集体使用的耕地、林地、草地以及其他用于农业的土地，依法实行土地承包经营制度。

2. 土地承包经营权人依法对其承包经营的耕地、林地、草地等享有占有、使用和收益的权利，有权从事种植业、林业、畜牧业等农业生产。

3. 耕地的承包期为三十年。草地的承包期为三十年至五十年。林地的承包期为三十年至七十年。前款规定的承包期限届满，由土地承包经营权人依照农村土地承包的法律规定继续承包。

4. 土地承包经营权自土地承包经营权合同生效时设立。登记机构应当向土地承包经营权人发放土地承包经营权证、林权证等证书，并登记造册，确认土地承包经营权。

5. 土地承包经营权人依照法律规定，有权将土地承包经营权互换、转让。未经依法批准，不得将承包地用于非农建设。

6. 土地承包经营权互换、转让的，当事人可以向登记机构申请登记；未经登记，不得对抗善意第三人。

7. 承包期内发包人不得调整承包地。因自然灾害严重毁损承包地等特殊情形，需要适当调整承包的耕地和草地的，应当依照农村土地承包的法律规定办理。

8. 承包期内发包人不得收回承包地。法律另有规定的，依照其规定。

9. 承包地被征收的，土地承包经营权人有权依据本法第二百四十三条的规定获得相应补偿。

10. 土地承包经营权人可以自主决定依法采取出租、入股或者其他方式向他人流转土地经营权。

11. 土地经营权人有权在合同约定的期限内占有农村土地，自主开展农业生产经营并取得收益。

12. 流转期限为五年以上的土地经营权，自流转合同生效时设立。当事人可以向登记机构申请土地经营权登记；未经登记，不得对抗善意第三人。

13.通过招标、拍卖、公开协商等方式承包农村土地，经依法登记取得权属证书的，可以依法采取出租、入股、抵押或者其他方式流转土地经营权。

14.国家所有的农用地实行承包经营的，参照适用本编的有关规定。

（四）关于宅基地使用权

《民法典》第二编第三分编第十三章规定：

1.宅基地使用权人依法对集体所有的土地享有占有和使用的权利，有权依法利用该土地建造住宅及其附属设施。

2.宅基地使用权的取得、行使和转让，适用土地管理的法律和国家有关规定。

3.宅基地因自然灾害等原因灭失的，宅基地使用权消灭。对失去宅基地的村民，应当依法重新分配宅基地。

4.已经登记的宅基地使用权转让或者消灭的，应当及时办理变更登记或者注销登记。

五、加强农业农村执法体系建设

为扎实推进农业综合行政执法改革，统筹配置行政执法职能和执法资源，切实解决多头多层重复执法问题，严格规范公正文明执法，2020年5月，国务院办公厅印发《关于农业综合行政执法有关事项的通知》，要求落实统一实行农业执法要求、明确农业综合行政执法职能。同月，农业农村部印发《农业综合行政执法事项指导目录》（以下简称《指导目录》）。《指导目录》主要梳理规范农业领域依据法律、行政法规设定的行政处罚和行政强制事项，以及部门规章设定的警告、罚款的行政处罚事项，并将按程序进行动态调整。各省、自治区、直辖市可根据法律、行政法规、部门规章立改废释和地方立法等情况，进行补充、细化和完善，建立动态调整和长效管理机制。有关事项和目录按程序审核确认后，要在政府门户网站等载体上以适当方式公开，并接受社会监督。

切实加强对农业领域行政处罚和行政强制事项的源头治理。凡没有法律法规规章依据的执法事项一律取消。需要保留或新增的执法事项，要依法逐条逐项进行合法性、合理性和必要性审查。虽有法定依据但长期未发生且无实施必要的、交叉重复的执法事项，要大力清理，及时提出取消或调整的意见建议。需修改法律法规规章的，要按程序先修法再调整《指导目录》，先立后破，有序推进。

对列入《指导目录》的行政执法事项，要按照减少执法层级、推动执法力量下沉的要求，区分不同事项和不同管理体制，结合实际明晰第一责任主体，把查处违法行为的责任压实。坚持有权必有责、有责要担当、失责必追究，逐一厘清与行政执法权相对应的责任事项，明确责任主体、问责依据、追责情形和免责事由，健全问责机制。严禁以属地管理为名将执法责任转嫁给基层。对不按要求履职尽责的单位和个人，依纪依法追究责任。

按照公开透明高效原则和履职需要，编制统一的农业综合行政执法工作规程和操作手册，明确执法事项的工作程序、履职要求、办理时限、行为规范等，消除行政执法中的模糊条款，压减自由裁量权，促进同一事项相同情形同标准处罚、无差别执法。将农业综合行政执法事项纳入地方综合行政执法指挥调度平台统一管理，积极推行"互联网＋统一指挥＋综合执法"，加强部门联动和协调配合，逐步实现行政执法行为、环节、结果等全过程网上留痕，强化对行政执法权运行的监督。

按照突出重点、务求实效原则，聚焦农业领域与市场主体、群众关系最密切的行政执法事项，着力解决反映强烈的突出问题，让市场主体、群众切实感受到改革成果。制定简明易懂的行政执法履职要求和相应的问责办法，加强宣传，让市场主体、群众看得懂、用得上，方便查询、使用和监督。结合形势任务和执法特点，探索形成可量化的综合行政执法履职评估办法，作为统筹使用和优化配置编制资源的重要依据。畅通投诉受理、跟踪查询、结果反馈渠道，鼓励支持市场主体、群众和社会组织、新闻媒体对行政执法行为进行监督。

各地区、各部门要高度重视深化农业综合行政执法改革，全面落实清权、减权、制权、晒权等改革要求，统筹推进机构改革、职能转变和作风建设。要切实加强组织领导，落实工作责任，明确时间节点和要求，做细做实各项工作，确保改革举措落地生效。农业农村部要强化对地方农业农村部门的业务指导，推动完善执法程序、严格执法责任，加强执法监督，不断提高农业综合行政执法效能和依法行政水平。中央编办要会同司法部加强统筹协调和指导把关。

党的十八大以来，我国农业执法监管能力不断提升。截至 2022 年 3 月，我国农业综合行政执法队伍在岗人数超过 8.6 万人；全国累计出动农业综合行政执法人员 445.28 万人次，查办各类违法案件 10.46 万件，罚款 6.14 亿元，没收违法所得及违法财物 2.02 亿元，吊销许可证照 448 个，为农民群众挽回经济损失 3.43 亿元，向司法机关移送案件 2992 件。[①]

---

① 农业农村部：《农业农村部 2021 年度法治政府建设情况报告》，2022 年 3 月 29 日，见 http://www.moa.gov.cn/govpublic/CYZCFGS/202203/t20220329_6394554.htm。

参考文献

1.戴孝悌：《中国农业产业空间布局现状、问题与对策分析》，《农业经济》2013 年第 12 期。

2.高世楫、王海芹、李维明：《改革开放 40 年生态文明体制改革历程与取向观察》，《改革》2018 年第 8 期。

3.韩俊、宋洪远：《新中国 70 年农村发展与制度变迁》，人民出版社 2019 年版。

4.华中农业大学乡村振兴研究院：《为乡村振兴提供制度保障和政策支撑》，中国农业出版社 2021 年版。

5.黄祖辉：《乡村振兴战略中的适度规模经营问题》，《中国合作经济》2017 年第 10 期。

6.姜长云、李俊茹、王一杰、赵炜科：《近年来我国农民收入增长的特点、问题与未来选择》，《南京农业大学学报（社会科学版）》2021 年第 3 期。

7.刘奇：《乡村振兴的本质是小农户的振兴》，《中国发展观察》2018 年第 19 期。

8.刘涛：《农村集体经营性资产法律制度研究》，《农业经济》2021 年第 1 期。

9.刘同山、陈晓萱：《农村集体产权制度改革：总体目标、阶段进展与后续挑战》，《中州学刊》2020 年第 11 期。

10.祁春节：《农业供给侧结构性改革：理论逻辑和决策思路》，《华中农业大学学报（社会科学版）》2018 年第 4 期。

11.宋洪远、高强：《农村集体产权制度改革轨迹及其困境摆脱》，《改革》2015 年第 2 期。

12.宋洪远、张益、江帆：《中国共产党一百年来的"三农"政策实践》，《中国农村经济》2021 年第 7 期。

13.宋洪远：《转型的动力——中国农业供给侧结构性改革》，广东经济出版社 2019 年版。

14.谭洪业、杜志雄、郜亮亮：《粮食收储制度改革对家庭农场保费支出的影响》，《西北农林科技大学学报（社会科学版）》2020 年第 6 期。

15.唐红祥：《提升现代特色农业问题研究——以广西为例》，《学术论坛》2016 年第 4 期。

16.唐仁健：《中国共产党农史纲要》，中国农业出版社 2021 年版。

17.肖卫东、詹琳：《新时代中国农业对外开放的战略重点及关键举措》，《理论学刊》2018 年第 3 期。

18.薛桂芝：《论我国农产品区域品牌的创建》，《农业现代化研究》2010 年第 6 期。

19.杨楠：《现阶段我国农民增收问题探析》，《理论与改革》2013 年第 4 期。

20.郑有贵：《目标与路径：中国共产党"三农"理论与实践 60 年》，湖南人民出版社 2009 年版。

责任编辑：吴焰东

封面设计：林芝玉

图书在版编目（CIP）数据

新时代中国农村发展与制度变迁：2012—2022 ／宋洪远 主编 . — 北京：人
民出版社，2023.5

ISBN 978－7－01－025569－9

I. ①新… II. ①宋… III. ①农村经济发展—研究—中国—2012-2022
IV. ① F323

中国国家版本馆 CIP 数据核字（2023）第 056613 号

新时代中国农村发展与制度变迁（2012—2022）

XINSHIDAI ZHONGGUO NONGCUN FAZHAN YU ZHIDU BIANQIAN（2012—2022）

宋洪远 主编

人民出版社 出版发行

（100706 北京市东城区隆福寺街 99 号）

北京中科印刷有限公司印刷 新华书店经销

2023 年 5 月第 1 版 2023 年 5 月北京第 1 次印刷

开本：710 毫米 ×1000 毫米 1/16 印张：25.75

字数：350 千字

ISBN 978－7－01－025569－9 定价：116.00 元

邮购地址 100706 北京市东城区隆福寺街 99 号

人民东方图书销售中心 电话（010）65250042 65289539

版权所有·侵权必究

凡购买本社图书，如有印制质量问题，我社负责调换。

服务电话：（010）65250042